李 芳 ◎ 编著

体育新闻采访

辽宁人民出版社

图书在版编目（CIP）数据

体育新闻采访 / 李芳编著 . —沈阳 : 辽宁人民出
版社 , 2023.3

ISBN 978-7-205-10639-3

Ⅰ.①体… Ⅱ.①李… Ⅲ.①体育－新闻采访 Ⅳ.
①G212

中国版本图书馆CIP数据核字（2022）第217985号

出版发行：辽宁人民出版社
地址：沈阳市和平区十一纬路25号　邮编：110003
http://www.lnpph.com.cn

印　　刷：沈阳海世达印务有限公司
幅面尺寸：185mm×260mm
印　　张：21.25
字　　数：500千字
出版时间：2023年3月第1版
印刷时间：2023年3月第1次印刷
责任编辑：张天恒　王晓筱
装帧设计：众翔设计
责任校对：吴艳杰
书　　号：ISBN 978-7-205-10639-3

定　　价：78.00元

前 言

在信息全球化的宏大背景下，以网络为核心的新媒体集群迅猛发展，和传统媒体一道将世界拖入媒介化生存时代。在当今的传媒形态更迭，平面媒体、广电媒体、网络媒体、移动媒体深度融合的全媒体（Omnimedia）时代，适应媒体竞争的人才需求量猛增。2008年北京奥运会和2022年北京冬奥会的成功举办，掀起了我国体育传播的新浪潮，也促进了体育新闻教育事业的蓬勃发展。目前，国内有20多所院校相继开设了体育新闻专业。鉴于体育新闻采访在体育新闻传播中的重要地位与基础地位，各院校体育新闻专业在课程设置上均将《体育新闻采访》列为专业主干课程，但目前能够满足体育新闻采访教学与人才培养的、彰显体育特色的、专门的《体育新闻采访》教材较为少见，而笔者于2010年撰写的《体育新闻采访》教材，因成书时间较早，缺乏对移动互联网时代体育新闻采访发展变迁的现实关照，也给教学造成一定难度。因此，再版一本贴合融媒体特色的《体育新闻采访》教材，就显得尤为迫切与重要。

从专业发展来看，体育新闻采访技能是新闻专业人才的基础技能，这门课程的改革决定了人才对新环境的适应性。因此我们对《体育新闻采访》教材进行了全面的修订重构，将新媒体思维植入采访理念、过程与方法，结合最前沿的业界案例和采访实践经验，以期为体育新闻专业的人才培养注入新时代的理念思维。鉴于以上原因，本书编写团队在2010年第1版的基础上，经过多年的教学实践、资料积累和艰苦写作，终于使这本《体育新闻采访》（第2版）教材蜕变重生。本书既从理论的视角论述体育新闻采访的一些独特的特点、规律、原则，更强调从实践的角度，增强本书的可操作性，案例生动、鲜活、精彩，而且更多是援引体育新闻报道的经典案例，实现体育与新闻较好地融合，更适用于体育新闻专业学生使用。在编著本书过程中，着重关注了体育新闻采访活动的前沿发展动态，挖掘更新了近年来的体育采访案例，时代感和时效性强，理念和框架设计独特新颖，体现了浓厚的时代气息，能够对新媒介环境下的体育新闻从业人员有较好的指导和示范作用，本书也可作为高校体育新闻专业学生的教材和体育新闻传播专业研究生的参考教材。

目前，我国体育新闻学作为一门新兴学科，它的研究体系的建立时间较短，研究成果有限，而体育新闻的两大母学科——新闻传播学和体育学，又皆是体系庞杂的综合学科，因此本书在写作过程中，没有太多文献资料可供参考，大量借鉴和寻找母学科的研究成果成为我们唯一可行的途径。作为国内第一本系统研究体育新闻采访的教材，融入了本编写团队多年教学实践的积淀与思考，也是编者对体育新闻业务理论的全新探索与尝试，希望本书能够站在新闻传播学和体育学的交叉点上，从交叉学科的魅力中寻找我们新的视点和智慧之光。也希望本书的出版，无论从理论的视角还是学术的高度，都将为体育新闻专业的发展提供新的动力和保障，而且会为全国体育新闻界的迅速崛起注入清新的空气，贡献自己的绵薄之力。

本书在撰写的过程中，集结了多位资深教师和行业专家的教育教学及行业实践经验，为本书结构框架提出许多宝贵意见。目前，《体育新闻采访》（第1版）教材已经建设成为辽宁省本科规划教材（2014年）、辽宁省本科优秀教材（2021年），体育新闻采访课程也已经建设成辽宁省本科一流课程。全书框架及第1版撰写工作由李芳完成。再版工作由体育新闻采访课程团队集体完成，全书框架构建及审稿工作由李芳完成，具体章节分工如下——第一章、第二章：李芳；第三章：臧文茜；第四章：刘颖录；第五章：高萍；第六章:刘晓红。新闻与传播、体育新闻传播方向部分研究生为本书资料的搜集付出了辛苦的劳动。在此，向所有帮助本书最终成稿的同志表达最真挚的谢意！同时，本书在撰写过程中借鉴和参考了许多专家学者的研究成果，并援引了一线记者的丰富采访案例和心得体会，向所有为本书奉献智慧和思想之灵光的新闻人表达我们的敬意和仰慕之情，不胜感激。

当然，由于全媒体环境下体育新闻传播环境的升级迭代，笔者本人与创作团队的研究边界所限，本书各种不足和偏差在所难免，敬请批评指正。

《体育新闻采访》编写组

2022年9月沈阳

目 录

第一章

体育新闻采访概说

[本章提要]

体育新闻采访是体育新闻活动中的重要环节，其历史可追溯到20世纪初。随着社会发展和传媒进步，体育新闻采访的业务与方式愈渐成熟丰富。规范而有创意的采访活动，能使记者更加胸有成竹地完成采访任务。

1.体育新闻采访的定义

主要阐述新闻采访的定义与研究范畴；体育新闻采访的定义；体育新闻采访的特点主要包括固定性、周期性、同源性、拓展性和预告性。

2.体育新闻采访活动的历史概述

首先了解我国新闻采访活动的历史演变，可划分为20世纪之初的勃兴期、战争年代的艰难发展期、全面建设社会主义的变革期、"文革十年"的停滞期和改革开放繁荣发展的新时期等五个阶段。

重点掌握中西体育新闻采访报道的历史演变：西方体育新闻采访报道的历史分为古代的拓荒与探索、近代的萌芽与发展、现代的兴盛与繁荣三个发展时期；我国体育新闻采访报道的历史可分为近代体育新闻采访报道的产生、现代体育新闻采访报道的发展与繁荣两个阶段。在当代，我国体育新闻采访报道历经20世纪50—70年代的兴起，80—90年代专职体育记者的出现，90年代足球记者的崛起和21世纪平面媒体、电视媒体和新媒体体育新闻采访报道繁荣发展的新时期。

3.学习体育新闻采访的目的与方法

通过解析采访存在的显性和隐性问题来阐明学习体育新闻采访的目的。

显性问题：缺乏足够的自信心；无法获取完整的信息；接下来要问什么问题；如何做笔记；如何与采访对象沟通和如何培养记者的创新能力。

隐性问题：由于害怕背上无知的名声，对提问普遍感到反感，或者不敢轻易发问；不能明确地陈述采访目的；对人对物缺乏热情和天然的好奇心；不能倾听；缺乏准备；不做深度探究；采访未至、主题先行以及懒惰。

学习体育新闻采访的方法包括：在实践中学习和掌握体育新闻采访的各种知识与技能；重视探究新问题、新方法、新趋势；注重对照并借鉴西方体育新闻采访报道的成功经验和培养对体育与新闻的兴趣爱好。

体育新闻采访作为体育新闻学的重要组成部分之一，是体育新闻实践活动的首要环节和原动力，在体育新闻学学科中占有至关重要的地位。有人说：体育新闻采访是世上最好的工作。可以周游世界，坐在体育场最好的座位上免费观看充满悬念的体育比赛，近距离与体育明星面对面，在媒体上看到自己的作品跃然纸上或出现在电视、网络的精彩画面中，还能赚很多很多的钱。这仅仅是没有真正走入体育新闻界的准记者们的美好幻想而已，事实并非如此。其实，体育记者的工作十分辛苦，他们必须在紧张的截稿期限之前完成采写工作；在大赛期间总是日夜操劳，即便在晚上或周末也要工作；大量时间和精力都要花在研究与准备上面；体育知识要达到与大多数狂热的受众一样专业的水平；要赢得包括选手、教练和管理人员在内的有关人士的广泛信任；还要具备在困难环境中快速、准确和有趣地进行体育新闻采写的能力。

可见，体育新闻采访作为一项新闻实践活动，有别于一般意义上的新闻采访，有其独特的特点与规律，也饱含着不为人道的苦乐酸甜。为使每一个即将步入体育新闻殿堂的初学者对体育新闻采访这门学科有更加宏观的了解和全面的把握，本章主要从体育与新闻相互交叉的独特视角，阐述体育新闻采访的定义、特点与类型，了解中西体育新闻采访的发展流变，学习体育新闻采访的目的与方法，为从事体育新闻采访活动打下坚实的基础。

第一节　体育新闻采访的定义

一、新闻采访的定义与研究范畴

（一）新闻采访在新闻学学科中的重要地位

新闻学是研究新闻传播活动、新闻事业及新闻工作规律的一门学科。新闻工作实践推动新闻事业的快速发展，并提出研究新闻学的要求。新闻学领域主要包括理论新闻学、实用新闻学、历史新闻学和管理新闻学四个组成部分。每一部分又有若干分支，新闻采、写、评、编、制、播等，都属于实用新闻学分支，就是新闻业务的重要组成部分。英国传播学大师麦奎尔针对传播过程第一阶段，即发布者处理信息的过程制作了"双重行动模式图"（见图1）。

未经加工的信息→新闻采集者→新闻稿→新闻加工者→成品

如：写作者、记者、编辑　如：译稿人员、编辑、翻译

新闻采访学　新闻写作学　新闻编辑学
新闻评论学

图1　麦奎尔"双重行动模式图"

上图已将新闻业务各部分囊括其中，在信息处理过程中，新闻采、写、编、评相互关联，组成一个信息传播的流程。但在所有环节中，新闻采访是新闻活动的首要环节和原动力。如果没有新闻采访，就根本谈不上新闻写作、编辑等其他环节，可见，新闻采访决定新闻写作，新闻采访在新闻业务乃至新闻学领域中占有至关重要的地位。

（二）新闻采访基本概念的界定

记者的采访，按工作的内容，可分为广义和狭义两种。

广义的采访是指记者没有明确的报道任务，只是例行参加一些会议，跑跑一些部门，了解一些精神和情况；也可做些社会调查，积累一些资料，研究一些问题；或者参观一些地方或一项工程，开阔眼界、增长知识。狭义的采访是指记者为完成某一项具体的新闻报道任务而进行的采访活动，这是一个完整的过程，需要写作、制作新闻，拿出新闻成品。广义的采访也可以看作狭义采访中的某一段工作。我们学习的新闻采访，主要是指狭义这一种。

可见，新闻采访是记者认识客观事物，寻找与挖掘新闻事实或新闻的特殊调查研究活动。一般的新闻采访，获取的是新闻事实，而话筒前、镜头前的采访，则可以直接获取新闻。这个定义概括了"新闻采访"这个概念的内涵和外延，讲明了采访的目的、活动方式和活动的主体与客体，揭示了采访的本质特征。

1.记者是采访活动的主体

采访是以记者为主进行的信息采集活动。记者是采访活动的主持者，也是主导的一方，处于"采访者"的地位。客观事物中所蕴含的新闻价值，只有经过记者的采访才能具备现实的新闻意义。

2.客观事物是采访活动的客体

客体是记者在采访中的认识对象和调查研究的对象，处于"被采访者"的地位。客体是客观存在的，不以记者的主观意志为转移。记者采访某一个客观事物，就构成了一对认识范畴内的矛盾。按照辩证唯物论的观点，在这对矛盾中，客观事物是基本的、第一性的，是"主"；记者通过采访得来的认识，是对客观事物的反映，是第二性的，是"从"，在采访过程中必须正确处理这种第一性与第二性的主从关系。

3.采访的活动方式是社会交往

既然采访的目的是获取事实，这就有一个基础和前提的问题，即必须要"认识客观事物"，只有在认识客观事物的基础上，才能获取新闻事实。怎么判断事物是否

具有新闻价值呢？要认识某一事物，除了同那个事物接触，生活于那个事物存在的环境中，同有关的人员打交道外，别无他法。人是社会的人，人的本质是社会关系的总和，记者在采访中要同各种各样的人接触、打交道，这就是一种社会交往，一种社会活动。

4.采访是一种特殊的调查研究

社会上的各项工作，都有个调查研究的问题。采访这种调查研究同其他工作的调查研究相比，又有其明显的特殊性。采访的基本性质，可以概括为两个方面：采访是一种调查研究，是认识其采访对象（特别是报道对象）这个客观事物的过程；采访又是一种特殊的调查研究，是按照新闻的特点和规律进行的调查研究，是获取新闻事实的过程[1]。

请看下面关于东京奥运会的报道：

东京奥运见证中国运动员的时代新标签

2021年7月28日　　新闻来源：《中国青年报》记者：慈鑫

厉害又可爱的杨倩今天拿下了本届奥运会的个人第二金，大概知道需要满足一下网友们的好奇心，杨倩这次不再在头顶上做"比心"的手势，而是在胸前做了一个小小的"比心"，不出意外，她的这一举动又一次引爆了网络。

中国运动员以往更多是以一种统一的面孔示人——吃苦耐劳、顽强拼搏、不善言辞，像"洪荒少女"傅园慧那样极具个性标签的运动员并不常见，这次东京奥运会，开赛仅4天，一众中国运动员就以丰满的个性形象扑面而来。他们不再只具有高超的运动水平和奋勇拼搏的品质，更是展露出敢于表达、彰显个性的生动形象，向全国乃至全球观众展现了新时代中国运动员自信、率真、亲和的一面。

历届奥运会的首金争夺大多都落在了中国射击队身上，但自从许海峰在1984年洛杉矶奥运会上为中国射下奥运会第一金以来，射击这个需要运动员高度冷静的项目，给中国观众展现的也往往是运动员临危不惧的冷静形象，中国再也没有哪位奥运首金得主能像杨倩这样，为压力重重的首金争夺战搭配俏皮、有趣的画风。7月24日，当她在惊心动魄的女子10米气步枪决赛上，直到最后一枪击败心态崩盘的俄罗斯奥林匹克代表队选手加拉什娜，夺得本届奥运会首金时，包括在现场的诸多中国记者在内，外界对这位射击小将的唯一印象就是清华学霸。不过，从颁奖仪式上她的俏皮"比心"，到新闻发布会上率真地向母亲隔空喊话提出想吃"油焖大虾"的要求，全国人民很快都被这位可爱的姑娘逗乐了。

今天，杨倩在与队友杨皓然搭档，顺利拿下东京奥运会10米气步枪混合团体金牌后，她带给观众的依然不只有骄人的成绩，她还动了一些心思，譬如把"比心"的动作稍加变化，就又一次引来众人围观、点赞。

在杨倩身上，无论是她优异的运动成绩，还是她的活跃思维、率真个性，在教练葛宏砖看来，都与她作为一名清华大学的大学生有很大关系。葛宏砖评价杨倩，"个人的综

---

① 梁一高.现代新闻采访学教程[M].北京：中国广播电视出版社，2001.

合素质比较高，爱学习、有思想。很多事情，她自己就很清楚，不需要事事都依靠教练指点。"

杨倩是从宁波体校进入清华大学附中射击特长班，再考入清华大学，之后进入中国射击队。像她这样从大学培养出来的奥运选手，在中国尚不是主流，但这种"体教结合"的竞技体育人才培养方式却是中国体育发展的大方向。

依照国家体育总局、教育部在去年8月印发的《深化体教融合 促进青少年健康发展意见的通知》，体育与教育将在"一体化设计、一体化推进"的原则下深度融合。像杨倩这样的大学生运动员，在很多国家都是奥运会参赛选手的主体，可以预见的是，此类大学生运动员在中国也将越来越多地涌现出来。

"举国体制"是中国竞技体育能够在世界体坛占据一席之地的法宝，但是在很长一段时间里，也是因为"举国体制"过于以比赛成绩为价值导向，有将运动员打造为"金牌机器"之嫌而受到诟病。在中青报·中青网记者过往采访过的中国运动员中，确有很大一部分运动员属于过早中断教育，与社会生活完全脱节的状态。这部分运动员的培养方式确实不符合"以体育人"的国际体育主流价值观。在包括奥运会在内的国际大赛舞台上，之前的中国运动员也是大多不善言辞，缺乏与人沟通的社交能力，与国外大多数运动员张扬、活跃的个性显得反差较大。很多年来，艰苦奋斗、顽强拼搏的精神品质是中国运动员的共同特征，却往往也成了唯一特征。

中国社会的发展进步，已在呼唤中国运动员展现出更加多彩、个性的一面。

2016年里约奥运会上，"洪荒少女"傅园慧因为一段率真的赛后采访成功破圈。若论奥运成绩，只拿到奥运会铜牌的傅园慧在奥运会冠军大把抓的中国竞技体育圈绝不算突出，但是傅园慧的真性情成功地打动了亿万国人，她的社会影响力和关注度超过了绝大多数的中国奥运会冠军。

但傅园慧注定不会是个例，时代洪流下，越来越多个性饱满的中国运动员会出现在公众面前。

除了杨倩之外，7月25日在东京奥运会男子举重61公斤级比赛上夺冠的李发彬也已成为焦点人物，而他还注意到自己应该积极与公众互动。

李发彬因为不经意的一个"金鸡独立"让全国观众惊叹。在发现"金鸡独立"成为自己的招牌动作之后，李发彬找了不少自己过往参赛时的"金鸡独立"照片发在个人社交媒体上。很显然，现在的中国运动员已经不是两耳不闻窗外事，只知道训练和比赛了，他们越来越注意自身形象以及如何保持与公众的互动。

说到体育，大多数中国人一直有一个偏见——运动员都是四肢发达、头脑简单。现在，中国运动员正在用自身的实际变化让这一偏见作古。

这一代中国运动员，拥有广泛的兴趣爱好和具备高学历已不是个别现象。能弹一手好琴的张雨霏、画一手好画的杨浚瑄；还有被跳水"耽误"的音乐人曹缘……无论是出于兴趣爱好还是个人发展的需要，中国运动员正在越来越注意个人的综合修养提升，中国女排队长朱婷喜欢读书；张常宁的英语水平已经足以应付外国记者的采访；张雨霏的妈妈透露，张雨霏喜欢法律，未来她应该会选择一所大学攻读法律专业。

当人们对杨倩是清华大学的学霸津津乐道时，殊不知今天与她一起夺冠的队友杨皓然同样也来自清华大学。而在本届奥运会中国体育代表团中，大学生比比皆是，中国代表团旗手、跆拳道奥运会冠军赵帅更是一名在读博士。

……

上面这篇新闻以中国运动员在东京奥运会上表现引出对中国运动员形象的探讨，该篇新闻通过深度调查研究结合时代背景，阐释了中国运动员的形象及观念转变，在东京奥运会上中国运动员展现了自信、率真、亲和的一面，打破了受众对于运动员"四肢发达、头脑简单"的刻板印象，报道中以杨倩、杨皓然、李发彬、傅园慧等运动员为案例来说明新时代背景下的中国运动员不仅在运动成绩上有所提升，且具有鲜明的个性特征。不仅如此，报道中指出中国运动员多样化的形象发展的重要原因是中国社会的发展进步，竞技体育走进千家万户，相关政策的扶持使得学校体育和大众体育得以发展，竞技体育项目得到了社会推广和持续发展。这则新闻的报道正是记者以运动员形象为基础，展开深入调查研究的结果。

（三）新闻采访研究的内容范畴

新闻采访研究的内容主要包括三方面：如果把采访活动比作一棵大树，那么采访的基本原则是树干，只有坚持新闻采访应有的原则，树干才能笔直，长成参天大树；采访的方法和技巧是枝叶，只有掌握熟练的采访方法和技巧，大树才能抽枝展叶，枝繁叶茂；记者的新闻素质是大树的根，是记者的立业之本，如果记者没有较高的新闻素质，新闻采访这棵大树将难以存活（见表1）。

表1　新闻采访活动研究内容范畴

新闻采访活动	采访的基本原则（枝干） （基本原理篇）
	采访的方法与技巧（枝叶） （方式与种类篇、新闻策划篇、采访方法与技巧篇）
	新闻素质——记者的立业之本（根） （记者篇）

二、体育新闻采访的定义

体育新闻采访又称体育采访，是体育记者对体育运动实践中具有新闻价值的材料进行搜集、记录、整理的活动过程。体育新闻采访是进行体育新闻报道的基础性工作，其任务是通过体育记者的采访活动，及时获取真实的、具有新闻价值的体育信息，并将其加工为特定的媒体报道方式所要求的报道素材，以便满足受众需求。

在当代新闻传媒中，报纸、期刊等纸质媒体的体育新闻报道过程，主要包括体育新闻采写与体育新闻编辑两大环节。而广播、电视、网络等电子媒体的体育新闻报道，则需要经过采访（摄像、录音、写作）与编辑制作两个环节。无论是纸质媒体还是电子媒体，体育新闻采访活动都是体育新闻报道的基础与初始环节。

（一）主体是体育记者

在现代大众传媒中，无论是印刷媒体还是电子媒体，体育新闻采访一般是由专业的体育记者来实施的。这是因为现代体育运动是一个内涵丰富、项目众多、专业性很强的报道领域，只有既具备新闻采访经验又拥有丰富体育知识的专业记者才能胜任体育新闻报道工作。因此，任何媒体只要做体育新闻报道，就离不开体育记者的采访活动。同样，作为体育记者来说，采访是其最基本、最主要的工作。一个好的体育记者，哪怕是在一场平常的赛事报道中，也能通过其采访活动，获得角度新颖、题材新鲜的报道素材，甚至挖掘出有价值的独家新闻，达到吸引受众、提高报刊发行量或广播电视收视（听）率的效果。因此，体育记者的采访能力如何，不仅是评价其个人工作能力与业务水平的基本指标，更直接关系到媒体的体育报道水平与质量，甚至可能对媒体间的市场竞争产生直接影响。如2008年的北京奥运会上，央视某女记者对史冬鹏的采访被广大网友和观众所质疑。可见，因为体育记者个人的水平问题，许多观众也会质疑媒体的水平。再如2020东京奥运会报道中，央视某女记者对巩立姣的采访被广大网友和观众所质疑。可见，因为体育记者个人水平和报道倾向问题，许多观众也会质疑媒体的水平。

（二）客体是与体育赛事相关的人或事

体育新闻采访的客体主要是与体育赛事相关的人或事，而且客体具有相对确定性与稳定性的特征。体育记者的工作常常是对同一对象进行长时间、高频率的接触与采访。一位体育记者多年的主要采访对象可能是同一个项目、同一支运动队、同一批运动员或同一个教练员。例如，英国曼彻斯特市一家报纸的体育记者可能多年甚至一生都在采访报道曼联队的比赛，跟进球队的发展情况；而美国芝加哥市一家体育频道的体育记者则可能在其数年的记者生涯中一直将姚明作为其主要采访对象。由此可见，体育采访的一大特点就是体育记者往往是在跟"熟人熟事"打交道。但是，体育采访对象的这种确定性与稳定性并不意味着体育记者的采访工作将变得很容易。恰恰相反，它可能给体育采访带来其他不确定的因素和难以预料的困难。

（三）采访的环境主要是赛场内外

现代体育运动是一个包括体育教育（Physical education）、身体锻炼（Body training）和竞技比赛（Sports）在内的大系统。大众的体育健身活动、学校中青少年的体育活动也是体育新闻报道的范围。但竞技比赛尤其是高水平竞技以其极高的观赏性、丰富的新闻价值与新闻资源而成为体育新闻报道的主要对象。这不仅决定了体育记者的采访对象主要是高水平的体育赛事、运动队、运动员、教练员等，而且决定了其采访环境集中在赛场内外，像奥运会、各单项世界锦标赛、洲际高水平运动会和各国著名的职业联赛等比赛现场，以及赛前的训练场、赛后新闻发布会等，都是体育记者实施采访工作的主要场所，同时也构成了体育采访不同于其他新闻采访的特点。另外，由于本地的体育比赛对媒体的受众来说具有贴近性，因而对于地方性媒体来说，本地的各类体育比赛，即使是水平并不很高的业余赛事，也会成为体育记者的采访对象。对一名体育记者来说，不掌握采访体育赛事以及相关活动的技巧与方法，不能适应赛场内外复杂的采访环境，就难以胜任体育新闻的报道工作。

三、体育新闻采访的特点

与其他类型的新闻采访相比，体育新闻采访有哪些特点呢？

一般来说，新闻采访无论在采访方式、采访流程以及采访的方法、技巧等方面都具有相对的一致性，只是由于新闻采访的内容不同，不同的新闻内容具有不同的性质和特征，所以在采访过程中会表现出不同的特点。从广义上说，体育新闻采访包括对竞技体育、学校体育、军事体育、社会体育等内容的采访，这些采访（除竞技体育之外）同其他新闻采访没有太大区别，只是采访的内容不同而已。从狭义上说，体育新闻采访特指对竞技体育的采访，而对竞技体育的采访同其他新闻采访相比却有着独特的特点（本章内容着重从狭义的体育新闻采访的视角来进行研究），主要表现在以下几个方面。

（一）固定性

采访的固定性是指记者和采访对象具有一定程度的固定性。也许有人会认为新闻媒体内部对采编人员实行的分工制，如采访工业新闻、农业新闻、社会新闻、娱乐新闻和体育新闻等都是相对固定的，这是否就是采访的固定性呢？其实不然，体育新闻采访的固定性主要是指采访对象的固定性。

在新闻采访过程中，各类记者的采访范围和内容一般是比较固定的，被采访的对象是不确定的。如采访工业新闻的记者将采访重点放在工业方面，采访教育新闻的记者以教育内容为主，其他亦然。但是，即使是某一行业非常优秀的典型也不可能在较长的时间内频繁地成为被采访的对象，否则新闻传播就失去了其应有的意义。这是因为新闻本身就是要突出一个"新"字，这个"新"不仅包括事实的"新"，也包括行为的"新"。因此，新闻采访的对象不可能总是固定在某一对象上。我们可以在较短的时间内对某一新闻事件进行连续报道，但连续报道的时间很少以月或年来计算，这一点是毫无疑义的。然而，在体育新闻报道中则正好相反，体育新闻采访对象具有很大程度的固定性。

体育比赛项目具有相对固定的特点，比如说田径、足球、篮球、排球等常规比赛项目以及汽车、摩托车等特殊比赛项目，其比赛的方式和对运动员的要求基本上都处于一种固定的状态，比赛规则虽然会随着运动水平的提高稍有修改，但总体上也是相对固定的。这同其他新闻采访相比有明显的不同。从一般意义上说，无论是工业方面的新闻还是农业方面的新闻，可供采访的内容不计其数，谁也无法限定具体的采访内容。但体育新闻尤其是竞技体育新闻有严格的限定范围，超出了这些限定的范围就不属于竞技体育新闻采访的内容了，如足球世界杯采访对象只能是足球这一项目，而奥运会的比赛项目设置了28个大项302个小项，只能在固定项目中进行采访报道，因此我们说体育新闻采访具有一定的固定性。

体育新闻采访不仅在比赛项目的采访方面具有固定性的特点，对运动员、教练员和某些项目的体育行政管理人员的采访更是具有固定性的特点。优秀运动员经过多年的刻苦训练，其运动成绩逐渐达到巅峰状态，而达到巅峰状态的运动员自然成为新闻媒体追逐采访的对象。从运动训练的实践结果来看，到达巅峰状态的优秀运动员在一般情况下很少会出现昙花一现的现象（个案除外），不同项目的运动员保持巅峰状态的时间不同。例如，乌克兰撑竿跳高运动员布勃卡自1983年在芬兰的赫尔辛基举行的世锦赛上夺得世界男子撑竿跳高的冠军开始，连续17年走红世界田坛，35次打破世界纪录。这17年的世界撑竿跳高比赛，如果没有布勃卡参加，无论是比赛成绩还是新闻卖点都会大为逊色。即使布勃卡偶尔在比赛中失利，他也会成为人们关注的焦点。另外，26岁的伊辛巴耶娃，是世界公认的历史上最优秀的女子撑竿跳选手，被誉为"女布勃卡"的她曾多次夺得大赛冠军，其中包括奥运会、田径世锦赛、室内世锦赛以及欧洲室内以及室外锦标赛。2003年7月13日，伊辛巴耶娃第一次以4.82米打破室外女子撑竿跳世界纪录，而在来参加北京奥运会前不久，伊辛巴耶娃在世界田联黄金联赛摩纳哥站，又以5.04米的成绩第23次刷新世界纪录。北京奥运会，她将世界纪录提高到5.05米，而手握两枚奥运金牌的她，也在这一层面上超越了只有一枚奥运金牌的布勃卡。

2022年2月5日，在北京冬奥会短道速滑混合团体接力比赛中，武大靖与队友们一起顶住巨大压力，为中国体育代表团赢下北京冬奥会首枚金牌，取得"开门红"。武大靖也由此成为第一位连续两届冬奥会夺金的中国男子运动员。2013年，武大靖在短道速滑男子500米项目上崭露头角。2014年索契冬奥会，他第一次登上冬奥舞台就在短道速滑500米项目中获得银牌，还在5000米接力比赛中和队友一起拿下铜牌。随后，他获得世锦赛冠军。到平昌冬奥会周期，武大靖已经是短道速滑男子500米项目"第一人"。成功没有捷径，唯有热爱与坚持。他的教练曾评价："武大靖不是最有天赋的队员，但一定是最努力的那个。"训练刻苦、专注，追求极致，他用不懈的努力去弥补差距。每天长时间穿着冰鞋，他的双脚布满了伤疤和老茧，证明着这些年他为短道速滑倾尽全力的态度。16岁进入国家队，征战三届冬奥会，武大靖用拼搏和坚持为中国冰雪书写了精彩篇章。他的心里始终还有一份特别的力量，"这几年来，总书记一直关心关怀着我们。这是我们顽强拼搏、不断突破的最大动力。"

由此可见，优秀运动员是体育比赛的主角，体育新闻采访当然是以优秀运动员为核心，否则就失去了采访的意义。因此，在一定时间内，新闻采访的热点会始终聚焦于少数优秀的运动员，从几个月到几年甚至十几年，这在其他类别的新闻采访中是比较少见的。

（二）周期性

采访的周期性是指对采访对象的循环采访，这种循环并不是简单地重复。虽然体育比赛的形式是固定的，但每一次比赛的结果和意义却是不同的，所以，每一次采访都具有新的意义。在新闻采访活动中，有些采访也具有周期性的特点，如每年一次的人大会议和政协会议等。但是，严格来讲，这些采访活动的周期性同体育新闻采访的周期性相比还有不同之处。社会的发展、国家的进步赋予了每一次人大会议和政协会议新的内容，所以每一次会议的内容都会有所不同，更何况会议内容的性质和竞技比赛的性质更是相去甚远，因此，我们说这种采访的周期性同体育新闻采访的周期性具有不可比性。

体育比赛有循环的特点，无论是我国的足球超级联赛、篮球联赛和排球联赛、全国乒乓球巡回大奖赛，还是英国的足球超级联赛和法国、德国、意大利的足球甲级联赛，以及四年一次的奥运会和世界杯足球赛等都是定期循环的比赛。因此，以体育赛事为主要采访内容的体育新闻采访自然而然地形成了周期性采访的特点。这一特点也是其他新闻采访少有的。

体育新闻采访的周期性是由体育运动的客观规律决定的。现代体育比赛的一个很重要的目的就是为了满足国民休闲娱乐的需要，而这种满足不可能只是一次性的提供，它需要持续不断、周而复始地进行，因此，无论在发达国家还是在发展中国家，每逢周末安排各种体育比赛已成为惯例。凡是比赛，必有竞争；凡是竞争，必有胜负。体育比赛的竞技性，决定了体育内容的丰富多彩、变幻无穷，使得无数体育爱好者为此欣喜若狂。体育新闻传播正是为了顺应和满足人们的这种心理需求，才把体育新闻作为自己的传播内容，所以，体育新闻采访不可避免地具有了周期性的特点[①]。

（三）同源性

体育比赛的周期性和报道对象的固定性导致体育新闻采访消息来源的共同性。尤其是电视和网络的兴起，整个世界变成了一个小小的"地球村"，在当今的新媒介环境下，再加上体育新闻的独特规律性，体育新闻采访中同源新闻现象越来越严重，这也成为目前体育新闻采访的显著特点之一。如第29届北京奥运会，共有21600名记者正式注册。按以往几届奥运会的惯例，北京还成立了一个非注册媒体新闻中心。北京奥运会期间，赴京采访的记者人数总计约3万人。而北京奥运会参赛选手总人数在1万人左右，也就是说，奥运选手与有"证"奥运记者的比例，已达到了1∶3（即北京奥运1名运动员配3个记者），新闻竞争的激烈程度可想而知。而2022年北京冬奥会，据统计共有432家1770名中外记者注册成功，其中境内媒体279家1251人，外国媒体130家453人，港澳台媒体23家66人，成为参与记者覆盖范围最广的一届冬奥会非注册记者新闻中心（人民网）。中国社科院新闻所所长尹韵公表示，"奥运会带给媒体的不单只有商机，还有更多展示媒体报道与竞争实力的机会。奥运会对于媒体而言可谓同题竞争，这就要看谁的本事更大，在同一舞台上谁的舞姿更美，这不但为媒体显示竞争能力创造了机会，也为记者、编辑提供了展示自己的舞台。"

（四）拓展性

现代体育新闻采访的主要场所是在训练场、比赛现场、新闻发布会等地方，但与传统的体育新闻采访相比，采访活动的范围已开始拓宽到体育比赛以外的领域，出现了体育报道边缘化的现象与趋势。现代体育记者要面对较以往更复杂多样的采访任务，他们不仅要报道体育赛事，还要通过采访活动，让公众了解大型赛事或俱乐部的财务收支状况、企业赞助情况以及球员转会、电视转播权及相关产品的销售情况；俱乐部或球员涉及的诉讼和官司进展情况；体育明星个人生活情况；涉及体育人士的突发社会新闻情况；

[①] 鲁威汉.体育新闻采访的特点[J].现代传播，2001（03）：92-93.

等等。这意味着，现代体育记者的很大一部分采访活动是在赛场外进行并完成的。作为一名现代体育记者，他不仅要在赛场上进行采访工作，而且要到运动员宿舍、俱乐部办公室、球员经常出没的休闲娱乐场所，甚至是与运动员或体育赛事有关的突发事件现场、政府办公室或法庭去采访。这些都使得体育记者的采访工作变得复杂起来，因为记者除了要完成传统体育采访工作，还要胜任原本属于社会新闻记者、经济新闻记者甚至司法新闻记者的采访工作。可以说，只要是与体育运动有关的，没有什么不能成为体育新闻采访报道的内容[①]。

体育新闻采访报道的范围与内容是非常广泛的，它不仅包括各类运动会的正式比赛项目，还包括钓鱼、健美、桥牌、江河漂流、登山探险，等等，凡能促进人类身心健康发展的体育运动及与其有关的活动，都是体育报道的范围与内容。此外，与体育有关的企业赞助、广告、公关等经济活动，新闻竞争、俱乐部动态、运动员转会、体育知识竞赛等，也是体育报道的内容。科学技术的不断发展与革新，对体育运动的影响也与日俱增。科技正在改变着体育训练、比赛、裁判的格局与方式，同时也改变着人们休闲娱乐与运动的生活方式。因此，体育科技也成为体育报道中不可或缺的部分[②]。

（五）预告性

相较于体育新闻，一些政治新闻、国际新闻、灾难新闻等多以无法预知和难以把控的突发事件吸引受众的眼球，成为社会关注的焦点与热点。不管世上发生什么（抑或没有发生什么），媒体都有相同数量的版面或播放时间要去填补。然而，硬新闻却是一个无法预测的商品，这也为硬新闻的采访增加了难度。体育新闻采访与此恰恰相反，它在一定意义上有预告性，因为媒体提前几个月甚至几年就可以知道即将举行的重大赛事，体育有自己内在的兴奋点和戏剧性以及明星阵容。如国际体育赛事日程表包括从世界杯到奥运会，从洲际比赛到全国性比赛等，各种赛事均定期举行，无休无止并带有提前预告性。同时，预测性体育新闻报道是基于"已有事实"而预测"未有事实"，有其自身的规律性，对于拓展报道空间、充分挖掘新闻资源、丰富报道方式、满足受众需要，均有很好的作用。预测性新闻报道方式现已成为体育新闻中的"常规武器"，这为体育新闻采访提供了充足的时间去做相关准备，使采访可以更深入地进行并取得预期的效果。

在2019亚洲杯比赛期间，小组赛场均进球数量为2.64个，比赛越激烈，进球数量越低。搜狐体育新闻报道编辑人员将天气数据及球员跑动长度进行对比分析，发现卡塔尔高温天气对球员身体机能造成一定影响。因此，气候环境成为影响球员状态的隐形因素。对环境气候因素的深刻挖掘和预测，充分彰显了互联网时代预测性体育新闻报道的广度和深度，附加可视化技术，使观众能够清晰掌握彼此之间的联系[③]。

① 郝勤.体育新闻学[M].北京：高等教育出版社，2004：77-78.

② 祁宏彬.体育新闻的采访报道初探[J].中国传媒科技，2014（10）：78-79.

③ 汤文慧.大数据在体育新闻报道中的应用[J].记者摇篮，2020（03）：79-80.

第二节　体育新闻采访活动历史概述

一、我国新闻采访活动的历史发展脉络

我国把新闻采访作为一门学问系统地进行研究始于1918年，但在当时主要以实践为主，理论多是零散的、感性的。从那时起至今已有90多年历史，主要可以分为以下五个阶段。

（一）20世纪之初的勃兴期

主要是指五四时期和第一次国内革命战争时期（1918—1927）。当新文化运动的曙光照亮世纪之初的征程时，我国新闻界的早期新闻采访实践也步入了勃兴发展的新时代。从采访方式上看，重视直接采访，派遣驻外采访；从采访内容上看，注重经济新闻的采制，社会新闻的采访也从幼稚到发展，由受歧视而登大雅之堂。

1.驻外采访的勃兴

19世纪末，我国新闻界为"通中外之故"，开始重视驻外采访。1918年第一次世界大战结束，国人迫切要求了解世界形势，国内各大报竞相加强国际新闻报道，派遣驻外记者。1919年，时任《大公报》主编的胡政之以唯一中国记者的身份采访了巴黎和会，这是我国记者采访国际会议之始，但当时的驻外采访多为临时性质，由于当时报社人力、物力资源有限，多由留学生兼职完成国外的一些采访报道任务。

尤值一提的是外派俄国采访的瞿秋白、俞颂华和李崇武三人，是我国最早采访十月革命后的苏俄社会的首批新闻记者。1920年10月16日，瞿秋白以北京《晨报》和上海《时事新报》的特派记者身份，去苏俄采访和考察，写下了《饿乡纪程》《赤都心史》两部通讯集，长达十多万字，并发回数十篇"莫斯科通讯"，第一次向中国人民介绍了十月革命后苏俄的真实情况。周恩来在赴法勤工俭学期间，担任《益世报》驻欧洲通讯员，写下了大量旅欧通讯，成为当时该报国际新闻的亮点。

2.社会新闻由幼稚到发展

在20世纪之初的中国新闻界，政治新闻、经济新闻较受重视，社会新闻地位卑微难登大雅之堂。社会新闻指奇闻逸事，初始阶段以煽情、猎奇、血腥、黄色、花边新闻为主，后来开始揭露一些社会问题。尤其在1921年，英国《泰晤士报》社长北岩勋爵来华访问中国新闻界，并做了关于"狗咬人不是新闻，人咬狗才是新闻"的经验交流。当时的新闻界对此推崇备至，如《申报》副刊《自由谈》的主编周瘦鹃曾就此大声疾呼："我们新闻界的同业啊！快各去搜寻那些人咬狗的材料吧！"在追求新奇新闻价值理念的指引下，以《申报》为代表的诸多报纸上时而登载一些奇闻趣事，使得原有的社会新闻更加充实。如1922年7月6日，《申报》登载了《溥仪胡适谈新学》的社会新闻："溥仪日前在琉璃厂买书，偕行者有庄士敦等。溥仪喜读胡适文集，并于翌日打电话约胡适进宫。胡适要求免跪拜，溥仪自接电话，谓君为新学泰斗，当然不能跪拜。胡适遂入谈甚久。"这篇新闻读来颇有趣味。

3.经济新闻的采访备受关注

在私营大报企业化时期，报纸之间的竞争日趋激烈。各家报纸的竞争也由时效、报道范围之争过渡到内容之争。因此，许多报纸为争夺受众，都把经济新闻的报道作为主打内容，如当时以"商业报"自诩的《新闻报》在与《申报》竞争中的经营战略定位是以工商业为主、兼及其他——以经济新闻为主，以工商界为主要受众服务对象。可见，经济新闻成为当时社会新闻之外的读者关注的又一热点。

（二）战争年代的艰难发展期

这一时期从抗日战争始，到新中国成立之前止（1927—1948）。20世纪30—40年代，中国现代史经历的是一个内忧外患、战火绵延的艰难岁月。历经15年抗日战争和国共战争，中华民族饱经炮火的洗礼，挨过20多年流离失所、无家可归、生灵涂炭的漫漫黑夜，战争成为这一时代的主要印记。当时的新闻采访，主要突出政治性，服从战争需要，服从夺取政权的需要，并以战地新闻采访为主。新闻事业不可避免地受到战争的制约与影响，这一时期的新闻采访实践，也在这个时代主题的统领下，艰难地获得一息生存与发展。

1.战地新闻采访成为主线

在国难当头、战事频仍的年代，国势成了压倒一切、与每个黎民苍生休戚相关的天下大事。在这样的历史条件下，新闻记者最应采访与报道的题材是抗战、民生、民主。当时，在巴黎大戏院的包厢中，如果发现某贵妇人戴了一顶三角形的帽子，可能成为法国记者的好新闻，但这在抗战中的中国则一文不值。这一时期的战地采访有《申报》史量才派俞颂华等人到西安的采访，但其中最著名的当数《大公报》名记者范长江对动荡中的西北局势进行的采访。范长江在1935年7月，开始西北之旅，历经川、陕、青、甘、宁五省，行程6000多公里，历时10个月，以旅途通讯深刻揭示了西北地方的弊政，反映了西北人民悲惨的生活，首次透露了红军长征的真实信息并揭开西安事变的真相。1935年的中国，由于蒋介石政府一味妥协退让，侵华日军肆无忌惮，全面推进。红军主力北上抗日，蒋介石却全力进行围追堵截，企图消灭正在长征中的红军。当时，栖身于北京大学、心悬于国家危难的范长江苦苦地思索着两个问题：红军的前途将会如何？日军占领若干大城市之后，我国的西北必将成为抗战的大后方，那里的情形怎样？带着对以上问题的思考，范长江于1935年7月越岷山南北、过雪山草地、钻原始森林，历尽艰辛，几度遇险，于9月初到达甘肃兰州。这期间他走的路线，正是蒋介石"剿匪"的中心干线。所以到兰州后，很多人向他打听红军的消息和"剿匪"的形势。他根据自己一路的考察和采访，写下了《岷山南北剿匪军事之现势》一文。他在文中叙述了红军在川西北的情况，传递了红军突破岷山封锁线的消息，也分析了红军的动向和发展趋势。在写文章标题时，范长江按照自己一贯的立场，想给"剿匪"两个字加上引号，但他警觉起来，此前还没有人披露红军长征问题，这是第一篇。如果由于这个引号让人"枪毙"了通讯，岂不因小失大？只要文章发表出去，全国的读者就能从中读出一点儿红军的真实情况！他把通讯寄了出去。不到10天，《岷山南北剿匪军事之现势》一文，以大字标题排在《大公报》的要闻版上，世界上第一篇公开披露红军长征的新闻产生了！从9月底到次年1月间，他又先后写了10篇有关红军和红军长征的通讯，如《毛泽东过甘入陕之经过》《刘志丹生平》等。其中《从瑞金到陕边》借一个青年之口，详细报道了中央红军巧渡金沙江、通过彝族区、抢渡大渡河、夺取泸定桥、过雪山草地等艰苦卓绝的长征历程。这些关于红军的通讯，在《大公报》上连续刊登以后，引起社会极大的反响。它打破了国民党宣传机器所散布的红军即将被消灭的谎言，它为红军引来了亿万双关注的眼睛，它把社会民众心中的希望之火燃得更旺了。在当时的国民党统治区，公开发表文章，敢直书"中国共产党"、敢称"红军"、敢在行文中给"剿匪"加上引号的，范长江是第一个，这也足见他过人的胆识了。1936年下半年，当那些旅途通讯结集为《中国的西北角》出版后，屡售屡罄，3年内再版8次，可见社会之瞩目。

2.外国记者对延安与抗日根据地的采访

抗日战争和解放战争时期，开启了西方记者对延安和抗日根据地采访的崭新历史，其中最为著名、影响最大的当数三位美国记者——埃德加·斯诺、艾格尼丝·史沫特莱和安娜·路易斯·斯特朗的采访。

（1）埃德加·斯诺的采访。埃德加·斯诺是第一位到达陕甘宁根据地进行采访的外国记者。1936年6月中旬，斯诺以美国记者的身份到达西安，从7月至10月长达3个月的时间里，在陕甘宁边区进行了广泛的采访活动，并发表一系列长篇通讯报道。1937年，斯诺在原有报道的基础上，又撰写了长达30万字的长篇通讯集《西行漫记》（又称《红星照耀中国》）。斯诺的陕北采访，突破了国民党对红色根据地长达10年的新闻封锁，最早向世界报道了中共和红军的真相，使西方人惊奇地发现"原来还另外有一个中国"。这本通讯报告内容丰富、文笔优美，并附有大量照片，不仅被人们赞誉为报告文学的典范，而且被看作是灿烂的历史篇章。斯诺本人也因此被推崇为20世纪新闻记者中的"一代风骚"。斯诺的成功，充分展现了他作为一个名记者的优秀素质：独立观察思考，探索真理，不轻信盲从的求实态度；善于捕捉重大新闻的敏感性，并勇于为之冒险牺牲的大无畏精神；勤学好问，具有渊博的社会、政治、历史知识和深厚的文学功底；等等。陕北之行影响了斯诺的一生，从此他和中国人民结下了深厚的友谊，并更加自觉地支持中国人民的革命事业。1941年年初，他从香港向美国报刊发出报道"皖南事变"真相的急电，被重庆国民党政府取消了在华记者的特权。回美国后，他一直从事记者和写作活动，始终关注着中国人民的命运。1972年2月15日，他病逝于日内瓦。他弥留时的最后一句话是："我热爱中国！"毛泽东、周恩来在唁电中高度评价他说："斯诺先生是中国人民的朋友。他一生为增进中美两国人民之间的相互了解和友谊进行了不懈的努力，作出了重要的贡献。他将永远活在中国人民心中。"按照斯诺生前的愿望，他的一部分骨灰埋葬在北京大学（他曾经执教过的燕京大学旧址）风景秀丽的未名湖畔，汉白玉墓碑上书写着金色大字"中国人民的美国朋友埃德加·斯诺之墓"。

（2）艾格尼丝·史沫特莱的采访。艾格尼丝·史沫特莱是美国著名的作家、记者和社会活动家，杰出的国际共产主义新闻战士。这位"大地的女儿"自1928年年底作为《法兰克福日报》记者踏上中国土地开始，一直把自己的命运同中国人民的命运联系在一起，把自己战斗的笔与中国人民的革命事业结成一体。抗日战争前夕，史沫特莱在中国西北地区进行了历时一年的采访，真实地报道了发生在那里的一切变革，包括向全世界报道西安事变真相，在国内外产生了重大的影响。从1929年到1936年，史沫特莱一直在上海投身于中国人民的进步事业。她写了许多揭露日本帝国主义侵华罪行和讴歌中国人民革命斗争的文章，陆续编辑出版了《中国人的命运》和《中国红军在前进》等书籍。

（3）安娜·路易斯·斯特朗的采访。安娜·路易斯·斯特朗1885年出生在美国，她当过记者、特约编辑，一生中写了30多部著作。斯特朗一生追求真理，向往革命，她曾在苏联居住近30年。其间，先后访问过西班牙、中国、墨西哥、波兰等国，也满怀热情地报道了那里人民的革命斗争。从1925年第一次访华到1970年在北京逝世，她共访问中国6次，并在中国度过了一生中的最后一段时光。斯特朗热情支持中国人民的独立和解放事业，在近半个世纪的漫长岁月里，她总是在中国革命的关键时刻来到中国，同中国人民同呼吸、共命运，赢得了中国人民的友谊和尊敬，成为中国革命的见证人。斯特朗第一次访问中国时正值大革命时期。她说，吸引她的不是"异国圣地文明和古代宫殿"，也不是这里的"珠宝和丝织品"，而是这里的激情，即革命的风暴。两年后，中国的大革命受到残酷镇压，革命志士惨遭杀害，斯特朗又一次风尘仆仆地赶到中国，她满怀悲愤地写下《千千万万的中国人》一书，向全世界报道国民党蒋介石对中国革命的叛卖和镇压。中国抗日战争一开始，斯特朗就来到中国，她跋山涉水，到山西五台山八路军总部访问，采访了朱德、彭德怀、贺龙、刘伯承等八路军高级将领。她根据这些采访记录写成了《人类的五分之一》一书，不仅热情讴歌了共产党领导下伟大的人民战争，而且向全世界人民预告：中国抗战必胜！斯特朗还是第一个向全世界揭露"皖南事变"真相的外国记者。她在美国各大报纸上用有力的事实揭露了国民党反动派破坏抗战的罪行，如实地报道了中国共产党领导人民军队英勇抗战的丰功伟绩。抗战胜利后，斯特朗第五次来到中国。在宋庆龄的帮助下，她来到革命圣地延安。毛泽东主席通过她向世界发表了"帝国主义和一切反动派都是纸老虎"的著名论断。通过采访刘少奇、周恩来、朱德等共产党的领袖，斯特朗认识到，他们是些"头脑敏锐、思想深刻和具有世界眼光的人"。她表示"中国才是我愿意度过后半生的地方"。1958年，经过10年的努力，斯特朗终于在美国得到旅居中国的护照。当时，她已经72岁了，但她仍以极大的热情向世界介绍中国，一直工作到她生命的最后一刻。1970年3月29日，安娜·路易斯·斯特朗逝世后被葬在北京八宝山革命烈士公墓，墓碑上铭刻着郭沫若的手迹——"美国进步作家和中国人民的朋友"。

上述名记者的采访活动，为中外新闻采访实践积累了丰富经验、方法与技巧，现在新闻采访学仍以他们的新闻思想、新闻观为统领原则。

（三）全面建设社会主义的变革期

这一时期从中华人民共和国成立到"文化大革命"前（1949—1966）。新中国成立，新型社会主义新闻事业也随之建立。在这一历史时期，中国社会发生了改天换地的巨大变化，一次次历史事件的登场成为媒体关注的热点。

首先，是新中国成立初期对开国大典的"协同式"采访。全国各大通讯社、电台、报刊等媒体第一次大规模协同作战，及时、具体、真实、生动地报道了开国大典的整个过程，声势浩大、影响深远，在全世界引起较大轰动效应。

其次，就是关于抗美援朝的军事报道。1950年6月25日，朝鲜战争爆发，中国人民解放军于10月入朝参战。从1950年11月到1953年，关于抗美援朝的宣传成为当时我国媒体的中心议题。当时《人民日报》《工人日报》及新华社等媒体均投入了大量的人力、物力，对战争的报道及时有力、客观真实、真切感人。尤其是《人民日报》的特约记者魏巍，在朝鲜战场上采写的通讯《谁是最可爱的人》，以其深刻的主题、真挚的感情而蜚声遐迩，成为"朝鲜战争军事新闻作品中最有影响的名作，也是中国人民志愿军军事报道的巅峰之作"。抗美援朝的采访报道为我国新闻界军事报道的采访积累了宝贵的实践经验，也培养了我国记者深入实际、深入生活、不怕吃苦、不怕牺牲的优秀精神品质。

再次，是新闻媒体在1958年关于"大跃进"的宣传报道。1958年5月，党的八大二次会议通过了"鼓足干劲、力争上游、多快好省地建设社会主义"的总路线，这条路线的致命缺点就是对客观经济规律的忽视，急于求成，过分夸大了人的主观努力和主观意志的作用。在此路线的指引下，掀起了以高指标、瞎指挥、浮夸风和"共产风"为主要标志的"大跃进"运动和人民公社运动。在狂飙突进的"大跃进"运动中，新闻媒体的宣传报道起到了推波助澜的作用。媒体过分宣扬弄虚作假的"高产典型"，大放"卫星"，如1958年8月27日，《人民日报》派赴山东寿张县调研的记者，以来信的形式报道了"人有多大胆，地有多大产"；《人民日报》1958年9月1日报道，徐水人民公社一亩山药产量达120万斤，小麦亩产12万斤。失实、盲从、舆论一律的报道充斥于报纸各大版面，造成极其不良的社会影响与后果。

最后，是关于典型的宣传。20世纪60年代的典型宣传，比以往的任何时候都更声势浩大、更为集中，其中影响力较大的有关于"大寨""大庆""雷锋""焦裕禄"等的典型宣传，这些对于典型和先进人物的报道在当时社会起到极大的示范与导向作用，使"农业学大寨""工业学大庆""做人学雷锋""为官要学习焦裕禄"的先进经验和优秀事迹深入人心。这些报道不仅遍及大江南北、长城内外，而且许多优秀记者如穆青等采写的《县委书记的好榜样——焦裕禄》、李冀采写的通讯《工人阶级的光辉榜样——王铁人》和《人民日报》记者甄为民、佟希文、雷润明采写的长篇通讯《毛主席的好战士——雷锋》等脍炙人口的长篇通讯报道，感染和影响着一代又一代人，这些典型和先进人物可歌可泣的事迹与无私奉献的高贵品质铸就了中华民族的精神支柱，而记者的深入实际、深入群众、吃苦耐劳、注重积累材料、深挖细节等优秀的采访作风，对于现在的新闻记者从业实践同样具有重要的指导与借鉴意义。

（四）"文革十年"的停滞期

"文化大革命"时期（1966—1976），中国的新闻事业和新闻采访可以说陷入一个停滞不前的瘫痪期，甚至可以说是新闻事业的一种倒退。虽然历史已经证明在这场声势浩大、给人民生命财产造成极大劫难的十年动荡中，主要是政治原因，而媒体在一定程度上也起到了推波助澜和助纣为虐的作用。可以用"假、大、空"来形容当时新闻报道这段历史。如1975年9月《人民日报》在头版发表《江青在大寨劳动》摄影报道，但这幅图片却是在江青指导下导演出来的，当时江青与大寨劳动典型陈永贵一起摆开劳动架势，记者奉命按动快门，假新闻出笼。可见，当时新闻报道虚假、空洞、愚弄受众的现象已经到了无可复加的程度，确实是新闻界的一大悲哀。

（五）改革开放繁荣发展的新时期

这一时期自党的十一届三中全会起，直到今天（1978年至今）。1978年，党的十一届三中全会的召开标志我国进入改革开放新时期。"报纸是阶级斗争的工具"的传统观念被摈弃，媒体不再仅仅具有政治与宣传属性，新闻媒介的信息属性、商业属性与娱乐功能同样得到大家的认可。与之相适应，新闻采访报道领域也发生了深刻的变化，开始重视信息量，强调采访，注重新闻价值与时效。批评性报道有所突破，以前媒体的批评报道黑即是黑，白即是白，现在黑白不再那么分明。深度报道开始勃兴，由于媒体间竞争加剧，以及社会变革的需要，深度报道越来越受到各家媒体的青睐。新闻策划与采访贯穿20世纪90年代以来各媒体始终。新闻的报道策划不再是资产阶级社会的东西，而逐渐被认可。同时，随着社会发展，媒介技术水平不断提升，以及受众需求的多样化，在新闻采访领域又增加了一些新的采访方式，如体验式采访、隐性采访、网络采访，运用博客、微博、网络视频、手机短信等进行采访。以新华社为例，其在新时代背景下的体育新闻采访方式多样，且报道体量大，如东京奥运会举办期间，新华社共播发各类稿件4.5万余条，运用多样化的采访形式和多平台联动的发布形式，创造了历史最大的发稿规模，其中，播发中英文文字报道2900多条，中英文图片约3.9万张，新媒体原创报道近3000条，《"燃"在E空间》《追光：东京之路》《杨扬探"东"奥》等28个（组）产品浏览量过亿，新华网、新华社客户端奥运专题页面总浏览量超过22亿，形成全方位、立体式、多声部的报道声势。

此外，近年来，传统媒体经历急速的广告下滑，陷入经营困境；同时，随着环境的变化，媒体自主性空间进一步收紧。另一方面，数字化技术快速崛起，为传统新闻业带来更深层次的公信力危机和合法性危机[1]。而以互联网为核心的信息技术给媒体生态环境带来了深刻的结构性调整，其中最大影响因素就是网民数量的剧增与舆论阵地的转移[2]。中国新闻事业发展报告显示，2014年至2021年，中国网民规模从6.32亿激增至10.32亿，增长63.29%；互联网普及率从46.9%增至73.0%。可见，报社、广播电视等传统媒体正加速转型，深耕网络视听产业，5G、DTS等数字化传输技术以及人工智能等技术加持为媒体的新闻采访报道提供了更加先进的技术手段，为新闻采访报道方式的创新提供了有力工具。

以上简要论述了我国媒体自五四革命时期到现在百余年的历史长河中新闻采访的历史发展脉络，虽然所列事例过于简单，难以观其全貌，但也能够从中发现我国新闻事业在艰难社会环境下踯躅探索的丝丝轨迹。我国新闻采访活动也是从无到有、从小到大、由简单到复杂，逐渐趋于成熟。而每个时期又有自己独特之处，总结历史，是为了借鉴，为了今天，希望每个新闻工作者能够从中受到启发，以资借鉴[3]。

① 王海燕.中国新闻业的代际变迁——以曼海姆的世代理论为视角[J].新闻记者，2022（03）：24-34.
② 崔灿.从中国新闻事业发展报告看媒体融合变革[J].青年记者，2022（13）：68-70.
③ 刘海贵.中国现当代新闻业务史导论[M].上海：复旦大学出版社，2002：3-109.

二、中西体育新闻采访报道的历史演变

（一）西方体育新闻采访报道的历史演变

1.古代体育新闻采访活动的拓荒与探索

体育活动是人类最古老、最基本的社会文化行为和生存方式之一，与人类历史发展进程一样源远流长。从古希腊的马拉松赛跑到现在四年一度的奥林匹克运动会，体育运动始终是人类社会的重要文化审美活动。人类有关体育活动的最早记载可追溯至原始人类留下的岩画遗址。原始人将他们的狩猎过程和歌舞游戏活动刻画在陡峭的山岩上，而当时的许多游戏都演变成了日后我们所熟知的竞技体育活动，原始人通过洞穴岩石绘画的形式，使其生活经验和从事体育活动的技能代代相传。

在早期人类文明中，有关体育活动信息的最早传播方式和最基本的手段是口语传播。语言的产生使人类摆脱了"与狼共舞"的野蛮状态，并大大加速了人类社会发展的进程。但口语传播受到时空的限制，只能适用于较小规模的近距离社会群体或部落内的信息传播。公元前490年，波斯远征军入侵希腊，两军在位于雅典城东北30公里的马拉松展开激烈的决战，最终，雅典人以少胜多，打败了波斯人。为将胜利的消息传到雅典，一名叫裴里匹底斯的特派信使，从马拉松跑到雅典城中央广场（两地距离为42.195公里），向雅典公民高喊："我们胜利了！庆贺吧！"随即倒地身亡。裴里匹底斯作为雅典的勇士和英雄，也成为古代体育新闻传播的布道者。

古希腊人创造了丰富的古代竞技运动和灿烂的奥林匹克文化。古代奥运会从公元前776年到公元394年，共举办了293届，历时1169年。希腊人在每届奥运会上，都专门设立新闻发布官，并由专人在最短时间内以最快的速度准确地向全希腊各城邦及时传递最新的比赛消息，使各城邦尽早了解比赛的过程及结果。从某种意义上说，古希腊人是体育新闻的创始者和早期实践者。

文字的发明，使人类体育信息的传播方式发生了深刻的变革。书写媒介使传播第一次克服时空界限，在远距离范围内异时进行，也开启了真正意义上体育新闻报道之先河。在古埃及和巴比伦地区，人们不仅将体育活动和游戏的内容记载在纸草上，而且刻画在各种精美的陶制器皿和金字塔石壁上。随着书法和阅读技艺的传播，产生了一种以文字传递的载体，即手抄新闻，现知最早、最著名的手抄新闻就是古罗马时代的"每日纪闻"。古罗马时期，由执政官恺撒创办的《每日纪闻》中不时地刊登各种体育活动信息①。

可见，在漫长的远古时代，体育新闻活动便与人们的生产生活相伴而行，并通过语言、图画和文字等手段进行体育信息的传递与交流。从洞穴岩石的绘画者到裴里匹底斯、再到古希腊奥林匹克运动会的专职新闻发布官和传令使者，都可以视为世界上最早的体育新闻工作者，但还不是真正意义上的体育记者，只能是体育记者的雏形。当时的体育新闻的传递和发布也不能算作真正意义上的体育新闻采访。

---

① 李历铨.从体育赛事观传播媒介类型的变化[J].体育科苑，2010（08）：367-368.

2.近代体育新闻采访活动的萌芽与发展

（1）近代体育新闻采访活动的萌芽

近代体育新闻产生于19世纪上半叶，它是近代体育与近代新闻业互动影响的产物。而真正意义上的体育新闻采访也伴随着近代体育与大众化报纸的出现而萌芽。近代职业体育起源于美国。19世纪30—40年代，欧美很多学校和城市之间开展了周期性的竞技运动比赛，并激发了大众对体育活动的强烈兴趣。1869年，美国出现了第一支职业棒球队——辛辛那提红袜队，随后又成立了全美职业棒球运动员联合会，自此职业体育运动在欧美各国发展起来。英国在1862年修订的《剑桥规则》规定足球只能用脚踢而不得用手打之后，很快出现了数十个足球俱乐部。到19世纪末，欧洲与美国已拥有数以百计的职业运动俱乐部。以1833年9月3日创刊的美国《纽约太阳报》为标志，被称为"便士报"的廉价报纸的出现推动了报业的革命。报纸开始由上流社会的奢侈品和政党的宣传工具变为市民化的大众传媒，并成为市场化的特殊商品。正是在这样的背景下，体育运动因其深受大众的关注和喜爱，成为报纸报道的主要对象之一。"便士报"出现以后，一些报纸注意到了体育运动在大众中的影响力，开始在报纸上不时刊登一些体育比赛的消息。特别是在近代户外竞技运动发祥地英国及其殖民地，像赛马、板球、划船等比赛消息经常成为其报纸的报道内容。但是，这还只是一些零星的报道，既没有固定的体育版，也没有专门的体育新闻部和体育记者，其内容也是一些极简单的消息报道而已[①]。而且体育新闻的采访任务，也多由其他部门的记者兼任，体育新闻采访报道在大众化报纸兴起的初期仍处于萌芽状态。

（2）近代体育新闻采访活动的产生

体育新闻正式登上新闻报道的舞台是在19世纪80年代所谓的"黄色新闻时代"。由于激烈的市场竞争，各报都对体育新闻尤为重视，这一阶段也成为体育新闻采访报道发展的一个重要时期。

近代体育新闻的开创者是约瑟夫·普利策。1883年，美国著名的报业改革先驱普利策买下《世界报》后，以敏锐的眼光注意到了体育新闻及比赛深受大众的喜爱与关注，决定将体育新闻作为《世界报》的重点报道内容之一。为了适应体育新闻报道专业化的要求，提高报道品质，他在《世界报》中首次设立了独立的体育新闻部，并配备了专职的体育新闻记者进行采访报道。普利策的大胆创新成为体育新闻采访发展史上的重要里程碑，并具有划时代的意义。普利策也因此成为近代体育新闻的开创者与奠基人。而正是从这一刻开始，西方新闻界才开始有了专职的体育记者和专业的体育新闻采访。

（3）电子技术推动体育新闻采访报道的发展

19世纪末到20世纪初，电话、电报和无线电技术的问世，推动世界体育新闻业进入了新的发展阶段。这些最新的科技成果革命性地改变了体育记者的采访手段与方式，并首先被运用于体育新闻报道。1899年，美联社雇用了马可尼，他用自己发明的无线电报发送了第一条国际赛艇比赛的消息。1916年，美联社第一次通过电报从世界职业棒球联赛的赛场向本系统内部各个报社发送了详细的赛事报道，这成为世界新闻传播史上一

[①] 郝勤.体育新闻学[M].北京：高等教育出版社，2004：15-16.

个划时代的事件。新技术的出现大大提高了体育新闻采访报道的时效性。

广播与收音机的出现也对体育新闻报道产生了极为深远的影响。美国匹兹堡的KD-KA电台于1921年夏天，为听众提供了棒球比赛的消息。1922年举行的世界职业棒球联赛中，出现了电台记者在赛场现场通过电话与电台通话，直接向公众即时直播比赛的采访报道形式。广播电视的出现开创了比赛现场即时直播这一最新、最快的体育采访报道方式，成为体育新闻采访报道的又一里程碑。

总之，近代体育新闻采访在范围、方式及方法技巧等方面有较为明显的局限性。由于以图文印刷品为主要载体的近代体育新闻在传播手段上比较单一，在传播范围上有较大局限，所以难以满足广大受众的普遍需要；同时，由于作为这一时期体育新闻采访报道主要对象的职业联赛和国际性赛事尚处于初期发展阶段，因而体育新闻采访的内容也比较散漫凌乱，报道体裁单一、方式简单、随意性强。另外，在体育采访报道过程中，媒体与记者常受本地球队和受众情绪影响，常常忽视新闻的客观性和公正性，成为一味迎合本地球队和球迷的"啦啦队"。这种将体育新闻采访报道简单化、程式化、情绪化甚至庸俗化的倾向性做法，严重影响了体育新闻的发展，使体育记者与编辑在业内的形象与地位以及新闻的传播效果都受到较大影响。

3.现代体育新闻采访报道活动的兴盛与繁荣

（1）纸质媒体体育新闻采访报道的飞速发展

20世纪下半叶发生的体育革命促进了体育新闻的兴盛与发展。随着世界体育全球化、产业化和大众化进程的加快，人们对了解有关体育赛事、体育明星、体育事件等方面信息的兴趣和需要日益增加，体育新闻成为最受大众欢迎的新闻品种。体育运动的变革与发展为大众传媒提供了丰富的报道题材和市场资源，而大众传媒又为体育运动的变革与发展提供了最重要的传播手段及资金来源。

从20世纪60年代起，欧美各大通讯社都加强了体育采访报道的力度。为了使赛事采访报道更为快速高效，从1956年第16届（墨尔本）夏季奥运会开始，世界七大主要通讯社联合成立了专门的奥林匹克新闻协会。而欧美的报道则纷纷采取改革措施，扩增体育版面，加强体育新闻部的力量，将体育新闻作为主打新闻来对待。

美国综合性大报《纽约时报》体育新闻采访报道的发展历程，大致反映了欧美报纸，特别是像美国的《华盛顿邮报》和英国的《每日镜报》《卫报》《泰晤士报》等的发展历程。《纽约时报》为了在激烈竞争中取胜，调整了自己的办报风格与办报方针，将体育新闻作为主要板块，以吸引读者的眼球，并要求记者在采访过程中，尽量采写那些生动有趣、适合年轻人口味的体育信息。而且扩招了大批年轻的体育记者，以顺应时代潮流。

英国和大多其他英语国家的报业市场同样是世界上竞争最激烈的报业市场之一，而且体育版的竞争更有愈演愈烈之势。100名记者争相采访报道一场英格兰足球超级联赛的事一点儿都不奇怪。有人开玩笑说，"在媒体看来，国家队经理们的工作在重要性方面排在了第二的位置，仅次于国家元首。"许多全国性报纸和周报、日报将体育报道从几年前排在倒数两三版，扩展到每天由多达28个大版面组成的单独部分——比综合新闻版或艺术版的篇幅都要大。

除了综合性日报外，体育专业报的发展也引人注目。以目前世界最大的体育专业报法国《队报》为例，当时采访报道主要以国内外体育赛事为主，但最后一版固定报道汽车工业与赛车运动。该报有各种文字版，在全世界发行量最高时有500万份以上。为了全面采访报道世界各国体育赛事，该报在全世界派有上百名体育记者，还有上千名国外特约通讯员。从20世纪70年代起，该报主办和组织了许多著名体育赛事，其中久负盛名的如环法自行车拉力赛、环法摩托车赛、滑雪世界杯赛等。该报的报道和评论不但具有权威性，而且由其举办的各种评选和评奖活动也颇具影响力。

为了与电视镜头和电子媒体竞争，报刊等印刷性媒体都十分注重引进高新技术。1970年，美国的《今日》（Today）成为世界上首家使用电子编辑系统的报社。至20世纪90年代，全美国的报纸都采用了电子编辑排版印刷系统。这些高新技术为体育新闻采访报道提供了全新的手段与理念。例如，为了及时采访报道体育新闻，90年代的体育记者普遍装备和使用了无线电话、传真机、笔记本电脑、网络等高技术通信设备，而摄影记者则普遍使用了数码相机与网络传播设备。

（2）新兴媒体的崛起与体育新闻采访报道

20世纪传媒技术的发展与新兴媒体的出现，使体育新闻的采访手段与方式发生了革命性的变化。其中影响最为深远的是20世纪60年代电视的普及与90年代因特网的出现。

① 广播电视与体育新闻采访报道

1936年柏林奥运会首次电视转播时，只有3部摄像机，收视范围半径仅15公里，观众也只有16.2万人。即使是1956年在墨尔本举行的第16届夏季奥运会上，人们每天也只能从电视上收看到短短3分钟的有关奥运会的新闻节目。1964年在东京举行的第18届夏季奥运会上，美国发射的"辛巴姆"卫星首次向全世界直播了奥运会的比赛情况，这成为现代体育发展的一个分水岭和里程碑。从那时起，开始有了真正意义上的电视体育采访和电视体育记者。

在电视传媒的迅猛发展推动下，1984年美国洛杉矶奥运会电视观众平均每天达20亿人次。而2000年第27届悉尼奥运会期间，共有320个国家和地区转播了赛事，电视观众平均每天达到37亿人次，奥运会电视转播小时数超过3200小时，报道悉尼奥运会的记者人数多达15000人，比参赛的运动员人数还多。这就丰富了电视体育新闻采访的内容，扩大了电视体育新闻采访的领域，使电视体育新闻采访出现全球化特征。而且，各国媒体之间的竞争日趋白热化，一方面为体育记者采访提供了广阔空间，另一方面也对体育记者素质提出了更高的要求。

体育有线电视发展的代表是1979年诞生的ESPN（美国娱乐与体育电视台）。这家电视台的前身是美国康涅狄格大学篮球队的一个报道组，但到20世纪末，它已成为全球影响最大的体育有线电视网。2002年，ESPN的资产总额超过200亿美元。ESPN1台及ESPN2台每年向近2亿以上的家庭发送4900小时直播或原创的体育节目。ESPN旗下还拥有一个向160个国家与地区用21种语言播出的国际台与多个专题频道、80多个电台、全球最大的体育网站（http：//www.espn.com）以及全球发行量最大的体育杂志之一ESPN杂志等。作为一个空前的跨国性体育多媒体帝国，ESPN实现了体育媒体的全球化。ESPN之所以受到全世界体育迷的痴迷与热爱，主要源于节目的细分，能够满足体育迷多样化、小众化、多角度的需求。另外，ESPN的节目多为原创，因此，要求记者必须深入比赛现场或者每个采访对象活动的场所进行实地采访，同时要求记者具有充足的体育专业知识储备，以实现体育新闻采访报道的专业化与权威性。

②网络体育新闻采访报道的兴起

20世纪90年代互联网的普及是另一项对体育新闻采访报道产生重大影响的高科技成果。1996年亚特兰大奥运会期间，新兴的网络媒体首次介入奥运会的报道。尽管国际奥委会出于商业的考虑，禁止各国网站对赛事进行网上视频直播，同时也不允许网络记者采访，但网络体育新闻报道还是迅猛地发展起来。2000年悉尼奥运会是体育报道进入网络媒体时代的里程碑。在本届奥运会前后，世界各国、各地区的奥运网站遍地开花、著名网站纷纷创出网民点击次数新高。因特网的出现为体育记者与体育编辑提供了前所未有的信息资源的获得手段和传送手段，极大地提高了体育新闻采访报道的工作效率。更重要的是，网络媒体以其即时性、互动性与大容量性导致了传统新闻理念的革命，导致了网络体育新闻采访这一新的报道手段与方式的产生，也产生了网络体育记者这一新的职业。

总之，20世纪下半叶，电视的普及与因特网的出现，促使体育新闻采访报道产生了革命性的变化，具体表现为：

首先，体育新闻采访报道向深度和广度发展。

由于电子媒体在新闻时效性和动画性等方面具有不可超越的优势，迫使报纸杂志等传统印刷媒体的体育新闻采访报道必须在深度和广度上下功夫。为了与电子媒体竞争，报纸的体育记者不得不将更多的注意力放在挖掘新闻的背景与内幕上面，在报道策划、报道角度和深入采访等方面下功夫。从电视上看比赛，从报纸杂志上看比赛或事件的背景、内幕和观点，这已经成为现代体育新闻受众对不同媒体的观赏习惯与选择依据。而这也对体育记者的业务水平提出了更高的要求。从受众的角度看，现代的体育爱好者们不仅需要通过媒体报道来了解比赛的输赢与比分，更希望了解自己喜爱的球队为什么会赢或为什么会输。由于体育博彩业的兴盛，很多博彩爱好者希望从媒体的赛前预测性报道中来获得有关信息，推测赛场外所发生的事情。因此媒体不仅要报道比赛后的情况，也要报道比赛前的情况，不仅要报道比赛的结果，更要报道复杂的比赛过程和体育明星的表现。

其次，体育新闻采访报道的特点与独立性越来越明显。

为了适应重大赛事与职业比赛的采访报道特点，满足受众的需要，体育新闻采访报道逐渐形成了自己独立的报道方式与风格。如大多数媒体的体育部实行采编合一制，有的实行记者与编辑互兼制，一些媒体还设有专门的体育摄影记者和体育美术编辑。为了适应体育比赛的时间，很多报纸在重大赛事期间采取了延长体育版的截稿时间、增加体育版版面和出版号外、增刊、专刊等方式，其目的都是为了在第一时间将有关信息及时送到读者手中。而且，围绕体育比赛的特点，形成了体育采访报道独特的赛前报道、赛间报道和赛后报道方式。体育记者也更加专业化和细分化，出现了专业的足球记者、篮球记者等。

再次，体育新闻采访报道在内容与范围上出现边缘化倾向。

传统体育新闻采访报道一般是围绕赛场展开，以采访报道比赛过程与结果为主。随着体育运动向职业化和明星制发展，为了满足受众多方面的需求，20世纪70年代以来，体育新闻采访报道的范围迅速扩大。现代媒体的体育版或体育节目不仅要报道体育比赛中所发生的事情与比赛的结果，而且要报道体育明星们的爱好与个人生活情况、俱乐部或重要体育赛事的管理与资金运作情况、球员转会情况、运动员违法或与著名体育界人士有关的司法诉讼情况以及体育界的腐败、行贿、假球、黑哨、兴奋剂、球场暴力等情况。这些原本属于社会新闻版、财经新闻版、司法新闻版等采访报道内容，只因为是发生在体育界或体育明星身上，就都成为体育版或体育节目的采访报道内容。换言之，也就成为体育记者的采访报道范围。体育新闻与社会新闻、财经新闻、司法新闻等在报道内容与范围上的交叉，导致了体育新闻的边缘化，对体育记者与体育编辑的职业道德、业务素质、知识结构、报道能力等方面提出了全新的要求与挑战[①]。

随着新媒体的发展，国外体育新闻采访报道越来越多的采用双向动态的互动模式，增加了读者的可参与性。读者可以选择可视化作品的动态效果呈现方式，也可以根据自己的需求去体验自己想要的内容，优秀的可视化作品还能做到引领读者去感受。在2014年巴西世界杯和2016年里约奥运期间，66篇国外的体育新闻可视化作品中只有9篇是以静态方式展现的，这其中有赛场瞬间还原的题材等[②]。

（二）我国体育新闻采访报道的历史演变

1.中国近代体育新闻采访报道的产生

19世纪末，近代竞技体育开始由外国传教士传入中国，北京、上海、天津等城市的教会学校分别开展了各项田径运动。20世纪初，田径、游泳、足球、篮球、排球、乒乓球、网球、棒球、垒球等运动项目也在中国很多大城市中逐渐开展起来。在此基础上，全国各地出现了各类校际、城市、省级、地区以至全国性的运动会。如民国期间，中国曾举办过7届全国运动会，其中前2届是由西方基督教主持举办的，第3届由北洋直系军阀、两湖巡阅使萧耀南发起，聘请张伯苓、沈嗣良等体育名流负责主持。1930年的第4届全运会，由国民政府出资在杭州举办。其后，由国民政府组织筹建会主持，分别在1933年于南京举办第5届全运会、1935年于上海举办第6届全运会、1948年于上海举办第7届全运会。在七运会上，台湾首次参加。在国际赛事方面，远东运动会是中国最早参加的国际赛事。从1913年到1934年间共举行了10届远东运动会，中国都派代表团参加了比赛。20世纪上半叶中国体育最重要的事件是参加了3届奥运会，分别是1932年的第10届洛杉矶奥运会、1936年的第11届柏林奥运会和1948年的第14届伦敦奥运会。

各项竞技体育运动项目的相继开展，民国时期七届全国运动会的举办以及世界大型体育赛事的角逐，催生了近代体育新闻采访报道的兴起与发展。体育比赛越来越引起大众的关注，也由此成为媒体采访报道的重要内容。上海、香港、广州、天津等城市出版的报纸开始登载一些体育新闻。在20世纪上半叶的商业性大报中，上海《申报》的体育新闻独树一帜。《申报》注重读者的需要和口味，经常刊登体育与竞赛消息，在奥运会等

---

① 郝勤.体育新闻学[M].北京：高等教育出版社，2004：26-28.
② 陈翰韬.大数据时代下网络媒体体育新闻可视化研究[D].上海：上海体育学院，2017.

重大国际赛事期间，更是不吝版面，详细刊登有关比赛的消息。

当时上海《时报》也比较重视体育新闻报道，为与其他报纸竞争，该报独辟蹊径，辟体育新闻专栏，凡国内外重大体育赛事，必派记者前往，体育报道内容丰富，受到学生欢迎，争相订阅。如1930年全国运动会在杭州召开，《时报》特派摄影记者前去采访，为及时冲印照片，特租半节火车车厢，将当天拍摄的比赛场面、选手照片冲洗出来，等车到上海，立即将照片送到报馆发排。《时报》如此大手笔，重视体育新闻采访，追求新闻时效性，在20世纪20年代的报界实属罕见。

在国际体育赛事采访报道方面，从1896年的第1届奥林匹克运动会至第9届，由于晚清政府腐败，继而军阀混战，我国未派运动员参赛，也无记者采访。1932年在美国洛杉矶举办第10届奥运会，我国仅有1名运动员参加，也无随行记者。直至1936年，第11届奥林匹克运动会在德国柏林举行，我国共派出体育代表团139人（其中包括运动员、教练员、工作人员和观摩考察人员），这在我国体育史上是空前盛事。为及时报道比赛盛况，当时中央通讯社社长肖同滋经反复筛选，最终决定由时任南昌分社社长的冯有真担任随行记者，因为他能讲一口流利的英语，学生时代又是足球健将，1934年又不负众望，单枪匹马地成功采访了在菲律宾马尼拉举行的第10届远东运动会，因此冯有真有幸成为现场采访奥运会的中国记者第一人。

由于经费拮据，中国代表团不能乘坐飞机，而只能坐船赶往柏林。1936年6月26日，冯有真随代表团乘重1.8万吨级的大型客轮，从上海启航。在横渡大西洋的漫长航程中，他和代表团运动员同吃同住，深入了解每位选手的技术专长，在海浪的颠簸中写出洋洋数万言的《世运代表团随征记》，抢在奥运会开幕之前逐日发表，吸引国人眼球。同时采写沿途异国风光，其中不乏反映海外侨胞爱国爱乡、热切企盼祖国强盛的内容，爱国之情流诸笔端，文章富有感染力。这次奥运会会期从8月1日至16日，中国运动员参赛有田径、篮球、足球、举重、游泳、拳击、自行车7个项目。由于当时中国的国际地位低下，体育落后，外国人看不起中国运动员和记者，采访十分困难。冯有真无奈装上假须，化装成日本记者的模样，在柏林艰难采访10天。比赛期间，只要中国选手取得哪怕是一点点成绩，他都详细采写，迅速报道，让国人分享喜悦。在篮球比赛预赛中，中国篮球队以45：38打败法国篮球队，他除了当即采写消息以电传迅速发往国内，还连夜写出通讯《我国篮球队胜法详情》，报告国内同胞，使万里之外的同胞读后犹如身临其境。在田径比赛中，中国运动员大多在预赛中被淘汰，唯一取得决赛资格的是撑竿跳高选手符保卢，这同样令冯有真喜出望外，他对符保卢的比赛情况作了详尽而又生动的报道。《中央日报》在刊发他的报道时，特意加上醒目的编辑按语："特派记者冯有真的广播报道富有章回小说的味道。"此外，冯有真对这次奥运会首次点燃奥运圣火、首次举行火炬传递和一些精彩比赛片段作了大量的生动采访报道。尤其是美国黑人运动员欧文斯一人独得4块田径金牌，被誉为"黑色闪电"，在当时的形势下，对推行种族歧视的纳粹德国不啻于当头棒喝，冯有真的报道中对此均有详尽反映。他还拍摄并传回大量奥运比赛精彩的照片，这些珍贵的资料为中国人了解世界、提高竞技体育水平，起到了积极的作用①。

① 徐祖白.张家港史话[M].扬州：广陵书社，2008：210-212.

1936年第11届柏林奥运会举行前后，是中国20世纪上半叶少有的政治相对稳定，经济也有一定发展的时期。中国政府不仅派冯有真进行采访，国内各报也对赛事做了较多的报道。从8月1日运动会开幕始，上海《申报》每天都用一个整版对每日赛事进行全面报道。天津《大公报》每天出"第11届世界运动会特刊"，用一个半版来报道赛事。与1932年第10届奥运会的报道相比，各报不仅对赛事的报道量增加一倍以上，而且报道内容也大为丰富。

1948年第14届奥运会是第二次世界大战后的首届奥运会。时逢解放战争的关键时刻，国民党政权节节败退，风雨飘摇，国内经济衰退，民不聊生。中国虽然也派出了代表团，但已不像参加第11届奥运会时的景象。对于最隆重的开幕式，《申报》7月30日第二版用了不到1/4版面进行报道，总共只有3条消息，分别是：《万众欢呼号角声中，英王宣布世运开幕》《世运田径今日开始，楼文敖万米战群雄》《郑大使举行酒会招待我世运代表》；另有一则百字不到的《我选手动态》。《大公报》在第三版也只用了不到1/4版面做报道，不过区区6条短讯，另加一条"世界运动会大会成绩录"。以上报道的版面、字数、报道量、标题字号、版式的气势等均无法与第二次世界大战前的第11届奥运会相关报道情况相比。开幕式尚且如此，比赛期间的报道就更显可怜。这些都显示了体育新闻采访报道深受国运与政治的影响。

总之，这一时期，由于连年战争，体育新闻采访报道处于不稳定，时断时续，报纸没有固定体育版的状况，只有在奥运会这样的重大体育赛事期间，才有连续性的体育新闻报道。体育新闻采访报道专业化程度较低，多数媒体没有专职体育记者，国内媒体也很少派记者远赴国外采访重大体育赛事。虽然旧中国国势衰弱，报社资金短缺，对体育运动无力重视，但体育新闻采访还是在这样的社会大背景下产生并获得一息生存。

2. 中国现代体育新闻采访报道的发展与繁荣

1949年中华人民共和国成立以来，在党和人民政府的指导和支持下，我国体育新闻事业获得了前所未有的发展，成为新闻事业的一个重要组成部分，有力地推动了我国体育事业的发展。而在这一时期，体育新闻采访报道经历以下过程及呈现如下特点：

（1）现代体育新闻采访报道的兴起（20世纪50—70年代）

中国现代体育新闻报道始于1949年中华人民共和国成立。到20世纪70年代末，尽管经历了一个曲折的发展过程，但总体来说，中国的体育新闻事业开始形成，并为20世纪80年代的大发展奠定了基础。

中华人民共和国成立后，党和人民政府高度重视体育的宣传与普及工作。为了贯彻落实党的体育方针政策，宣传与普及体育运动，增强人民体质，《人民日报》《光明日报》等大型综合性报纸都在新中国成立之初就开辟了体育专栏，对体育运动发展的最新消息进行及时报道。当时，从中央到地方的新闻媒体都把宣传与普及体育运动作为一个重要的任务。

1950年7月，《新体育》杂志创刊，毛泽东亲自为《新体育》题写刊号，朱德为该刊题词，从而揭开了新中国体育新闻事业的新纪元。1957年创办了外文体育杂志《中国体育》。1958年9月1日，我国历史上第一份全国性体育专业报纸《体育报》（1988年7月1日改名为《中国体育报》）正式创刊。《体育报》和《新体育》一报一刊，标志着中国体育媒体进入了专业化阶段。

1955年4月，中央人民广播电台开设了体育专题节目——"体育谈话"，每周2次（1956年改为每周3次）。1958年，"体育谈话"节目改名为"体育运动"节目，每天都有固定的播出时间，主要是及时报道中国体育的情况和成就。中央人民广播电台对一些重大的国内外比赛进行报道，还有实况转播节目，著名播音员张之就是当时广大体育爱好者所熟悉的体育实况广播和电视转播评论员①。

1958年5月1日，中央电视台（原名北京电视台）在北京成立，标志着中国新闻事业进入了一个新时期。在早期的电视节目中只有电视新闻这一种报道形式，而体育新闻是其中一个主要的常设内容。同时，这也成为中国电视体育的萌芽。1958年6月19日，北京电视台实况转播了北京男、女篮和八一男、女篮球队的表演，这是我国第一次进行的体育实况转播。由于当时物质条件和技术水平的限制，电视播出的节目和时数并不固定，直到1958年年底中央电视台才有了不定期的电视体育专栏节目《体育爱好者》。1960年1月起，中央电视台试行固定的电视节目表，在隔周的周二、周五播出《体育爱好者》节目。同时，上海等地方电视台也定期或不定期地播出一些电视体育节目。1961年4月，第26届世界乒乓球锦标赛在北京举行，中央电视台在10天时间内转播了14场比赛，计35小时。1973年10月，中央电视台和湖北电视台合作，第一次成功利用微波干线把全国乒乓球锦标赛的音频、视频信号从湖北传到北京，进行全国实况播出。1978年6月，第11届世界杯足球赛在阿根廷举行，中央电视台通过国际通信卫星将图像和声音接收回来，配音播出②。

总的来说，20世纪50年代初到70年代末，由于党和政府的重视，中国的体育新闻报道随着体育事业与新闻事业的发展而逐渐形成。以新华社、《人民日报》《体育报》和《新体育》杂志等为中心，一代体育新闻工作者成长起来，发表了不少优秀作品，为推动中国现代体育事业的发展作出了重要贡献。与此同时，也积累了不少体育专业报道方面的经验。但是，这一时期的体育新闻报道事业也存在着政治色彩较浓、报道水平不高、专业性不够等缺陷，而且绝大多数报纸还没有专门的体育版，各类媒体也都没有体育新闻部，甚至没有专职的体育记者。体育新闻采访报道多由其他新闻记者兼任，零星的体育消息夹杂于副刊版或其他不重要的版面上。同时，由于特定的历史环境和当时中国体育状况的影响，除了一些有中国运动员参加的国际性赛事以外，体育采访的内容主要是一些国内的群众体育活动情况，而对当时世界上举行的各种体育赛事基本上不予采访报道。

（2）体育新闻采访报道的勃兴和专职体育记者的出现（20世纪80—90年代）

20世纪80年代，是中国体育新闻高速发展的时期。随着中国的改革开放事业和经济发展取得巨大成功，中国的体育事业与新闻事业都进入了一个空前繁荣的发展时期，从而为体育新闻的发展提供了广阔空间。这一时期，也是中国现代体育新闻采访报道的勃兴期。

为了适应体育新闻报道的需要，中央电视台于1980年在全国媒体中率先成立了体育

---

① 郝勤.体育新闻学[M].北京：高等教育出版社，2004：35-38.

② 王晓.我国体育赛事传播研究[EB/OL]（2006-11-22）[2022-9-1].http://www.sport.gov.cn.

部。1982年中央广播电台也成立了体育部。从1984年起，中央电视台将体育新闻从新闻节目中分割出来，增办了独立的"体育新闻"节目，体育节目在各电视台的播出时间也在逐年增加。以我国三家主要的地方电视台即北京电视台、上海电视台、广东电视台为例，从1982—1988年，3家电视台的年体育信息总播出时间由21900分钟增加到了386979分钟。而中央电视台1990年播出的体育节目比1985年增加2倍。同时，据调查显示，当时的群众对媒体体育报道的意见主要是"缺乏深度""体育画面不够优美""体育报道缺乏背景知识介绍""体育比赛现场解说平淡缺乏分析和幽默感"等。

1981年，中国运动员摘取了第36届世界乒乓球锦标赛的全部7块金牌，在全国掀起了"国球热"；中国足球队在世界杯足球赛亚太地区决赛中，战胜强手科威特队，在全国掀起了"足球热"；中国女排赢得"五连冠"，在全国掀起了"排球热"；聂卫平在中日围棋擂台赛上孤军奋战，勇夺擂主，又在全国兴起了"围棋热"。1984年洛杉矶奥运会上，我国体育健儿顽强拼搏，实现了奥运金牌"零"的突破，共斩获15枚金牌，大涨中国人民的士气。中国运动健儿取得的辉煌战绩成为20世纪80年代最激动人心的篇章，叩响了中华民族自强不息、奋勇拼搏的时代强音。《人民日报》《光明日报》《中国青年报》《体育报》、中央人民广播电台、中央电视台等媒体都进行了及时、全面、充分的采访报道。对于这届奥运会，中国媒体表现出很高的热情，作为当时我国唯一的一份体育专业报纸、国家体委机关报《体育报》（《中国体育报》前身）为了及时报道洛杉矶奥运会，在奥运期间将每周4刊改为日刊，并由总编辑亲自带队共4名特派记者前往洛杉矶，奥运会开幕后共发回244篇稿件约7万字的报道。

1990年有关北京亚运会的报道表明我国体育新闻采访报道逐渐走向成熟。在这届亚运会上，我国新闻界投入力量之多、声势之大、水平之高、影响之广，均创我国历次体育新闻报道之最。前来采访的5000余名中外记者中，中国记者就达3000余人。这还不包括大量的后方保障、编辑和后勤人员。从9月中旬到10月初，新华社发中文稿8287条、158多万字、英文稿2258条。中央人民广播电台播出亚运新闻12万字和亚运专题27.5万字。中央电视台播出亚运电视节目335个小时，比上届多170多个小时。中国媒体对亚运会报道的声势与规模如此之大，标志着中国的体育采访报道登上了一个新台阶。

自1978年中央电视台开始大规模转播赛事以来，体育电视的影响逐渐超过了报纸。1984年7月洛杉矶奥运会期间，中央电视台直播了开幕式和闭幕式，并成功直播了中国女排"三连冠"等激动人心的比赛场面。在此期间，仅播出每辑1小时的专题报道《洛杉矶奥运会》就达到30辑，播出新闻53条，发表评论3篇，总共播出70多小时的电视体育节目。至此，中国体育电视进入了大型体育赛事转播的阶段。

中国体育健儿在20世纪80年代取得的举世瞩目的成绩，带来了席卷全国的体育热潮，也为体育新闻采访报道增加了更多精彩的内容，使体育新闻逐渐成为媒体的主要版面之一，体育新闻采访报道空前活跃。如1984年洛杉矶奥运会期间，有近80名中国记者参加了报道工作。在他们中间产生了中国第一批现代专业体育记者。1988年汉城奥运会期间，我国有100多名记者前往采访。这是中国新闻史上首次派出上百人的记者队伍出国采访。中国体育记者的敬业精神和报道水平给世界各国的同行留下了深刻印象。如许海峰夺取我国奥运史上第一枚奥运会金牌的消息，就是由新华社记者抢先第一个发出了稿件。但在当时赛事报道过程中，也暴露出一些中国记者外语水平较差、采访能力较弱的缺陷，对大型运动会报道的总体把握和全面反映也显得不够。

1992年巴塞罗那奥运会是我国体育新闻报道的又一次新的突破。这届奥运会上我国有112名记者分别代表国内29家新闻单位赴西班牙参加报道工作。经历了多次世界重大体育赛事的报道之后，中国媒体的奥运报道变得越发成熟。新华社人多势大，力求在报道面和时效上下功夫，在各参赛项目上做到不漏一条重要消息；《中国体育报》首次推出"奥运特刊"；《人民日报》为了"详细、生动、多角度、多侧面地报道赛场内外的热点新闻，各国健儿的风采、赛事分析及赛场趣闻"，创办了"奥运会专页"，开辟多种专栏；《中国青年报》在只有一名记者前往巴塞罗那实地采访的情况下，与香港新闻单位展开合作，利用香港媒体的优势，充实了前方报道。一些"单兵作战"的地方性报刊则力求扬长避短，将重点放在花絮、特写和采访重要人物及重要事件上；还有些报刊采取"联合作战"的方式，分兵把口，然后定时交换信息，各取所需，体现了既竞争又合作的精神。关于巴塞罗那奥运会，中国媒体的采访报道在规模、数量、质量、时效以及多样性方面均超过了以往奥运会的报道，取得了极大成功。

1996年亚特兰大奥运会是现代奥运会的百年诞辰，引起全世界新闻媒介的格外关注，中国的采访报道力量也有很大增长。新华社投入300万元的资金，组成38人的报道组，除了用多种文字向全世界传递中国奥运代表团的比赛情况外，还在奥运期间推出了《奥运快报》，每天四开八版，在报摊上很是火热。《中国体育报》的《奥运特刊》，以权威的信息、活跃的版面、清晰的图片为广大体育爱好者所喜爱。《人民日报》《光明日报》《文汇报》《中国青年报》《北京晚报》《新民晚报》等也都开设了"奥运专版"或"奥运专页"，除了报道有关比赛的情况，还更多地透视了赛场之外的东西。众多报纸都更注重读者的参与，除设有读者热线电话，还在版面上为读者辟出一方绿地，供读者发表意见①。

（3）足球采访报道热催生足球记者的崛起（20世纪90年代）

1994年开始的中国足球职业联赛激发了全国媒体市场的新一轮竞争。主客场制的联赛使各大城市球市火爆，仅联赛第一年到现场观看甲A足球联赛的观众就达217.6万人次，平均每场接近2万人，上座率达60%。而在此之前，国内足球上座率不超过30%。市民对本地球队成绩的关注，引发了媒体的体育新闻大战。为了争夺受众，占领发行与广告市场，从中央到地方的媒体都纷纷扩充体育版，派驻记者前往现场，对联赛进行采访报道。

许多媒体将报道重点集中在有本地球队参加的足球、篮球、排球、乒乓球、围棋等职业联赛上，同时对欧洲各主要职业足球联赛、美国NBA篮球联赛以及奥运会、世界杯足球赛、欧洲足球锦标赛等予以大量报道。在激烈的市场竞争推动下，这些报纸力图通过扩大体育版、加大体育报道量、提高体育报道品质来提高报纸的市场竞争力。足球运动的职业化和市场化燃起了国内球迷的关注与极大热情，也使足球报道占据国内各大媒体的主要版面。国内足球记者成为体育记者的代名词，国内体育界俨然变成足球新闻采

---

① 薛文婷.我国平面媒体奥运报道百年回眸[EB/OL]（2006-11-06）[2022-9-6]. http://www.sport.gov.cn/n322/n3407/n3415/c564826/content.html.

访报道一枝独秀的超繁华景象，也滋生了许多体育假新闻。

随着职业足球联赛的火爆，产生了一代年轻的体育记者与体育编辑。1998年全国足球联赛前，仅在足协办理采访证的记者就多达7000人。他们大多是在1994年足球职业联赛以后入行的，年轻、新锐、有干劲，且对足球充满热情并多数以足球报道见长。同老一代记者相比，他们更富有朝气与探索的勇气，更能将个人的兴趣爱好与体育记者的职业结合起来，写出的报道更具有个性与锐气。他们的体育报道往往以独到的角度与犀利的言论为特色，形成了新的体育采访报道风格，在赢得读者的同时，也为自己赢得了名气与声望。

另一方面，20世纪90年代新生代体育记者中很多人也表现出专业素质的局限性。例如，不少体育记者对足球以外的其他体育项目较为陌生，无法达到现代媒体对体育记者和体育编辑的全面要求。另外，在敬业精神、职业道德、生活自律和采访报道业务等基本功方面，新生代体育记者与老一代体育记者相比也有一定差距。但随着年龄的增长和经验增加，这批新生代体育记者终会成熟起来，成为中国体育新闻报道的中坚力量。

（4）体育平面媒体采访报道的繁荣发展（21世纪10年代至今）

自21世纪以来，体育平面媒体采访报道趋于成熟，并呈现繁荣发展的新局面。其中以专业体育报刊如《体坛周报》《足球报》《足球周刊》《环球体育-灌篮》《NBA时空》《中国体育报》等为先锋，一些综合报纸如《北京青年报》《南方都市报》《新京报》《辽沈晚报》等的体育版也不甘示弱，凭借雄厚资金和强大的报道团队，在重大的体育新闻报道中崭露头角。

2000年悉尼奥运会，我国代表团以28枚金牌、16枚银牌、15枚铜牌的成绩打破了美、俄、德长期垄断的奥运第一集团，一举跃入了奖牌榜世界三强行列。奥运会开幕前后，国内各报相继推出奥运特刊、奥运专版。《人民日报》派出6人前方报道组，每天的发稿量达到30多条文字稿、数十张图片，既有人物专访、赛事评点、采访故事、精彩图片等特色栏目，也有明日赛事指南、金牌榜、冠军榜等服务读者的栏目，既体现了《人民日报》的权威性、导向性，也体现了服务性、贴近性。《中国体育报》则发挥四社合并的集团优势，四社派出12名记者一同前往悉尼，发挥优势写出独家、全面的报道。其在形式上的创新在于推出了《奥运特刊》彩刊（1版和4版均为彩页），绚丽的色彩让人眼前一亮。伴随着这一时期我国都市报的迅猛发展，都市报刊的奥运报道数量有很大增长。悉尼奥运报道的另一突出特点是，随着网络在信息传播方面的优势凸显及其迅猛发展，很多平面媒体纷纷与网络联手。如《中国体育报》和中国体育在线网站密切合作。平面媒体和网络的密切配合为日后两者之间的合作提供了很好的思路与经验借鉴。

2004年雅典奥运会，是2008年北京奥运会的前哨战。国内许多媒体都将这次奥运报道看作2008年北京奥运报道的一次预演，投入了大量的人力、物力和财力。《体坛周报》从2004年8月11日—30日推出《体坛周报—雅典2004日报》，分三部分（"主赛场""大球场""五环志"）、24个版面全方位报道奥运会。这次奥运报道首次出现了由地方平面媒体组成的联合报道团，这是我国报业在新形势下建立"竞合"关系的一次具有开拓意义的探索。如由《北京青年报》倡议，包括《成都商报》《现代快报》《都市快报》《晶报》《华商报》《香港商报》等13家都市报组成的"媒介联合体"；包括《北京晚报》《新民晚报》《扬子晚报》《羊城晚报》《武汉晚报》《辽沈晚报》等20多家全国主流晚报在内的55名体育记者组成的中国晚报奥运采访团。奥运会期间，联合报道团每天根据比赛项目的安排，即时分配任务给各报道小组，各报道组在规定时间内，将新闻稿件经编码加密处理后发送到雅典前方报道平台，构成一个奥运新闻信息资源库，通过网络传输发送到国内的后方平台，报道团成员的后方编辑在指定时间，从平台上任意选择下载稿件，并根据自身定位与风格进行组版编辑[①]。

2008年北京奥运会将中国的各大媒体推上了世界媒体的中心赛场，各媒体均在几年前便开始前期的策划与准备，倾其全力组成超豪华阵容采访报道北京奥运会。这届奥运会我国共有注册的文字和摄影记者5600人，但我国各大平面媒体占尽天时地利之优势，非注册记者人数多达上万人，共同报道奥运会的盛况。如《人民日报》及其海外版以及《人民日报》所属的《京华时报》《环球时报》、人民网形成一个立体的、互动的、全方位的报道格局。奥运会期间，《人民日报》以每天12个版面刊登奥运特刊，各版面主题鲜明又各具特色，消息、通讯、侧记、热点解读等文字报道，与反映现场动态、花絮的图片报道相得益彰，版面设计大气，评论立意高远。加上以诗歌、剪纸等文艺形式为主的副刊，读者可全方位分享奥运盛事。由《华西都市报》《燕赵都市报》《金陵晚报》《大河报》《华商晨报》《半岛都市报》《晶报》等20多家都市报社成立的新锐媒体联盟，联合北京奥运官网承建者——搜狐网获得了垄断性的平媒资源，拥有200人的报道团队、数十张的证件，在奥运新闻大战中取得了巨大成功。

在2010年南非足球世界杯报道中，全国晚报协会体育分会组织了庞大的采访团赴南非一线采访。这是全国晚报协会在历次大型活动采访中困难最大、采访最为艰难的一次。在南非的38天，前线记者克服了各种困难，采访到了第一手鲜活的材料，写出了许多有特色的新闻报道。据统计，在南非采访团中，平均每天发稿数量近百篇、每天发稿字数在15万字以上。从发稿的内容和形式上看，也有了一些突破。从反映来看，各家晚报的世界杯特刊都得到了读者的好评。国家体育总局宣传司副司长邵世伟用3个"好"字评价了晚报世界杯的报道：第一，晚报体育学会精心组织了28家媒体的精兵强将赴前线采访，在采访过程中，无论是确保安全、团队协作等方面的组织协调都很好。第二，资源整合好，晚报世界杯前后方分工协作、软硬结合、整合资源、全方位地报道了南非世界杯的盛况，尤其以《北京晚报》的"孙海英侃球""麦家风雨世界杯"专栏为代表的评述性栏目极具晚报特色，有分量、有味道。第三，记者报道好，这次南非世界杯晚报采访团记者的触角伸到了除足球以外的各个方面，报道体裁也多种多样，全方位、多角度进行报道，这次世界杯采访是晚报团最成功的重大采访活动之一。

南非世界杯举办期间，新锐媒体联盟再次聚集资源优势，联合搜狐网和南非最大的华人报纸《南非华人报》并肩作战，《南非华人报》有着南非当地的资源优势，在采访、生活方面给予联盟全力支持，保证联盟及时、准确、全面、深入地采访此届世界杯。新锐媒体联盟拥有国际足联正式采访证6张，搜狐体育也拥有6张各类证件，同时联盟通过各种途径并在《南非华人报》的支持下，取得了数张工作证件，新锐媒体联盟所持有的

---

① 薛文婷.我国平面媒体奥运报道百年回眸[EB/OL]（2006-11-06）[2022-9-6]. http://www.sport.gov.cn/n322/n3407/n3415/c564826/content.html.

证件比例在国内平媒的采访团体中是最高的。为了保证能有更多的采访机会，联盟还购买了150多张球票，应对采访工作中遇到的各种困难。并细致安排各项采访活动。在采访组织上，新锐媒体联盟记者分成若干小组，主要覆盖比勒陀利亚、约翰内斯堡和勒夫斯堡等赛区，拥有阵容庞大的采访团体，并且在当地媒体细致配合和当地华人的鼎力支持下，新锐媒体体育联盟在南非创造了辉煌，树立了体育新闻报道的典范。历经40天的采访报道，为读者展示了一个真实、客观、全面的世界杯和充满惊险刺激的南非。

（5）体育电视新闻采访报道的繁荣发展（21世纪10年代至今）

我国体育电视新闻采访报道经过雅典奥运会的历练，到2008年在自己国门脚下召开奥运会，完成了我国体育电视新闻采访报道由兴起到繁荣发展的华丽转身，到2010年南非世界杯的电视采访报道，再一次彰显了我国电视媒体采访报道的实力和美好未来。

2004年雅典奥运会，中央电视台租用了6条卫星线路，不仅通过其专门设立的奥运频道，在赛事期间每天24小时直播，而且还在CCTV1、CCTV2以及2个付费频道中，直播各种赛事。据统计，这次央视在5个频道中共播出1400个小时的奥运新闻。同时，在这场奥运新闻竞技中，央视报道的新趋势、新技术也一一呈现。在雅典奥运报道中，"电视直播+单边注入点报道"成为最主流报道形式，即通过直播，观众虽然可以看见比赛的全过程，但对于比赛中的一些细节，尤其是运动员的心理状态却无法了解。为了能在第一时间现场采访运动员，中央电视台在乒乓球、跳水、举重等7个中国强势项目的比赛场馆租用了直播摄像机，设置单边注入点。在比赛结束后第一时间近距离或零距离采访运动员或教练，凸显体育新闻采访手段的个性化与丰富性。同时，在中央电视台的节目中，王涛、吉新鹏、刘璇等6位前奥运冠军，一直在前方同专项记者一道进行采访、评论和解说；而在凤凰卫视的屏幕上，前体操世界冠军莫慧兰，向世人展示了她的伶牙俐齿；在上海、北京等媒体的联合报道中，郎平则主持了以自己名字命名的《郎"评"奥运》节目……湖北电视台体育频道也专门请来了湖北籍的奥运冠军郑李辉担当嘉宾，共同主持《燃情雅典》节目。专业人士的专业化采访报道，为观众奉献了一道独特味美的奥运视觉盛宴。雅典奥运报道中，央视广泛应用"数字化采编+远程制作系统"，在北京有近400人参加工作，而在奥运赛场有160多人在奋战，联系这两个制作大本营的就是远程制作系统。该系统以媒体资产管理系统为核心，采用前方采集收录、后方编辑制作的全新模式，实现了"全程非线性"的崭新制作理念，体现了奥运报道更快、更高效的特点。可以预见，这种远程制作将成为今后电视媒体异地采访的一件利器。

2008年北京奥运会的电视转播举世瞩目，是人类历史上受众观看最多的直播节目，超过了月球登陆、戴安娜王妃的葬礼以及奥巴马的就职典礼。据《泰晤士报》透露，2008年8月8日在北京鸟巢上演的铺张华丽的演出，吸引了全世界"真正10亿"的电视观众。我国目前体育电视转播基本是央视一家独大，垄断着全国80%以上的体育赛事报道的资源。中央电视台的体育频道在采访报道方面具有雄厚的实力，拥有世界上最精良的摄录转播设备，超过1000人的制作团队集中了国内体育电视精兵强将，无论采访、摄制、编播、解说和评论等都精确分工，向专业化、高端化、品牌化逐步迈进。为争夺体育赛事资源，打破央视垄断地位，2007年由江苏体育频道、山东体育频道、辽宁体育频道、湖北体育频道、新疆体育频道、江西体育频道和内蒙古体育频道7省区体育频道组成的联盟（目前辽宁和江苏已经退出）——CSPN横空出世，其主要提供国内外体坛最新动态资讯，拥有世界众多顶级体育赛事独家报道权。CSPN在中国电视界率先实现"中央厨房"制作理念，实行统一采购、统一制作、统一播出的最新模式。

2008年北京奥运会期间，央视为电视观众奉献了一场豪华的奥运盛宴，共派出3000人马奔赴奥运报道前线，投入7个频道报道此届奥运会，播出时间达3000个小时以上，比上届雅典奥运会转播时间多2000余个小时。电视节目转播是全方位的，连综合频道都要拿出除《朝闻天下》《新闻30分》《新闻联播》这3档新闻以外的全部时间来报道奥运会。同时央视奥运新闻报道以"一手采访、现场第一时间报道、演播室访谈、深度追踪"为核心，重拳出击，以达到立体化、全方位的效果。北京奥运期间，数十位各国政要以及体育界的知名人士齐聚北京，中文、英文国际频道抓住这一难得的契机，第一时间报道了他们的行踪和活动，并邀请权威嘉宾进入演播室，讲述北京举办奥运会履行承诺的过程以及由此带来的变化。英文国际频道还在"鸟巢"和"水立方"旁边的高层建筑中设立一个特别演播室，邀请与奥运有关的高端人物进行现场访谈。同时，新闻频道的《新闻会客厅》隆重推出奥运特别节目《有朋自远方来》，邀请前来北京的世界各地具有代表性的各界精英，讲述他们眼中的中国以及北京2008年奥运会。央视众多栏目，如《朝闻天下》《揭秘中国军团》《小崔说事》《非常6+1》等都深入挖掘中国体育健儿备战奥运、为国争光的幕后故事，细数奥运冠军的成长历程。央视"特色化、高水平"的报道，让10多亿受众一打开电视就能享受到扑面而来的奥运激情。

2010年南非世界杯期间，中央电视台投入CCTV1、CCTV5、CCTV7、CCTV高清、风云足球和中国网络电视台进行电视转播，并派出孙正平、刘建宏、段暄、贺炜4名解说员及8个采访小组在内的70人报道团赶赴南非，在约翰内斯堡等9座城市、10个体育场全程报道64场比赛，为中国球迷带来最新鲜的消息，分享世界杯激情。由于中国队无缘世界杯，世界杯又是第一次踏上非洲大陆，国际足联大幅削减了中国媒体的采访名额。国际足联网站公布的数字显示，此届世界杯共发放大约6000个非广电类记者证，中国只分到60个。不过，这并不影响中国各路媒体向南非派出报道团队的热情。据相关旅行社统计，最终抵达南非的中国记者可能会超过300人。正如一名都市报体育版负责人所说，在世界杯报道上，派不派记者到前方采访，反映了媒体的实力和对世界杯的重视程度。对于很多媒体来说，要想在激烈的世界杯媒体大战中争得一席之地，无论有没有获得采访南非世界杯的记者证，都必须派自己的记者到前方去——媒体必须从南非传回自己的声音。

2012年伦敦奥运会期间，中央电视台是伦敦奥运会在中国的独家持权转播机构，形成以CCTV1为旗舰频道、CCTV5为主频道、CCTV7为辅频道的组合报道体系。奥运期间，CCTV新闻等频道发挥新闻报道优势，自由灵活报道奥运；高清频道与CCTV5并机播出。中央电视台在伦敦国际广播中心建立了1000平方米的前方报道中心，在开闭幕式田径、游泳、体操、乒乓球、羽毛球、篮球、排球、射击、赛艇、皮划艇等重点项目设立现场评论席、混合区直播点等单边报道资源。在奥林匹克中心区的电视塔上（TV-Tower）还建立了一个外景演播室。中央电视台以"充分利用奥运品牌资源，全方位、多渠道地实现传播效益最大化"为总体报道思路，在报道中强调"以人为本"，并用多种制作方式最大限度突出现场，最大限度突出现场中的中国元素。在报道理念中，重点强调"充分展示竞赛魅力，传递爱国主义和体育精神"，取得很好的传播效果，深受受众青睐。

2016年里约奥运会期间，中央人民广播电台在中华之声对台湾广播中重点推出了《里约奥运会特别报道》，早间、晚间两个板块，开设了《里约进行时》《奥运最前沿》《奥运之星》《五环档案馆》《奥运巡礼》《奥运 on line》等子栏目。中央人民广播电台对黄少辉认为，这些专题、栏目和专栏能够加强两岸观众对奥运会和体育事业的关注，起到做好舆论引导和激发两岸网友参与热情的作用。央广网作为中央重点新闻网站，在里约奥运会的报道上同样下了很大功夫。据央广网副总编王健介绍，央广网主打"央广新闻"客户端报道里约奥运会，推出客户端话题直播，推出交互专题《里约狂欢——2016里约奥运会》。"央广新闻"客户端首次以直播形式报道奥运会，推出《Olá! 奥运!》话题直播。同时关注盲人群体，打造一期以"看不见的奥运，听得见"为主题的客户端直播，发挥央广声音优势，为盲人群体量身打造奥运收听体验。并且首次尝试 VR 全景拍摄，在客户端直播中以"你想看的里约"为视角征集拍摄选题，前方记者以全景视频图片拍摄出网友的选择。央广网推出交互专题《里约狂欢——2016里约奥运会》，将集纳奥运会图文音视频稿件，重点集纳呈现该台特色栏目，开通央广记者专栏板块《里约，约不约!》。交互专题在"央广新闻"客户端、手机央广网以及央广网 PC 端等全媒体平台同步推出，收获了较好关注度。

2020年东京奥运会，中央广播电视总台东京奥运会前方 IBC 报道中心设立了3个演播室系统，分别为 CCTV5 演播室、新闻演播室、新媒体演播室；在举办开闭幕式、田径的奥林匹克主体育场和游泳、跳水、花样游泳的东京水上中心设立单边综合制作系统（TV COMPOUND）；在东京港区的台场附近设立外景演播室系统；在开闭幕式、田径、游泳、跳水、花样游泳、体操、乒乓球、羽毛球等16个场馆设立现场评论席、混合采访区、单边摄像机、直播出镜平台等单边资源，通过现场多角度的报道模式全方位报道奥运会赛事。IBC 报道中心支持 CCTV5 在前方的完整包装制作播出，支持各新媒体平台的前场采集制作，支持 4K 信号的前场采集、收录、制作、存储、传输，并通过前方 IBC 的信号调度和媒资共享以及前后方的协同工作机制，满足总台后方 CCTV1、CCTV2、CCTV5+、CCTV 4K 频道、新闻频道、CGTN 等总台各全媒体平台对此届奥运会赛事、新闻及专题节目的报道需求。

2022年北京冬奥会，中央广播电视总台持续营造冬奥热烈氛围，受奥林匹克转播服务公司委托，总台承担北京冬奥会冰壶、单板 U 型场地、自由式 U 型场地、自由式空中技巧、自由式雪上技巧和单板平行大回转共6个分项的国际公用信号，以及北京冬残奥会全部比赛项目、开闭幕式、两个颁奖广场的国际公用信号制作任务，这是我国传媒机构首次参与冬季奥运会赛事公用信号制作。北京冬奥会、冬残奥会举办期间，总台派出近3000人团队投入冬奥报道，2000多人开展转播报道和公用信号制作，另有200多人参与开闭幕式等文艺活动的编导制播工作。其中，500人的持权转播团队以及571人的4K/8K 国际公用信号制作团队也通过闭环开展工作。总台最终以全球领先的8K技术制作了开闭幕式、自由式滑雪及单板滑雪大跳台、速度滑冰等项目公用信号，实现了历史首次奥运会赛事全程4K制播。总台还统筹安排央视频、央视新闻、央视体育等新媒体平台和CCTV1、CCTV2、CCTV4、CCTV5、CCTV5+、CCTV16、CCTV8K、CGTN等电视频道和中国之声等广播频率，全面立体展开冬奥转播报道。

（6）体育新媒体新闻采访报道的兴起与迅猛发展（20世纪90年代至今）

20世纪90年代末，家庭电脑与因特网在中国的普及，为体育新闻报道提供了全新的手段与方式。网络不仅为中国的体育新闻报道提供了更为迅捷、方便的信息传递手段，而且还出现了新的网络体育新闻采访报道方式，如利用E-mail、QQ、网络视频、博客、微博、手机媒体等方式进行采访报道，既节省了采访报道的人力、物力和财力，也使采访更加便捷，具有更强的时效性。

中国的网络体育新闻源起于新浪网的前身——"利方在线"对1997年足球世界杯预选赛中国队参加的亚洲区预选赛（十强赛）的报道。当时"利方在线"的SRSNet体育沙龙首次采用网上视频和音频技术直播了1998年世界杯足球赛亚洲区预赛。这也是中国互联网历史上首次运用视频、音频技术在网络上直播重大新闻事件。当中国队在大连金州输给对手失掉决赛资格后，网友老榕发表在网上的一篇文章《大连金州不相信眼泪》，第二天在全国各报上转载，引起了极大反响，也使网络的经营者们第一次意识到了自己的力量。

2002年日韩世界杯足球赛期间，以新浪、搜狐、网易等三大门户网站为代表的网络媒体再创奇迹，实现飞跃。以新浪网为例，该网站成为中国队唯一的互联网合作伙伴，并投资2000万元赞助中国足球队。在比赛期间，新浪对赛事作了及时的全方位报道，平均每场比赛的新闻条数比其他网站多出两到三倍。网站不仅图文直播了所有比赛、24小时滚动播出新闻、图片报道和现场报道突发新闻；而且设置了中国队、世界杯诸强、进球快讯、赛况详述、技术统计、球星访谈、名家名嘴、赛场介绍、赛程、积分榜、射手榜等栏目。另外，网站还通过嘉宾聊天、多媒体报道、特约名人评球等形式，为球迷提供全方位资讯[①]。

2008年北京奥运会，中国互联网业界以空前的热情传播奥运、服务奥运。新华网专门组织了有史以来规模最大的奥运报道团队，以丰富多彩的形式，对奥运会进行了全方位报道；人民网、央视网、新浪、腾讯、网易等网站都纷纷开设奥运频道；中国政府网开设了20多个栏目，提供奥运地图、比赛日程、网上购票等网络服务功能；国际在线网站推出奥运专栏，以30多种语言向世界各地报道奥运会赛事；新浪网还推出了彩信博客，网友不管身在何方，只要拥有彩信手机，就可以第一时间更新自己的博客，与数亿网友共享自己的"奥运情结"……此外，网络电视台、手机电视、手机报等多种新媒体形式一起播报奥运。CCTV手机电视可同步转播CCTV1、CCTV2、CCTV5、CCTV7的电视频道以及CCTV新闻频道，成为奥运会的资讯频道。央视网的奥运手机报，与移动电信运营商联合运营奥运，以彩信的方式向用户提供及时丰富的奥运报道，包括早刊、晚刊和号外。奥运期间，推出电视网络与手机的互动社区，充分发挥手机便携的特点，通过手机论坛、聊天室等互动功能，与CCTV奥运频道联合打造手机奥运社区第5频道

---

① 郝勤.体育新闻学[M].北京：高等教育出版社，2004：40-49.

俱乐部，实现与互联网之间多种形式的多媒体互动。手机电视上还推出一个亮点——CCTV手机奥运台，其以滚动资讯和图文直播为基础，以视频为核心，以互联网、手机、电视三网互动为特点的传播。新兴媒体借奥运雄风把自己推向一个新的高点。

以新浪网为例，在2008年北京奥运期间，新浪抓住热点借势而上，奥运赛事大小300余场，网友们不可能面面俱到的每场都关注，大部分网友关注的还是那些热点赛事和热点人物。而新浪的奥运报道准确地把握到了网民的需求，在每一个奥运热点事件爆发之后，都能迅速地作出反应，并凭借自身的报道经验和公信力，吸引众多网友的关注，成为网友最青睐的平台。每当有重大突发事件爆发，无论是在开幕式、中国队首金、中德男篮、菲尔普斯斩获八金、中国队夺金高潮日、拳击夺金和闭幕式等欢庆时刻，还是在刘翔退赛引发网络大争议的时候，网民得到消息后，都会上新浪等网站去了解更多的信息。

为了更好地报道奥运，让网友了解更多奥运背后的故事，奥运期间新浪充分调动了自身丰富的体育明星、奥运冠军、社会名人、行业专家和草根明星等资源，组成了最权威的网络媒体奥运报道专家团。除了对央视各奥运频道的节目进行视频转播之外，还推出了内容精彩、独具特色的金牌频道，进行24小时不间断视频直播。邀请了包括刘欢、汤灿、杨云、占旭刚、刘霞、肖爱华、李卓、栾菊杰等许多名人明星、行业专家以及奥运冠军前来做客聊天，吸引了众多网友的关注，带动新浪视频流量大幅攀升。奥运期间，黄健翔、米卢、张路、马德兴、董路、李承鹏、韩寒、潘石屹、郑渊洁、高晓松等名嘴名博都撰写了大量的精彩博文，吸引了众多网友的关注和喝彩；包含易建联、杨威、邹凯、仲满、肖钦、何雯娜、张琳、邢慧娜、丁美媛等奥运明星在内的近400位运动员组成的强大的体育明星报道团队也在奥运期间发布了一系列精彩的点评，其中杨威、邹凯、仲满、肖钦、何雯娜等选手都在夺金后第一时间登录新浪发表博文表示庆贺。这些博客资源不论在数量还是覆盖面上均远超其他竞争对手，直接带动了新浪博客的流量在奥运期间大幅攀升。Chinarank统计数据表明，新浪博客的日均用户数达到行业均值的3.6倍，是排名紧随其后的腾讯和搜狐总和的1.5倍，而峰值用户数和流量更是分别达到同比状况下搜狐的13倍与38倍，以绝对的优势将竞争对手抛诸身后。而新浪博客高质量的博文和评论，更是被300多家国内外主流媒体广泛引用。

2010年南非世界杯受到互联网的普遍重视，各网络媒体纷纷购买世界杯转播权，门户网站与视频网站联手，给网民带来全新的网络视听享受。据万瑞数据（SiteRating™）监测的2010年南非世界杯期间5家互联网网站（新浪网、搜狐网、网易、凤凰网和央视网）的体育频道与世界杯专题的数据可以看出，世界杯专题报道页面流量超过70亿次。南非世界杯备受网民关注，作为单一足球赛事吸引日均独立用户数达2820万人，超过2008年的北京奥运会，充分体现了互联网普及的广泛性。图片形式生动直观，世界杯网络图片形式报道产生流量达100732万次，成为最主要报道形式。各大网站新意倍出，新浪亮出"黄加李泡"，搜狐创设"Goa! 大牌"，网易推出"橙色南非世界杯"等，吸引众多网民关注。新浪推出的"黄加李泡"，不仅吸引了网民关注，同时与多家电视台合作，实现了报道创意从互联网向传统媒体扩散的新创举。

2016里约奥运会，腾讯、新浪、搜狐、网易四大门户网站均倾注全站之力，提前进行预热和宣传，相继推出奥运会媒体传播策略，以豪华的全明星阵容、独家的奥运报道资源、技术场景的无缝切换、互动直播的实时展演，让用户身临其境体验和感受里约奥运会的异彩纷呈。此外，各门户网站将渠道整合视为争取用户的主要手段之一，充分利用自身的平台优势，进行奥运传播资源的优势整合，通过全渠道平台整合，抓住用户的第一信息入口渠道，实现里约奥运会资讯内容从PC端到移动端的全覆盖，尤其是各门户网站通过新闻客户端、微信、微博、移动直播等移动端口，延伸自己的传播功能与形式，在里约奥运传播中，发挥移动化传播优势，注重在行业内部形成差异化竞争态势，彰显个性，获得里约奥运传播营销的成功。如腾讯体育里约奥运的核心战略为"连接体育的一切"，通过QQ、微信、腾讯新闻客户端、腾讯体育客户端、企鹅直播、腾讯视频客户端等移动平台"连接一切"，将里约奥运会与数以亿计的用户连接起来，满足用户对里约奥运的互动参与和社交愿望。腾讯共有170余人的采编团队分赴里约，其中包括10人的明星报道团，前后方奥运传播团队人员总计600人，是规模最大、直播人力投入最多的全媒体阵容。通过"强社交+新视点+移动化"，打造全民奥运参与体验。新浪的里约奥运战略为"新动里约"，"看""聊""玩"一体，微博驱动"众包式"社交奥运，并汇聚强大体育明星阵容，多元互动提升黏度，以"内容+社交"联动，推进国际化战略格局。网易里约奥运会将"身边总有竞技场"作为奥运战略的核心理念，主要是希望能够通过奥运来推动全民运动。并通过做有态度的奥运新闻，独家策划吸引用户关注。搜狐网里约奥运确定的核心战略为"我的奥运一起玩"，以移动端为主战场，实现融媒体全平台的新闻传播，并通过全景式奥运内容呈现，强互动产品开发设计以及极力打造用户的娱乐化、游戏化体验，达到较好的传播实效。

2012年伦敦奥运会，腾讯网召开奥运战略发布会，建立百人以上的明星访谈阵容，在伦敦设立3个演播室自制视频节目，原创户外竞技视频节目电视化包装，构建"Web+Wap"的奥运实时社区等；网易、搜狐也依托自己的优势资源，前者致力于实现传统互联网与移动互联网的无缝结合，打造出奥运移动互联网，后者则发挥其视频优势，"创新、研发一系列全新的视频栏目，邀请众多神秘嘉宾参与制作全新节目，包括评论、脱口秀、纪录片、微电影、网络剧等"。还有众多新闻网站、视频网站，都针对奥运制定了各自的发布战略。中国网络电视台就2012伦敦奥运会新媒体视频报道出台了3套方案，A类包转播价格为5500万元（直播+点播+央视节目），B类为3500万元（直播+点播），C类为2800万元（点播）。而四大门户网站都选择了仅包含点播权益的C类资源包，放弃了视频直播。选择这一策略的背后意味着网络媒体越来越自立、自强。

2014年巴西世界杯举办时，世界已经迈入移动互联网时代，在电脑和电视之外，手机也成为一些球迷观赛的重要途径。使用电视、PC端和移动端多屏收看世界杯比赛成为普遍现象，球迷们也倾向通过多屏、多媒体渠道获取世界杯资讯。例如电视新闻、视频网站、体育类网站/论坛、手机新闻APP等。在此次世界杯期间，新浪微博联手央视推进台网联动合作模式，首次打造跨屏话题互动，实现直播社交化。伴随赛事和节目进程，新浪微博以超过150个热门话题为基础，带来跨平台、跨屏幕、多终端的全新互动体验，为观众和网友打造一站式世界杯观赛平台。在营销方面，广告主也借此利用跨屏营销的新玩法，赢得了丰厚的机遇与利益。

2018年平昌冬奥会，腾讯作为冬奥中国奥委会唯一互联网服务合作伙伴，利用网络播出权打造了一系列原创体育内容和及时专业的新闻报道。推出了中国健儿"夺金瞬间""比赛锦集""闭幕式""北京八分钟"等节目单元；在内容设置方面，腾讯体育打造了11档黄金节目，例如以访谈节目形式为主的"奔向2022"，有赛后追踪报道的"第一时间"、有赛场精彩花絮瞬间的"欧尼来了"等内容，报道议题丰富多样，自由多变。在受众参与方面，腾讯体育更加注重议题的趣味性和互动性，优化设计出很多有意思的花样玩法，人们在观看比赛之余也可以实时参与游戏，腾讯体育量身制作媒体产品"加油红包""东奥AI语音拜年"等高科技趣味应用，图文并存的益智类答题闯关，东奥动画短视频，冬奥热点话题等，专业的内容设置、庞大的数据推送、精彩的互动分享，使腾讯在平昌冬奥会期日遥遥领先其他中国互联网媒体。

2020年东京奥运会中，尽管奥运会场内几乎"没有"观众，但在国内互联网巨头的助推下，这届奥运会在网络世界里热闹非凡。相比2016年里约奥运会，当时的观众还是在电视、短视频和新闻客户端获取奥运赛况，2020年东京奥运会的观众则是在热榜、弹幕、二次创作，以及与奥运健儿的"隔空互动"中"感受"奥运。年轻人成了线上"啦啦队"的主力军，顶热搜、发表情包、淘同款是他们的奥运追星"三件套"。为了更好地呈现运动员的内心世界，百度还制作了两档直播节目《奥运心跳》《韩你来看东京》。其中，《奥运心跳》由著名解说员韩乔生与多位前奥运冠军，一起连线奥运运动员，分享他们夺冠的"心跳时刻"。例如对话侯志慧时，参与的嘉宾张湘祥就是2008年奥运会举重62公斤级冠军。另外，百度通过大数据，为观众快速找到想了解的信息。在东京奥运会开幕前，百度通过搜索大数据洞察了最受用户关注的十大奥运会中国队运动员，包括作为中国奥运旗手的女排队员朱婷、朱婷的队友张常宁、田径选手苏炳添等。进入奥运赛程，百度通过搜索与内容的结合，利用奥运热搜、热门运动员等，呈现出网民们在奥运关注什么。受众已经领会到了各个平台的不同，并在关注赛事时各有侧重，可以趁着零散时间在咪咕视频看赛事直播、看网友弹幕，在腾讯视频上看精彩点评，在快手上看奥运集锦，在虎扑上看技战术分析，在百度上看体育选手的最新动态、赛后采访。

2022年北京冬奥会的网络媒体咪咕于2020年12月宣布与中央广播电视总台达成合作，获得了2022年北京冬奥会的直播与点播权益。2021年5月21日，快手、腾讯分别宣布与中央广播电视总台签署授权合作协议，两家平台获得2022年北京冬奥会视频点播及短视频权益，正式成为2022年北京冬奥会持权转播商。其他互联网品牌也大力投入冬奥会的传播中，通过推出各种特色节目，吸引着大量网络用户。用户在关注冬奥会开幕式信息时所使用的平台类型多样化，新闻资讯、长视频、短视频、社交等不同类型的产品均占有一席之地。拥有更多头部产品的互联网平台，在开幕式相关信息获取上的用户使用率争夺中占据优势。其中，腾讯旗下的产品矩阵总使用率高达70.88%，字节跳动旗下的产品矩阵总使用率达52.87%，腾讯与字节跳动因而成为冬奥会开幕式用户渗透率最高的两大平台。

第三节　学习体育新闻采访的目的与方法

一、学习体育新闻采访的目的

学习体育新闻采访的目的何在？也就是为什么要学习体育新闻采访这门课程，是我们在学习这门课程之前首先要解决的问题。学习体育新闻采访的目的不仅是为了掌握系统的关于采访的专业理论知识，更重要的是如何学以致用。我们都知道，体育新闻采访是一门实践性和操作性很强的课程，因此，学习体育新闻采访的主要目的是将学到的理念更好地用于指导实践，搞好体育新闻报道，以能够胜任体育记者工作，满足新媒介环境下体育媒体及宣传部门对体育新闻传播人才的实际需求。

体育新闻学是根植于新闻学和体育学两大母学科体系之中的交叉学科，这对体育新闻采访提出了更高的要求。扎实的新闻采访和体育专业知识是学好体育新闻采访的前提、基础和保证。同时，媒体记者在从事体育新闻采访实践的过程中，还存在这样或那样的问题，需要通过系统的理论学习来不断加以改正，不断更新体育新闻采访理念，以理念指导实践，掌握作为一名合格体育记者的过硬采访基本功。而作为一个刚刚上路的年轻体育记者，在采访过程中会存在诸多方面的问题。

你的采访问题何在：

问：你对人类的未来有什么看法？
答：我关心这个干吗？我刚吞下了一片含氰化物的药片。再过20秒我就死了。
问：!?……那么……我想问问你有什么爱好——你参加什么体育活动吗？

上面事例所展示的事实确实存在，而且许多年轻的体育记者在采访中确实存在一些问题。"我真希望所有的话都由我的采访对象来说，"一个年轻记者曾经如是说，"这样我连问题都不用问了。"当你与沉默寡言或者喋喋不休的采访对象打交道时，你是否有无能为力的感觉呢？当你对一个意料之外的回答无法继续发问时，如何避免由此引发的令人尴尬的沉默呢？难道就按你的提问单上的下一个问题来发问吗？就像前面列举的，由于记者的提问没有衔接上采访对象出人意料的回答，这让人感觉到记者很机械。

（一）采访存在的显性问题

许多刚刚从事采访的年轻记者，根据自己的切身感受和体验，认为采访过程中存在如下诸多问题。

1.缺乏足够的自信心

很多人表示，"我希望在采访中能够找到避免出冷汗的方法""我认为，大多数人在采访中感到不舒服，这似乎是人类与生俱来的天性"，调查显示，大约有30%的女士和20%的男士承认有过以上问题。许多年轻记者表示，"虽然我们在正常情况下完全可以与其他人进行愉快的交流，但一旦到了所谓的正式场合，我们就会表现出紧张和不自然的情绪。"这个问题只是暂时的。许多记者在刚刚进行采访时，尤其是面对一些名人、官员等采访对象时，容易表现出无所适从、自卑、对自己缺乏足够的自信心等心理问题。

2. 无法获取完整的信息

"我和我的采访对象谈话很愉快，"一位年轻记者抱怨道，"但当我坐下来写稿子的时候，我意识到我并没有什么新鲜和有趣的东西可写。"要解决这个问题可不容易。但是随着经验的积累，你就会发现以下的这些事项会对你有所帮助——为采访做充足的准备，认真地倾听，最重要的是，能够识别出谈话中"新鲜的和与众不同的"东西。

3. 接下来要问什么问题

许多年轻记者会生出这样的疑问："我问了一个问题，我得到的回答完全出乎意料——我真的不知道接下来该说什么。"这样的事情真要发生了，你该怎么办？可见，采访者必须了解采访对象的一些潜台词，以使采访向预期方向发展。在2003年世界杯短距离速滑赛（哈尔滨站）中，有一名当地电视台的女记者问荷兰速滑世界冠军对哈尔滨的印象，荷兰人说："我还没来得及游览，没有资格回答这个问题。"有时，采访中采访对象会说出你没想到的事情，表达出你未曾预料到的感受，这时你要判断其价值，通过提问，推进采访的深入。无论你得到什么样的答案，用积极的态度去回应它，让采访对象知道你对他说的话有兴趣，并继续倾听下去，这个时候需要的是耐心，多一点儿耐性，有了更多的耐心，精彩绝伦的答案也许就在后面。

4. 如何做笔记

现场的采访笔记不同于课堂笔记。首先，你必须能够识别谈话中的要点并把它们记录下来。由于在非正式谈话场合中，人们无法把自己的想法组织成正式语言，所以这就显得不太容易。其次，你必须记录下一些证据——丰富的引用，分析性很强的事实、数据——一切用来支持论点的必要论据。一边倾听，一边记录，还要同时保持谈话的进行，这实在不容易。若要解决这个难题，可以学会速记（或者发展你自己的速记方法），也可以使用一些录音设备，或是把录音和手写结合起来。

5. 如何与采访对象沟通

刚开始采访的记者总是认为这是一场可怕的噩梦——当你问的所有问题都是恰当的，但得到的回答不是只言片语，就是沉默，或者采访对象只是简单回答"是"或者"不是"的时候，面对如此沉默寡言的采访对象，你会觉得采访没有办法进行或深入进去。其实，人与人之间谈话的学问是很深奥的，谁能解释得清为什么某个采访对象表现得如此令人难以沟通？采访对象接受采访的态度经常折射出被采访者的态度。如果采访对象以自己特有的傲慢来应对媒体的傲慢——保持沉默，谁又能责备他们呢？然而有一个讨巧的方法值得重视——由于大多数人都会对某种特定的事情感兴趣——比方就政治、体育、投资、钓鱼、旅行等，从中找到共同的兴趣点，更确切地说，是采访对象的兴趣所在，投其所好，打开与对方进行沟通的话匣子，会有助于谈话的顺利进行。

还有一种情况，有些采访对象的嘴巴像马达一样，陷在一些微不足道的小事里不能脱身，对于记者的提问却回答不到点子上。面对这样喋喋不休的采访对象，如果立刻打断他们或许不太合适，但寻找有创造性的解决途径却是必要的。记者如何抓住时机转换话题，抓紧提问，获取有效的事实信息，也是我们经常面对的棘手问题[1]。

---

① （美）肯·梅茨勒.创造性采访[M].李丽颖，译.北京：中国人民大学出版社，2004：4-6.

此外，亟待解决的其他问题还有：

—— 如何开始和结束一次采访；

—— 如何询问敏感问题或尴尬问题；

—— 如何进行采访的准备工作；

—— 如何与被访者建立轻松和谐的关系；

—— 重要体育人物采访的保密工作。

6.如何培养创新能力

随着媒体形态和内容的不断发展变化，传媒业为适应这一变化对传媒人的创新能力也提出了更高的要求。但每年有相当多的传媒专业的毕业生无法在传媒业界工作。业界需求过剩是原因之一，但在需求范围内业界也相当多地招收其他学科的学生。这是合理还是不合理？我们暂且不去争论，但不管如何，作为传媒教育界，我们自身要反思的是：我们的传媒教育还有什么缺陷？作为新闻专业的学生也要考虑如何把自己培养成为深受业界欢迎的创新型人才。

2017年11月8日，习近平总书记在《致中国记协成立80周年的贺信》中指出：希望广大新闻工作者坚定"四个自信"，保持人民情怀，记录伟大时代，讲好中国故事，传播中国声音，唱响奋进凯歌，凝聚民族力量，为实现"两个一百年"奋斗目标、实现中华民族伟大复兴的中国梦不断作出新的更大的贡献！总书记在多次讲话中，表达了对广大新闻工作者的关爱："要转作风改文风，俯下身、沉下心，察实情、说实话、动真情，努力推出有思想、有温度、有品质的作品。"这就要求传媒专业的学生在校学习期间，不仅要学习专业基础知识，还需要坚持正确政治方向、正确舆论导向、正确新闻志向、正确工作取向，以此为基础来开展进入社会后的媒体实践工作，将"铁肩担道义、妙手著文章"作为报道原则。南方报业传媒集团公司原董事长，现暨南大学新闻与传播学院院长范以锦在一次学术报告中，介绍了2006年南方报业集团在招收大学生的考试题目，整套题目有三道：一是材料写作，提供来自《南方周末》《21世纪经济报道》和《中国青年报》的三篇2000字的文章，考生任选一篇，把它压缩成200字，然后再写一篇评论，考察编辑能力、思维创新能力和综合分析问题能力。二是时事政治，考察一年内国内外发生的重大事件。既然你要到报社工作，你就应该关注报纸、听广播、看电视和上网看新闻。如果你注重了，这道题是不难答出来的。这里考的实际上是时事政治类的，但不是让你死背政治术语和条文，而是考与新闻有关的时事政治，这就考察了学生的新闻敏感度。三是逻辑题，也就是分析判断题。题目虽简单但海量，你必须很快地判断，迅速把答案勾出来，慢吞吞的就不行了。新闻记者是快速反应部队，这道题就是测试快速反应能力。从上面的题目可以看出，南方报业出的题是考察基本功和思维创新能力，能力强的考生肯定考得好。

媒体同样需要新闻专业大学生具有较强的创新能力，而且，我们也应该确立这种观念：业界对新闻人才的要求就是我们要努力达到的目标。那么，从业务的角度来看，业界需要的是怎样的大学生呢？应该是三项创新能力兼备：具有适应新闻内容创新的过硬的语言文字表达能力、以新的视觉和方法洞察社会的能力与把握新闻发展趋势的创新能力。而刚刚学习新闻采访的学生们，恰恰缺少的就是上面所提到的几项创新与综合分析的能力[①]。

---

① 蔡军剑，张晋升.准记者培训教程[M].广州：南方日报出版社，2007：13-15.

（二）采访存在的隐性问题

隐性问题是指在采访过程中客观存在但易被记者尤其是新记者忽略的问题。对于采访中碰到的大部分问题，年轻的记者都是有感觉的，只是这些问题都是隐性的，还未被完全认识到。概括起来，主要表现在以下几点：

1.由于害怕背上无知的名声，对提问普遍感到反感，或者不敢轻易发问

亚里士多德（Aristotle）曾经说过："真正的学习往往伴随着痛苦。"人们正因为在求知时感到不自在，所以总是试图填补知识上的沟壑。曾经有多少人开车时宁肯多走几个街区的冤枉路，也不愿意停下来问一问。不幸的是当人长到一定年龄的时候，原本自然的、天真的好奇心却变得好像有些过时了。

提问题是痛苦的，这已经很糟糕，但不提问题会更加糟糕。美国新闻学者杰克·海敦在《怎样当好新闻记者》一书中说："大约90%的新闻是部分或全部地在访问——也就是以向人提问题为基础的。"由此可见，提问在新闻采访中的重要性。中国也有句老话："不耻下问。"另有一句中国谚语也表达了同样的见解："勤问者愚一时，不问者愚一生。"

2.不能明确地陈述采访目的

这涉及如何使一个跑题的采访对象重回采访正轨的问题，这就要求你知道正轨是什么——也就是说，你采访的明确目的是什么。如果你确实知道并能把它解释清楚，爱跑题的采访对象可能就不会这么轻易地迷失方向了。或者即使是他的谈话跑题了，你也能很快把他带回正轨。

这个问题表现得非常突出，很多采访对象抱怨说，当他们尽力回答问题时，根本就不知道为什么采访者要问一系列这样的问题。结果他们感觉有点儿不舒服：采访者到底想了解什么？为什么想了解它？一些采访对象努力猜测着采访者的意图，一旦猜错了——经常是这样的——他们的回答就很不到位，跑了题还不知道。怎么能知道呢？因为从来没有人告诉他们。

3.对人对物缺乏热情和天然的好奇心

大部分采访对象都能很快感受到采访者对相关话题的感兴趣程度，一旦感觉对方兴趣不大，为了避免和心不在焉的人说话产生痛苦，他们就会草草地应付了事。在1991年出版的《采访美国顶尖记者》（Interviewing America's Top Interviewers）这本书中，"好奇心"是19名美国著名记者评价自己工作时使用频率最高的词。美国广播公司的芭芭拉·沃尔特斯在书中列举了好的采访必备的三个因素：好奇心、倾听和做作业。该书作者盖伊·沃尔特说："在采访中，好奇心是第一步。"

《纽约时报》2006年刊登的一篇文章探讨了激发记者工作热情的七大动力，并列举如下：

—— 成为新情况或新见解的首位报道者；

—— 写出能产生社会影响的报道；

—— 获得新闻奖；

—— 给信息来源留下深刻印象；

—— 搞清事实真相；

—— 以引人注目的方式讲述事件经过；

—— 上头版。

4.不能倾听

如果有某些迹象表明采访者没有在倾听，那么采访对象所表现出来的沉默寡言或者托词回避，可能就是对此的回应。这些迹象通常很明显，包括目光交流的缺失、慵懒的体态、过量地记笔记、说得太多、过多无理的争辩、衔接问题的缺少和面无表情，以及一系列表现内心焦灼的体态，比如点手指、叉着腿坐或者晃脚。采访者最重要的是专心和有目的地倾听。不要因为心不在焉，左顾右盼或想下一个问题而错过眼前的谈话。不要判断别人，也不要让别人来判断你。注意目光的交流和身体的姿态，让对方感觉到你在认真听。要设身处地地为对方着想，而不要过多表露自己的情感。注意对方独特的解释、语调和观点，观察他的手势、姿势和表情。比起语言来，一次皱眉、一次耸肩或一个狡猾的微笑能传达更多的含义①。

5.缺乏准备

没有充足的准备，采访时必然会感到紧张。因为你根本不知道要提什么问题，无从下手。由于装备的匮乏你会感到力不从心。细致的准备工作包括许多方面，比如，了解以前都发生了什么——某个体育事件的历史背景。可以阅读以前的一些涉及你的采访对象或采访主题的文章，也可以初步采访一下对你的采访对象有所了解的人。另外，还包括确定你要获取什么样的信息，以及什么样的提问能够帮你得到该信息，等等。

6.不做深度探究

有经验的记者都知道，采访中最好的提问往往出现在他们不知道该问什么的时候。你准备好的第一个问题不会产生最精彩的答案。问题一的答案帮助产生问题二，以此类推，直到你接近问题的实质。对采访准备得越充分，就越容易在现场即兴草拟出新的问题。这些即兴问题可能不会像拟定好的问题那样字斟句酌，但这并不重要，重要的是采访中的倾听和思考，并能在思考的基础上提出新的问题。

7.采访未至、主题先行

有一些记者倾向于先下结论，而接下来对事件的调查只是为了验证他的结论。与记者打交道多年的一位檀香山的商人把记者分为两大类："倾听者"和"武断家"。他说，武断型记者"经常置你于对立的一面"，他们似乎已经拥有了所有的答案，因而仅仅是想要你证实他们的想法。倾听型记者真正地在倾听，他们从不同的角度来考察问题——外部的、内在的及其相关的以及关于此问题还要不要和其他的什么人聊一聊，等等。显然，采访对象都希望自己遇到的是一位谦虚的倾听者而不是傲慢的武断家，这样他们才能感受到来自记者的尊重并尽量满足他们的需求，而不仅仅是作为观点之下众多注解中的一条。

如2004年雅典奥运会期间，央视演播室请来了刘翔和他的教练，本来这是国内广大观众了解这位奥运英雄内心世界最好的一次机会，但主持人"未卜先知"的提问让整个节目味如嚼蜡。"你是不是在比赛前对自己特别有信心？""你昨天的比赛是不是感觉非常完美？""经常参加国际大赛对提高你的心理素质是不是非常有帮助？""你的教练是不是给了你很大的帮助？""如果将来有新人上来你是不是会更刻苦地训练？"……这种提问方式使刘翔和他的教练像木偶一样只能一口一个——"是""是的""是这样""是这样的"

---

① （美）杰里·施瓦茨.美联社新闻报道手册[M].李丽颖，译.北京：中央编译出版社，2008.

"的确是这样的"。

再如2016年的里约奥运会期间，在观众关注紧张赛事的同时，却有许多不和谐的音符在青年记者的身上频频爆出。某记者采访时提出的问题非常无厘头且问题闭合，让运动员无法回答。在采访中国队的第一棒汤星强的时候，该记者上来就问："其实这个……汤星强，启动比预赛当中稳了好多，0.203起跑反应用时，是所有选手当中最迟的一个，当时就是以安全为主吗？"汤星强听完问题，一脸茫然，只能支支吾吾地说：是为了安全。记者的提问并没有为运动员考虑，且较为直接的问法会让运动员感到不舒服。汤星强作为首次参加奥运会的年轻运动员，尽管起跑比较慢，但从启动到交接棒没有出现较大的失误。这样的问法一方面没有获取有效信息，另一方面给运动员带来了压力。

8.懒惰

有些记者——可能就是抱怨采访对象枯燥乏味的那些人吧——他们本身的提问既死板又欠推敲，却希望能够得到精彩的、戏剧性的、富有高度愉悦感的回答。这类事情偶尔会发生，尤其是当你遇上一些想对外宣泄的采访对象，同时这些人的自我意识比较强，为人又比较热情。他们可以是政客，也可以是公共事务的热情参与者，或者是作家，甚至可以是磨斧子的人。记者一定要做好准备工作，确定目标，以避免游离主题的、肤浅的采访结果出现。美国报人普利策说过，"懒人是当不了记者的！"没有事先的案头工作，就会在采访中窘态百出，采访对象答非所问，而记者们除了挠头却什么也做不了[1]。

以上列举的诸多显性问题与隐性问题，都是初学采访者倍感头疼却又经常面临的问题，因此，以上问题的解决方法与技巧，我们会在下面章节中加以详细阐述。而学习本门课程的目的，也是要通过新闻采访基本理论和技巧、方法的学习，来更好地指导新闻采访实践。

体育记者作为记者大军中的一员，以上显性问题与隐性问题同样会出现在体育新闻采访报道中，而且，体育新闻的特殊性也决定了体育记者在采访过程中还会因为体育专业知识欠缺、外语水平不高、对体育缺乏痴迷等问题而导致采访的失败，因此，学习体育新闻采访专业知识也是为了解决这些棘手问题，以全新的理念来指导新媒介环境下的体育新闻实践。

二、学习体育新闻采访的方法

学习体育新闻采访的方法，就是解决怎样学的问题。概括起来应主要把握以下四点。

（一）在实践中学习和掌握体育新闻采访的各种知识与技能

新闻采访是一门实践性、操作性很强的课程，但一直以来存在的一个问题就是理论与实践相脱节，新闻院校培养出的毕业生难以适应媒体发展需要。在学习过程中，一种情况是认为新闻采访不需要太多理论来指导，对记者采访原则、采访作风、采访路线等

---

① （美）肯·梅茨勒.创造性采访[M].李丽颖，译.北京：中国人民大学出版社，2004：7-8.

素质修养问题重视不够，忽视理论方面的学习，而只对采访方法和技巧等实务环节特别感兴趣。另一种情况则偏重于理论方面的学习，而忽略了采访技能方面的训练。上面两种情况都是犯了头重脚轻的毛病。在学习新闻采访的过程中，必须将新闻采访理论与实践有机结合，双向并重，二者相辅相成，缺一不可。较之理论课程使学生们深陷各种学说、模式、系统中无法自拔，新闻采访学将使学生们在实践中切实地把握新闻采访的理论与规律，做到知行合一。

体育采访亦如此。体育记者在工作中不仅仅是看比赛，还要与各种各样的人打交道，在各种各样的条件下做报道工作。因此，要学好体育新闻采访，既要重视有关理论的学习与探讨，更要注重到新闻一线去实践，只有将理论与实践相结合，才能真正掌握体育新闻报道技能方法，培养提高自己的新闻业务能力。

在实践中学习与提高，既是学习体育新闻采访的特殊要求，也是学习过程中不可缺少的重要环节。一方面，应很好地利用在新闻一线实习的机会，获得必要的报道经验和感性知识；另一方面，在学习体育新闻采访学时，应重视实践性的训练，尽可能将理论的学习与实践结合起来，将实践贯穿于整个学习过程中。

而且，作为年轻记者，在新闻工作实践中，必须练好五项基本功：

一是眼"明"。新闻存在于无奇不有的大千世界中，存在于千变万化的社会生活中，这就要求新闻报道要学会"用眼睛采访"，要眼观六路，有了敏锐的观察力，才能在纷繁复杂的社会生活中发现新闻，才能不让新闻从自己的眼皮底下溜走，这是青年记者必须掌握的基本功。

二是嘴"甜"。记者采访应讲究策略，要"会问"，要有一张"甜嘴"。新闻界老前辈邵飘萍曾说："欲达多得事实之目的，必先能有效之质问。"只有多问善问，才能满载而归，否则很有可能两手空空，无功而返。

三是腿"勤"。腿"勤"实际上是一种工作态度，对年轻记者来说尤其重要。脚板底下出新闻，出好新闻，已经是大多数新闻工作者的共识。只有腿"勤"才能深入群众、直击现场、无限逼近真实。

四是心"灵"。"心有灵犀一点通"，"心有灵犀"是一种境界——是一种胸有丘壑、从容淡定的境界，是一种豁然开朗、随心所欲的境界，要达到这种境界，需要经过艰苦的修炼。拿到新闻上，"灵犀"是对新闻的一种感悟能力，是对新闻敏锐的洞察力和准确的判断力，要善于发现新闻，还要善于挖掘新闻背后的新闻，使新闻达到应有的深度、厚度、高度和广度。

五是手"巧"。这里的手"巧"指的是新闻写作的技巧[①]。不再赘述。

（二）重视探究体育新闻采访中出现的新问题、新方法、新趋势

在大众传播媒介、信息传播渠道乃至信息生成机制不断蜕变的今天，作为新闻学重要分支的新闻采访学，既要面临来自许多方面的新问题、新挑战，也要在新闻传播整体跃进式发展的大背景下，抓住这前所未有的机遇。科学技术的发展从来都是柄双刃剑，

---

① 穆卫东，王华峰.青年记者须苦练五项基本功[J].青年记者，2008（06）：107-108.

在为传播工具、传播速率带来一场场革命的同时，也使新闻信息的独占性大大降低，或者说是共享性大大提高，主要表现在独家信息量减少、有效信息量减少、新闻重复性增高等。更成熟、更实用的采访理论和技巧的学习研究，将是解决这些问题、改善当前新闻资源严重不足的关键，通过采访去挖掘更多、更独特、角度更新颖的新闻故事。

（三）注重对照并借鉴西方体育新闻采访报道的成功经验

现代新闻学源起于西方，对于有着悠久历史的西方新闻采访，无论是其理论与学术上的研究水平，还是其在世界新闻报道中的实战水平，都是我们在现阶段所不能企及的。但西方新闻采访理论既有值得我们认真学习借鉴的内容，又有应当予以批判和扬弃的东西，我们要注意在"比较中发现问题，在对照中改正不足，在借鉴中提升能力"。比如，对比我国媒体在CBA全明星周末与美国各大媒体在NBA全明星周末的报道就可以发现问题。我国的媒体记者向来只是在场边或球员通道、球队大巴的车窗外采访运动员，他们不是一身大汗、气喘吁吁，就是西装笔挺、一脸严肃，在这两种状态下很难与他们深入交谈并挖掘一些独家信息。而美国的同行们则不然，他们肩扛摄像机、手握话筒的身影，穿梭于球员休息室、球队经理室、场边的VIP专区等各个角落，面对他们的都是处于放松状态下的球员或教练、经理，甚至是某个好莱坞的明星球迷。第二天，类似于"某好莱坞巨星与某NBA巨星'星星'相吸"这样的耸动标题就会见诸报端。此中的差异，固然有体制的制约，但记者的个人能力也彰显其中，我们不妨看看西方人是如何培养"无冕之王"的。

根据检索到的论文及国内引进、翻译的西方新闻学原版教材（如《新闻报道与写作》《创造性采访》《新闻采写教程：如何挖掘完整的故事》《新闻写作与报道训练教程》等），可以了解到发达国家新闻实务教育中的一些理念和模式。美国的本科新闻教育培养记者有三个突出特点：即以实务训练为本位、以社会科学为依托、以人文主义为目的。自美国密苏里大学创立新闻学院以来，新闻采访写作一直是美国新闻专业学生必选的四门专业核心课程之一。这门专业主要通过三种途径实现培养目标，即课堂课程教学、校内传媒工作机会、校外传媒工作机会，丰富的实践经验增强了学生在人才市场上的竞争力。美国很多大学都办有自己的媒体，方便学生实习，还进一步要求学生到新闻机构实习，如马里兰大学新闻专业的学生需要有一个学期在新闻机构工作。加拿大的新闻教育普遍要求学生不仅具有专业知识，从基础报道训练如采访技巧、新闻写作到一系列的制作课程，而且要有实践经验，要求有两个半年的实习期，广泛涉猎社区报纸业务和电视纪录片制作等[1]。

因此，如何借鉴西方高校培养新闻人才的理念和模式，发掘像法国《队报》这样的专业报纸长盛不衰的原因，并结合自身的新闻实践，这些都是值得我们业界和学界思考的问题。

（四）培养对体育与新闻的兴趣爱好

体育新闻是一类特色鲜明、专业性很强的新闻品种。当代体育新闻报道实践表明，了解与熟悉体育运动，是从事体育新闻报道工作的必要前提。而要做到这一点，除了热

---

① 王芳.新闻采访课程实践教学探讨[J].青年记者，2009（08）：44-45.

爱新闻事业以外，个人对体育运动的兴趣与爱好是做一名好的体育新闻记者的必要前提。因为只有爱好体育，体育记者和体育编辑才能在其报道工作中投入更大的热情，并主动去学习和积累更多的专业知识。

同样的道理，要学好体育新闻采访应该做到：

首先，要培养自己对体育运动和新闻事业的兴趣与爱好。一方面，应多参加体育活动，在增强体质的同时培养对体育运动的感性认识。体育院校有这么好的体育资源，我们千万不能浪费，每名学生应该选择自己喜欢的项目，如游泳、网球、瑜伽、羽毛球、跆拳道等，进行长期的锻炼，每个学生至少应选择两个以上项目来深入参与，享受体育运动带来的快感，并将体育运动演变为自己的生活方式之一，这不仅能强身健体、修炼心智，同时可以使你对体育运动有更深入的了解和认识。另一方面，要多看媒体上有关体育比赛的报道，也要看其他时事新闻，关心国家大事，了解时局动态，要多观看电视体育节目。不方便观看电视时可以选择上网观看，目前无论是平面媒体，还是电视媒体，基本都有自己的网络版和电子版。因此，可以在网上看到重要的赛事转播与报道。CCTV5、ESPN、CSPN以及各门户网站如新浪、搜狐、雅虎、网易等的体育频道，以及目前社交媒体如微博、微信、抖音、头条、快手、B站上的高质量的体育新闻作品，都应该是学习体育新闻的人经常关注的；而国外的一些体育新闻报道，也可以在网上找到。

其次，还应阅读优秀的体育新闻作品，并勤于笔耕。有的年轻记者专门抄写那些优秀体育新闻作品，抄的时间长了，慢慢就学会了许多体育知识和采写技巧。现在许多同学都有自己的微博、短视频等平台空间，可以每天坚持把自己的关于某一体育事件、某一场体育赛事感受心得记录下来，或者把你认为好的作品保存下来，既可以与别人分享，也可以作为自己的学习资料。总之，只有将学习与爱好相结合，才能更好地激发自我的能动性和积极性，学好体育新闻采访的有关知识与技能，为将来成为一名合格的体育新闻工作者打下坚实的基础。

（一）思考题

1.如何理解体育新闻采访的定义？

2.体育新闻采访的特点有哪些？

3.厘清我国新闻采访的历史发展脉络。

4.简述西方体育新闻采访报道的历史演变。

5.简述我国体育新闻采访报道的历史演变。

6.体育新闻采访存在哪些显性和隐性问题？

（二）采访实践

你打算如何学习体育新闻采访？试拟一个具体的学习计划。

（三）课堂讨论

1.展望新时代我国体育新闻采访的发展趋势如何？

2.谈谈你在体育新闻采访中可能面临哪些问题，该如何应对。

第二章

体育新闻采访的基本原理

[本章提要]

秦承体育新闻采访的基本原则，端正采访作风，将有利于体育记者保持正确的立场和思想，指导体育新闻工作顺利开展，保持新闻敏感使体育记者采访工作保持新鲜、个性、充满活力。

1. 体育新闻采访的基本原则

体育新闻采访的基本原则包括三方面：恪守党性原则，即把握导向、强化意识、服务于民；遵守组织原则，即依靠各级党委、政府和体育组织开展工作；坚守客观原则，即不带个人评价的倾听。

2. 体育记者的采访作风

体育记者的采访作风包括五方面：

深入现场的采访作风：惰性和浮躁成为体育采访的普遍问题；深入赛场，将"死材料"变成"活材料"。

广交朋友的采访作风：做足"功课"，练就"新闻眼"；与采访对象"同呼吸、共命运"；诚信待人、广络人脉；成为行家方能交真朋友。

调查核实的采访作风：体育新闻失实根本原因之一是没有做好系统而周密的调查研究工作，因此需记住美联社记者的座右铭"只要怀疑，就要查找"。如果查不到而且截稿时间到了，它就变成"只要怀疑，就要删掉"。

敏捷应对的采访作风：第一时间快速"抢"发；突发事件迅即应对。

不畏艰险的采访作风：体育采访具有时间紧、工作量大、异地采访多，有时还会遇上采访条件艰苦、采访对象拒绝合作等情况，这就要求体育记者要具有坚强的意志、能够吃苦、不怕困难和敢于冒险的采访作风。

3. 体育记者的新闻敏感

新闻敏感的含义。

新闻敏感是体育记者的职业生命：新闻敏感关系到体育记者能否完成自己的使命；

新闻敏感是体育记者职业个性的体现。

提高体育记者新闻敏感的有效途径：善于"慧眼识珠"，敏锐发现同一事物中最有价值的新闻；善于从同一事实中选择最佳角度；善于预见到新闻背后的新闻；通过实践培养记者的新闻敏感；好奇心、独立性和批判意识有助于记者新闻敏感能力的提高；广博的知识和熟练的体育专业知识，有利于增强记者的新闻敏感。

4.体育新闻采访的价值选择

体育新闻价值的定义。

由体坛热点事件解读体育新闻价值。

体育采访中的新闻发现：常规性报道，政治引领、体育为核、紧扣时代、与时俱进；大型赛事报道，主题深邃、角度推新、细节鲜活、关键突破。

5.体育新闻采访的角度挖掘与转换

体育新闻角度的含义。

体育新闻采访的角度挖掘：巧寻"新闻眼"，以奇制胜；融入其他元素，盘活单调无味的文章。体育新闻采访的角度转换：转换角度法、转换场合法、转换对象法、转换形式法和转换思维法。

第一节 体育新闻采访的基本原则

体育新闻采访的基本原则是体育记者在采访过程中必须遵循的行为准则，是与采访对象打交道、顺利完成采访任务所依据的基本原理，是为记者的体育采访定基调、把方向、明权责的行为过程，是每个体育记者在从事采访工作前必上的第一课。体育新闻采访的基本原则主要包括恪守党性原则、遵守组织原则和坚守客观原则。

一、恪守党性原则——把握导向、强化意识、服务于民

习近平总书记在全国宣传思想工作会议上的重要讲话中强调："党性和人民性从来都是一致的、统一的。"党性原则主要体现在应坚持以马克思列宁主义、毛泽东思想、中国特色社会主义理论体系作为行动的指南；坚持全心全意为人民服务的根本宗旨；始终同人民群众保持密切联系，在一切工作中坚持群众路线；勇于开展批评与自我批评，坚持真理，修正错误等。党性原则是新闻宣传的根本原则，体育新闻采访作为新闻采访的重要分支，也必须讲党性。有人认为体育新闻是以提供娱乐为主，远离政治，只是人们茶余饭后休闲娱乐的谈资而已，大可不必讲党性。这种认识是错误的，极端不可取的。体育作为社会文化的重要组成部分，与政治、经济有着千丝万缕的联系，一旦涉及国家政策导向等关乎国计民生的大问题，党性原则就显得尤为重要。如中华民族期盼了百年的北京奥运会、北京冬奥会，不仅是体育竞技的角逐场，更是崛起的新中国向世界展示自己的舞台。从这个视角说，如何更好地采访报道北京奥运会和北京冬奥会，实际上已经提升到党性原则的高度，提升到民族荣辱的高度。

如何在体育新闻采访中恪守党性原则呢？就是在报道重大体育赛事、体育活动、体育事件或体育人物过程中，应把握好正确的舆论导向，强化媒体的政治意识、服务意识。尤其在采访过程中对信息的价值判断和选择要符合党性原则，把好新闻采访关。在北京奥运会和北京冬奥会期间，中宣部要求各媒体每天都要召开新闻通气会，传达当天的报道精神。一般国家级媒体，直接由中宣部传达每天报道精神；省级媒体，需接受省委宣传部派驻北京人员的二次传达。各媒体每天下午需派专人赴会聆听报道精神。这个每天例行的新闻通气会，虽然采访记者很辛苦、很麻烦，却基本保证了各家媒体在报道奥运新闻时不会犯立场性、方向性的错误。事实证明，奥运期间国内媒体报道，获得受众较好的评价，取得了较好的传播效果。

北京冬奥会开幕式探秘，是每个媒体都想做的独家报道。很多媒体在开幕前几天，通过观察摆放在场馆外面的道具，聆听每晚彩排传出的声音，对北京冬奥会开幕式的流程和节目，已经能猜测得八九不离十，但这个报道即使再独家也是不能做的。原因很简单，报道精神要求不能做，做这样的探秘报道，固然满足了部分读者的猎奇心理，却破坏了大多数人正式观看开幕式时的新鲜感，也违背了大型活动的保密原则。因此，在体育新闻采访过程中，尤其牵涉面较广的事件，必须以大局为重，把服务于民和维护国家、民族利益放在第一位。民众的参与程度是北京冬奥会能否成功的重要条件，各种服务性报道直接影响着受众的参与热情。这就要求记者在采访时要通过丰富的报道手段和贴近实际的信息，让受众了解和关注赛事本身，绝不能只凭个人喜好，不加选择、不加取舍地报道，给受众提供似是而非的新闻，或对一些小道消息进行低级趣味的无谓炒作，这样的做法都是不可取的。

二、遵守组织原则——依靠各级党委、政府和体育组织开展工作

（一）依靠各级党委、政府开展体育采访报道工作

在一般情况下，面对重要的或者政治性较强的采访任务，中央新闻单位的记者到一个省、市、县去采访，首先接触的是该省、市、县的党委或政府；同样，省级新闻单位的记者到地区、市、县去采访，首先接触的也该是地区、市、县的党委或政府。这就产生了一个记者与地方各级党委或政府的各种关系问题。如何认识和处理好这种关系，是制约采访成败的关键环节之一。重大体育事件的新闻采访亦如此。在采访中既不能凌驾于各级党委或政府之上，俨然以"钦差大臣"自居，也不能撇开他们，特立独行，而是应该与各级政府组织和机关部门密切协作，征求他们的意见，深入基层采访，这是体育记者采访必须遵守的组织原则。党中央对体育方面相关精神的重要指示，要逐层下达到各级党委和政府，靠各级党委和政府来贯彻。各级党委和政府是党的体育路线、方针、政策的执行者，又是所在地区、部门各项体育工作的组织者和领导者。记者初到一个地区或部门采访，人地两生，情况不熟，难免遇到这样、那样的困难，有些困难经过自己的努力是能够克服的，但有些困难则要靠当地党委或政府的帮助才能解决。依靠各级党委或政府，是记者做好工作的组织保证。

如2009—2012年持续3年之久的中国足球反赌打黑事件，记者在采访报道过程中，就必须遵循必要的组织原则。整肃足坛，依法打击足球假、赌、黑治理行动是自2009年以来，国家体育总局与公安部门密切合作而依法展开的。在这次总局与公安部门紧密合作开展的依法打击操纵比赛和赌球违法犯罪的专项行动中，足球运动管理中心和中国足球协会已经先后有多名工作人员被依法逮捕或立案侦查，人员涉及中心和协会的工作人员、中层干部，甚至是主要领导。这充分反映出足坛内部的环境、状态已经恶化到了令人触目惊心的程度。它败坏了体育风气，损害了中国足球的形象，破坏了足球发展的市场环境和社会环境。操纵比赛和赌球，伤害了关心足球、热爱足球的亿万球迷和广大人民群众的感情，赛场上出现的一些不正常现象，引发了人民群众极大的不满和愤慨。众所周知，一些高官和裁判、教练等的相继被拘捕，记者在采访中，切不可捕风捉影、胡乱猜疑，必须在公安机关、司法机关和各级组织机关配合下进行，不可在反腐打赌的关键时期，因信息来源的不可靠而散播虚假信息，在这个动毫发而牵全身的敏感时刻，记者的宣传报道会起到重要引导和稳定局势作用，而采访的组织原则，是记者客观真实报道的前提和保证。

体育记者所秉持的态度、搜集的素材，影响到体育新闻舆论导向以及社会大众的思想观念与运动审美情趣，从源头上决定着体育新闻的舆论导向与舆论价值。基于此，记者在体育采访过程中，必须按照各级党委和政府要求，准确把握"舆论引导者"的角色取向，以"高举旗帜、引领导向，围绕中心、服务大局，团结人民、鼓舞士气，成风化人、凝心聚力，澄清谬误、明辨是非，联接中外、沟通世界"作为工作准则，塑造有利于我国体育事业发展的舆论氛围，不断增强体育媒体、体育节目的舆论传播力、引导力、影响力与公信力。

（二）在各类体育组织协助下完成采访工作

与其他类型采访相比，体育新闻采访也有其需要遵守的独特性规律与原则。记者在采访重大的体育赛事时，比如综合性国际体育比赛（奥运会）、单项国际比赛（各单项世界杯、世界锦标赛等）、洲际或区域性体育比赛（亚运会）、国内或省市级的体育比赛等，除了依靠地方各级党委和政府把好大的舆论关与宣传导向外，还要依靠各种体育组织的协助来完成各项报道任务。目前，体育组织可以分为：国际体育组织、国内体育组织、奥林匹克、官方体育机构、民间体育组织、职业体育联盟等多种类型。如国际大众体育联合会、国际田径联合会、亚太桥牌联合会、亚洲龙舟联合会、国际工人体育运动委员会、国际健身大众体育协会、国际大众体育组织协调委员会等都属于国际体育组织；国际奥林匹克委员会、世界奥林匹克选手协会、斯洛伐克残疾人奥林匹克委员会、国际残疾人奥林匹克委员会、历任及现任国际奥委会主席、国际奥委会总部、特殊奥运会国际等均属于奥林匹克组织；中国篮球协会、中国射箭协会、中国网球协会、中国田径协会、中国羽毛球协会、中国铁人三项运动协会、中国乒乓球协会等都属于国内体育组织；国家体育总局、中国登山运动管理中心、国家体育总局自行车击剑运动管理中心、国家体育总局冬季运动管理中心、国家体育总局小球运动管理中心、国家体育总局武术运动管理中心等均属于官方体育机构；北京大学自行车协会、世界体育用品企业联合会、北京亚细亚体育文化交流中心、北京市长跑俱乐部、中国建设体育协会、成都市老年人体育协会、国际市民体育联盟等均属于民间体育组织；而美国国家篮球协会、意大利足球甲级联赛、德国足球甲级联赛、西班牙足球甲级联赛、英格兰足球超级联赛、法国足球甲级联赛、美国职业棒球大联盟等属于职业体育联盟。诸如以上列举的国际与国内、综合与单项、官方与非官方的体育组织还有很多，但无论哪个体育组织，都是世界体育大家庭的成员。因此体育记者在采访过程中，需要与相关部门建立良好的协作与互信关系，在各类体育组织的协助下完成采访报道任务。

三、坚守客观原则——不带个人评价的倾听

是什么使人际间的交流成功进行呢？心理医师卡尔·罗杰斯（Carl Rogers）和其助手F·J·勒特利斯贝格尔在为《哈佛商业评论》（*Harvard Business Review*）撰写的一篇题为《交流障碍与交流通路》（*Barriers and Gateways to Communication*）的文章中，提出了两个理论。第一个理论指出，只有在A说服B相信他或她所说的话是真实的时候，交流才是成功的。而第二个理论则指出，只有当B能让A说出他或她的真实想法或感受，同时并不在意B是否相信时，交流才是成功的。我们可以把第二个理论应用到体育新闻采访中，想办法让采访对象说出他们真实的想法和感受，而不是让他们反复思量自己的谈话内容。把这条理论应用到你能想象到的最极端的例子上——如著名脱口秀节目的女主持人奥普拉·温弗里（Oprah Winfrey）曾经电话"采访"过州立感化院的一名猥亵儿童者。讨论才进行了一小会儿，她就表达了对这个犯人的蔑视。犯人反抗道，"你根本就不让我说话"，而主持人喊道，"你真是卑鄙无耻！"观众中爆发出响亮的掌声。或许主持人的表现很精彩，但这样的采访实在过于拙劣[①]。

如果采访的唯一目的只是显示采访者道德上的高尚，这样的采访又有什么意义呢？一次好的采访的目标应该定位在获取一些值得和受众共享的东西上。如果把理解而不是指责和评判作为采访目标的话，我们甚至可以从社会最底层那里有所收获。一位精神治疗家曾经说过，优秀的记者一定要在满足采访双方的自尊心上做努力，体育采访更是如此。体育记者在采访过程中必须保持客观与中立，是让采访对象说出自己想说的话，是为了获取不带任何偏见的事实材料，而不是发表自己的评论与建议。美联社的体育记者曾经说过这样一句耐人寻味的话："体育记者不是能记住上百万个数字的超级球迷，狂热地描述一场赛事是多么精彩或多么糟糕。事实上，当你成为一名体育记者的那一天，你就不再是一个球迷了，尽管你还保留着一个球迷的热情。你不能在记者席上欢呼雀跃，不能索要运动员的签名。你还不能穿印有你喜爱的球队的名字和你喜爱的队员的号码的衬衫。你不能对某个棒球手顶礼膜拜，奉若神明。你有着球迷们梦寐以求的看球机会，但你的工作是让球迷们安安静静地待在那儿，既能看到又能听到，就像在你身边一样。"[②]可见，无论是在赛场上、在运动员的休息室、在训练场，还是在大巴车上，当体

---

① （美）肯·梅茨勒.创造性采访[M].李丽颖，译.北京：中国人民大学出版社，2004：10.

② （美）杰里·施瓦茨.美联社新闻报道手册[M].曹俊，王蕊，译.北京：中央编译出版社，2008.110-115.

育记者面对采访对象时，都要坚守这样一个采访原则——耐心地去细细倾听，而且不带个人的任何评价。

体育新闻采访报道坚守客观原则，还体现在对新闻真实性的准确理解与实践。我国承办北京奥运会、北京冬奥会等国际大型体育赛事，这是个浩大的系统工程，牵涉面甚广，总有个别地方做得不到位或者不细致。这样的个案报不报道？自然是不报！一万个好的，偏偏去报道那一个不好的，就会产生导向性错误。习近平总书记在对新闻真实理解上，给我们提供了科学系统的论述，他一方面从价值论层面强调，"真实性是新闻的生命，事实是新闻的本源，虚假是新闻的天敌。新闻的真实性容不得一丁点马虎，否则最真实的部分也会让人觉得不真实。"同时又从认识论层面指出，"要根据事实来描述事实，不能根据愿望来描述事实，同时要坚持马克思主义立场、观点、方法，搞清楚是个别事实还是总体事实，不仅要准确报道个别事实，而且要从宏观上把握和反映事件或事物的全貌。"他从我国社会主义初级阶段的特殊国情出发强调，"我们这么大一个国家，十三亿多人口，每天发生着大量事件，也存在着大量问题。新闻媒体是社会舆论的发射器，也是社会舆论的放大器。如果只看到黑暗、负面，看不到光明、正面，虽然报道的事情是真实发生的，但这是一种不完全的真实。一叶障目、不见泰山，攻其一点、不及其余，尽管这一叶、这一点确实存在，但从总体上看却背离了真实性。同时，除了一因一果，更要注意一因多果、一果多因、多因多果、互为因果、因果转换等复杂情况，避免主观片面、以偏概全。"习近平总书记关于新闻真实的论述，完整地诠释了新闻真实的科学内涵，客观地分析了坚持新闻真实性原则与坚持正面宣传为主要方针之间的辩证关系，不仅强调了新闻要真实，还科学地回答了什么是新闻真实、新闻为什么要真实、如何把握新闻真实等问题，集中体现了辩证唯物主义和历史唯物主义精神，对我们的新闻传播实践具有直接的指导意义。2019年新修订的《中国新闻工作者职业道德准则》在第三条对新闻真实客观性也专门予以强调，要求把真实作为新闻的生命，努力到一线、到现场采访核实，坚持深入调查研究，认真核实新闻信息来源，禁止虚构或制造新闻。

第二节　体育记者的采访作风

采访作风既是记者的工作作风，也是记者的思想作风、生活作风在采访问题上的综合体现。它同采访原则密切相关。同时，一种良好的采访作风也可以保证采访方式、方法的有效运用。事实证明，一个记者的采访作风良好，就能更好地完成报道任务，受群众欢迎；反之，就会脱离群众，拒人于千里之外，不能很好地完成报道任务。更有甚者，还会影响到单位甚至国家的信誉。因此，应该把培养良好的采访作风，当作记者队伍的一项重要建设来抓。

新时期体育记者是人们十分羡慕的职业，他们有着其他行业记者所无法比拟的优越和风光，可以去五湖四海采访，能涉身世界各大赛场。在装备上，其配备的汽车、电脑等硬件已与世界接轨，这对提高新闻采访的时效性起到了积极作用。但值得指出的是，在现实中一切并不十分完美，有的体育记者手持先进的电脑却传不出好新闻，四只轮子也没能跑来好新闻。相反，优越的采访条件却滋生了体育记者诸多不良的采访作风，一桩桩被采访单位与媒体的对簿公堂，一件件触目惊心的失实报道，针对新时期体育记者的采访作风提出了一个十分严峻的课题，其问题的严重性和迫切性也日益凸显出来[①]。

一、深入现场的采访作风

（一）惰性和浮躁成为体育采访的普遍问题

我国体育记者这一群体是个特殊群体，一般超过30岁，在同行中就觉得年龄偏大了，平均从业年龄的偏小化，说明体育记者是个青春的群体，很有活力，这是优势。但在采访作风上，年轻人也有相对比较浮躁的一面。特别是伴随着网络资讯的发达，有些年轻记者到赛场、到运动队一线进行采访的自觉性就差了许多，甚至出现了一些"扒网络、攒稿子"的网络记者；"不邀请不采访"的贵族记者；"编故事、造情节"的小说记者。目前，我国体育新闻报道领域内的竞争是最充分和激烈的。在这样的大背景下，年轻记者采访不深入、不扎实的问题就显得格外突出了，并成为制约体育新闻质量的主要瓶颈。在这一点上，年轻记者该向《齐鲁晚报》高级记者马安泉学习。他被体育记者圈内称为"我们村里的年轻人"，同事则尊称他为"年轻的马老"。马安泉采访有一个突出特点：每次必须深入现场，不到新闻现场他不敢写新闻稿子。他说，新闻评论可以根据新闻事件发表自己的评说，但新闻消息、通讯、特写等题材必须深入现场，它是不允许进行"合理"虚构的。正是由于对体育新闻工作的热爱，他在采访中总是能够深入新闻报道第一线[②]。

（二）深入赛场，将"死材料"变成"活材料"

记者在采访过程中，必须亲赴现场，才能真切感受到现场的氛围、准确把握事物发展的态势，新闻作品才具有感染力。采访坚持到现场、到一线，这只是对记者的最基本要求，而想写出有特色的报道就必须深入赛场的每一个角落，关注相关的人和事。如果浅尝辄止，那么根本不可能发现隐藏在新闻事件表面之下的细节，而那些细节往往才是体育新闻事件中最吸引人的地方。如《中国体育报》原副主编冯贵家老师，从事体育新闻报道四十载，多次参加重大赛事的报道，采访过李宁、朱建华、邓亚萍、杨影等许多著名运动员。他是北京申奥的见证者，并承担北京申奥官方网站的文字工作。1992年，冯老师有幸受命与同行一起赴巴塞罗那，采访第25届奥运会[③]。到达赛场后，他不顾长途疲劳，立即投入战斗，大赛刚刚启幕，稿件已发回不少。可不久，报社打来电话："稿件缺少独家性，要千方百计突破，不能满足于大路货！"原来，在开始几天的采访报道

① 张明.新时期体育记者采访作风初探[M]//中国体育新闻工作者协会.体育记者谈体育新闻.北京：人民体育出版社，2005：407.

② 王兴步.马安泉：当一名好记者是终生追求[EB/OL].（2010-06-26）[2022-9-7].http://news.xinhuanet.com.

③ 冯贵家.一个体育记者的采访手记[J].新闻战线，1999（02）：35-36.

中，他们过分依赖于跑新闻中心，死盯赛场，过分依赖于手头的"死"资料。为了更好地完成报道任务，他们给自己的采访定个"三不"原则：即不用死资料，不死蹲赛场，不去新闻中心看电视写稿。开始强调走出去，发扬深入赛场的作风，不断拓展新闻视角和触角。冯老师深入奥运村国际区，见缝插针，抓住过往餐厅的教练员、运动员，聊上几分钟，新鲜的素材到手了；到运动员检录处，接触下教练员，对即将开始的比赛心中有数了；到赛场运动员出口处，盯住刚刚结束比赛的运动员，最直接的感受抓住了。可见，在体育新闻采访中，同样需要记者深入运动员比赛的赛场、深入你注意或不注意的每个角落，不断穿梭于运动员更衣室、场边的休息区和训练馆之间，采访运动员、教练员和管理人员。比如采写一篇篮球新闻，记者会在空闲的篮球场上搜寻教练或经理以获取内幕消息；在更衣室里采访直到这里关门；一大早到跑道上观看运动员的体能测试；在雨中的下午采访训练；随时与经纪人或训练者闲谈。记者只有深入与报道相关的每个人和每件事，才能获得有价值的"活材料"。

2022年北京冬奥会期间，北京日报社体育新闻中心主任袁虹衡亲赴冬奥会采访一线，带领其余17名北京日报社记者，以冬奥会新闻发生后第一时间的迅捷报道，热点出现后的专业、权威解读以及记者自由发挥的创意栏目，在融媒体的"指端"和报纸的"纸端"都实现了精彩。在报纸上推出了《超越她的唯有她自己》《难度王终称王》《玩得开心唯有感谢》《整天微笑换来了帕罗特的金牌》《跟着特警进行"魔鬼训练"》等一系列反映中外运动员在竞技场、人生舞台上奋力拼搏的鲜活报道。在融媒体端口同样精彩不断，如及时跟进了"苏翊鸣的银牌到底冤不冤"等话题，以现场采访、记者视角等多角度迅速回应了网上舆论的关切。几条小视频短时间内就有几千万的浏览和播放量，直接冲上了微博热搜[1]。再如北京冬奥会期间中央广播电视总台记者娄理文和同事驻扎首都体育馆报道花滑与短道速滑两项赛事，首体举行的比赛贯穿整个竞赛日程，从训练到比赛各路媒体记者往往需要尽早到场占位，而遇到关注度高的选手往往需要提前五个小时到达现场进行准备，他们制作的《徽章大户！金博洋和网友换pin》视频报道迅速冲上热搜，展现了奥运选手们非常可爱暖心的一面。可见，作为冬奥记者，除了本身过硬的技术本领，还要能够积极挖掘赛场细节，将事实材料鲜活展现给受众，是每位记者必备基本功。

二、广交朋友的采访作风

（一）做足"功课"，练就"新闻眼"

交朋友并不难，但是，要交到体育圈"明星"朋友，特别是要采访到"人无我有、人有我精、人精我特"的独门"佐料"记者，就不是一件容易的事情了。一般而言，赛后新闻发布会比较简单，不足以让记者写出丰满的评论或特写。因此，赛前的准备和赛后的沟通，就十分关键。而当记者成为这些体育明星的朋友时，采访才能"说得来""谈得拢"，就可以得到一些生动的细节材料，再依靠平时的积累，就能应付自如。换言之，

---

① 李远飞.袁虹衡：35年坚守体育新闻现场[J].青年记者，2022（09）：31-33.

记者的朋友就是消息来源。正如美国新闻学者麦尔文·曼切尔所说:"消息来源是记者生命的血液。"

2007年5月,中国男排主力队员汤森随上海队在俄罗斯圣彼德堡发生意外后情况不明。他受了什么伤?伤势程度如何?虽然无法采访到在圣彼德堡上海队的教练和队员(根据当时的规定,所有人必须关闭手机),但是,通过向在北京的中国男排训练的主教练周建安、队长沈琼及相关人士了解情况后,汤森受伤的第二天,《新民晚报》体育版便用三分之二的版面刊出了比较准确的报道:其中包括汤森是怎么受伤的,进行了4小时手术,颈椎部植入钢钉,等等。并且回答了人们所关心的有无瘫痪的可能性、生命有无危险等问题。新闻得来全不费功夫,是一种境界。但这也可谓"功夫在诗外",靠的是平时足够的积累,足够的交往,做足"功课"。于是,当你需要帮助时,才不至于被拒绝,才能够顺利地得到"独家信息"。汤森受伤后一年多的后续新闻,《新民晚报》仍然是最迅速、最及时和最准确的。汤森所住的北京博爱医院谢绝所有媒体采访,但是《新民晚报》记者可以随时进出。用汤森父亲的话说:"不接受记者采访,但是朋友例外。"有了感人的、独家的素材,才有了催人泪下的《坐起来的硬汉 不服输的7号》《爱情+排球=生命奇迹》等一系列报道。这样的报道,自然受到读者欢迎和好评。当下,体育受到的关注是空前的,而在网络时代,独家新闻绝对成了"稀罕物"。假如我们通过交际,编织了一张"关系网",假如我们体育界朋友遍天下,那么"新闻眼"可以无处不在[①],就会信息路子通,稿源时时有,线索滚滚来,手头就有写不尽的新闻。倘若我们不广交朋友,就会孤陋寡闻,耳目闭塞,就很难获取最新的新闻素材,很难得到第一手资料,即使自己兢兢业业,也难免遗漏一些重大新闻。

(二) 与采访对象"同呼吸、共命运"

采访工作就是与人打交道的工作。在体育新闻采访中,记者与采访对象建立良好的关系,同样具有重要的实践作用与现实意义。记者走到哪里,都应主动去接近采访对象,和他们打成一片,同呼吸、共命运,决不能自恃特殊。

体育记者,要保持对事物记述、评析的客观性,不仅需要冷静观察一个人、一件事,更要深入地了解事物的内涵、本质。因此,如何能够在较短时间内同采访对象打成一片,消除他们的戒备心理,与采访对象由陌生变为朋友,确实需要一套行之有效的办法。在这方面,冯贵家老师的做法同样值得年轻的体育记者学习。1997年,冯老师随中国乒乓球队访美,由于工作分工不同,冯老师以前从没采访过乒乓球这个项目,与邓亚萍、杨影、刘国梁等著名国手也互不相识,这给采访带来了一定困难。但他并没有因此而做一名旁观者和客人,而是首先将自己视为团队的一个成员"混迹其中",与年轻人打成一片,同队员们一起清点物品、搬运行李、准备赛事……队员干什么,他干什么。正是这种深入群众的本领,使冯老师慢慢地同这些年轻人混熟了,彼此都感到了对方的存在和相互之间的和谐。去购物了,队员们会找:"冯老师呢,别丢了他。"去游览了,队员们会叫:"别忘了冯老师。"……"混"到这份儿上,再进行采访,也就不是什么困难

---

① 李京红.与朋友交而不信乎?——体育记者"交际学刍议"[J].新闻记者,2009(02):54-57.

的事了。冯老师还回忆道："采访结束了，回北京的路上，当时的邓亚萍和杨影，把手机号告诉我，说：'有什么事要我们出力，尽管说。'杨影笑道：'冯老师，您一点儿不像大记者。'"恰恰正是这不像记者，不自恃特殊，而是与队员们同甘苦、共呼吸的作风，使冯老师较好地完成了记者的使命。

（三）诚信待人、广络人脉

当今是高速信息化的时代。"谁拥有了信息，谁就拥有了世界"，大家对这句话一定不陌生。但信息从何获得，最关键的就是靠广交朋友。有人说过：如果你的电话中存有500个人的电话号码，而且你能够和这些人建立并保持经常的联系，那么你一定是个比较成功的人士。这句话道出了"人脉"对于一个人事业成功所具有的重要意义。记者是与人打交道的职业，而"人脉"对于记者从事的职业来说，更是尤为重要。在进行体育采访报道时，记者应该能够找到任何一个你所需要的人。体育记者必须广交朋友，收集许多电话号码。因为在记者的职业生涯中，没有什么比建立联系更重要的了。新闻可能发生在任何时候，你必须马上找到人，不管是白天还是晚上，也不管你身居世界的哪一个角落。那么又如何去获得这些电话号码呢？美国一名记者为我们提供了一个调查电话号码的最佳方法：你可以通过电话台、电话号码簿、互联网、组织机构手册、宣传品、代理人、朋友、朋友的朋友、亲属及所有可能帮忙的人查到电话。互联网虽然加强了新闻记者搜寻被采访对象的能力，但它仅仅是一种方法，不可能替代其他的所有方法。就像这名记者所言："我经常会问运动员和教练家里的电话。这些电话是保密的，不到关键时刻不会用。有时候我不得不打电话核实某人的死讯，电话一接通，谣言便不攻自破。拳击名将杰克·丹姆西（Jack Dempsey）生前'死'过六次。当我为此事给他打电话时，他自嘲地说：'现在还活着，下次再来问。'"

当记者没有人脉关系寸步难行，这是新闻界人所共知的事情，但如何广络人脉，需要以诚信待人。因此，记者要放下架子，以真情、真诚来赢得朋友同样真诚的回馈。事实表明，真诚待人，放下所谓的"记者架子"，就会赢得真诚，以心换心，以情换情，以真诚换真诚。这样，每一次采访结束后，采访双方自然成了朋友，日积月累，朋友遍天下。交朋友，千万不要"势利眼"。除了同教练、运动员交朋友，也要同主管体育的领导、医生、陪练交朋友，很多时候，他们也都是消息来源。孟子有句名言："老吾老以及人之老，幼吾幼以及人之幼。"说的是尊重自己长辈要推及尊重别人的长辈，爱护自己的子女要推及爱护别人的子女。孟子的这个道德伦理观念，用于今天的体育新闻采访、与采访对象沟通的过程中，同样是个屡试不爽的法宝，那便是"情到深处得新闻"。

如《齐鲁晚报》记者马安泉在体育圈子内的人脉关系就十分广泛，众多的体育名流愿意与其打交道，他们大多成为好朋友或是铁哥们。究其原因，首先是他自己就是体育界的一员，熟悉运动员和教练员的日常生活，能够准确地把握体育界的思维脉搏。更为关键的是，马安泉的人品赢得了众人的好评，他准确的体育新闻报道获得了人们的认可。2009年全运会期间，一名记者采访中国第一个打破世界纪录的女运动员郑凤荣时，郑凤荣对记者说："马安泉为了邀请我参加座谈会，竟然在雷阵雨中等了我4个多小时，这样的真诚我能不受感动吗？"中国体操协会主席高健对他更是赞叹不已："马安泉真诚、仗义、正直、善良，看到他就看到了咱山东人。"世界乒乓球"三连冠"庄则栋则认为，"马安泉外表粗犷，但他的认真和精细却是惊人的，他是一名值得信赖的体育记者"。马安泉的人脉关系化作实际生产力，已经成为《齐鲁晚报》的一笔宝贵财富①。

（四）成为行家方能交真朋友

提起"关系网"，似乎总带有某种贬义的色彩。其实关系网本身并没错，对记者而言，关系网多多益善，越大越好。关系网中，应该有各色各样的朋友，能够从不同的角度提供不同的帮助。外国成功学有"友谊网"之说，认为喜欢别人，又让别人喜欢的人，才是世界上最成功的人。因此也可以说，一个成功的体育记者应该喜欢运动员，又让运动员喜欢，这是采访成功的关键。有人认为运动员四肢发达、头脑简单，其实现在的运动员头脑聪明、全面发展。体育记者每天打交道的就是这些"聪明人"。让"聪明人"认同你、赏识你、尊重你，需要的是同样的"聪明"。朋友关系不是一朝一夕魔术般地建立起来的，而需要多年的时间和精力的投入。运动员自然有自己的择友标准，喜欢跟他们所喜欢的人交朋友，而且愿意帮助他们喜欢的人。因此，真正能够同运动员交上朋友，打成一片，也是体育记者的一种本事。

那么，如何让运动员尤其是体育明星们喜欢呢？其根本捷径就是记者要进入他们的"圈内"，成为行家里手。《新民晚报》围棋报道一直在全国独树一帜，这与报道这个项目的记者不无关系。报道这个项目的记者先后有徐世平、张建东、曹志林。徐世平不是围棋高手，充其量也就是业余二三段的水平，但他的围棋报道令人叫绝。20世纪80年代的中日围棋擂台赛就是依靠他的妙笔生花，让棋迷们如痴如醉。他用自己的才气和漂亮的文笔征服了围棋国手们，聂卫平、马晓春、芮乃伟、曹大元、江铸久，几乎每一个围棋国手都成了他的好友。用自己的才气得到"聪明人"的认同，这也是一名优秀体育记者的功力。当高朋满座时，他的采访才会如此轻车熟路，游刃有余。张建东是围棋业余六段，而曹志林更是专业八段。枯燥的"打劫""黑小目""白星"在他们手里变得活灵活现。更绝的是，张建东同聂卫平、常昊们的关系远远超出了采访者和被采访者的那种工作式的关系。围棋国手的迎来送往，张建东都不厌其烦地事必躬亲。《新民晚报》每年举办的世界性围棋比赛得以顺利进行，深厚的友谊和良好的关系发挥了巨大的作用。围棋国手有什么新闻，甚至家里有什么事情，第一个知道的一定是张建东。这样亲近的朋友关系，就是想要"漏新闻"也漏不掉。聂卫平曾说，一位年轻记者采访他，要他谈谈什么是"打劫"。哈哈大笑的聂卫平一本正经地说："这确实是个问题。"试想，完全不懂行的记者能够赢得尊重吗？同样，其他一些相对冷门的体育项目，如桥牌、国际象棋、现代五项、曲棍球、冰上运动，等等，只有在采访前认真钻研，力求弄懂，才能立于不败之地。只有懂行了，才会采访有门，笔下生风②。

再如，北京冬奥会的越野滑雪、冬季两项等多个雪上项目主要在张家口赛区进行比赛，参与采访报道的记者要掌握一定的冰雪运动技能知识，才能在冬奥宣传报道中找准

---

① 王兴步，马安泉：当一名好记者是终生追求.[EB/OL].（2010-06-26）[2022-9-10].http: //news.xin-huanet.com.

② 李京红.与朋友交而不信乎？——体育记者"交际学刍议"[J].新闻记者，2009（02）：54-57.

采访切入点，提出更贴切的问题。电视台记者要通过现场采访进一步增强冰雪运动类节目的现场感和特写镜头的感染力。同时，冬奥记者还需深入了解该冰雪运动项目的比赛规则、冬奥会赛程、北京冬奥会参赛运动员的相关信息，尤其要将近年冬奥会与冬残奥会冠军运动员的相关信息以及中国运动员在冬奥会与冬残奥会夺冠的核心竞争对手的相关信息熟记于心①。只有记者先成为行家里手，才能与运动员（采访对象）平等交流，才能从专业视角去报道比赛。可见，写出有独特视角，有人情味、有深度的优秀体育新闻作品，是每个体育记者的不懈追求。在体育大舞台上表演的是人，体育新闻当然要报道比赛，但不能只见"赛"不见人，所以记者应该多报道运动员，成为他们的朋友、益友，培养广交朋友的采访作风，让自己在体育世界中自由驰骋。只有这样，体育报道才不再是枯燥的，而是鲜活的、灵动的、色彩斑斓的。

三、调查核实的采访作风

在前面讲授新闻采访的定义时，我们将新闻采访定义为"记者认识客观事物，寻找与挖掘新闻事实或新闻的特殊调查研究活动"，可见，采访是一种调查研究活动，但采访又不是一般性的调查研究活动，它是一种特殊的调查研究。作为记者，我们要以毛泽东同志的名言时刻警醒自己——没有调查就没有发言权！记者在采访中的深入调查研究，是长期的无条件的深入，是心与灵的深入，是思想感情和人民群众融为一体的深入，是完成人生观、世界观转变的深入，这是记者身入、心入、灵入的最佳境界和最高境界。正如著名记者穆青所言："一篇人物通讯，哪怕有很微小的虚构，其后果也是灾难性的。"而现在的体育新闻报道，往往存在许多失实现象。这些失实现象表现在许多方面，比如，有些体育新闻报道会出现主观性、片面性、表面性的毛病，有些会出现取证不足、论据支撑缺乏力度等问题。从采访来看，造成这些问题最根本的原因，是没有做好系统而周密的调查核实工作。请看下面2003年第47届世界乒乓球锦标赛施拉格在男子单打封王后，《球报》的一篇报道：

施拉格是不折不扣的中国姑爷　沈阳姑娘助其夺冠

2003年5月26日　新闻来源：《球报》　记者：阎爱庆

奥地利人施拉格拿下了代表世界男子单打的最高荣誉后，流下了激动的热泪，在与朋友、故交握手相庆的时候，记者突然发现，施拉格身边一位亚裔血统的女人似曾相识，上前仔细一问，方知这位女孩是中国人，与记者曾在沈阳一球馆见过面，那时的记者还只是一位乒乓球爱好者，在赛场上多次见过该女孩的英姿。她还是一名专业乒乓球运动员，在留洋奥地利时与施拉格相识，现两人已经登记结婚。

想来，施拉格已是不折不扣的中国姑爷儿了，可能他长期与这位中国女孩接触，并

---

① 陈岐岳，王国松，焦晨曦，等.中国新闻媒体宣传报道冬奥会的常见问题及北京2022年冬奥会和冬残奥会宣传报道策略[J].首都体育学院学报，2022，34（01）：34-42.

进一步了解了中国人的脾气秉性，所以在与王励勤、孔令辉的关键之战中，屡屡找到对手的破绽，最终将优势化为胜势，这其中不能不说这个女孩起到了十分重要的作用。

记者再一次向施拉格表示祝贺，他拉过这位女孩对记者说，"我取得金牌其中有她的一半功劳，没有她就没有我的现在。"看到他们幸福的样子，记者心里无限感慨，并约定有机会在沈阳见。事后记者向中国乒乓球业内人士询问，方知这位女孩姓田，家住辽宁省沈阳市。

《球报》这篇关于施拉格的报道一经刊出，沈阳其他媒体也不甘落后，《施拉格爱妻浮出水面，辽宁教练透露沈阳女子姓名》《施拉格妻子曾服役中青队，男单败在"海外兵团"手下》《施拉格夺金有媳妇支招，男乒新霸主是"沈阳姑爷"》《同恋人共返家乡、男单冠军施拉格许诺来沈阳》等报道纷纷出笼。而后来被证上述关于施拉格的报道全是假的。《球报》这篇新闻被《新闻记者》杂志评为2003年十大假新闻之一，并被冠以"胡编乱造奖"[1]。2003年5月28日，《华商晨报》登出《施拉格并非沈阳姑爷，当事人要用法律严惩造谣者》，文章称："'我怎么竟然成了施拉格的夫人？简直是天大的笑话！'昨天，媒体报道中国世乒赛男单新科状元施拉格的'夫人'田媛在克罗地亚接受本报记者电话采访时说。"世乒赛期间，田媛一直在克罗地亚，担任球员兼教练，工作很忙，没有跑到巴黎看比赛，更没有在施拉格身边。与此同时，《时代商报》在2003年5月29日以《此"田原"非彼"田元"，到底谁是施拉格的娇妻》为题，对田媛的母亲进行了采访。

田媛母亲在电话里激动地对记者说，外界的消息纯粹是误传，这对我本来平静的家庭生活影响极大，甚至还波及到我远在克罗地亚的女儿和在日本的儿子。虽然女儿是在克罗地亚做乒乓球教练，但她至今还没有结婚，怎么会好端端变成人家的妻子？！黄女士说，女儿在克罗地亚执教期间，曾几次带队员参加欧洲比赛时，确实与施拉格相识并成为朋友，但这仅限于普通朋友的关系！绝非外界传言是夫妻！同时，她也一并否认了自己对施拉格女朋友了解的详情：我从未说过有关施拉格女朋友的情况，更不知道她是否是混血儿，因为这些问题都是很私人的问题，女儿田媛也不可能去问。

同时，《齐鲁晚报》在2003年5月29日以《施拉格是不是中国女婿？沈阳多家媒体说法不一》为题，对这篇虚假报道作了进一步澄清，该报称：

率先报道施拉格太太为沈阳人的是沈阳的《球报》。紧接着，沈阳的《时代商报》和《沈阳晚报》"挖"出了"施拉格中国媳妇"的姓名以及经历。但是，昨天沈阳的《华商晨报》却报道说并无此事。令人哭笑不得的是，沈阳几家报纸相关报道中女当事人的名字也不统一，竟然有"田元""田园""田原""田媛"等四个版本。不过，他们现在大都认为妻子一说有误。

从上面一系列报道中可以看出，媒体不仅错点鸳鸯，杜撰了这则不实报道。而且，

---

① 陈斌，贾亦凡，阿仁.2003年十大假新闻"奖"[J].新闻记者，2004（01）：21-27.

值得人深思的是，对于事件女主角的名字，不同媒体竟然还有不同的版本：田园？田原？田媛？还是田元？众多媒体连这位女士的真实姓名都没搞清楚（而据当事人介绍，真实名字是田"媛"）。可见，媒体在报道此事的过程中，缺少最起码的调查研究（即对事件人物的名字的确认）。多家媒体争先恐后地介入，使得这次的假新闻显得特别有连续性和层次感，而在本次事件中，随后跟进的那些媒体显然根本就没有直接接触到田媛或施拉格本人。可见，造成媒体虚假报道的主要原因之一是没有形成深入调查研究的良好作风，这不但会降低媒体的公信力与可信度，也会给报道对象带来不必要的伤害和困惑。据悉，田媛及其母亲当时欲通过法律手段来追究造假者的责任，还有媒体透露，施拉格也联系了律师处理此事。最后，还是媒体运用各种手段，并予以公开道歉，以各种方式弥补对受害者的伤害，当事人才愿意息事宁人，此事也才得以平息，告一段落。当然，对于假新闻的受害者，他们用一切合法手段来维护自己利益的行为应该得到社会的支持，但不进行调查研究，一味炒作猛料的媒体记者，也应该以此为戒，免得惹祸上身，给自己和媒体都带来麻烦。

再看下面这则新闻报道，在2016年台湾"中央社"报道的《津巴布韦总统因奥运会没能得奖牌下令逮捕代表团》也存在不经调查发布的问题，该篇新闻也是2016年十大假新闻之一，许多官方媒体都进行了转载，带来了不良的舆论影响。

津巴布韦总统因奥运会没能得奖牌下令逮捕代表团

2016年8月25日　新闻来源：台湾"中央社"

【环球网综合报道】据台湾"中央社"8月25日报道，津巴布韦奥运代表团因没能在本届里约奥运会收获奖牌，引总统穆加贝震怒，穆加贝下令在代表团返抵国门时扣押全团。

据尼日利亚媒体PM News网站报道，穆加贝（Robert Mugabe）下令该国警察总长逮捕扣押津巴布韦奥运代表团。代表团23日一抵达首都哈拉雷国际机场立刻被捕。

据悉，津巴布韦在本届里约奥运派出31名运动员，但没获得任何奖牌，最佳成绩是第8名。

穆加贝对全团表现十分愤怒，他说："我们国家把钱浪费在这些我们称为运动员的鼠辈。如果你们还没准备要牺牲，赢回铜牌或像邻国博茨瓦纳（Botswana）拿下其他名次（第4或第5名），那干嘛要浪费我们的钱。"他还说："如果我们只是要派人去巴西唱国歌和升旗，那派出津巴布韦大学的俊男美女代表国家就好了。"

（http://www.world.chinadaily.com.cn/2016-08/26/content_26606545.html）

该篇报道发布后，网易、凤凰网、东方网、央广网等网站纷纷转载，事件经过发酵后，带来了较大的社会影响，随后权威媒体进行深度调查。8月26日晚，新华社发文称《奥运没拿奖牌，津巴布韦总统下令逮捕运动员？假的》，称：津巴布韦官员26日表示，媒体关于"津总统穆加贝要求逮捕参加里约奥运会的津巴布韦运动员"的消息纯属子虚乌有。国际在线记者发现，这样一条涉及津巴布韦总统的新闻最初却是在尼日利亚一家网站上刊登，被台湾的"中央社"翻译成中文，随后被凤凰网、网易等国内网站不加求证就转载出来。综上，在体育新闻采访中，记者想第一时间报道一些所谓"猛料"来吸引眼球，这本来无可厚非，但必须确认其准确性，对网络或社交媒体等提供信息来源进行核实，查证确有其事后方能进行二次或多次传播。美联社体育记者有个座右铭："只要怀疑，就要查找。"如果查不到而且截稿时间要到了，它就变成："只要怀疑，就要删掉。"可我们的报道中有多少是猜出来的东西，因此每个记者都应该记住：只要怀疑，就要删掉[①]。

四、敏捷应对的采访作风

采访既要扎实，搞好调查核实，又要敏捷应对，讲究工作效率。快，是新闻工作的一个突出特点，新闻随时都在发生，需要记者第一时间赶赴现场。记者要像部队一样，有战斗敏捷的作风。体育记者在采访报道中，作为运动员与受众沟通的桥梁，必须具备敏捷的反应能力。在体育比赛的过程中，经常会出现一些意外情况，比如，运动员受伤、天气变化、信号中断、赛场群殴、球迷骚乱等，面对诸如此类的突发事件，体育记者必须临时调整报道任务，获取全新的、计划之外的事实材料。在做面对面采访时，有时被采访者面对记者会紧张失常，不能很好地表达想法；有时会遇到某大牌体育明星拒绝采访；还会遇到多家媒体蜂拥而上，被采访者应付了事等情况。面对上述复杂多变的局面，体育记者要有良好的心理素质、快速的反应能力，以灵活巧妙地对各种问题进行处理。

如何培养记者敏捷应对的采访作风呢？

（一）第一时间快速"抢"发

新闻竞争一个最突出的表现是抢时间、争速度。而今，新闻不仅要强调即时性，更强调实时性，而新闻事实发生和报道之间的时间差是以千分之几秒计。改革开放后，我们要发展市场经济，我国的新闻媒体和记者也面临着新闻竞争问题。不仅是国内同行之间的竞争，而且还要走向世界，积极参与到世界新闻的竞争中。在对世界大型体育赛事进行报道的时候，我国的媒体都不甘落后，在抢时效上表现得尤为出色。

在雅典奥运会和北京奥运会上，新华社在报道时效上都取得了突出成绩，尤其是在北京举办的第29届奥运会，新华社更是为抢发第一块金牌的报道做了精心部署。世界各大通讯社都重视抢发奥运会第一天获得的第一块金牌的新闻，并把它当作新闻界的一块"无形的金牌"。据统计，新华社在第23届到第26届的4届奥运会中，有两次获得这块"无形的金牌"，一次独享（1984年在洛杉矶举行的第23届奥运会上，中国射击选手许海峰夺得第一块金牌，新华社最先做了报道），一次与法新社共享。西方通讯社同行大为惊异：新华社是在报道组人员大大少于西方四大通讯社，技术装备也远远落后于西方四大通讯社的情况下取得如此骄人的成绩的。这表明我国记者在国际大型体育赛事的报道中已具备了强大的竞争意识和竞争实力，我国已培养出一支能打硬仗的记者队伍。在北京奥运会的新闻报道中，作为奥运会的主办国，我国在奥运报道中更是抢占先机，尤其随着我国社会经济的飞速发展，科技水平的迅猛提升，目前我国的奥运转播与报道技术装备已经赶上西方一些发达国家的水平，这为我国奥运报道的媒体新闻大战奠定了坚实的

[①]（美）杰里·施瓦茨.美联社新闻报道手册[M].曹俊，王蕊，译.北京：中央编译出版社，2008：74-75.

物质基础。但仅有这些硬件上的优势是远远不够的，还需要"软件人才"——记者发扬敢拼敢抢、从容应对、战斗敏捷的作风。即要突出一个"抢"字，抢采、抢编、抢发，训练抢新闻的本领，在这方面记者要有顽强的拼搏精神和过硬的体育新闻采写基本功。如在奥运会开幕仪式正式开始，胡锦涛宣布奥运会开幕，运动员、裁判员代表宣誓，主火炬点燃，美国、俄罗斯等重要国家和地区体育代表团入场等关键点，新华社的发稿时间就一路领先。2008年8月8日23时36分40秒，新华社在全球率先发出胡锦涛宣布奥运会开幕的英文快讯，以1秒钟的优势，领先于外电中时效最快的路透社；开幕式首张图片比外国通讯社快2分钟；主火炬点燃的照片领先全球1分29秒。独家快讯"李宁将点燃奥运主火炬"发出后不到3分钟，被美联社、路透社、法新社转发；出席奥运会开幕式领导人名单被路透社转发，并在稿件中破天荒地使用了"路透／新华"作为消息来源。可见，只有快才能保持新闻的新鲜感，在媒体大战中立于不败之地。

伴随大数据和新媒体技术发展，新闻采访报道时效性不断升级，"智能写作"应运而生。机器人写作智能技术使机器设备可以独立完成数据类、简单消息类新闻制作。目前，全球各媒体行业均有智能机器写作投入实际运用中。因为算法的推进，智能机器人写作内容从金融数据分析扩展到体育赛事报道中。2014年美联社运用 Word- smith 撰写新闻；2015年9月，腾讯和新华社推出自动化新闻写作机器人"Dreamwriter"和赛事英文稿件的"蜡笔小新"，Dreamwriter 仅用时1分钟便可写出1篇报道。2015年11月，新华社推出自主研发的新闻写作机器人——"快笔小新"。这个机器人正如其名，一上线就可以迅速为媒体用户生产中超和CBA赛事新闻报道，还可以提供股市行情走势、人民币汇率价格、上市公司财报等新闻报道在其擅长的体育和财经领域，原来需要编辑记者用15～30分钟时间完成的稿件，"快笔小新"只需要3—5秒钟，极大地降低了新华社编辑记者的工作强度，提升了新闻信息的生成能力和发稿时效性，让编辑记者从基础数据信息的采写中解放出来，将更多时间用于采写深度分析稿件。

2016年里约奥运会期间，《华盛顿邮报》曾用近100台机器人来辅助编辑部开展里约奥运会的新闻事件报道，《纽约时报》开发了超过30个新闻采访和写作的原创聊天机器人并投入正式使用。国内今日头条研发的AI机器人"xiaomingbot"也在里约奥运赛场上大显身手，在奥运会开始后的13天内，共撰写457篇关于羽毛球、乒乓球、网球的消息简讯和赛事报道，每天30篇以上。不仅囊括了从小组赛到决赛的所有赛事，且其发稿速度之快也让人惊讶——几乎与电视直播同时。以"小明"为例，在奥运会期间其1篇稿件的完成时间在2秒左右，也就是说比赛刚一结束，稿件就已经写好发布了。这让其在发稿速度上要快其他媒体一步。其次，发出的稿件可以第一时间发布到社交媒体上，让其消息在众多类似消息中脱颖而出，更容易受到用户关注。此外，记者在长时间的报道压力下可能忙中出错，而身为机器"小明"可以实现全天候24小时监测赛事热点，既不漏题同时也保证了记者有充分精力应对关键比赛的详细深度报道[1]。新华社的"快笔小新"在里约奥运会期间，也是全程跟踪所有赛程比赛，在赛事结束第一时间迅速生成新闻稿件，实时跟踪报道了所有比赛的结果，共有500多篇稿件被正式签发，实现了零

---

① 赵禹桥.新闻写作机器人的应用及前景展望——以今日头条新闻机器人张小明（xiaomingbot）为例 [EB/OL].（2017-01-11）[2022-9-10].http://media.people.com.cn/n1/2017/0111/c409691-29014245.html.

差错。相比往届奥运报道，"快笔小新"的参与，使编辑记者第一次能如此轻松地播发奥运会所有比赛的成绩公报，使奥运赛事报道时效有了极大提升。

2020年东京奥运会和2022年北京冬奥会，机器人和数字人不仅被运用到新闻采访报道领域，而且因为新冠肺炎疫情在全球的蔓延，机器人还被广泛应用到奥运赛场其他领域。如缺少观众的东京奥运会，作为机器人之国的日本在此次奥运会上展示了诸多机器人黑科技。奥运村变成了机器人村，T-HR3仿真机器人，采用虚拟现实技术，可以将远方的图像与声音传回奥运场馆内。还可以替代观众，模仿观众加油助威的动作，结合远程传输的图像与声音，为选手提供前行的动力。此外，看台上的两种机器人远没有加油助威那么简单，如软银跳舞机器人属于智能服务人形机器人，兼具人工智能、K12教育、STEAM教育、导诊导购机器人、服务机器人等功能，用户可以与之进行情感交流。

2022年北京冬奥会，机器人身影已经随处可见。在科技加持下，冬奥会不仅仅是运动健儿的战场，也是许多技术与模式创新的"练兵场"。事实上，早在2018年韩国平昌冬奥会闭幕式现场，由新松机器人提供的24台移动机器人配合24名舞蹈演员共同演绎了震惊世界的"北京8分钟表演"，向世界直观展示了中国移动机器人的顶尖技术。在2022年北京奥运会中，央视网推出了《C位看奥运》节目，AI智能人小C每天在节目中为广大网友介绍每日的赛场看点，和央视网东京前方记者一起，陪同广大网友了解赛场内外的"趣味周边"。以融合互动为主线，通过征集网友提问聚焦大家最关心好奇的热点话题，连线前方记者进行解疑答惑。小C是人工智能技术与数字艺术的结合，采用真人驱动方式，通过面部信息实时采集，一颦一笑自然生动；通过真人动作捕捉存储，小C还能够全身出镜，展示拍手、害羞、欢呼等10多种不同的动作。

进到场馆区内，在观众区、媒体工作区、工作人员区、运动员区、比赛大厅等各个大面积公共区域都有机器人负责清扫消毒工作。除了防疫工作之外，在冬奥会的准备和进行中物资的运送也是必不可少的。为了物品运送更加高效，同时也为了减少人员接触，冬奥会组委会针对不同的物品运送场景选取了几个不同类型的智能物流机器人。在媒体中心，坎德拉的无接触式传递机器人也被应用于解决信息资料的递送问题。无接触式传递机器人在减少媒体人员流动的同时确保将媒体所有需要的信息资料送达各个媒体区域。在北京冬奥会官方酒店中，也有机器人代替服务员配送食物。

由上可见，"速度"成为机器人写作的一大优势。传统媒体的"采、写、编、排"被简化成"信息采集"和"自动生成"。智能写作的内容也从单一的文本向自动匹配图片、音视频等全方位内容转变，目前，包括体育赛事在内的很多新闻摄影报道就出自全自动高效的机器写作，在这之后，基于算法的内容传输也会更精准地为消费者提供个性化的定制信息[1]。

（二）突发事件迅即应对

对于事先预知的事件性新闻，一般在事前都是知道的，完全可以做好必要的准备工作。只要准备充分，在事件进行过程中，采得又快，就能争取到发稿时间。而突发事件

---

[1] 周苑，陈婧薇.智媒时代新闻摄影报道的创新策略研究[J].传媒，2020（19）：68-70.

是难以预料的。有些突发事件发生时记者恰好正在现场，有些突发事件发生后记者才匆匆赶往现场，但无论是哪种情况，事前要做好充分准备都有困难。这是对记者是否具有敏捷应对作风的一个严峻考验。

1996年7月27日北京时间13点15分，亚特兰大奥运会主新闻中心近旁的奥林匹克公园内发生一起爆炸事件，约200人受伤，2人死亡。当时新华社高级体育记者杨明，目睹这一爆炸场面，并迅速作出反应，抢先发布这则新闻。据杨明介绍道[①]：

> 我记得发生事情那一天是7月27号，正好是我跟一个同事刚采访完王军霞五千米回来，我当时采访田径，田径场上那时候就已经是有一些让我们累得非常疲倦了，回到新闻中心大概是十一点多钟，美国那个新闻中心它是一个大的商场，是一个Shopping mall，大概是四五层吧，然后都给腾空了，腾空了以后变成了一个主新闻中心，就是文字的，它在进口处有很多的安全门，有两三个安全门。大家走过机场的安全门，比那个查得还要严，大的传送带上，然后你把所有兜里边的什么打火机，乱七八糟的什么都要掏出来，硬币、纪念章，那么要过传送带，然后你要有相机的话你还要摁一下，他觉得你有闪光灯或者听一声响，知道你是相机才让你通过。所以美国的保安那年是非常严，他们还出动了很多的军队，美国大兵都是剃得铁青的头发，然后戴着帽子，穿着那种厚厚的大黑皮鞋，我觉得都给闷出脚气来了，特别壮，到哪儿都能看到军人，然后警车、军车什么，反正渲染的气氛非常的紧张。
>
> 我在回去以后没有马上回旅馆休息，我上电脑看看外电，看了一些，积累一点什么素材，了解了解。结果在一点十几分的时候，应该是一点，我们对外报道是一点十七分的时候，突然听传来一声响，那声响我现在还能记着，特别闷的一声响，就是像一个空旷的仓库里边，一个巨大的大箱子好像掉地下似的，那么一个闷响。我们当时新华社是在新闻中心租了一个工作间，大概有两百平米吧，大家都在那，有那么十几个人还在那工作，外面那个大平面，有好几百个外国记者都在工作，因为一点钟那时候很多人还没有休息。结果那声响发生了以后，大家一下都不约而同地就跳起来了，我那时候也正好下意识就看了一下表，我记得特别清楚一点十七分，然后我就抄了一个小的录音机，然后赶快就跑出去了，因为我觉得这都是经过多少年的新闻训练，就是下意识的动作，肯定是要出事就要跑，但是我后来后悔就没抄个相机，拿了一个小破录音机。然后跑出去以后大家都很慌乱，哪出事？什么声音？因为进入大家的第一脑海里边，炸弹，是不是爆炸？都是奔着这个炸弹这个声一下就冲出去了，冲了以后，好几百个记者在那个大的空间里，然后就多少人都往那个发出声音的那边看。那个窗户那正好能看到，就是奥林匹克公园里边的场景，好像没什么事，还是灯火通明，远处还能看到人在那唱、跳，好像人群也没有乱，那没事吧？然后大家都互相问，说哪有声音？谁的电视掉了？哪个墙倒了？后来大家转了一圈觉得都没找着，没有什么原因和理由，很多人就都回去了。我觉得不管怎么着，这个声音原因我没有找到，那不能就给它放过去，还不知道发生什么事，先找找再说吧。我从四楼上滚梯飞速跑下来，跑下来把门踢开以后，出来一看，那

---

① 杨明. 记者要有崇高的敬业精神[EB/OL].（2007-01-04）[2022-9-1].http://2008.sohu.com.

时候夜晚空气中弥漫一种不祥的味道，我就是一种很强烈的预感，然后又看到远处有一辆警车闪着蓝光往里边跑，我想应该是出事了。然后警车在前面，我就追着那警车就跑，那个拐弯处跑到那边也就是一百米，我跟大家讲过年轻的时候当过运动员，我百米破过十一秒，我当时体力还不错，所以我就追着跑。一拐过去后来才发现，我们都被那个窗户给骗了，那个窗户当时从新闻中心看过去这边的角度是看不到，只能看到远处那边的广场那段，那一段的时候还没有引起惊慌，大家也不知道什么事。我这边一拐过来以后。当时路灯什么全都漆黑了，炸了，看到一个白色的大帐篷它本来是一个舞台，结果已经坍塌了，地上是一条小马路，不是很宽，有那么四五米，躺着坐着四个人，有一个就是后来死的那位女士，她是带着她十四岁女儿到这儿来，是游客，从外地来观看。受伤当时就感觉到那个女的已经不行了，那个血往外喷射的那样，几个当时在场的一些警察、保安正在给她临时的救护，旁边还坐着黑人小伙子，就是胳膊这边是受伤了，腿也受伤了，那时候我当时一到那个场地，我就一下就毛都炸起来，因为没有经历过，我觉得这应该是炸弹，所以我就赶快往公园里边那跑，警察那时候已经是让大家不准乱动了，我就不管警察，我就使劲地往那边跑，我说我得看看有没有弹坑或者是什么。一跑进去以后，不得了，我说这也太恐怖了，好家伙，死伤了多少人，满地人都在那躺着，正往前跑，我就觉得后边一人一抄我腿，啪就把我给拉地下了，我一看其实不是死的人，都是被警察命令说趴在地下不让动的人，就是让我不要动，趴下。我一看是一些游客，他们在那儿还都没有死呢，然后这时候我就往前看了看，这时候看到弹坑，这时候我想不能趴着，趴着哪成，我当时心里心急火燎，我脑子里浮现的是什么呢？就是当时看美国新闻的集子，普利策新闻奖获奖作品里边肯尼迪总统遇刺的时候的镜头，还有那些文章，我一下就浮过脑海里。我的天，这么大一新闻让我撞着了，这我得拼了命，美国当时他们是怎么弄的，我就一下子脑子里浮现出来，我说这是世界上第一号大新闻，在奥运会上，在两万名记者的鼻子前，在所有这些记者还都懵了懵懂没跑到现场时候，我到这儿了，多大的新闻，这辈子让我撞上了，我赶快爬起来我就跑，推开警察，然后就到马路这边。我就想采访问几句话，问了几句话那个伤员都傻了，很木的那种表情，然后这时候天上的直升飞机，什么救护车就都来了，有些记者已经拿着相机就往这边跑了。……我又赶快一个冲刺跑回了新闻中心。那时候新闻中心已经不让进了，就是你外边出来的记者不让进，里边的记者不让出，给封锁了，我又是跟他们一通融，没用中国功夫，但是也是做了几个假动作突破，然后就跑回去了。跑回去到我们的新闻中心，那时候大家还都不知道呢，我说炸了，炸了，扑到那就开始赶快抢新闻，抢快讯，我们那人一听说炸了都意识到了，一帮人就全都冲下去了。我觉得那时候心脏病肯定得要发，就是后来我为什么我特理解土耳其那个电视记者一下就死于现场，我觉得幸亏那时候心脏可能还好一点，手都跟鸡爪似的，后面还有懂英文同志配合我发一个短讯，特别特别地幸运，最后我们报道出去的新华社的英文外电，跟美联社外电同一秒钟发出去的，就同一秒，因为上天的时候它在电信那边有记录。而且特别凑巧是都是三行，就三行字，但是我们占了一个什么先呢，就是在英文的报道时候它前面有一个关键词，这个Key word，然后我这边用的是炸弹，就是炸弹，直接是炸弹，而他们外电没跑到现场，他用的就是爆炸，这爆炸就可以有很多解释了，也可能音响系统爆炸了，或者什么什么的，但它不是炸弹的意思，就在这点上我们比他们直接。但是我后来一想，我想如果我当时要有个手机，我想肯定提前十分钟，一定提前十分钟就能够报道。

……然后这个还可以看到就是激烈的这种竞争，CNN的鼻子底下发生的事，爆炸，然后美国很多的电视台他们反应非常快，像NBC，ABC，TBS，CNN这些各个频道里边就都开始报，我们这时候就把新闻中心的所有的电视都打开了，这时候看CNN一个男的主持人，穿着西服滔滔不绝在这儿讲。突然镜头一转，一看下边穿着短裤上边穿着西服，他刚从家里边被人拎出来连穿衣服时间都没有，套着一个西装就在那开始转播。后来第二天，美联社、法新社、路透社他们还都挺惊讶的，说新华社原来在我们印象中你们就是在这种突发事件上面反应比较迟钝、比较慢，怎么这次这么快？后来我们有一个记者就说，你不知道吧，我们这有两个田径百米好手当记者，然后《今日美国》他们当时还写了，还真说，说他们有运动员什么的，跑一百米跑十秒的然后采集回来。

从新华社体育记者杨明亲历亚特兰大奥林匹克公园爆炸这一事件以及杨明当时的所感所想，可以看出，在体育采访中，必须针对不同的新闻种类，采取不同的应对策略。体育新闻报道多是事先预知的，具体比赛时间和地点也都是事先规定好的。因此，媒体和记者能够有充足时间进行前期的准备与策划工作。但在体育新闻采访过程中，也会偶遇一些令人无法预知的突发事件，这就需要记者根据多年来的大赛报道经验，迅速作出反应，应对媒体危机。

媒体在面对突发事件时要迅速应对，主要是锻炼记者第一时间抢发稿件的能力，在新闻采访报道过程中，如何发稿快？

一是在采访过程中打腹稿。二是多写短新闻。三是分段发稿。四是充分利用现代化通信设备。

如在1963年11月22日，美国总统肯尼迪在得克萨斯州达拉斯市遇刺身亡的事件。当时，合众社资深记者梅里曼·史密斯在总统车队的第五辆车上，当他听到第一声枪响，迅即作出反应，为抢时效，他向全世界发出了一句话新闻：三颗子弹射向总统在达拉斯市的车队。接着他一直跟随总统的救援车队，到达医院，并迅速发出第二条、第三条简讯：抢救无效，总统业已死亡；副总统约翰逊将在空军一号上宣誓就任总统。然后他才得以喘息，于23日在约翰逊就任总统的飞机上写下5700字的长篇特稿——《历史在我们眼前爆炸》。

在体育新闻采访中，如果预测到哪个选手会夺冠，可先把腹稿甚至初稿做好，以避免时间不够无法完稿。李小鹏在北京奥运会两度夺冠的部分新闻，记者其实在赛前就已经写出初稿。这样，只等他夺冠后，再加些现场的东西和运动员采访内容，就可做到比赛一完稿子已就。

无论是杨明的奥林匹克公园爆炸的新闻（见下文），还是合众社记者关于肯尼迪总统遇刺的新闻，之所以能博得头彩，主要还是这些经验丰富的记者，在日常报道中培养起来的战斗敏捷、迅即应对、坚韧不拔的采访作风。

奥林匹克公园大爆炸

1996年7月27日 新闻来源：新华社 记者：杨明

新华社亚特兰大7月27日电 （记者杨明）今天凌晨1点15分左右，亚特兰大奥运会新闻中心近旁的奥林匹克公园内发生一起爆炸事件，据悉，至2点30分，已经有两人死亡，上百人受伤。

爆炸发生时，公园内人山人海，爆炸地点是在公园的一个白色帐篷舞台旁。爆炸发生后，公园里的人立即四散奔跑，四五十辆警车迅速赶到，上百名警察和保安人员立刻将爆炸现场包围。

记者在现场看到，一名伤势严重的受伤者躺在地上，血迹长达五六米，几名救护人员正在抢救。还有两人手臂受伤，已经被送上救护车。

一位名叫戴纳尔的目击者说："我看见一个大火团冲天而起，一个人的一条腿被炸上天。"

另一个叫泰瑞的目击者说："我旁边的一个小伙子的臀部被炸伤，他的血溅在我的裤子上。"

爆炸发生后，受伤者躺在地上，四处都是，有的抱着头躲在椅子和障碍物下，有的身上流着血，受到极大的惊吓。

据悉，爆炸发生时，奥林匹克公园内起码有5万人，当时，许多观众正在观看表演。

炸弹响时，大约还有上百名采访奥运会的记者正在新闻中心工作。那声巨响如同一个闷雷，敏感的记者赶到一街之隔的爆炸地点时，警方开始封锁道路。

奥林匹克公园位于亚特兰大市中心。每天夜晚，数以万计的市民和游客都在公园里观看演出。虽然亚特兰大在奥运会期间加强了保安工作，但是，奥林匹克公园却是个对公众开放的地方，警察和保安人员只是在公园里面维持秩序，并不对公众进行安全检查。

在奥运会开幕式举行前几个小时，采访奥运会的电视记者大楼里也发生过炸弹警报，全部记者都被疏散出来，但是，后来并没有发生什么情况。几天前，在中国花样游泳队训练时，也曾响起过炸弹警报，但随后被证实是一场虚惊。另外，亚特兰大警方还在这几天中接到许多匿名电话，说在某地放置了炸弹，但最后都没有出事。

从爆炸声响起到凌晨2点40分，警方还没有正式公布死伤人数，也没有宣布拘捕任何嫌疑犯。目前，情况还在继续调查。

杨明对奥林匹克公园爆炸事件的报道通过多方目击者的佐证来还原事件本身，让读者更形象清晰地了解事件发生现场的情况。再看下面一则新闻报道：

警方称"强力装置"引发波士顿马拉松爆炸事件

2013年4月16日 07:53 新闻来源：中国新闻网

中新网4月16日电 据外媒报道，美国波士顿马拉松比赛终点线附近在当地时间15日发生两起爆炸，警方称造成2人死亡，近百人受伤。警方表示，"强力装置"（powerful devices）引发这起爆炸事件，这与肯尼迪图书馆的爆炸有所不同。

波士顿警察局长戴维斯说，"强力装置"引发波士顿马拉松终点线处的爆炸事件，造成2人死亡，警方目前未拘留任何嫌疑人。

"我们询问了很多人，但没有拘留任何嫌疑人。"戴维斯说。他还指出，肯尼迪图书馆的爆炸系由"燃烧装置"所导致，可能与马拉松爆炸事件并无关联。

（http：//www.chinanews.com.cn/gj/2013/04-16/4732697.shtml）

上述案例来自中国新闻网对波士顿马拉松爆炸事件的后续报道，报道使用直接引语的形式，将警察局长的原话引用，交代出了爆炸事件的地点、伤亡以及与其他事件并无关联。直接将调查相关结果作为新闻报道的内容，更加真实可靠，同时侧面反映了在应对突发事件报道时的从容、淡定与成熟。

五、不畏艰险的采访作风

体育记者的职业，是艰苦的职业、危险的职业，也是勇敢者的职业。正因为它是一种艰苦、危险而勇敢的职业，所以它又是一种锻炼人的职业、具有诱惑力的职业和非常有意义的职业，并吸引许许多多青年人加入这个职业行列中来①。因此，为了职业的需要，为了胜任本职的工作，体育记者必须具有不畏艰险，敢于吃苦耐劳，甚至为了报道真实的新闻、第一现场的声音不惜牺牲自己生命的过硬作风。

1999年5月7日午夜（北京时间5月8日上午6时左右），以美国为首的北约悍然使用3枚导弹，袭击了中国驻南斯拉夫大使馆，造成馆舍严重毁坏，新华社记者邵云环、光明日报社记者许杏虎及其夫人朱颖3名中国记者不幸遇难。与上面英勇牺牲的记者不同的是，在体育新闻报道中，由于许多比赛的赛场环境复杂，记者经常要面临酷暑、严寒、雨雪等恶劣天气的考验，在各个比赛场馆间奔波、劳累、熬夜，得不到较好休息，许多体育记者就这样，不是面临敌人的子弹、屠刀，不是在战场上，而是在不是战场胜似战场的赛场上倒下了……

北京电视台雅典奥运会报道记者郑立于2004年8月13日因心脏病突发死亡。当地时间早上8点左右，雅典天气很闷热，高达40多摄氏度，郑立正在拍摄奥运火炬传递活动。他在拍摄一个低位镜头时，由于在地上蹲着的时间过长，加上没有很好的休息，起身时突然晕倒，因心脏病突发经抢救无效身亡。

在雅典奥运会期间，39岁的《球报》韩语编辑朴成灿因心脏骤停，在沈阳的家中突然去世。当时他正在观看中国体操队的比赛，为周四的报纸准备稿件。这是雅典奥运会期间中国体育媒体损失的第二位从业人员。

中国记协书记处书记肖东升最早在2000年年底的第四届全国新闻界的一个网球邀请赛上，公布了一则消息：早在2000年，上海市就对10家媒体的新闻工作者进行了一次健康调查，结果发现，已死亡的在职职工平均年龄仅为45.7岁，其中，患癌致死者的比例高达72.7%；因病住院的平均年龄为44.2岁，患病比例最高的分别是心脑血管疾病和

---

① 蓝鸿文.新闻采访学[M].北京：中国人民大学出版社，1995：158-174.

癌症；一半以上的新闻工作者处于患病、亚健康状态。随后，上海的《新闻记者》杂志又对这次健康调查的详细信息进行了公布。此后，有关已死亡记者的平均年龄仅为45.7岁的统计，多次以引用的形式出现在国内不同的媒体上。虽然上海市10家媒体的正式职工能否代表中国所有的新闻从业人员，用一个城市部分媒体死亡者的平均年龄能否作为全国同业人员的平均寿命指标，这些问题都有待商榷，但这些调查数据从另一个侧面说明了我国记者的就业环境与生存现状是不容乐观的。从职业角度来看，记者应该培养不畏艰险的作风，但从国家和媒体来说，也应该制定相应的法律法规，改善新闻从业环境，减轻媒体从业者的压力，使他们能够更好地去报道事实、引导舆论、记录历史和娱乐受众。

今天的和平年代，在记者的行业中，体育记者相对来说较为辛苦。体育采访具有时间紧、工作量大、异地采访多，有时还会遇上采访条件艰苦、采访对象拒绝合作等情况。这就要求体育记者要有坚强的意志、能够吃苦、不怕困难和能打能拼。总之，体育记者是一份辛苦的职业，只有意志坚强、不怕吃苦的人才能从事这样的职业。而且，因为工作紧张劳累、对当地环境不熟悉等，体育记者也是一项有风险的职业。

如《工人日报》体育部主任宋澎在采访第20届都灵冬奥会时，他们的采访报道组也遇到了"险情"[1]：

2006年2月21日，我们赶往距都灵市区约80公里的萨奥兹·杜尔克斯山地公园赛场，去采访中国代表团当天最有希望的项目女子空中技巧。一下车，看到漫天飞舞的大雪和银装素裹的群山，心中的兴奋难以言表。不到下午6点，天迅速黑了下来。临近6点半，比赛被宣布推迟到8点。这时不少观众开始向场外走。而我们还兴奋地站在记者区拍照，享受这平生未见的大雪美景，丝毫没有意识到我们也应该在此时迅速下山。天黑了，我们在记者的班车站等了半个小时没有任何车辆过来，也找不到任何人告诉我们何时有车。等到9点多，大家开始焦急起来。为赶上当天回都灵的火车，我们选择了最原始也是最能自己掌握的交通方式：步行。

一行七八个中国记者，相扶相携开始了黑夜中穿行阿尔卑斯山的"壮举"。虽然，厚厚的积雪下面满是泥水，但是恐惧和要赶上去都灵火车的念头让每个人一步都不敢落下，大家连拉带拽地一路小跑奔向山下，鞋和裤脚全湿了，滑倒了站起来跟上，谁也不知道前面的路还有多长……直到1小时后，我们赶到了杜尔克斯火车站。第二天一早传来消息：因为连续十几个小时的大雪，昨天一名滑雪爱好者在我们行走的地方因雪崩遇难。这件事现在想起来还是有些后怕。

体育记者职业不仅是艰难的职业，也是危险的职业。2010年南非世界杯期间，在南非采访世界杯，对于世界各国的记者来说，都是一次特殊的经历。

当地时间6月4日，三名韩国记者在约翰内斯堡街头被抢劫，韩国SBS电视台的工

---

[1] 宋澎. 《都灵日记》"串"出的故事——第20届冬奥会采访杂感[J]. 新闻三昧，2006（06）：26-28.

作人员在等红绿灯时车窗玻璃突然被歹徒砸破，情急之下紧急发动车子才逃过一劫。尽管如此，韩国记者还是损失了随身携带的1500美元和护照。

当地时间6月5日，约堡近郊的索韦托镇突发枪击事件，劫匪抢劫运钞车后与警察发生激烈枪战，一名警察中弹后当场殉职；同一天，同为世界杯主赛场的开普敦市也发生了枪击事件……

当地时间6月8日下午，四名刚抵达南非不久的中国记者，前往开幕式场地"足球城"体育场采访，也遭遇劫匪抢劫，摄影记者一套价值数万元的摄影器材以及随身携带的100多兰特被洗劫一空。仅仅一天之后，又曝出一个正在南非拍《燃情世界杯》的中国剧组再遭抢劫，歹徒还掏出了枪，所幸只是录音器材、手机等财物被劫，没有人员伤亡。记者在南非采写时，不时有演习的战斗机呼啸而过。

当地时间6月9日凌晨4点，两名来自葡萄牙和一名来自西班牙《马卡报》的记者也在南非遭遇持枪抢劫，当时三人在距离葡萄牙队驻地勒斯腾堡15公里的一家的酒店休息，凌晨4点抢劫者进入了他们的房间，歹徒持枪威胁，抢走了三人的笔记本电脑、护照、摄像机、世界杯证件和手机等贵重物品，但并没有对他们造成人身伤害。《马卡报》的记者西蒙斯在接受采访时心有余悸地说："太恐怖了，整个过程只有两三分钟，不过感觉却像过了几个小时那么长。当他们蒙上我的头把枪对着我的胸口的时候，我想我就要死了。"

体育记者的工作是艰险的，但也是充满无限激情与挑战的职业。新华社体育记者杨明曾说："我做了体育记者一点都不后悔，做了体育记者以后，我就觉得它就是我希望做的，而且我觉得就是越有挑战性、越有刺激性、越有危险，这种采访的任务我是越有劲儿，就是越愿意去完成。所以我觉得作为一个体育记者来说，就如同战地记者一样，我觉得要是男人的话，你要是想展现你的才华，或者说做一番与众不同，写出与众不同文章来，不妨选择体育，束缚少，但是它的空间大，能够让你施展的机会多。"

再如，《华西都市报》首席记者刘建是国内唯一一个登顶世界七大洲的最高峰和徒步到达南、北极两个极点的记者。2003年为纪念人类成功登顶珠峰50周年，中国登协决定派一支由业余登山者组成的队伍攀登珠峰，刘建作为攀登队员和随队记者，见证并亲历了这次世界最高峰的攀登行动。海拔8848米的珠峰无论对专业还是业余运动员来说，都是一个严峻考验。"因为新闻在那里！"刘建是作为记者完成"7+2"的，他比探险者更多一份责任，用镜头和笔触写下万千读者期盼的新闻。在探险过程中，刘建经常列出提纲，打好腹稿，晚上再用海事卫星口述报告，而手持海事电话，在峡谷中很难有信号，必须要找到制高点，于是，当疲惫的同伴休息时，刘建还要"翻山越岭"，在寒风凛冽的制高点上口述稿子，向报社及时发回新闻。最后，刘建在21个小时水米未进的情况下登上顶峰，成为世界上第一个登上珠峰的记者，并在登上珠峰后近3个月的时间里，发出《百人军团挺进雪域 本报冲击珠穆朗玛》《零下15摄氏度暴风雪洗劫珠峰大本营》《人类历史上首次实现5000米手机通信 珠峰上响起和弦铃声》《本报开通珠峰读者热线 你好，我在珠峰6500》《本报记者登上世界之巅》等60余篇近4万字的报道[1]。正是因为有了对

---

① 刘祥玖.中国首位完成"7+2"的新闻记者——刘建[J].新闻战线，2007（06）：23-25.

新闻报道的坚持，刘建选择了更加有挑战的报道内容。体育记者需要敏锐眼光和发散思维去捕捉更有价值、更有挑战性的报道内容，为读者带来眼前一亮的新闻报道。

第三节　体育记者的新闻敏感

新闻敏感是记者的职业生命。一个记者如果不具有足够的新闻敏感，就不具备作为一名优秀记者的素质和能力。在媒介如此发达、新闻竞争如此激烈的今天，若想采写出独具匠心、令人拍案叫绝的好新闻，体育记者必须不断培养自己的新闻敏感力，以视角独特、有价值的好新闻回赠受众。

一、体育新闻敏感的含义

新闻敏感又称新闻鼻、新闻眼、新闻嗅觉，简要地说，是指记者迅速地发现与识别客观事物的新闻价值的一种特有素质。比较完整地说，新闻敏感是记者对社会形势敏锐的观察力，对客观事物所包含的新闻价值的判断能力，以及对报道对象迅速而准确的反映能力。新闻敏感的三重能力是指："审时度势"的洞察力、"一见就灵"的判断力、"沙里淘金"的采掘力[①]。可见，新闻敏感指的是一种专业能力，就是面对一个事件或信息，迅速判断掂量其是否具备足够成为新闻价值的能力。而这种能力是需要在大量的实践中锻炼出来的，而不是靠背诵一两个定义就能具备的。在面对新闻事实的时候，记者该如何采访和表达，也是考验记者是否具备新闻敏感力的问题。

体育记者的新闻敏感是指记者在采访报道体育新闻时，能够在普遍体育事实中迅速发现和识别有价值的体育新闻事实的素质和能力。体育记者的新闻敏感也是记者在长期的体育新闻采访报道实践中不断积累而形成的，是记者在对各种体育相关的人和事、体育社会现象、体育发展态势深入认识与精准把握的基础上获得的。

二、新闻敏感是体育记者的职业生命

（一）新闻敏感关系到体育记者能否完成自己的使命

西方记者说过这样一句俏皮话："我可以嗅到一英里以外的某些东西。"从新闻工作来看，新闻敏感是记者最为宝贵的素质，是记者的政治水平和业务能力的综合体现。体育记者的基本任务是报道新闻，如果记者识别不了新闻，抓不到新闻，就完成不了自己的使命，就没有资格当记者。新华社总编辑南振中在《记者的发现力》中写道："新闻工作者善于发现新鲜事物，揭示事物内在规律的能力就是'发现力'。"新闻发现力要求记者要捕捉"活鱼"，对事件的报道要新鲜、及时、准确。如1984年奥运会在美国洛杉矶

[①] 胡正荣.新闻理论教程[M].北京：中国广播电视出版社，2001：260-261.

举行开幕式时，《新民晚报》的一名记者注意到，在开幕式预演中，中国台北队入场，乐队奏的也是中国队入场时的乐曲《三大纪律八项注意》，她立即奔到新闻中心，核实后迅速发出了《壮观、热烈、优美、有趣》的独家报道，不仅《新民晚报》首发，而且洛杉矶的所有中英文报纸和世界各大通讯社也纷纷转发。这名记者的成功之处，就在于思维创新，发现并敏锐地捕捉到了具有重要新闻价值的事实细节①。

再看下面这则新闻报道：

00后小将甄炜杰完成浙江运动员在冬奥会上的第一跳
"我想尽可能多飞一点"

2022年2月15日 新闻来源：杭州网 特派记者：郑梦莹 记者：沈听雨、郑培庚

"甄炜杰来自浙江绍兴，这是这位运动员第一次参加冬奥会。"现场播报在赛场回响。张家口的夜晚，气温直逼零下20摄氏度，但观众席上，大家热情似火，纷纷挥起了手上的拍手器，"中国队，加油！"

"很棒，很棒！"当甄炜杰一气呵成完成一系列动作并稳稳落在"雪如意"洁白的赛道上时，身边一位资深体育记者忍不住为这位00后小将鼓掌。"他专项练习跳台滑雪还不到3年呢，很多国外运动员至少要5年才敢站上赛场。"她说。

的确，当我们抬头看眼前银装素裹的"雪如意"时，婀娜多姿却高高耸起。如果从跳台起点处往下看，想必更是令人胆战心惊。"能站在这个跳台上，不光是技术问题，还有胆略、勇气和经验。"早前，浙江体育职业技术学院田径系主任王孺牛曾这样告诉记者。

比赛结束后，甄炜杰提着自己的两块滑雪板走出赛场、走进混合采访区。

"我知道，自己刚刚完成了浙江运动员在冬奥会上的第一跳。"在与本报特派记者对话时，甄炜杰话语中洋溢着站在世界舞台上的兴奋劲儿和自豪感。

随后，他仔细分析刚才的动作。"技术方面我觉得发挥出了正常水平，但在落地时重心有点儿没控制好，差点儿要摔了，于是我用手扶了一下，这会导致打分变低。"甄炜杰说。想了想，他又补充道："那一瞬间，我只是想尽可能去多飞一点，但飞行距离长意味着落地的余地会比较小。"

站在这么大的舞台上，19岁的甄炜杰想去尽可能地展现。出生于2003年的小将甄炜杰与"冰雪"结缘不足4年。2018年10月，曾是一名跆拳道运动员的他，通过跨界跨项全国选拔进入国家集训队，改项跳台滑雪并进行专业训练，正式成为一名冰雪运动员。

"我是南方孩子，最开始一点基础都没有，只能先练滑雪，再练跳台。"甄炜杰说，刚站上跳台时，因为太高，自己都不敢往下看。"但既然有了跨界跨项这么好的平台，就意味着机会来了。我要努力一把抓住它，完成自己的梦想。"

"他能够站上跳台，我就已经非常高兴了。"比赛当晚，在距离"雪如意"1600多公

---

① 崔傲发.体育记者要有创新思维[J].新闻爱好者，2010（06）：23.

里外的绍兴市新昌县少年体育学校——甄炜杰的家乡，父母、启蒙教练等从傍晚6时不到就开始守在电视机前，目不转睛地盯着电视。

屏幕上，随着甄炜杰落地后的一个转身，他双脚架着的滑雪板速度逐渐降下来。一刹那，他的父亲甄春云松了一口气，"安全就好"。甄春云说，希望甄炜杰继续加油，"下一次跳得更好、跳得更远。"

这几年时间里，甄炜杰经历过低迷期，也有过突破自己最好成绩时的喜悦感。在去年6月举行的2021年跳台滑雪国家奥运资格系列赛上，他取得了个人大跳台第三和个人标准台第四的成绩。"跳台滑雪最大的困难，就是如何一步步去突破自己。"他说。

"可以想象，这几年来他付出了超于常人的努力。"甄炜杰的启蒙教练梁少杰在电话中告诉记者。

其实，几年前的甄炜杰，压根不会想到自己能站上北京冬奥会的舞台。前几天，当他得知参赛资格确定时，那一刻，这位自言有一些内向的00后没有跟任何人分享这个消息，只是暗自在想，要"尽可能去多飞一点"，让世界看到中国跳台滑雪队的身影。

当晚，与甄炜杰并肩作战的还有同样来自中国跳台滑雪队的宋祺武、吕依新、周潇洋。经过2个小时的对决，奥地利队获得金牌，斯洛文尼亚队获银牌，德国队获铜牌，中国队在资格赛中失误，无缘决赛。

但对于四位都是第一届参加冬奥会上的中国选手来说，能够完成这纵身飞翔的动作，就已经成功了。

"这只是一个开始，以后我们会做得更好。"甄炜杰说，下一步目标是要站上冬奥会的领奖台。

（https://www.news.hangzhou.com.cn/zjnews/content/2022-02/15/content_8170629.html）

上文是《浙江日报》北京冬奥会特派记者郑梦莹撰写的一篇新闻报道，她在回顾北京冬奥会采访历程时曾说："赛后，我在混合采访区对甄炜杰进行了时长近20分钟的采访。带着做好的功课，我与他交流了比赛情况、跨界跨项经历、未来目标等。在分析比赛动作时，他对我说，'我只是想尽可能去多飞一点。'凭着直觉，我立刻感觉到，这句朴素的话正是奥林匹克精神的诠释。我以此为题撰写了报道。第二天，我收到朋友转来的公众号'vista看天下'的稿件。该稿正是以报道的'浙江运动员第一跳'切入，对跳台滑雪进行了技术分析。"[①]郑梦莹在报道前做了充足的报道准备，采访过程中也尽力去捕捉有价值的新闻信息，从而获取了标题中的那句"我只是想尽可能去多飞一点"，揭示了这一句简单话语背后对奥林匹克精神的诠释。

（二）新闻敏感是体育记者职业个性的体现

从职业特性来看，记者与其他职业的最大区别是新闻敏感，记者的职业个性就体现在新闻敏感上。对于体育采访而言，具有高度的新闻敏感同样是对体育记者的基本要求。没有敏锐的新闻嗅觉，体育记者就无法胜任体育新闻采访工作。

---

① 郑梦莹.一个"零经验"体育记者的冬奥报道之旅[J].传媒评论，2022（03）：33-35.

追忆鲁能昔日教练图巴：崇尚攻势足球，一生对足球难舍难分

2020年7月24日 16:32 山东广播电视台闪电新闻客户端 记者：王兴

2004年1月7日，图巴科维奇到鲁能任教。寒冬腊月的一天，《济南时报》的体育记者王兴步通过各方关系打听到了他到中国的航班号，坐火车到北京迎接他，并跟随他同机返回济南，在机场和飞机上对他进行了独家专访。那一天，济南各家媒体的几十名记者聚集到济南机场，等候图巴到来。还有人纳闷，这么大的事，为什么《济南时报》没派记者？就在大家犯嘀咕的时候，王兴步和图巴从飞机上一前一后走了下来，在场的同行都傻眼了。第二天，各家媒体都发表了相关消息，只有王兴步对图巴的采访是独特的。从那以后，王兴步还与图巴成了好朋友，每次见到总是喊他大朋友。谈到那次采访，王兴步感慨良多："做记者就要下功夫，就要有自己的个性，就要与众不同。"众所周知，新闻依靠发现，发现新闻依靠新闻敏感，新闻敏感必须具备个性，这样的新闻才会有较强的生命力①。

（http://www.baijiahao.baidu.com/s?id=1673086425870648561&wfr=spider&for=pc）

新闻记者不仅需要好的写作能力，好的眼力也很重要，恰合时宜地把握住新闻敏感性，抓住读者想要了解的内容是新闻记者的必修课。2013年辽宁全运会，辽宁老百姓最关心什么？无疑是辽宁体育代表团能否拿第一。此前第八届、第九届、第十届、第十一届全运会东道主相继获得全运会金牌榜第一，作为体育大省强省，辽宁作为十二运会东道主没有理由不拿第一……这就是职业敏感。《辽宁日报》记者朱才威在十二运会前期报道及正赛报道中紧扣这一新闻敏感，并将它作为十二运会报道的主线索进行重点报道。那么，辽宁体育代表团能否拿第一呢？抓住这一受众关注议题，记者通过大量的采访、查阅历史数据及分析相关竞赛政策调整得出结论：很难，或是说拿不了第一，上届全运会东道主山东不出意外将蝉联十二运会金牌榜第一。2013年5月23日，也就是十二运会倒计时100天的日子，记者在十二运会专刊第6版共刊发《前哨战 辽宁被对手甩开》《阻击东道主 不让辽宁拿第一》《山东军团 东道主的头号劲敌》等3篇文章。从十二运会前哨战、十二运会竞赛政策调整及山东军团实力强大等多角度，系统阐述了辽宁很难夺取十二运会金牌榜第一，作为辽宁的最强大的、最主要的竞争对手，山东将获得金牌榜第一。此3篇文章一经刊出，社会反响强烈，既舒缓了辽宁老百姓期盼辽宁代表团必夺第一的舆论压力，也缓解了辽宁代表团身负的巨大的备战压力②。最终，山东以65枚金牌获得金牌榜榜首，辽宁以56枚金牌位列第二。记者朱才威通过自己专业分析，作出精准预测，体现了记者足够的新闻敏感力。

三、提高体育记者新闻敏感的有效途径

在体育采访中，新闻敏感性表现在记者能够及时准确地抓抢体育比赛或其他体育活

---

① 张达.体育记者王兴步.http://blog.e23.cn/1256157.
② 朱才威.新闻敏感考验记者的感知力[J].记者摇篮，2014（04）：6-7.

动中出现的新闻"卖点""热点""看点"与"焦点",并用生动而精练的形式加以及时报道。现代体育新闻要求体育记者不仅要准确及时地报道比赛的过程与结果,而且还要好看而有趣,能吸引受众的关注。例如,在一场精彩的比赛中,某位著名球星的精彩表现或受伤下场,可能比赛事本身还受公众的注意,成为该场比赛的看点和焦点。在这种情况下,如果仍按老一套的以比赛结果加简单过程的做法来进行报道,就会使其报道变得呆板而无趣。而优秀的体育记者总是能以其高度的新闻敏感来抓住比赛前后或比赛间发生的新闻热点,将体育报道做得绘声绘色、精彩纷呈、生动有趣、可读性强。

那么,如何提高体育记者的新闻敏感呢?

(一)善于"慧眼识珠",敏锐发现同一事物中最有价值的新闻

记者要善于从同一事物中鉴别出最有价值的新闻,即抓住重点,突出精华,不要让一般的事实将真新闻给湮没了。可用三步分析法:第一要看是否有新闻价值;第二要看是否符合当前具体的新闻政策;第三要看对社会产生什么影响和效果。1997年,山东男篮主教练叶鹏在赛后告诉在场记者一个爆炸性消息:四川队和山东队比赛,四川组委会在表上做了手脚,第四节比赛把表针从第9分拨到了第7分,第5分拨到了第3分,由于比赛激烈,叶鹏和队员没有在意。后来四川组委会一位人士给叶鹏打电话透露了这个丑闻,叶鹏经过观看录像确认的确是这么回事。不料透露了这条消息后,不少在场记者并没有在意,只想着请叶鹏谈当场比赛的看法。《济南时报》记者王兴步却认为这是一条大新闻,第二天便独家发表出来,并引得全国20家媒体同时转发,在中国篮坛引起了强烈的反响和震动。同样是报道一场篮球比赛,多数记者因为新闻敏感力不强,只是对当时山东男篮主教练进行例行采访,没有太大的新闻价值,而王兴步却嗅到了赛事之外更重大的新闻,即比赛中的丑闻事件,因此,引起轩然大波也是意料之中。

(二)善于从同一事实中选择最佳角度

采访报道要不踩别人的脚印,也不踩自己的脚印。一个较为成功的案例是刘翔2004年在雅典奥运会上夺得男子110米栏冠军,回国后白岩松对他的一次专访。虽然距离刘翔夺得那枚极具历史意义的金牌已有一段时日,关于刘翔的各种报道也如潮水,仅就时效性与新闻性而言,都没有任何优势,但白岩松却从同一事实中选择了最佳的角度,巧妙地从刘翔在赛场内外的三个细节入手:询问他为什么会想到在摄像机上签名,怎么会想到跳上记分台,是否在比赛前设计过镜头前示意观众注视他的那个动作。三个简单明快的问题,既将人物本身的个性勾勒得清晰可见,让观众心中相同的疑问也得以解答,又让刘翔以非常兴奋的状态迅速进入与白岩松对话的融洽氛围中[①]。这次采访之所以获得极大成功,说明白岩松具有高度的新闻敏感能力,在国内对刘翔的报道、赞誉之声如潮水般涌来,他能匠心独具,从这样一个细节入手展开采访,确实体现了白岩松作为一名记者和著名节目主持人深厚的功力所在。人云亦云、趋众附和的不是好记者,好记者要善于用脑思考,学会逆向思维。白岩松的访谈给了观众一个全新视角,让人眼前豁然

---

① 王慧芳,熊源.体育记者的角色调整与设计[J].新闻前哨,2005(06):69-70.

一亮，而其起到的传播效果也是最佳的，给观众的印象也是最深刻的。可见，"逆向的批评更加引人深思"。

再如，2022年北京冬奥会自由式滑雪比赛，美国空中技巧名将考德威尔落地失误痛失冠军，第一时间上前拥抱祝贺终于圆梦的中国选手徐梦桃；谷爱凌拿到个人首枚冬奥金牌后，去安慰因失误获得银牌的选手；中国选手苏翊鸣和教练在赛后呼吁公众不要批评裁判……这些故事都展现出奥运精神，中国日报网记者迅速推出《北京冬奥赛场上的暖心事》《谷爱凌夺金后跪地安慰失误选手，说了啥？》等报道，聚焦中外运动员之间的暖心细节、贴心举动、诚挚友谊，以点带面，传递北京冬奥会上的正能量，生动诠释"更快、更高、更强、更团结"的奥林匹克格言，讲述运动员们为自己加油，也为对手喝彩，闪耀赛场的不仅是成绩，更有团结和友谊①。可见，新闻记者在报道现场能够直击到更多温情且实质性的报道内容，中国日报网的记者在了解到冬奥赛场的一些温情瞬间后及时发稿，从不同角度报道冬奥会的新闻，让受众从了解体育相关内容转向了了解运动员之间的友谊，引导其看到与众不同的冬奥会。

（三）善于预见新闻背后的新闻

斯诺的《西行漫记》末尾一段有石破天惊般的结论："中国社会革命运动可能遭受挫折，可能暂时退却，可能有一个时候看来好像是奄奄一息，可能为了适应当前的需要和目标而在策略上做重大的修改……但他不仅一定会继续成长，而且在一起一伏之中，最后终于会获取胜利……而且这种胜利一旦实现，将是极其有力的，它所释放出来的分解代谢的能量将是无法抗拒的，必然会把奴役东方世界的帝国主义的最后野蛮暴政投入历史的深渊。"1937年曾和斯诺一起冒险前往苏区的马海德医生说："当新中国还在摇篮里的时候，他已看到了她是巨人。"

在体育新闻采访工作中也要开动脑筋寻找新闻采访的突破口，发现体育新闻背后隐藏的大新闻。如《今晚报》的体育记者王耀铭在一次报告会上讲了一个他亲身经历的采访故事：

2006年1月27日下午，天津泰达足球俱乐部召开新闻发布会，宣布于根伟退役。这边新闻发布会正开着，街面上卖着的《今晚报》就已经在头版显著位置上刊发了《于根伟今退役》的消息，而在体育版上则是一整版的关于于根伟退役的深度报道，这其中既有于根伟的访谈，也有记者的评论，等等。可以说，《今晚报》当天的报道不仅在时效性上是独家抢发，而且在报道内容上也将这一新闻事件的要点一网打尽，以至于第二天天津市其他媒体的报道只能是炒冷饭。

其实在新闻开发布会召开之前的一天，也就是1月26日那一天，天津市的所有媒体都接到了天津泰达足球俱乐部关于召开新闻发布会的通知。当然，俱乐部在通知媒体时是不会告诉你发布会内容的，俱乐部方面也想低调处理这件事。而2006年的1月26日是农历的腊月二十七。在忙碌了一年之后，几乎所有天津负责泰达队报道的记者也都在思

---

① 张春燕.创新叙事表达，加强共情传播——中国日报网北京冬奥会对外传播实践[J].新闻战线，2022（08）：39-42.

想上放松了，都认为这只是一次例行的发布会而已。但我却隐约感到其中有玄机。经过多方巧妙地了解，我将疑点锁定在了于根伟是否要宣布退役这个焦点上。因为就在那一年的联赛开始之后，于根伟曾经几次和我聊天时都表示自己被膝伤折磨得想急流勇退了，但退役之前也希望能够帮球队在联赛中打出一个历史最好成绩来。而那一年联赛结束时，泰达队的成绩的确是历史最佳。

但在联赛结束后，于根伟以治伤为由一直没有参加球队的训练。于是，我马上给于根伟打电话，我上来没和他客套。我想一定要让他感觉到我已经知道这件事了，才能套出他的实话来。"根伟，真的要退了，不踢了？"我上来就这样问他。当时，于根伟在电话那边也是一愣。我没容他多想，我就又接着说，俱乐部不都已经通知媒体明天开发布会了嘛。于根伟听到这句才放下心来，打开了话匣子。后来于根伟跟我说，他听我在电话里的语气以为俱乐部已经告诉媒体了，否则他不敢提前接受采访。就这样，《今晚报》成功抢发了于根伟退役的报道。

从上面记者王耀铭谈到的采访事件可以看出，他具有的高度新闻敏感和思考能力，善于发现新闻背后的新闻，当别的记者都将这场新闻发布会视为一次例行的发布会而放松对重大新闻的深入挖掘时，记者王耀铭却发现了其中暗藏的玄机，并以自己的经验和机智，抢发了关于"于根伟退役"的独家新闻。

再如，2022年2月15日北京冬奥会赛场上，苏翊鸣摘金，谷爱凌夺银，两场赛事都是当天的大热门。此前，国内各大媒体已经对两位"人气王"进行过多次报道。这次《浙江日报》北京冬奥会特派记者郑梦莹，在思考应该如何写出不一样，"我想到了早前看过的纪录片《少年志》中的一幕，是13岁的苏翊鸣和14岁的谷爱凌天真地一起聊天。两人从小相识一起训练。当即，一句话在我的脑海中冒泡：苏翊鸣和谷爱凌有缘。于是，我把两位选手的共同点——天赋、热爱、坚持等一一归纳出来，与当天的赛况结合，撰写了稿件《滑雪双子星巅峰相遇》，写比赛，更写出新时代青年人的自信和朝气蓬勃。抛开赛事，把自己对于冬奥整体的见闻和体验，以更个人化的形式表现出来，也是我此行丰富报道的尝试"[1]。郑梦莹带着对新闻报道视角转向的思考，深度剖析了运动员之间的关系，去调查和了解两个有着高热度运动员之间的联系，将两个运动员写在同一篇稿件中，以"顶峰相遇"作为共同点，去讨论新时代年轻人的朝气蓬勃，以个性化描述来展现赛事新闻背后的新闻。

（四）通过实践培养记者的新闻敏感

就社会实践知识来说，我们往往会忽略它，盲目地以为它是书本知识可以替代的。但至少对于新闻人来说，这不能不说是一个严重的误区。社会实践有三样东西是书本知识所无法代替的：一是实感，二是直感，三是灵感。你只有经历了，才能嗅出这件事的味道，把握这件事的分寸。相对于动态的、无限的和活生生的社会现实，文字终究是静态的、有限的和抽象的。这就好比是你做无数次的模拟采访，其效果都远远赶不上荷枪

---

① 郑梦莹.一个"零经验"体育记者的冬奥报道之旅[J].传媒评论，2022（03）：33-35.

实弹地与活生生的采访对象来次面对面的交流。因为，你能准备好所有问题，能按照自己的思维方式假设好所有答案，而这一切都可能因为采访对象的一句"我真的不想说下去了"或者"你的提问我完全无法理解"而变得毫无意义。

在体育新闻采访实践中，体育记者的新闻敏感性还具体表现在对比赛重要性的敏感、对比赛过程中出现的新闻"卖点"的敏感、对体育明星或重要人物在赛场内外的表现或言行的敏感、对受众感兴趣与关注问题的敏感、对比赛背后所反映的社会问题的敏感等[①]。但这些必须通过记者多年实践的积累和摸索才能实现。

（五）好奇心、独立性和批判意识有助于记者新闻敏感能力的提高

好奇心、独立性和批判意识是新闻人的人格特征的表现。好奇心，指的就是总是具有对事物源源不断的兴趣，总是具有对事物不断探寻的心理冲动。这不光是新闻人应有的人格特征，其实也是判断一个正常的社会人在心理上有没有衰老的重要标尺。人们总是说新闻是"易碎品"，但为什么有些新闻作品却可以不朽？无外乎源于其所具有的独立性和现实批判力。独立性和批判精神，某种意义上可以说是新闻人的立身之本。如果一个新闻人丧失了应有的独立性和现实批判力，那他也就丧失了作为一个新闻人的价值。而且作为一名记者，不要轻信，不要轻易接受没有经过审视的前提或结论，不要人云亦云，不要把自己的头脑当成他人思想的跑马场。要有怀疑的态度，要有探索的精神，要始终不失自己的独立性和批判意识。

如《工人日报》体育部主任宋澎在采访冬奥会时，对杨扬不能上场的提前预测就取决于记者作为一个新闻人特有的好奇心和善于质疑的精神。据宋澎介绍：

都灵冬奥会之前，国内媒体都在炒作杨扬能否连续两届冬奥会夺金，中国代表团也有意无意地散布着杨扬依然是中国女子短道速滑队的主要冲金选手等。但是，已经停训近两年，年龄已经30岁的中国冬奥会金牌零的突破者杨扬真能恢复以前的实力？从事过训练的经验让我对此提出了怀疑。接下的一件事更印证了我的猜想。2月11日，中国代表团在奥运村举行了一个灯谜会，主题除了猜灯谜外，还有就是让刚刚从训练场回来的杨扬教外国人编织中国结。通过这次活动，我已经判断出女子500米比赛，杨扬肯定不上场了。这个结论源于我对运动规律和中国运动队大赛前管理特点的了解。首先，如果一个长期停训的运动员真要恢复比赛，他（她）就必须全身心地投入训练，尤其是年龄大的选手。其次，几乎所有项目的中国队都有一个共同的特点：赛前基本不让关键的运动员和媒体过多接触，以免影响心理的稳定。杨扬却相反，到都灵后，频繁地出现在各种场合，而且看不出一点大赛前的紧张情绪。这只能说明，中国队没有给她规定任何任务指标。以后的事实印证了我的判断[②]。

① 郝勤.体育新闻学[M].北京：高等教育出版社，2004：87.

② 宋澎.《都灵日记》"串"出的故事——第20届冬奥会采访杂感[J].新闻三昧，2006（06）：26-28.

（六）广博的知识和熟练的体育专业知识，有利于增强记者的新闻敏感

体育记者的新闻敏感来自于平常一点一滴的积累和对各类知识广泛的涉猎。以前使用传真机的时代，一些老体育记者每次出外采访必带厚厚一沓平时积累的各类资料，一旦有用，立刻找出来。而现在的记者只是习惯于使用"搜索"来寻找背景资料，殊不知"读书破万卷，下笔如有神"，那种日常的积累是已经存储于脑中的"数据库"，写作时自是信手拈来。而搜索来的资料并没有经过大脑的分析，形不成对于新闻价值的评判，只不过是一种堆砌。只有广泛地涉猎各方面知识，深入了解社会，才能品味出体育新闻深刻的社会背景和内涵，增强自己的新闻敏感性和报道的深度。

在十二运会女子排球成年组决赛阶段比赛中，辽宁女排主力副攻手刘亚男在对阵浙江队比赛中意外倒地受伤。运动员在比赛中受伤离场的情况极为普遍。刘亚男受伤，这是一条普通、寻常的新闻线索。如果大家对辽宁女排运动队不熟悉，对刘亚男的复出背景不了解，同时又没有对这条线索进行及时跟进深入采访，自然也不会获得独家猛料。作为雅典奥运会冠军、昔日中国女排"黄金一代"的主力队员，刘亚男在4年前的上届全运会后就已经选择退役了，为弥补辽宁女排在十二运会上后排防守不足，今年年逾30的刘亚男赛前毅然复出，其体能不足、老伤缠身、竞技能力下滑导致其身体状态已不复当年。基于这些背景材料的积累，以及记者多年深入球队采访积累的人脉，《辽宁日报》记者朱才威第一时间得知刘亚男此次受伤不轻——右肩严重脱臼，虽未伤及骨头，但恐缺席余下比赛，而刘亚男一旦缺阵将对辽宁女排的整个征战形势产生非常大的影响。就此，朱才威在2013年7月12日《辽宁日报》体育版撰写头条文章《刘亚男重伤 辽宁女排危险了》。果不其然，刘亚男就因为这次受伤倒地而缺席了十二运会余下8场比赛[①]。

1995年天津世乒赛期间，《河北日报》体育部记者王建军联想到当时巴尔干半岛的局势，意识到从战火中走出来的南斯拉夫队有独特的新闻价值，经过采访撰写了《让我们共享阳光》，发出了让体育竞赛取代战争的呼吁，从而挖掘出了体育深刻的社会意义。因为王建军在平时就非常关心体育之外的新闻和知识，而且在该报体育部没有成立之前，他主要从事的就是时事新闻的报道工作，正是这样的工作经历，才使他深深地了解到当时战火频繁的巴尔干半岛是世界关注的焦点，否则就不可能发掘出这条有价值的体育新闻。可见，体育比赛是不变的，变化的只是结果和其中深刻的背景，结果是显性的，而背景则是隐性的，更具有震撼人心的作用[②]。

此外，体育记者因职业需要，必须成为体育方面的行家，储备大量的、系统的体育专业知识。如新华社的徐济成和《体坛周报》的苏群就因其对篮球和NBA的全面了解而在受众中享有很高的声望，同时也使其报道更具权威性。而某报记者由于不懂篮球，在关于女篮国手郑冬梅的报道中出现了"她是国家队后防线上的核心"的字眼，闹出了一个笑话。由此可见，体育记者只有掌握采访项目的基本特点和知识，才能够顺利地完成采访任务。这也是其他记者不愿做体育记者的原因之一，体育门外汉永远成不了好的体育记者。

① 朱才威. 新闻敏感考验记者的感知力[J]. 记者摇篮，2014（04）：6-7.

② 梁韶辉. 体育记者应具备的基本素养，体育记者谈体育新闻[M]. 北京：人民体育出版社，2005：411-417.

总之，在当今日趋白热化的媒体市场竞争中，围绕体育报道的新闻竞争愈加激烈。这种新闻竞争环境和体育新闻受众的增加对体育记者的新闻敏感能力提出了更高的要求。体育记者在体育比赛前后及其过程中能否抓住具有新闻价值的题材，是衡量其新闻素质和能力的重要标准。

第四节　体育新闻采访的价值选择

一、体育新闻价值的定义

体育新闻的价值是指体育事实中所包含的足以构成新闻的种种特殊素质及其表现形式能够满足社会体育文化需要的总和。也就是说，有些体育事实，由于它本身具有某些特殊的地方，因而区别于其他的一般体育事实，成为体育新闻。这些特殊素质的共同特征是能引起广大体育受众的共同兴趣，为广大体育受众所共同关注。体育新闻价值的根本着眼点就是广大受众的普遍关注，他是记者衡量体育事实能否成为新闻的一条重要标准。

体育新闻价值包括两部分，一是所有新闻共有的普遍价值，其要素为时新性、重要性、接近性、显著性和趣味性；二是体育新闻的个性价值，其要素为冲突性、娱乐性、情感性和审美性等。

体育新闻的价值是选择体育新闻的重要标准，决定着体育新闻的内容构成及发展方向。记者在体育新闻报道中，如何能够发现有重大价值的事实材料，把它加工成为一条好新闻，传播给受众，这是在采访中尤其是初学采访的人经常面临的难题。

西方有一个判断新闻是否有价值的公式：

平常人+平常事≠新闻

平常人+不平常事＝新闻

不平常人+平常事＝新闻

不平常人+不平常事＝大新闻

从上面公式中可以非常轻松地判断出哪些体育事实信息是有价值的，可以成为新闻，哪些是无价值的，不能吸引受众的眼球。通俗地说，新闻的价值就是新闻的含金量，使新闻足以成为新闻的东西。

二、由体坛热点事件解读体育新闻价值

2006年媒体尤其是在网上愈炒愈烈的黄健翔、吴虹飞和董路三人的三角口水大战，便是一个新闻价值较强的体育新闻（介于体育新闻与娱乐新闻之间）。事情起因及过程是这样的[①]：

---

① 韦智.从"采访门"事件看《南方周末》的公关营销[J].大市场·广告导报（数字杂志），2007（02）：49.

2006年11月23日《南方周末》发表了一篇由特约记者吴虹飞采写的《猖狂的黄健翔》一文后，反响巨大，并引发强烈的社会争议。首先，黄健翔在其博客上连续发表了《名"鸡"已经迫不及待地把自己的照片贴出》《很抱歉，我没能让你成为张钰》两篇檄文，且用词相当火爆。随后，吴虹飞也在新浪开博与黄展开口水战。其间，知名球评人董路、网络名人老榕也分别卷入这场口水大战中，随后很多评论家、娱记、黄粉和飞迷们也纷纷加入进来，让"采访门"事件更加波澜壮阔。然而，从11月23日至28日这期间作为刊载《猖狂的黄健翔》专题的《南方周末》却一言未发。直至，黄健翔、董路分别在博客中表示，就此次"采访门"事件不再追问的时候，《南方周末》却主动站出，并以"南方周末职业规范委员会"的名义发布了《黄健翔专题的意见书》。11月30日黄健翔和董路也分别在各自的博客中对《南方周末》这一做法表示感谢。至此，"采访门"事件画上句号。

从上面"采访门"事件可以看出，《南方周末》之所以选取这样一个事件和人物进行报道，显然，黄健翔辞职后引发的舆论态势及其个人身上所蕴含的新闻价值是《南方周末》极为渴求的。这一点在《南方周末》发表的《黄健翔专题的意见书》中说得非常清楚。该选题的启动，源于对人物"纯粹的新闻价值"的判断；报道的目的，是想展现一个有个性的人真实的内心，以及他折射出的这个变动的社会的若干现实。

"采访门"事件的体育新闻价值主要表现在以下几方面：

——黄健翔是中国体育解说的一个标志性人物，其粉丝据说有几个亿；

——黄健翔是个横跨体育和娱乐两个圈的名嘴；

——2006年度的黄健翔是集"离婚事件""张靓颖事件""解说门事件""时尚先生"话题、"辞职门事件"于一身的新闻人物；

——自2006年11月16日辞职至23日，面对着各种猜测和流言蜚语，黄健翔没有通过任何一家权威的平面媒体发出自己的声音；

——知名体育记者、球评人董路也是中国体育新闻界的风云人物，又是黄的好朋友。

可见，黄健翔作为当时处于舆论风口浪尖的公众人物，无可争议是"不平常人"，加上上述的"不平常事"，就成了体育界和娱乐界中备受瞩目的"大新闻"。而且《南方周末》抓住了重要时机，大胆出击，符合新闻时新性、重要性、显著性、接近性、趣味性等要素特点。

一条新闻是否具有价值，除了具备以上新闻价值要素外，还需要聚焦多个新闻热点，凸显新闻价值。如2020年澳大利亚网球公开赛半决赛在1月末进行，巧的是在开赛前一天著名NBA球星科比·布莱恩特直升机意外去世，该消息震撼整个体坛。2020年1月末澳网渐进高潮，男女单1/4决赛分别迎来首轮激战。女单头号种子本土宠儿巴蒂，以7-6（6）/6-2战胜2019年的亚军得主科维托娃，率先挺进女单四强。巴蒂将与14号种子、美国选手肯宁争夺决赛席位，后者两盘击败突尼斯一姐贾巴尔。男单则是费德勒和德约科维奇携手挺进四强，并迎来彼此间的第50次对决。因此，本条新闻有三个显著观测点：一是费德勒和德约科维奇的第50次对决，费德勒和小德的对决在网坛属于史诗级的对决，所以这个新闻信息对于网球运动员、球迷，包括网球史的价值都是巨大的。二是科比·布莱恩特意外去世，引发体坛大地震。新闻捕捉到了小德身披绣有"KB 24 8"字样外套出战纪念，离场前更是对镜头写下"KB 8, 24, Gigi, love you"这一细节。三是比赛用水并不算有价值，但是在澳网比赛中，中国品牌百岁山被赛事指定用水就不一般了，说明中国品牌百岁山是有着过硬的品质和稳定的补水效果的。综上，两个网球传奇人物的史诗级决战、科比离世好友小德以特殊方式纪念以及中国品牌在国际赛事中的推广与传播，三个热点构成该新闻巨大的新闻价值。

三、体育采访中的新闻发现

体育采访中的新闻发现就是体育记者以较强的职业敏感，寻找与挖掘新闻事实，实现体育新闻价值的最大化，以达到最佳的传播效果。在当今的体育媒体竞争中，新闻发现成为媒体十分重视的环节之一。那么，在体育采访中如何进行新闻发现与完美表达呢？

（一）常规性报道：政治引领、体育为核、紧扣时代、与时俱进

新闻具有政治性，新闻媒体要紧跟时代潮流，与时俱进，体育新闻也不例外。体育新闻的政治性要求体育记者既要懂体育，又要有一定的政治水平，在采写技巧上要做到政治倾向含而不露，作品既暗含政治内容，又反映体育本身的特点和规律。对于重大赛事之外的常规性体育新闻报道，如何进行符合当前国家政治生活实际的新闻发现，是记者在采写过程中首先要解决的问题。如2007年是新中国与非洲国家开启外交关系50周年，中非高峰论坛在北京隆重开幕。围绕这个主题，怎样在体育领域里发现好的新闻选题呢？从中非关系看，半个世纪以来，中国对非洲提供的援助在推动相关国家经济发展、改善民众生活以及提高教育、医疗、体育水平等诸多方面发挥了重要作用。早在20世纪50年代初，中非体育合作也拉开了序幕。这样一来就和体育挂上钩了。对此，中国国际广播电台新闻中心体育部记者走访了曾在非洲国家运动队做过教练的体育界人士，叙述他们在非洲获得的荣誉和体验的艰苦，他们眼中的非洲和中非友谊。于是，《我在非洲做教练》这样一条透视中国对非洲体育事业援助的报道就出炉了。这篇体育广播新闻既把握了当时主流的体育舆论导向，遵循国家体育宣传政策和大方向，而且结合体育领域实际挖掘新闻事实，是一篇具有较大新闻价值、值得称道的好新闻[①]。

在北京冬奥会举办期间，许多记者注意到了除赛事、赛果以外，更有价值的报道信息。冬奥会的新闻报道中，体育记者站在人类命运共同体的高度进行阐释，努力展现好盛会的纽带作用，搭建起文明互鉴的桥梁。如一些媒体报道中讲述了中国冰壶队队员范苏圆、凌智与美国队队员互赠徽章的故事，文化交流的信物见证着运动员间的深厚情谊；讲述了春节、元宵节、中医药文化等中国"名片"在冬奥、冬残奥舞台与世界文明交流融通，广受外籍友人青睐，中华文明的魅力吸引着世界的目光。其次，世界文明也在中国汇聚，文明互鉴的"互"字也在媒体采访报道中得以充分体现。北京冬奥会开幕式上，

① 颜世.在体育领域如何进行新闻发现[J].青年记者，2010（17）：63-64.

当19首世界名曲响彻"鸟巢"，属于全人类的音乐在属于全人类的奥运殿堂奏响。在现场，报道过十届冬奥会的意大利记者费迪南多在异国他乡听到耳熟能详的经典之声，激动得热泪盈眶。这是中国与世界的"美美与共"，诚如国际奥委会主席巴赫所讲，"奥运会让我们保留多样性的同时，把我们团结在一起"[1]。在温情脉脉的报道中，紧扣时代主旋律，与时俱进，将"更团结"精彩呈现。

（二）大型赛事报道：主题深邃、角度推新、细节鲜活、关键突破

在大型赛事报道中，如何发现最有价值的新闻呢？

对于大型体育赛事的报道，发现新闻要把全盘把握和细节寻找结合起来，要使新闻报道的主题深刻、新颖，还应注意新闻角度问题。角度不等于主题，但它关系到是否能够更好地表现主题。

以2010年6月南非世界杯的全程报道为例，当时各家媒体关于世界杯的各种预热性报道在半年前已经开始了，最主要的内容是围绕各支球队的备战以及赛事组委会的筹备工作。这些报道一直持续到6月11日世界杯比赛正式开始。6月11日到7月12日是比赛日，所有的报道都围绕着赛场进行。而7月12日之后的时间里，陆陆续续还有一些后续性的报道，比如球员转会市场、教练留任继任、足球明星的赛后生活等消息。

在报道南非世界杯比赛时，新闻发现作为一种创造性的活动，最重要的是出新。这一点主要体现在从细节入手，寻找报道角度。伴随比赛的激烈角逐，无论是赛事本身，还是球员、教练、裁判等球迷最关心的"关键人物"，都可能成为采访发现的突破口，关键是要找出其特殊性。在比赛场上，强强相碰的经典之战：如英德之战，德阿之战，德西之战、巴荷之战，再如冷门、黑马、悬念、绝杀、误判、内讧、超大比分、加时、点球、悲喜交集、黯然神伤、老将发威、新人问世，可谓一应俱全。此届世界杯的超一流球星，如梅西、C.罗、鲁尼……表现出色的球员，如斯内德、穆勒、比利亚、迭戈·弗兰……也有初出茅庐、引人关注的新秀，如穆勒、多斯桑托斯等，还有各队足智多谋的教练，正是他们才让足球这项运动变得如此迷人。同时，在比赛中一些细节材料可以使报道更加鲜活、有感染力，如"章鱼哥"保罗的神奇预测等，该有的元素几乎都有了。

再如北京冬奥会预热期间，《人民日报》官方公众号发表了一篇名为《一群医生组团苦练滑雪，只为这件事》的推文，介绍了为保障2022年北京冬奥会举办成功，早在2018年，40多名医疗技术过硬又有丰富滑雪经验的医生共同组成了中国第一支滑雪医疗保障军团，并配文了相关滑雪视频。推文凭借着独特却微小的视角体现出北京冬奥会筹备的全面与独特之处，也展现了奥运幕后英雄的努力，视角新颖，在社交网络上引起了热议。

综上，体育领域的新闻发现除了因实际情况的不同要调整做法之外，其实与别的领域还是有很多相通的地方。作为一名记者，不论是在哪个领域，都要有丰富的积累和知识储备，培养敏锐的观察力和洞察力，才能发现与众不同、有特色的好新闻。

---

① 王子铭.一名"非体育记者"在冬奥会、冬残奥会报道中的思考[J].中国记者，2022（04）：89-92.

第五节　体育新闻采访的角度挖掘

一、体育新闻角度的含义

体育新闻角度是体育记者在发现、挖掘和表现体育新闻事实时的着眼点与切入点，是透视体育新闻事实的窗口，它从体育新闻事实的一个侧面来揭示主题。在当今的体育新闻报道领域，由于体育新闻市场的成熟，包括网络传媒的兴起，各媒体的体育新闻，同源的东西太多，所谓的独家体育新闻越来越少。尤其作为平面媒体，仅仅采制一些体育消息报道肯定是不行的，因为报纸本身和网络、电视、电台相比就有一个滞后性。因此需要解析热点和评论配合，力争选一个非常好的角度切入，文章采写的角度新、文字美、细节全，同样是很精彩的一篇报道。可见，在体育新闻采访中，获取独家体育新闻的途径之一就是体育记者在选取、表现、解释新闻事实时必须要选取一个最佳的角度进行切入。如何选择最佳的体育新闻角度呢？选择新闻角度，要选择最有新意、受众最关心的、最能切中要害的角度。

请看下面关于2008年8月18日刘翔退赛事件西方各媒体采写的文章摘录：

《纽约时报》最亮星光熄灭

赛前，刘翔还是那个熟悉的刘翔，"吊儿郎当、满不在乎"，掀衣服蒙在脑袋上，面部表情很丰富。但是，刘翔又不是那个熟悉的刘翔，试跑了两个栏，可以看出他的脚还是不对劲，随后，就看到刘翔坐在场地上，大口喘气，表情很痛苦。这一刻，所有人的心都被揪了起来。大概一分钟之后，刘翔一瘸一拐地走回起跑线。而往回走时有点一瘸一拐，看来脚部的伤势依然困扰他。

路透社：中国观众理解刘翔

"我们可以从他的面部表情看出来他的伤处肯定很痛，"一位清华大学的学生说，"我们支持他，他会王者归来的。"

韩国媒体：刘翔为主场作战强忍痛苦

刘翔在记者会上发表退出比赛的理由。据悉，刘翔最近因腿部肌肉痛及阿基里斯腱受伤备受折磨，但就因为在自己的国家举办奥运会，所以不得不决定参赛。

日本媒体：八万观众鸦雀无声

刘翔在赛后表示自己是因为右腿跟腱伤痛而无法坚持继续比赛的，他的表情非常哀伤。为了见证刘翔在北京奥运会上的首次起跑，今天被称为"鸟巢"的国家体育场座无虚席。不过当刘翔退出时，将近八万名观众鸦雀无声。

西班牙媒体：刘翔没有跑，网民跑得快

国家报发了评论：赛前整整两个月未在公众面前露面的刘翔集中精力疗伤，他还是没有能够跑起来，把四年的准备付诸东流，他没能重复四年前雅典的辉煌。刘翔已成了中国人民心中的偶像，人们可以想象他赢或者他输，但是没有人能够想到他没跑。短跑冠军刘翔没有跑，但是中国的网民却展现了他们在网络上的速度，刘翔弃赛后10分钟不到的时间内，网络几乎所有人都在谈论此事。

法国媒体：赛前1小时预测刘翔退赛

杜库雷在接受法国电视台的采访时透露："我在热身的时候特别去看望了中国飞人，他是最大夺冠热门之一，而我们很长时间没有见面。我们用不太流利的英语做了交流，他表示自己有伤，状态不好，甚至隐约听到他说了'退出'（out）这个词，我当时还以为自己听错了，要知道是，他可是中国顶级的田径明星。"

意大利媒体：现场观众惊叹奥运就此终结

有许多中国人来北京就是为了来看看这位他们心中的偶像。"我不敢相信会发生这种事。刘翔是我的偶像。我来这的目的就是为了看他。"一位中国体育迷说，"对我来说，现在奥运会已经结束了。"当刘翔离开"鸟巢"的时候，我们在电视镜头上看到的是场上每一个人惊愕的表情。"我来这里就是为了看他的比赛。我们很崇拜他。我们希望看到他在自己的国家登上最高领奖台。现在的气氛实在太怪异了。这真是太遗憾了。"一位来自香港的体育迷说。

德国媒体：追风少年被伤病击败

回到四年前，2004年8月28日的雅典，刘翔获得了"追风少年"的美誉，他代表中国人和黄皮肤人第一次站到奥运会田径的最高领奖台。四年来，刘翔那13秒不到的比赛录像无数次出现在中国电视屏幕上，作为当今世界110米栏第一人，刘翔承担太多期望。刘翔没有战胜右小腿的伤病，在经过一番激烈的思想斗争后，刘翔选择放弃比赛。他神情麻木地离开跑道走进休息室，身后是十万观众诧异的目光与无尽叹息。刘翔没有面对摄像镜头，他知道自己让期盼了四年的同胞失望了，往日活泼的大男孩此刻独自咽下泪水。

俄罗斯媒体：巅峰对决提前破灭

刘翔是中国最著名的运动员之一，他被认为是北京奥运会上的夺冠热门人选之一。观众和专业人士都曾期待着他与古巴名将罗伯斯的这场较量。但如今，这已经成为泡影。

从上面关于刘翔因伤退赛西方9家媒体的报道可以看出，针对同一事件，各媒体从刘翔退赛后中国观众、场内观众、网民、杜库雷访谈、刘翔场上表现等多个侧面与不同的着重点来揭示主题，每篇报道都力求视角新颖奇特，在选取、表现和解释新闻事实时精挑细选，不落他人之窠臼。

不同媒体针对同一体育新闻事件的采访角度和表达内容也有所不同，以徐梦桃夺冠为例，各大媒体采访报道标题如下：

《人民日报》《中国队第五金！徐梦桃，圆梦冬奥》《努力不会辜负每一个追梦者！祝贺你，徐梦桃》

央视网《徐梦桃——烧烤摊走出的冬奥冠军》

《光明日报》：《中国第五金！空中技巧徐梦桃折桂》《"灼灼其华"徐梦桃》

NBC（美国全国广播公司）：*Xu Mengtao wins aerials gold; USA's Megan Nick earns bronze Winter Olympics 2022 NBC Sports*20（在报道徐梦桃夺金的同时，也报道本国运动员获奖）

CGTN Sports Scene（中国国际电视台 体育板块）：*Beijing 2022 US skier Ashley Caldwell congratulated XuMengtao on winning historic gold Olympics*（徐梦桃夺冠后与美国选手激动拥抱，展现奥林匹克运动会和平、友爱）

可见，记者在采访中，如何能够选取一个最佳的角度，能够与众不同，主要还是对新闻事实的选择、表现和解释上。这是记者多方面素养和能力的集中体现。

二、体育新闻采访的角度挖掘与转换

作为体育记者，在报道奥运会、世界杯等大型体育赛事时，面对国内外记者云集，记者人数比运动员多几倍的竞争压力，想抢独家几乎不可能，但我们可以在材料的加工上选取一个独家的角度，来吸引受众的眼球。

（一）体育新闻采访的角度挖掘

1.巧寻"新闻眼"，以奇制胜

体育记者在采访报道新闻时，同样的素材，同样的稿件，角度不一样，效果就不一样。记者只有善于动心思，善于寻找多样的"新闻眼"，才能写得巧妙，出其不意。什么是"新闻眼"呢？就是新闻事实中最具新闻价值、最令人关注的素材。也就是从最佳视角观察新闻，在写作时找到最好的表现角度，只有这样新闻才能抓住受众的心。譬如，北京奥运八金选手菲尔普斯吸食大麻事件，许多体育媒体都进行了报道，如果从正面写，就流于平淡了，而《羊城晚报》独辟蹊径，一条《美专栏作家力挺菲尔普斯："奥巴马也曾经吸毒"》（2009年2月11日 A13版）的稿件，则以"巧"取胜，把美国总统奥巴马的陈年旧账也搬出来凑热闹，令这篇稿件在众多有关此话题的新闻中显得别具一格。

再如下面报道：

法国新闻社（Agence France Presse，AFP）到熊猫基地采访（08.2.28）

法国新闻社记者卜光告诉记者，此次专程到成都大熊猫繁育研究基地，主要是为拍摄北京奥运大熊猫"晶晶"，了解大熊猫的近况。今天拍摄的专题片将以中文版和英文版的形式在法国以及整个亚洲播放，如果不出意外，在下周就可以与观众见面。卜光还以一个外国游客的身份告诉我们，福娃"晶晶"真的是很可爱，对中国的意义也是非常的重大，而四川更是一个旅游资源非常丰富的大省。

背景：福娃"晶晶"是北京2008年第29届奥运会吉祥物，晶晶是一只憨态可掬的大熊猫，无论走到哪里都会带给人们欢乐。作为中国国宝，大熊猫深得世界人民的喜爱。晶晶来自广袤的森林，它的头部纹饰源自宋瓷上的莲花瓣造型，象征着人与自然的和谐共存。晶晶憨厚乐观，充满力量，代表奥林匹克五环中黑色的一环。

2月28日上午，法国新闻社北京分社的记者在成都大熊猫繁育研究基地对2008北京奥运大熊猫"晶晶"进行了为期2个小时的实地考察和拍摄。（来源：成都大熊猫繁育研究基地，张玉均）

上面关于法国新闻社记者到熊猫基地采访，现场采访拍摄 2008 年北京奥运会吉祥物福娃"晶晶"——一只备受世界人民喜爱的中国国宝大熊猫，便是记者挖掘了一个新奇的角度，在全世界媒体把目光都聚焦北京奥运会的各项赛事、运动员时，法新社却把视角触及四川成都大熊猫繁育研究基地，真是独具匠心，值得称赞和学习。

2014 年 NBA 雷霆在西部决赛输给勇士队，雷霆队当家球星凯文杜兰特决定转会勇士，影响了 NBA 格局，遭到众媒体和球员的批判：如杜兰特软蛋、杜兰特打不过谁就加入谁、作为联盟头号巨星不应该退缩应该想办法带领球队走得更远、杜兰特不配当合格的领袖……尴尬的是，作为当时联盟第一人的詹姆斯在早年间也做过类似的决定，因数次止步总决赛而选择投奔自己的好兄弟。记者是如何挖掘角度转换的呢？针对 2016 年杜兰特转会勇士事件，被批巨星抱团，许多媒体直接对这一事件提出批判，而一条采访韦德的新闻《闪电侠韦德力挺詹姆斯和杜兰特：我抱团我骄傲》，以巧取胜，他直接由此引出了 2010 年詹姆斯选择去热火投奔兄弟韦德的陈年旧账，抓住了人们的眼球。

2.融入其他元素，盘活单调无味的文章

要使新闻视角的"巧"充分显现，还需要与其他因素相结合，来盘活单调无味的报道。体育记者在采访过程中，体育比赛的固定性与周期性特点，令许多记者很难获取独家新闻，一些例行的赛事报道，也很难出奇出新。因此，需要记者在采写报道时，融入娱乐化或本土化元素，以挖掘新奇角度。体育新闻价值的实现要素之一就是接近性，由于本地受众对本土文化具有普遍的认同感，在体育新闻报道时营造本土化氛围的报道内容和栏目，会对受众产生额外的吸引力，并逐渐培养一批忠实的受众。如在 2008 年 9 月 16 日 A14 版的广州网球公开赛报道中，一篇报道晏紫首战落败的消息被记者巧妙地"盘活"了。《羊城晚报》记者抓住晏紫在赛后新闻发布会上的爽快回答，写出了《晏紫：我男友是广东人》的报道，以"广东人"三个字吸引了读者的眼球，进而关注这篇处于版面右下角视觉弱势区域的"豆腐块"消息。如果不是标题角度的新颖，这篇消息可能会被读者忽略[①]。

再看下面一则新闻：

农活里练出的残奥冠军

2021 年 9 月 1 日　新闻来源：《中国体育报》　记者：杨帆

新华社石家庄 8 月 29 日电　（记者杨帆）28 日晚，东京残奥会田径项目男子投掷棒 F32 级比赛中，刘利以 45 米 39 的成绩打破世界纪录夺冠，为中国代表团拿到第 30 枚金牌。

当晚，在刘利的家乡——河北省唐山市丰南区王兰庄镇刘官庄村，家人亲友齐聚在屏幕前为他加油助威。由于家里老屋信号不好，中途大家还转到村委会观赛。

随着刘利第五投掷出 45 米 39 拿下冠军，村委会屋里传来阵阵欢呼声。刘利的父亲刘庆华说："好！能取得这样的成绩，为国争光，为咱家争气了！"

① 尧之平，廖慧平.以"巧"点睛——后奥运时期羊城晚报体育新闻新视角[J].青年记者，2010（04）：62-63.

今年35岁的刘利，小时候因高烧导致脑瘫，下肢活动不便。"他从小懂事，不给家里增加负担，经常帮忙干农活，所以上肢非常有力。"刘庆华说。

2014年，在丰南区残疾人联合会帮助下，刘利来到唐山市残联阳光分校学习计算机。"我们发现，他的上肢确实比常人更加强壮有力，就把他推荐到省残疾人运动队，与教练研究后，决定让他练习投掷项目。"唐山市残联体育管理中心负责人孙伟光介绍。

不负众望，经过教练科学指导和自己的刻苦训练，刘利的成绩很快达到了国际顶尖水平，并在国内、国际比赛中屡获佳绩。

28日晚，亲朋好友一同观看直播，挥动着五星红旗，为他加油助威。每次看到刘利挥臂投掷的画面，大家都紧张地屏住呼吸。

赛后，刘利与家人进行了视频通话。"接下来的比赛中，要继续努力，再接再厉，发挥出更好水平。""嗯，会好好调整心态，争取在男子铅球F32级比赛中有好的表现。"

由于备战残奥会，今年刘利没有在家过年。刘利的二叔刘庆达说："他这些年的付出没有白费，真是好样的！他是真正的男子汉，是我们全村的英雄。"

该篇报道位于头版的右下角位置，使用双栏形式，在报道中使用了"农活"引出了残奥冠军的艰辛夺冠之路，作为残疾人的刘利，在比赛中取得好的表现，在生活中也经常帮忙干农活。记者通过制造看似矛盾的方式，将"农活"和"冠军"放在标题中，在吸引读者的同时，能够让读者清晰地了解到报道人物的心酸不易，并通过注入其他元素，盘活关注度不高的文章。

（二）体育新闻采访的角度转换

记者康凯结合自己悉尼奥运会的报道实践，提出了转换角度法、转换场合法、转换对象法、转换形成法和转换思维法[①]。

1.转换角度法

做任何工作，时间长了都容易形成一种模式，变换写作角度虽然我们平时也经常在提，但真要变换还是有一定难度的，因为这需要跳出业已形成的框框，需要有新的发现。悉尼奥运会上熊倪险胜萨乌丁、为中国跳水队夺得第一枚金牌那一天，大多数中国记者都赶到了跳水馆。赛后，记者们为采访熊倪展开了一场"奋不顾身"的大战。当时我就想，与其写熊倪如何说、教练如何谈之类的文章，还不如换个角度写记者们是如何抢熊倪的，这样反而更能体现这枚金牌的非凡意义。于是我在《抢熊倪》一文中记下了赛后熊倪被各大电视机构轮流"霸占"、众多文字记者苦等熊倪不来的焦急状况；记下了部分记者雨中采访教练而浑然不觉衣衫被淋湿的痴样；记下了混合区里工作人员一面苦苦维持秩序、一面还帮记者递录音机的感人场面。这些场面也正好是电视镜头和互联网所触及不到的，在共同享有新闻资源的背景下，这篇文章就显出了一定的独家性。

《为了两小时的比赛》一文也属于这种类型。那天我从悉尼赶赴300公里以外的堪培拉，采访中国女足的一场比赛。由于路途遥远和意外波折，这趟来回光路上就整整花去了12个小时。回来后，我除了写消息、评论、访谈等常规报道之外，还着力写了这篇文

---

① 康凯.奥运新闻，独家性从何而来？[J].新闻实践，2000（12）：51.

章，记下了我在路途上的曲折经历，最后将文章重点引到所发的感想上——为了这场两小时的比赛，我是花了12个小时；那么中国女足呢，她们为此又花费了多长时间呢？起码是4年；而还有那么些人，他们为了瞬间的辉煌，甚至耗尽了毕生的精力。这场比赛是在奥运会开幕式前一天进行的，当时中国代表团全天就这一项比赛，可谓人人必写，但是我想，从这个角度去写的，肯定不会多。

下面我们来看一下关于转换角度法在实践中的具体使用，案例引自《中国体育报》，由记者林剑报道。

世界纪录来了，果然是"最快的冰"

2022年2月12日　新闻来源：《中国体育报》　记者：林剑

2月11日，北京赛区国家速滑馆迎来了北京冬奥会速度滑冰第七个比赛日。男子10000米比赛中，世界纪录保持者、瑞典人范德普尔勇夺冠军，12分30秒74的成绩还打破了由他自己保持的世界纪录，这也是国家速滑馆冬奥会开赛以来的首项世界纪录。

"对于一座速滑馆来说，最大的梦想就是创造世界纪录。我们一直希望将国家速滑馆的冰面打造成'最快的冰'，成功与否，成绩是最好的证明。"国家速滑馆场馆运行团队主任武晓南说。

自2月5日开赛以来，国家速滑馆前5项比赛女子3000米、男子5000米、女子1500米、男子1500米、女子5000米冠军全部打破冬奥会纪录，已逼近4年前平昌冬奥会速度滑冰比赛地江陵速滑馆创造的7项冬奥会纪录的"江陵奇迹"。显然，仅刷新冬奥会纪录已经不能"满足"国家速滑馆，范德普尔的世界纪录来得恰逢其时！

赛后瑞典人说："太美妙了，这样的结果远超预期。冬奥会冠军已经是巨大的荣耀，但谁能拒绝夺冠的同时再打破世界纪录呢？"

风阻大小是速度滑冰运动员能否创造好成绩的关键因素，美国盐湖城、加拿大卡尔加里等地区的速滑馆之所以能创造多项世界纪录，很大程度上源于其亚高原地域空气相对稀薄、风阻小，也正因为如此，速滑专业人士经常会在世界纪录、冬奥会纪录之外专门统计平原纪录，因为绝大多数时候，运动员在平原赛场上的成绩都不会好于亚高原赛场。

地处北京的国家速滑馆就是平原赛场，在建造之初，通过二氧化碳临界制冰的技术，对于场上温度、湿度的严格控制，国家速滑馆已经有了与世界上任何一座速滑馆，哪怕是亚高原场馆"比快"的底气。

国家速滑馆运行团队速度滑冰项目竞赛主任王北星表示，近年来，随着运动员技术水平的提高、器材的更新换代以及场馆硬件条件升级，亚高原赛场与平原赛场的成绩差距正在缩小。

在国家速滑馆内创造更多的世界纪录，让这里成为真正意义上"最快的冰"，也许为时不远。

上面案例报道中，记者另辟蹊径，以世界纪录的打破为导语，引出对于国家速滑馆场馆的介绍。将报道角度转换到了场馆建设上，为读者带来了不一样的新闻视角。

2.转换场合法

中国代表团的夺金重点项目无疑是中国记者的报道热点，这是理所当然的。但是，有时候也不妨去跑跑一些非重点项目。在不同的场合，往往会有一些不同的发现和感受。比如有一天，我去了网球场，看了一场与中国代表团没有任何关系的决赛，这种级别的网球赛也是在国内根本无法看到的。看这种比赛，心情是轻松的，感觉是新鲜的，一些适合于写出来的东西便自然而然地跳了出来——虽然有网坛巨星加盟，但奥运会网球赛的吸引力仍然不能与四大网球公开赛相比；虽然有高贵的贵族血统，但如今的网球却正在日益趋向平民化……这些散记杂感就成了我《阳光、平民与网球》一文中的内容。

体育记者往往都会将目光放置于赛事本身，报道的空间也被限制于比赛场地中，《中国体育报》的记者林剑在报道十四运会时，发表了一篇题为《"最强大脑"护航十四运会》的报道。

"最强大脑"护航十四运会

2021年9月25日 新闻来源：《中国体育报》 记者：林剑

一届拥有4000余场比赛，12000多名运动员，10000多名代表团官员、技术官员，5300多名组委会、竞委员会人员，15000多名志愿者，1500多名媒体记者以及数十万人次现场观众的大型综合运动会如何做到高效运行、平稳有序？

高质量的赛事指挥中心十分关键！

十四运会期间，位于西安市陕西国际体育之窗的赛事指挥中心（简称"MOC"）承担着全运会主运行中心的角色与职责，是组委会与执委会、竞委会、场馆之间信息沟通的"智慧大脑"。依托大数据平台和信息安全防护平台，建立科学高效的赛事指挥管理体系，及时处置应急事件，确保十四运会平稳运行。

"神经元"上天遁地无处不在

置身MOC，迅速会被数个大屏幕吸引。据陕西工信厅大数据总工程师、组委会信息技术部建设运维处驻会处长贾晓刚介绍，现场的大屏幕就是对本届全运会大数据平台各项功能的集中展示，主要功能包括赛事全过程实时监控回看、赛会数据汇聚处理可视化、云视讯指挥调度。

所谓"赛事全过程实时监控回看"，就是全运会期间每天进行的比赛，都可以在MOC进行实时观看、监控，对于赛场上发生的问题可以做到迅速了解、迅速处置。指挥中心通过"全项目覆盖"的竞赛视频系统实时观看任一比赛。（节选）

这则新闻报道在使用了大量的数据陈述后，引出一场高质量的赛事良性运转背后的故事，关注到了赛事指挥中心所付出的辛苦，并且结合采访介绍了赛会准备的完备程度。

3.转换对象法

思路同转换场合法相近，在采访了大量的金牌人物之后，也去接近接近成绩一般的运动员，从中会有一些意想不到的收获。比如我去采访了一位浙江籍运动员——艺术体操选手周小蓓，她在个人比赛中仅列三十几名，连决赛都没进。但是她与众不同的意义在于：她是中国艺术体操队唯一一名参加奥运会的选手，并且是被国际体联点名参赛的；另外，她是在明知自己不会取得理想成绩的情况下仍然中断学业、复出苦练，为的仅仅是在奥运会上为今后的中国艺术体操运动员当一块"铺路石"。这是另外一种意义上的奥林匹克精神，比起金牌运动员来她丝毫不逊色。了解到这些情况后，《为后来者独舞悉尼》一文就写成了。这是一个几乎被所有记者都冷落的人物，也是一个别人笔下都没有的动人故事。

在体育赛事的报道中，报道对象主要集中在运动员、教练员、裁判员身上，在关注冠军选手的同时，记者林剑也关注到了冠军的心理辅导师这一报道对象。

闯过心理关 赛场见英雄——国乒的"冠军心理辅导师"

2021年7月27日 新闻来源：《中国体育报》 记者：林剑

东京奥运会正如火如荼地进行，作为中国体育代表团的"冠军之师"，中国乒乓球队受到了各界的普遍关注。但实际上，恰恰是因为"常胜"，让国乒队内的"容错率"极低，这也让国乒上下强化日常技战术训练，做到技术层面"无懈可击"的同时，在心理方面做足文章，确保场上的运动员都能拥有"大心脏"。

和其他项目运动队、运动员一样，国乒也会通过外聘心理教练辅导、形式多样的心理课等调整运动员心态，做到张弛有度。但不同于其他队伍，国乒最大的优势就是冠军多、底蕴足，"心理辅导师"或是乒协的管理者，或是教练，或是依旧关心乒乓球的从业者，他们的存在，为国乒起到了很好的心理按摩、心理疏导的作用。

2019年日本东京举行的乒乓球团体世界杯，尽管中国男、女队成功夺冠，但阵中年轻选手孙颖莎、梁靖崑都遭遇了不小考验，赛后中国乒协主席刘国梁就说，我相信这次之后，他们两个对大赛会有一个新的认识，最主要是在心理上得到了锤炼，就像心脏撕裂后又给缝合上了。赛后我也对他们给予了肯定和鼓励，优秀运动员都要经历过这些生死战，在悬崖边如何能够起死回生，这个是最大的收获。

同样是顶尖选手，贵为"大满贯"的刘国梁自然知道如何调节运动员的心理，没有什么比通过比赛让他们建立信心更重要的了，另外在日常的训练、比赛中，刘国梁以及队中教练也会经常和队员们沟通，传授经验，克服心理难关。

在威海备战奥运会期间，国乒还为队伍请来了一位"大牌"心理辅导师——前乒乓球国家队队员"大满贯"王楠。

每每大赛之前，"练心"都是重要训练内容。除了队员们自身要作心态调整，王楠也会和选手们"唠家常"，一方面是缓解队员的心理压力，另一方面是结合自己当年的奥运备战经验给队员们出谋划策，帮助队员找到自己应有的状态。

任何一个项目的成功，都需要方方面面的共同努力，小小的心理疏导环节，折射出的正是国乒对每一个细节的严谨、细致，也正是因为每一领域都拥有顶尖的"选手"，国乒才会成为中国体育的"名片"，成为国人的荣耀和骄傲。

4.转换形式法

由于传媒数量的庞大，许多情况下常规报道内容的相似无法避免。这种时候，适当变换一下报道形式，有助于提高文章的新鲜感。比如射击选手陶璐娜夺冠的那天，陶璐娜本人、教练许海峰和领队冯建中都接受了采访，讲得都比较多。最简单的写法，就是原封不动地写三篇，也确实有人是这么写的。我在面对这些采访材料时，稍稍给它们动了点"手术"，即把他们讲话中程式化和相类似的东西扔掉了，截取了故事性比较强的部分，分别写成了"教练许海峰的故事""领队冯建中的故事"和"陶璐娜讲的故事"三个小标题，总标题冠以《金牌背后的故事》。其实这篇东西内容上比较一般，俗称"大路货"，但形式上这么变化一下，给人的感觉就好像比较有吸引力了。

再如，在冬奥会"一起向未来"这一宏大主题下，中国日报网对开幕式、闭幕式进行了细致报道与创意解析，在全球受众关注这场艺术和科技完美融合的视觉盛宴时，以幕后团队的构思为切入点，解读开幕式精彩内容背后的深意，充分诠释其中蕴含的中国文化内涵、科技实力，及时发布了《中国二十四节气之美》《开幕式上团结与爱的雪花，原来是这样设计出来的》《美媒："天下一家"点亮夜空，北京冬奥会足以载入史册》《外媒：折柳"留"人，冬奥会闭幕式的中国式缅怀》《冰墩墩为什么成为当红"顶流"》等英文报道，还与2008年北京奥运会做对比，穿越历史风云，突出中国14年来的变化，体现中国智慧和中国方案在奥林匹克的发展历程中始终历久弥新。中国日报网还联合长城新媒体集团、中国新闻漫画研究会出品手绘长卷《长城群英绘——北京2022年冬奥会冠军"全家福"》，长卷全长2022厘米。长卷以北京长城、冬奥场馆、京张两地自然风光等为背景，以109个项目的冠军漫画"全家福"为主题，形象生动有趣，由多位画家历时半个月绘制而成，向北京冬奥献礼[①]。

5.转换思维法

新闻资源基本没有独家性，指的是采访的客体；而采访的主体呢？主体是活的，采访奥运会的人再多，也不可能有两个人每天的活动是一模一样的。基于此，一种思路就产生了：为什么不可以调转枪口写一写采访的主体呢？奥运会上，我的一些亲身经历报道就是顺着这种思路写成的，如《亲历奥运开幕式》《三闯主会场》《探访奥运村》《望山跑死马》《天涯若比邻》等。拿《亲历奥运会开幕式》一文来说，正如一百个《红楼梦》读者心目中有一百个贾宝玉一样，一百个观看奥运会开幕式的人心目中也会有一百种不同的感受。在我的眼里，这届奥运会开幕式表演的节目中最壮观的当数马队的来回驰骋，充满了阳刚之气和壮阔之美；而尾声中一块从天而降的巨幅白布覆盖住了场中央所有的运动员，堪称神来之笔；还有经典的、恰到好处的《贝多芬第九交响曲》……我将这些感受和理解全都写到了文章中，再加上一些现场气氛的描写和必要背景的交代，重点强调了"亲历"两字。我想，在这种全球媒体同时聚集的场合中，写出一点自身真实的感受来，恐怕是保持独家性的最简便的方法。因为，真正的内心感受是不会与人"撞车"的。

---

① 张春燕.创新叙事表达，加强共情传播——中国日报网北京冬奥会对外传播实践[J].新闻战线，2022（08）：39-42.

可见在转换了思维后，体育也可以很好地与物理相结合，报道出不一样的新闻内容。新闻敏感、新闻价值和新闻角度三者是相互联系、层层递进的关系，即：新闻敏感——（掂量）新闻价值——（凸显）新闻角度。

作为一名体育记者，只有具有足够新闻敏感，才能迅速发现和识别客观事物的新闻价值；但这样还不够，在竞争日趋激烈的今天，记者还要能够在有价值的新闻事实中选择最独特的角度，寻找、挖掘和表现新闻事实的立足点和窗口，使新闻事实的新闻价值更为突出、更为充分、更为巧妙，凸显出新闻价值的最大化，只有这样，才能使作品更有看点，更具感染力。

（一）思考题

1.作为一名体育记者应该遵循哪些采访的基本原则？

2.面对新的社会环境和媒介环境，体育记者应培养的采访作风有哪些？树立好的采访作风对于体育记者工作有哪些现实意义？

3.体育记者在采访中如何广交朋友？

4.新媒体时代在体育采访中如何能够快速发稿？

5.体育记者怎样做系统周密的调查核实工作？

6.作为一名体育记者，如何提高自己的新闻敏感能力？结合实际谈谈体育新闻敏感、体育新闻价值和体育新闻角度三者之间的关系。

7.结合实例论述如何进行体育新闻采访角度的挖掘与转换。

（二）采访实践

1.以近期某一热点体育赛事或体育事件为例，对比分析《人民日报》《中国体育报》《北京青年报》、央视体育频道以及网络媒体、社交媒体等的相关报道，在角度选取上各有哪些特点。

2.以学校运动会或一次大型体育赛事为采访主题，设计采访提纲，着重思考从哪个角度进行报道，如何凸显这一赛事的新闻价值。

第三章

体育记者的修养

[本章提要]

记者的采访是一辈子同人打交道的工作，既需要文品，更需要人品，因此应先明确一个命题："先做人，后做记者"。所谓做人，就是有修养，良好的修养是记者职业理念与职业态度的体现。体育记者的修养主要包括与其他新闻记者一样应具备的基本修养和为胜任体育记者工作而必须具备的个性素养两方面。

1.体育记者的基本修养

政治修养：

必须坚守一个理念：体育即政治；坚持正确舆论导向是体育记者政治修养的核心内容；体育折射民生就是最大的政治。

知识修养：

即建构"双T型"叠加知识结构，主要包括体育记者知识的广博性与精深性。

体育记者知识的广博性，即双"T"的两个"一"，是指人文社会科学、自然科学和体育科学知识的广博。

体育记者知识的精深性，即双"T"的两个"丨"，一是指学好新闻学专业知识；二是熟练掌握体育专业知识，而且要达到两者的有机融合。

道德修养：

坚持体育新闻的真实性。

体育新闻采访权与"付费报道"：目前，我国新闻媒体体育记者滥用采访权主要有有偿新闻、媒体暴力、媒介审判这三种表现。

游走于道德与法律边缘的问题：避免名誉权纠纷，合理使用肖像权，勿闯隐私禁区和禁止提前泄露体育赛事信息等。

2.体育记者的个性素养

爱好即工作：体育迷+专业新闻人；火热的激情：贵族的修养+狼的本性+坚持不懈；强健的体魄：累并快乐着；良好的语言技能：普通话+民族语+英语+其他。

"修养"，《辞海》解释为：指在政治、思想、道德品质和知识技能等方面经过长期锻炼和培养而达到一定的水平。新闻工作者从一定角度讲，是社会灵魂的建设者和塑造者，社会风气的好坏，与媒体的引导息息相关。记者的采访是一辈子同人打交道的工作，既需要文品，更需要人品，因此应先明确一个命题："先做人，后做记者"。所谓做人，就是有修养，修养越全面、越深厚、越能适应采访环境，采访效率和质量就越高。良好的修养是记者职业理念与职业态度的体现。新闻是现实的一面镜子，体育热潮的出现，为体育报道打下了现实基础，专职体育记者人数与日俱增，体育新闻竞争日趋白热化。尤其在国内外体育环境并不乐观，足球打假、扫黑、反赌仍在继续，赛场暴力、球迷骚乱、金钱交易屡禁不止的今天，体育新闻记者素养的培育就显得更为必要。成为一名优秀体育新闻记者的因素很多，但良好的素养是一切的前提和基础。与其他新闻记者一样，体育记者首先应具备最基本的修养：即政治理论修养、知识修养和道德修养。此外，体育记者为了更好地完成体育采访报道任务，还需具有其他几方面的个性素养：爱好即工作、火热的激情、强健的体魄以及良好的语言技能等。

第一节 体育记者的基本修养

一、政治修养

记者笔下的新闻是"造福"还是"惹祸"，关键在于记者的政治修养。新闻工作具有较强的政治性，我国媒体尤其是党报在选拔和培养记者时，总要把政治标准放在第一位。《人民日报》原记者部主任田流曾经说："是个好公民，才能是个好记者；是个好党员，才可能是《人民日报》的好记者。"

在社会主义中国，体育新闻作为党和人民新闻事业的组成部分，同样必须坚持新闻的党性原则，执行党的宣传纪律。这就要求体育记者要具有合格的政治素质、坚定的政治信仰与政治敏感性。由于现代体育与政治的关系十分紧密，体育新闻报道的范围越来越广泛，涉及的政治、社会、法律、民族、宗教、道德、文化、教育、国际事务等方面的问题越来越多，因此体育新闻报道对公众的舆论导向和社会影响也日益凸显。体育记者如果在政治上不合格，忽略自身的政治修养，就难以胜任体育新闻报道工作。《今晚报》记者王耀铭认为："体育新闻报道要讲政治，立意要高。讲政治绝不是一句空话、套话。尤其是年轻的体育记者更要时刻注意提高自身的政治修养，担负起为党和政府做好舆论宣传的职责。"

（一）必须坚守一个理念：体育即政治

体育作为快速提升国家形象的途径之一，在很多情况下，人们通过一个体育项目、甚至是一个运动员，便可以认识和了解一个国家。如美国人因为姚明更进一步地认识了中国，世界很多郭晶晶的"粉丝"（fans）因为喜欢跳水、喜欢郭晶晶而更多地了解了中国。而且在某一特定历史时刻，体育甚至能影响和推动一个国家的政治事务，如1971年震惊中外的"以小球转动大球"的中美"乒乓外交"。参与过打开中美关系的美国前助理国务卿霍尔德里奇在他的回忆录中写道："'乒乓外交'是一项富有戏剧性的、启示性的外交举措，它体现着中国领导人的某种个性：精明老练、聪明过人、富有智慧，有'小中见大'的战略谋划意识。"而奥运会及其奥运报道更是塑造国家形象、推动国家建设、展示民族实力、促进世界融合的良机。如2008年北京奥运会和2022年北京冬奥会，中国传媒不仅肩负着报道全面、精彩赛事的任务，更肩负着继续宣扬奥运精神，塑造中国国家形象的历史重任。

走进奥运的历史长河，从希特勒把1936年柏林奥运会办成纳粹宣传会，到1964年奥运会抵制南非种族主义；从中国的"乒乓外交"，到因台湾问题迟迟才恢复中国的奥运会席位；从1980年美国等国抵制莫斯科奥运会，到1984年苏联等国抵制洛杉矶奥运会……都表明体育并不是"超政治"的[①]。但在很多人的观念和体育记者的思想中，多年来一直存在一个错误的认识，即"体育远离政治，它所反映的只是竞技场上的输赢和比分，并不牵扯政治的大是大非，因此在新闻报道上可以有更大的发挥空间"。这是一个原则性的错误观念，很多记者，尤其是年轻记者受到这种错误观念的影响，于是在新闻报道中就夸大其词，不受任何框框的约束，在他们的笔下似乎什么内容都可以写、任何东西都可以编，根本不顾及社会的影响和本人的声誉，不行就去打官司，还可以借此扬名。体育作为人们娱乐、休闲和观赏性的活动，在表面上往往给人们一种与政治无关的错觉，或者与政治关系较少，但实际上体育不可能脱离政治，作为上层建筑的一个工具，它无法回避为一个国家政治服务这样的功能。无论是奥运会，还是世界杯足球赛，都可以看到运动员之间的竞争，其本质无不包含了各种各样的政治因素。尤其是一名体育记者，与世界各国、各地区的同行一起采访、报道重大国际比赛时，其报道、新闻稿件和评论，绝不仅仅是个人的好恶和水平的体现。它代表的是其所在的媒体，更代表其所在的国家的态度和声音。这就要求记者必须要有高度的责任感、较高的政治素质和精深的业务水平。需要体育记者善于总结、不断钻研业务和不断充实自己。

2022年北京冬奥会是全球冬奥运动员和冰雪运动爱好者的盛会，各国人民对此期待已久。然而，美国政府却一再利用冬奥会玩弄政治把戏，公然以所谓"新疆人权问题"为借口，宣称不派任何外交或官方代表出席北京冬奥会。国外一些媒体也相继跟风。2021年12月16日，《中国青年报》在《对体育政治化说"不" 还冰雪一片纯洁》这篇报道中对此进行了全面阐释："12月6日，美国拜登政府宣布将不派任何外交或官方代表出席北京冬奥会，并引来'五眼联盟'其他4个成员国新西兰、澳大利亚、加拿大和英国的'跟风'。英国更是上演了自我矛盾的讽刺一幕——首相约翰逊12月8日称，'抵制'体育运动是不明智的，但英国内阁各大臣无计划出席北京冬奥会。"

将体育运动当作政治事件的发言台，并由此引发严重的政治事件，早已不是个例。例如，2002年韩日世界杯，原本是纯洁的足球比赛，却被国外的邪教顽固分子当成恶毒攻击伟大社会主义中国的机会和场所，因此发生了国内正义球迷与邪教分子激烈冲突的政治事件。同样，有的国内媒体在把握报道方向时，出现了偏差，紧跟所谓"欧洲中心

① 任广耀，朱征洪.体育离政治有多远[J].新闻爱好者，2002（01）：14-15.

论"，对韩国队在世界杯上取得的历史性突破，挖苦、嘲讽、怀疑、诋毁，引发了严重的政治和外交事件，受到了中央领导同志的严肃批评。同样是在2002年韩日世界杯上，我国个别体育新闻工作者在报道土耳其队时，为了所谓的形象使用了"突厥铁骑"一词而没有注意到当时"东突分子"分裂祖国的行径，从字面上容易被利用，这都是体育记者政治素养不高的表现。

1949年8月，日本人在全美游泳锦标赛上获得了1500米自由泳的第3名，日本的传媒立刻大做文章，《每日新闻》不仅在头版头条上发表消息，而且还配上社论，大张旗鼓地发了号外。为什么？处在美军占领下的日本，初登国际体育舞台，竟战胜了美国选手，这对激发日本人的民族自尊心无疑是一针兴奋剂。日本报纸正是从这个着眼点来处理这则体育新闻的。

可见，体育报道在某种意义上说，其实正是政治的一种特殊的延伸。因此，作为体育新闻工作者，必须把提高政治素质放在第一位，这不仅是马克思主义新闻观的重要内容，也是西方资本主义新闻观的主要理论。自从冷战结束后，和平、发展成为世界的主旋律，但"体育是和平时代的战争"这一比喻却丝毫没有改变。体育竞技场是各个国家和地区角逐对抗的最直接的表现场所，体育记者在报道体育赛事和活动的时候，如果不能保持清醒的政治头脑和具备高水平的政治素质，则无法适应复杂多变的国际形势和体育竞争，甚至会犯下严重的错误。

（二）坚持正确舆论导向是体育记者政治修养的核心内容

关于加强新闻舆论工作，坚持正确舆论导向，习近平总书记对此有过许多重要论述。2016年2月19日，习近平总书记在党的新闻舆论工作座谈会上强调，要加快培养造就一支政治坚定、业务精湛、作风优良、党和人民放心的新闻舆论工作队伍。新闻舆论工作者要增强政治家办报意识，在围绕中心、服务大局中找准坐标定位，牢记社会责任，不断解决好"为了谁、依靠谁、我是谁"这个根本问题。2016年11月7日，习近平总书记在会见中国记协第九届理事会全体代表和中国新闻奖、长江韬奋奖获奖者代表时强调，要坚持正确舆论导向，深入宣传党的理论和路线方针政策，深入宣传全国各族人民为实现"两个一百年"奋斗目标、实现中华民族伟大复兴中国梦进行的奋斗和取得的成就，弘扬主旋律，释放正能量，做引领时代的新闻工作者。习近平总书记还多次提到要做人民信赖的新闻工作者。党的十八大以来，习近平总书记多次看望慰问新闻工作者，通过座谈、发贺信等方式，勉励新闻工作者与党和人民同呼吸、与时代共进步。他强调，宣传思想干部要不断掌握新知识，熟悉新领域，开拓新视野，增强本领能力，加强调查研究，不断增强脚力、眼力、脑力、笔力，努力打造一支政治过硬、本领高强、求实创新、能打胜仗的宣传思想工作队伍。

体育记者不等于体育爱好者，作为代表一定意志的专业传播者，是信息的把关人，在动笔或动口之前必须考虑舆论导向这个问题。而导向又是一个全面的系统工程，它对人们的思想、意识、世界观会产生重大影响，决不能忽视。一个观点、一个口径甚至一段新闻的表述，一个故事的展现，都有一个要传递什么、要弘扬什么、要引领什么的大方向的问题。如果体育记者没有对国内外大势的把握，没有对社会主体意识的认知，没有对赛事进程的全面了解和判断，就很难透过赛事看世界，通过比赛折射社会百态、感悟人生哲理①。可见，坚持体育新闻报道的正确舆论导向是体育记者政治修养的核心内容。

1.与错误导向针锋相对，决不含糊

坚持体育新闻宣传的正确舆论导向，首先必须对错误舆论导向给予坚决、有力的回击。例如，在对亚特兰大奥运会开幕式上中国代表团入场的电视转播中，美国全国广播公司（NBC）电视台体育评论员科斯塔斯信口雌黄，诋毁中国及中国运动员有所谓的"人权""知识产权"和"兴奋剂"等方面的问题。我国新华社、《人民日报》《中国体育报》《解放日报》《文汇报》《新民晚报》等许多新闻媒体发表报道和评论，纷纷用事实予以驳斥，直至NBC电视台向公众道歉。这些文章构成了一种舆论"合力"，在敢于批评傲慢的美国人方面为世人树立了榜样。

"外媒借体育赛事抹黑中国"的情况已经屡见不鲜。2021年7月30日，《纽约时报》刊发题为《中国体育机器的唯一目标：不惜一切代价拿金牌》的文章，大肆抹黑中国健儿取得的成就。文章写道："中国体育界唯一的目标就是拿金牌、为国争光。"2021年7月24日，美国有线电视新闻网（CNN）以《奥运会的第一天从中国（获得）金牌和更多新冠病例中开始》为题，强行将"中国夺金"和"日本出现更多奥运相关人员确诊病例"两个独立事件缝合起来，试图误导读者。7月26日，CNN又刊发题为《随着奥运开始，中国民族主义情绪升温》的评论文章，将中国民众为奥运健儿加油鼓劲的爱国情怀污蔑为"高涨的民族主义"。《纽约时报》刊发文章，将涉疆谎言强行与北京冬奥会挂钩，煞有介事地讨论所谓"一场种族灭绝奥运会中的道德责任"。有关做法无视事实，违背《奥林匹克宪章》精神，也伤害了所有为北京冬奥会付出汗水和热情的人们。

不难看出，西方一些媒体的报道不仅展现了美国媒体的通病，还将美国盛行的"歇斯底里"体现得淋漓尽致。只要一涉及中国，美媒和政客们就开始"失去理智"，就会"失去安全感"，在贸易、科技、疫苗、体育等领域，不惜一切代价抹黑攻击中国所取得的成就。美国的歇斯底里源于他们害怕其他国家会超越自己，因为他们总想着要主宰世界，归根结底，这是霸权思维。

因此，在体育舆论面前，媒体要增强体育宣传的公信力，加强体育舆论监督，守望公平正义。作为体育新闻记者，要在体育宣传工作中坚持新闻真实、客观、公正的原则，坚决与错误舆论导向抗争到底。

2.对"热点"话题正确疏导，彰显人文关怀

在第16届法国世界杯足球赛亚洲十强赛期间，备受球迷关注的中国队赛前清醒、热身赛忘形、首战失利和接连兵败。于是抱怨、谩骂、谴责之声不绝于耳……就在球迷情绪浮动、少数球迷准备闹事时，中国体育记协负责的同志及时地、有针对性地、实事求是地再次强调应该如何看待中国足球，撰写了《给中国足球一个准确的定位》一文，引导和疏导情绪激动的球迷从狂热中冷静下来，承认落后、摆正位置、奋发图强、积极进取。事实证明，当时那种冷静客观的定位是正确的，引导是得当的。

---

① 宋澎.国内媒体北京奥运报道我见[J].新闻三昧，2008（08）：11-13.

请看雅虎体育有关姚明的报道：

姚明职业生涯到十字路口　美媒呼吁球迷降低期待

2010年7月23日　10:55　新闻来源：雅虎体育

雅虎体育讯 北京时间7月23日消息，姚明近日在接受《中国日报》采访时表示了对自己未来前途的不确定性，今天美国《体育新闻》就对姚明的访谈进行了解读，他们认为姚明的职业生涯处于最艰难的时期，即使复出也恐怕没有当年的威力了，球迷不要对姚明复出抱过大的期望。

姚明过去几年是NBA最受喜爱的球星之一，但是2009年他遭遇严重的伤病，上个赛季休战。对于一名大个球员来说，脚伤和背伤是最致命的，姚明虽然现在积极的复出，但他的职业生涯已经到了十字路口，很有可能因此而发生根本性的变化。

姚明是一个坦率的球员，在接受媒体采访时说："我不知道我能否在复出后重返巅峰状态。自从受伤后，我从未接受过真正的考验，打过真正的比赛，参加过正常的训练。所以，我无法回答，我是否找回之前最好的状态。"

从姚明的话中可以理解一些更深层的东西，我们明显会感到姚明对未来的担忧，他现在还没有完全的康复，即使下赛季复出，也要慢慢找比赛节奏，适应激烈的对抗。正因为如此，姚明自信心并不强，球迷应该降低对他的期待。

火箭队也深知这一点，因此今年夏天他们为什么要去追求波什或小斯，他们就希望除了姚明以外，还要有另外一名全明星球员，一旦姚明表现不好，就由他来领导火箭。

姚明并不是说害怕了，但是有一定的担忧，姚明也不知道自己职业生涯能打多久，是还能打第二个六年，或坚持几个赛季，他无法做出保证。姚明的未来并不明朗，这一切都要取决于他的健康，他的身体是否还能适应NBA的比赛，最好的情况是姚明回到巅峰状态，也有姚明只能担任角色球员的可能，正如他自己所说，回到球场以前，他无法预测未来。

（https：//sports.qq.com/a/20100723/000141.html）

姚明因在2009年受脚伤严重困扰已停赛一年，2010年7月，在姚明伤势恢复良好即将复出之前，无数粉丝对姚明复出后的场上表现充满期待。针对这一球迷关注和热炒的体育热点事件，美国《体育新闻》在报道中指出：姚明的职业生涯处于最艰难的时期，即使复出也恐怕没有当年的威力了，球迷不要对姚明复出抱过大的期望。美国媒体的报道对姚明复出事件进行了正确的引导和疏导，降低球迷期待，体现了温暖的人文关怀，也为姚明新赛季的比赛扫清了心理障碍，值得国内媒体学习。

（三）体育折射民生就是最大的政治

在体育新闻采访报道中"讲政治、顾大局"，就是要求体育记者有强烈的社会责任感和历史使命感，坚持正确的舆论导向，时刻以党和人民的利益为重。如果说体育活动是社会生活的一种活跃反映，那么体育活动最能反映的就是民生。体育活动是民生内容的重要组成部分，关注体育活动中折射出的民生动态、折射出的人民生活在某些细节上的变化，是能够以小见大反映出人民群众生活中的新动态、新发展。可见，体育折射民生就是最大的政治。

《今晚报》体育记者王耀铭曾在一次报告会上介绍他的一次采访体会，并强调了做体育新闻同样要讲政治的理念。

2004年，我曾经采写过一篇消息，刊发在《今晚报》的头版上。这条消息的主题是"经济景气球迷牛气"，引题是"泰达足球场外停了数千辆球迷私家车"，副题为"200辆候场大巴多空驶而归"。这篇消息采写于2004年4月25日。当时的背景是这样的。那一天是泰达足球场首次举办足球赛的日子。泰达足球场建在天津市的开发区，现在的滨海新区。在2004年的时候，连接开发区与市区的交通还不发达。在比赛开始前，主办方最担心的就是球迷在比赛结束后如何返回市区的问题。

毕竟，大家去看球的时候可以一早就从家里出发，时间上很充裕，心情也会很放松。但是当比赛结束后，天就黑了，有什么办法可以让三万多球迷及时、便捷地从开发区回到市区，这是一个很大的问题。在2004年4月25日这一天之前，天津市还没有在开发区搞过这样大规模的体育活动。当时的泰达足球场周围还很荒凉，没有公交车站，轻轨的载客能力也很有限。最后，几经研究，主办方花了10万块钱从公交公司租了200辆大巴车提前开到开发区，停在泰达足球场外，用来在比赛结束后运送球迷回市区。但事情的发展令主办方很震惊，因为近三万球迷几乎都是开着私家车从市区前往泰达足球场的。当时，足球场外的停车场上密密麻麻地停满了私家车，偌大的停车场甚至已经不够用了，很多车辆都只能停在路边。

比赛结束后，球迷都开着私家车回去了。主办方特意安排的200辆大巴车因为没有球迷乘坐，大多空驶回到了市区。当时在指挥室里，我身边的一位老交警看到这个景象也感到很震撼。他告诉我在天津干了这么多年的交警也从来没有看到过数千辆私家车停在一起的壮观场面。言者无意，听者有心。我觉得这件小事反映的是天津市经济实力飞速发展，百姓生活水平迅速提高的大主题。正是因为兜里有钱了，所以球迷才牛气了，能够开着私家车来到距市区几十公里远的开发区看球。

（https://media.sohu.com/20090428/n263674586.shtml）

这篇报道在《今晚报》刊发后，反响非常热烈，在全国晚报体育好新闻的评选中、在华北晚报好新闻的评选中也得了奖。这篇报道的成功之处就在于"既不轻飘飘，也不硬邦邦"。"不轻飘飘"是指这篇报道立意高，能够反映民生、民意、民情；"不硬邦邦"是指这篇报道的切入点巧妙，写法生动，因为就是报道发生在老百姓身边的事儿，所以百姓读者很爱看，很容易接受。记者将体育与民生紧密结合，透过一场普通的足球比赛，折射出天津市民改革开放后生活水平的提高，文章立意高远，贴近性强，其效果远远胜过一篇单纯的赛事报道或社会新闻的报道。因此说，体育新闻报道讲政治、讲求立意同样也可以让读者爱看，关键就是要看记者如何实践好"三贴近"的原则了。

可见，若想从讲政治、讲求立意的角度做好体育新闻报道，体育记者必须不断加强自身的政治修养，对党和政府现阶段的中心工作及中心精神有所了解与领悟。体育记者每天要看新闻联播来了解国家大事，要看一些党报的头版新闻了解时事和精神。因为只有平时关注这些内容，记者才能在体育新闻报道的关键时刻，或者说是关键节点，结合当前的形势高屋建瓴地作出有分量的体育新闻报道①。

奥运之父顾拜旦在奥运会创建之初，曾提出奥运会应该是纯业余的，要远离商业和政治。现在看来，顾拜旦的理想与愿望，在市场经济高度发达的今天，是很难行得通的。奥运会如果不顺应时代发展的潮流——与商业联姻，恐怕早就消亡了。同样，体育远离政治也不现实。现任国际奥委会主席罗格在2003年7月1日召开的国际奥委会第115次全会上说："年轻一代如今生活在一个并不安全的世界，而且面临着经济上的危机和艾滋病的危险。体育能给他们带来希望、骄傲和健康。体育能够重塑他们的身心，帮助他们融入社会。让我们为这一伟大的目标而共同努力。"这更是从政治的层面上为奥林匹克运动做了注脚②。而国家的"全民健身"计划和"奥运争光"计划是党中央对我国体育事业的两个重大决策，这些计划的落实与否，将直接关系到中华民族的整体素质和我国竞技体育水平的提高，也关系到国家的未来发展和国际威望。体育新闻工作者要一丝不苟地以科学发展观为统领，运用马克思主义的立场、观点和方法，把握正确导向，认真宣传和推进各项体育政策的贯彻落实，并积极引导群众投入健身洪流，讴歌体育战线的英雄业绩，表达体育运动的真、善、美，弘扬爱国主义、集体主义，从而推动我国体育事业的健康发展。

二、知识修养

社会上新事物、新问题层出不穷，事物在发展变化，记者必须不断更新自己的知识结构，才能应付复杂多变的新局面。作为体育记者，首先应是新闻人、媒体人，新闻专业知识和技能要非常精深。同时，对体育知识和技能也该有深入广泛的了解与把握。体育记者在今天的媒介融合时代，必须构建"双T型"叠加的知识结构，成为"专才"和"杂家"，才能较好地完成体育新闻报道任务。"双T型"叠加知识结构，即人文社会科学、自然科学知识的广博和新闻学专业知识的精深，加上体育科学知识的广博和体育专业知识、技能的精深③。

（一）体育记者知识的广博性

"双T型"叠加知识结构的双"T"的两个"一"，是指人文社会科学、自然科学知识的广博；体育科学知识的广博。

1.体育记者的文化修养

人文社会科学知识包括三个方面：一是与人交流的语言技巧和日常生活知识；二是

---

① 中国体育新闻工作者协会.做体育新闻同样要"讲政治"[DB/OL].https://media.sohu.com，（2009-04-28）.

② 梁韶辉.体育记者应具备的基本素养[M]//中国体育新闻工作者协会.体育记者谈体育新闻，北京：人民体育出版社，2005：411-417.

③ 李国民.构建体育新闻人才双T型知识结构[J].高师理科学刊，2009（06）：118-120.

文学修养；三是社会科学和科技百科知识。此外，记者还应该了解统计学、心理学、法学以及数、理、化、天、地、生等自然科学知识。以上各领域、各学科知识在此不再详细赘述。但上述所有知识体系（除自然科学外）都可以概括为一个大的领域，即文化领域。因此下面着重论述一下关于体育记者的文化修养问题。

什么是文化？笼统地说，文化是一种社会现象，是人们经过长期创造形成的产物。同时又是一种历史现象，是社会历史的积淀物。确切地说，文化是指一个国家或民族的历史、地理、风土人情、传统习俗、生活方式、文学艺术、行为规范、思维方式和价值观念等。

关于文化的分类，美国学者斯蒂恩教授（H.H.Stern）根据文化的结构和范畴把文化分为广义与狭义两种概念。广义的文化是指人类在社会历史发展过程中所创造的物质和精神财富的总和，它包括物质文化、制度文化和心理文化三个方面。物质文化是指人类创造的种种物质文明，包括交通工具、服饰、日常用品等，是一种可见的显性文化；制度文化和心理文化分别指生活制度、家庭制度、社会制度以及思维方式、宗教信仰、审美情趣，它们属于不可见的隐性文化，包括文学、哲学、政治等方面内容。狭义的文化是指人们普遍的社会习惯，如衣食住行、风俗习惯、生活方式、行为规范等。

由上可知，文化是一种社会现象，而记者主要的任务就是挖掘社会现象中那些有新闻价值的新闻事实的活动；文化又是一种历史现象，而记者的神圣职责之一就是记录不断变迁的社会历史进程。可见，记者的职业与文化有着千丝万缕的联系，因此，记者必须具有较高的文化修养。

体育记者的文化修养还体现在如何清楚地认识目前所处的时代，如何以精湛的技术、国际的视野、卓越的见识、包容的情怀和济世忧民的社会责任感与历史使命感，来传播体育事实，见证体育活动发展变迁的历史，并抒写历史。

首先，我们应清楚认识我们所处的时代。

当代中国正在创造人类历史上最大的经济奇迹——快中国。中国要用40年走完西方国家400年的发展道路。中国经济将在2020年，实现国民生产总值的"四个翻番"，这就是中国所处的时代。中国不仅自己保持着持续的经济高增长，而且带来了世界的变化，带来了世界产业结构的变化，人类历史上从来没有过的经济奇迹将在中国实现。但同时，这样的快速拉裂了中国的社会，绷紧了中国人的神经，也改变了中国人的心态。这是一个激动人心的时代，这是一个可以承载梦想的时代，这又是一个危机四伏的时代，理性在这个时代将接受挑战。正如狄更斯那段经典的阐述："这是一个最好的年代，也是一个最坏的年代，我们要上天堂，我们也要下地狱。"

在这样一个"快节奏、理性缺失"的时代，作为记录中国时代进程的记者更要无休止地提高自身能力，尽快地提升自己，拼速度，才能最终获得胜利。

其次，我们应清醒把握我国社会纷呈起伏的文化与思想思潮。

在我国经济高速发展的今天，虽然国家有了一定的经济基础，民众有了一定的内心需求，可以重新、理性地解释传统文化，可以理性地评判西方文化了，这使一种兼具东西、利于中国现代化发展的新文化有了诞生的可能。但是，这个过程中，无论是正在恢复的传统文化，还是正在被吸纳的西方文化，都相当脆弱，娱乐文化却显得异常强大。

如果直接过渡到娱乐文化，中国文化重建又将失败，那将是中国极大的悲哀①。

所以，这个时代存在巨大的"文化紧张"。正如尼尔·波兹曼《娱乐至死》中所论，从铅字时代被影像时代替代的那一刻起，思考就不再是一个必要的东西，娱乐开始抢走我们的大脑和时间。有两种方法可以让文化精神枯萎，一种是文化成为一个监狱，另一种是文化成为一场滑稽戏②。今天的传媒人和未来的传媒人要引以为戒。但不管怎样，希望我们能够做到：天下事难，以身任之！做好传媒要靠技术，要靠视野与见识，还要靠情怀与使命感。因此，作为一名新闻学专业的学生，不仅要学好学科知识，提升文化修养，努力兼收并蓄，还要善养浩然之气，这是做好传媒的基础和前提。

关于体育记者的文化素养问题，长期进行体育报道的资深体育记者在总结了自己长期的报道实践后，普遍认为："新闻事业的发展和读者需求的变化，对每一名体育新闻工作者提出了更高的要求。这其中牵涉到体育记者的素养这一问题，体育记者不但应当是体育的行家，而且还必须是体育之外的杂家，如此才能驾驭各种题材的采写，才能写出有权威性的体育报道，不如此，中国的体育报道就永远无法发达到世界水平。"老体育记者们还指出，体育记者与一般体育爱好者或球迷的最大不同，在于更有"文化"。体育报道不能老是就比赛谈比赛，不能老是几比几，而要有文化的底蕴和味道。一个有阅历、有知识、有思想、有能力的体育记者是能够左右逢源，并且独具慧眼、法眼，见人所未见、发人所未发。可见，一名现代体育记者不仅要具备专业的知识与技能，还要拥有宽广的文化知识，并在此基础上形成自己的报道特长。

而且，由于现代体育新闻报道已经拓展到与体育运动相关的文化、经济、司法、娱乐等各个方面，这就要求当代的体育记者不仅要掌握一般的新闻报道技能与体育知识，还要拥有全面而扎实的文化知识基础。例如，涉及体育司法案件的报道时，要求体育记者具备相应的法律知识；在报道大型赛事或职业运动俱乐部的商业运作或职业运动员转会事务时，要求体育记者具备有关的经济与商业知识；等等。另外，体育新闻报道的主要特点之一是其娱乐性与休闲性，因此要求记者的稿件写得生动、有趣、可读性强，这都要求体育记者必须具备足够的知识积累与深厚的文学基础。学者陈力丹就曾写道："大众传媒上的新闻是面向大众的，可是我们的经济新闻，特别是金融新闻，版面呆板，术语连篇的居多，只有专业人士和特别需要这类信息的受众才会接触，难有其他的接受者。"③

请看中国新闻奖获奖者、河南日报报业集团开封记者站站长童浩麟在采写经济新闻时的感悟：

经济新闻一个最主要的特征就是应当把最新、最有价值的动态信息报道出来。一篇好的经济报道，除了为读者提供有效信息之外，还应当生动、形象。通过恰当的方法巧用数据，使其代表的事物更加生动、形象、具体，使新闻报道所要表达的内容更加易懂。

① 蔡军剑.时代认识与价值认识——做好新闻工作的两个前提[M]//蔡军剑，张晋升.准记者培训教程，广州：南方日报出版社，2007：25-29.

② （美）尼尔·波兹曼.娱乐至死[M].章艳，译.桂林：广西师范大学出版社，2004：201.

③ 陈力丹.特约专稿——经济新闻记者知识结构亟待更新[J].青年记者，2005-4-5.

在经济报道中巧用数字，可以让读者一目了然，强化视觉冲击；可以帮助解释新闻中的名词、术语；可以作为背景材料，使新闻更具体、实在，增强新闻可信性和说服力。

2012年12月3日，河南日报刊登了我采写的一篇消息《火车站见证兰考经济变迁》。说到底，这是一篇反映县域经济的常规性报道。2012年，是焦裕禄同志到兰考工作50年。如何把50年间兰考人民"敢教日月换新天"的新闻事实表现出来？如果用工作成绩报道的思维采写，罗列成绩，那么，兰考50年的变化也就是一篇普普通通的经验性报道。

我想到了兰考火车站。这是一个极具典型意义的场景。"兰考火车站上，北风怒号，大雪纷飞。车站的屋檐下，挂着尺把长的冰柱。国家运送兰考灾民前往丰收地区的专车，正从这里飞驰而过。也还有一些灾民，穿着国家救济的棉衣，蜷曲在货车上，拥挤在候车室里……"这一幕，记录在穆青等写下的著名通讯《县委书记的榜样——焦裕禄》中。

在这篇全文894字的新闻采写中，我精心筛选出46处数字，通过以小见大的新闻角度，反映了我国新型城镇化进程的不断加快给百姓带来的巨大影响。在运用数字的过程中，我采取了换算法、对比法等方法，易于读者理解，同时增强报道的震撼力，鲜明地体现了兰考50年的变化。《火车站见证兰考经济变迁》这篇报道获得了2012年度中国新闻奖消息类一等奖。（中国记协）

（http://media.people.com.cn/GB/137800/370338/）

在采访报道时，记者要开启所有的感官，发现、记录、产出，随时上阵、随时在线。融媒体时代，更要充分发挥新媒体报道优势，握指成拳。

现代奥林匹克运动的创始人顾拜旦曾经指出，奥林匹克运动并非只是增强肌肉力量，它也是智力与艺术的展示。国际奥委会就一直十分重视举行"体育建筑、雕塑、绘画、文学和音乐作品的比赛"。前国际奥委会主席萨马兰奇就将奥林匹克运动与文化艺术的关系概括为"奥林匹克主义是体育运动与文化艺术的结合"。正因如此，作为加入WTO后新世纪的新型体育记者，具备深厚的文化素养，也是时代的需要。

1993年，北京申奥，最后以两票之差败给悉尼，成了不少中国人心中的结。自1993年申奥失利后，北京没有着急申办2004年奥运会，而是埋头苦干，发展经济。7年之后，中国的经济发展创造了持续增长的奇迹，国际地位空前提高，北京的城市面貌也日新月异地变化着。中国人在改革开放的大环境中，见识增长了，眼界开阔了，观念更新了，文明程度、环境保护都提到了很高的重视程度。于是，2001年中国人高举着"人文奥运、绿色奥运和科技奥运"的口号，昂首挺胸地到莫斯科去角逐2008年奥运会的主办权。2008年北京奥运会的开幕式，把中华民族几千年源远流长的人文历史演绎得如此完美、如此精彩，各媒体充分调动声、光、电等高科技手段作为布景，把黄河、万里长城、秦始皇兵马俑、陶瓷艺术、青花瓷造型、丝绸服饰、书法艺术和秦汉、唐、宋、明、清五朝的服饰，以及丝绸之路、郑和下西洋等能够尽显中国历史和传统文化的元素演绎得生动、精妙、豪迈，再一次向全世界铸就了属于中国的神话。作为记者，提高自身的文化素养显得尤为重要。在奥运报道中，不能把注意力全部集中在赛场上，对宏观环境的变化缺乏敏感、缺乏热情、缺乏责任感，而应以从容、大度、自信的心态，去报道人文現象中最本质的变化，并以此推动我国整个人文环境的建设。

而作为2022年北京冬季奥运会最精彩、最重要的组成部分，开闭幕式的简约之美、大气之风，更是给全世界留下了深刻印象。张艺谋导演团队用"一朵雪花"的故事，将中国式浪漫发挥到极致，每一个细节都彰显东方意韵。开闭幕式运用科技力量玩转中国浪漫，让全世界看懂中国文化，完美呈现奥运礼仪与中国新时代风范。北京冬奥会开闭幕式的创意设计让很多人喜欢，让全世界的人们都感受到了整个表演和仪式传递出来的浪漫、空灵和团结。第24届北京冬奥会开闭幕式被评为2021年国家十大IP之一。"国家IP"这个概念既代表了文化自信的中国，也代表了中国人民渴望美好，对未来充满希望的精神力量。

2.体育记者掌握日常生活知识的重要性

体育记者进行采访尤其是外出采访时，身在异国他乡，生活中的衣、食、住、行、通信等琐碎小事都将对采访工作产生影响。为了顺利完成采访报道任务，不要把衣、食、住、行、通信等看成等闲事。如宋澎在讲述他受《工人日报》的派遣，前往意大利采访都灵冬奥会的经历时说，几乎所有的大型综合性国际体育赛事都会选择在举办地的春、夏、秋三个季节举行，唯独冬奥会例外。以往到国外采访基本是一叠T恤加一件风雨衣、两条牛仔裤，足矣。但是冬奥会不行。这次去都灵，毛衣、毛裤、靴子、帽子、防寒服……光衣服就把行李箱撑得满满的，可都灵气候多变的早春，有几天白天的温度达到了零上十几度，记者们穿着防寒服热得不行，脱了又冷，赶起路来里面的衣服全湿了。上山采访雪上项目时或到了晚上，把所有衣服全穿上还是很冷。

因此，记者在外出采访前应了解当地的气候情况，为自己准备适量的衣服。在饮食方面，要适应当地的口味，而且很多记者每天补贴都不是很高，比如在采访奥运会时，许多记者都是从国内背去成箱成箱的方便面，一是节省时间，二是省钱，但吃久了也会吐的，因此可以多带点其他的方便食品或速食食品。住的问题也不是小问题。尤其奥运会期间，主办城市的房价都会大幅度提高。如都灵冬奥会开幕期间，宾馆一天房价290多欧元，最便宜的也要139欧元。按照国家的相关规定，到意大利出差的住宿标准是每天85欧元。因此许多记者在出发前，最好能联系其他媒体的几个朋友，合租一套便宜住宅，一要交通方便，离采访地点较近；二要安全，还有费用比较便宜。在出行方面，可以借助当地的公共交通网络，购买交通卡。通信在采访报道中也是个大问题。如记者在采访都灵冬奥会时，新闻中心虽然提供了无线上网的局域信号和拨号上网两套系统，但信号的稳定性不是太高，费用也不低。为了保证能够及时发稿，很多记者都买了无线和电话拨号两套上网卡。同时考虑到宾馆房间有没有宽带接口，还购买了电源转换插头、电话接线等以便上网。

再比如采访新闻发布会时，还应早点到会场，找个比较合适的位置，除了及时把电脑电源充好电，带好录音笔，以便能够插电源插头等，记者还应该掌握一些基础的维修电脑的知识，以便电脑出现病毒侵袭或者其他故障时，能够及时维修好。因为每到大赛，必须抢先发稿，争夺时效，如果电脑出现故障，就会在激烈竞争中败下阵来。可见，掌握必要的日常生活知识，对于记者顺利完成采访任务也是非常重要的，记者应该平时细心观察、体味和学习，以备不时之需。

（二）体育记者知识的精深性

体育记者知识的精深性，即双"T"的两个"丨"，一是指学好新闻学专业知识；二是熟练掌握体育专业知识，而且要达到两者的有机融合。

1.学好新闻学专业知识

新闻学专业知识包括两个方面：一方面是新闻学基础理论知识，如新闻传播史、新闻学概论、传播学、网络新闻学等课程。新闻基础理论从大的方面来说主要包括三个方面的内容，即新闻的基本理论及特性、新闻的体裁特点和新闻的发展方向。了解新闻的基本理论及特性，就会使自己的新闻采写活动更加目的明确；掌握了新闻的体裁及特点，就可以根据采访的实际情况，采取恰当的表现方式，更好地从事传播活动；研究新闻的发展方向，就能让自己的新闻采写活动更具时代特点[①]。另一方面是具有较强的新闻专业实践能力，即新闻采写评编制播、新闻摄影摄像、网络新闻编辑、网页制作、广告策划与设计等方面的专业实践能力，因为新闻学专业（体育新闻传播方向）作为一门实践性、应用性很强的专业，在学习过程中必须理论与实践相结合，但学好理论的目的还是为了指导实践，因此学习新闻学的落脚点还是学以致用，只有不断培养自己的实践和创新能力，才能把自己锻炼成社会急需的复合型及应用型人才。

综观目前国内的体育新闻传播教育，存在的最大问题就是过于重视课堂的理论教学，而忽视了实践环节在人才培养过程中的地位和作用。其次，人才培养与市场需求存在严重的偏差，新闻院校培养的毕业生媒体不需要，媒体需要的新闻院校培养不了。同时背离市场需求的教育模式增加了毕业生就业难度。很多学生只知道课本上的理论，不了解现实的媒体运作，体育新闻专业毕业生这种"飘"在天上的状况反映出教育和实践的脱节。实习、实践教学是巩固理论知识、提高动手能力、训练综合技能、拓宽知识视野和培养意志品格的有关教学活动，是新闻学专业重要的教学环节之一，是连接学校与社会的桥梁和纽带，是学生成长与成才所必须历练的过程。

在国外，新闻专业学生实践能力的培养大致有以下几种主要模式：美国新闻院校在学生培养过程中远离现实的纯学术性的问题。长期以来，美国最好的新闻学院与新闻媒体第一线专家的关系非常密切，就像医学院的教授与各大医院的专家们的关系那样重要。而日本的大学与报社携手办讲座培训记者，大学还引入实习课堂教育，从2000年起《朝日新闻》、电视台等新闻单位开始接收实习学生，并成为制度被确定下来。英国培养和训练从业人员的任务由那些拥有地方报纸的报业集团承担。

我国的高等院校新闻学专业可以借鉴和学习西方国家学生实践能力培养模式方面的先进经验，并与我国体育新闻专业学生实践能力培养的实际相结合，不断发现问题、解决矛盾、大胆创新、锐意改革，培养出越来越多的能够与社会和媒体相对接的应用型人才。

在我国，现在很多体育记者是由一些体育爱好者或体育专业人士转变而来，他们热爱体育，熟悉体育竞赛，但对于新闻理论却没有系统地学习。他们更多的是凭借自己主

---

① 中国体育新闻工作者协会.[M]//中国体育新闻工作者协会.体育记者谈体育新闻，北京：人民体育出版社，2005：411-417.

观上对于新闻的理解来从事体育新闻报道。不容否认，他们的加入在一定程度上使体育新闻报道呈现出万紫千红的局面，但这种局面也存在不足。因为，既然新闻是有规律的，我们就应该按照新闻的独特规律办事，才能少走弯路、少犯错误。同时，科技的进步，新媒体的不断涌现，大有取代传统媒体之势，也拓展了更多的就业空间，如现在的网络媒体就是一个很好的就业空间，将来的手机媒体也是记者施展才能的良好平台，未来媒体职业中，将会出现越来越多的网络写手、自由撰稿人、职业新闻线人、DV制片人、短信写手等新兴职业，这都为新闻学专业学生提供了大量的就业空间。但目前多数学生仅仅掌握了传统的体育新闻实践技能，对新科技、新设备、新媒介技术缺乏实际操作能力，这是许多新闻专业学生面临就业压力和职业困境的主要原因。

尤其现在正处于数字化、融媒体时代，给新闻从业者带来了严峻的考验和挑战。在人人皆有发布平台、人人皆能成为记者的时代，让自己拥有更强的专业能力，是融媒时代下体育新闻记者发展的题中应有之义。而专业能力的增强，既源于新闻一线的实践实练，也源于新闻知识的深刻剖析，通过高效高质的专业学习，激发专业热情，保持专业初心，坚持专业标准。

作为新闻工作者，必须掌握崭新的新闻宣传手段，提高信息传播的效率。要了解当今时代的媒介环境，清楚认识融媒体环境下体育新闻记者的职责和使命。磨炼"四力"本领，以担道义的铁肩、著文章的妙手，扎实有效地提升新闻传播力、引导力、影响力、公信力。

一起领略一下新华社新媒体体育记者的感悟：

融媒时代，体育报道可以这么"追光"

2021年1月28日 17:46 记者：王若辰

新华社北京1月28日电 （记者王若辰）1月28日，《新华每日电讯》刊载题为《融媒时代，体育报道可以这么"追光"——揭秘新华社体育部系列融媒报道〈追光〉》的报道。

不一样的融媒报道：从"三明治"到"佛跳墙"

据知名足球数据网站Squawka统计，C罗职业生涯进球数达到759个，超越球王贝利，与奥地利名宿约瑟夫·比坎并列足坛历史射手榜第一。

不过有个人可能心情比较复杂——那就是球王贝利。巴西老球王的社交媒体简介上写着"历史第一射手（1283球）"。这事到底老球王怎么想，咱也不知道，咱也不敢问。

——节选自《追光|C罗出的算术题——无解》

C罗和贝利，谁是足坛第一射手？一道加法题，因为统计方法的不同，还真就无解了。

这是一个很有趣的问题，但传统的体育报道很少以此作为选题。但它进入了2021年新华社体育新闻编辑部全新推出融媒栏目《追光》。只看标题，你也能感受到这个栏目的个性——《C罗出的算术题——无解》《薛定谔的东京奥运会》《2020翻篇！神秘"小红人"带你冲向2021》……

"融媒时代，体育报道要来点不一样的。"新华社体育新闻编辑部主任许基仁说，推动主力军全面挺进主战场，新华社的体育报道要更加面向网络、面向青年、面向国际。

制作一篇融媒报道需要几步？不同于给传统的文字报道配上几张图、插入一段视频的物理式三步走，《追光》栏目的报道从源头端策划开始就"融"字当头。选题要贴近受众、关注度高，采访素材要图片、视频并茂，文案写作风格、图片视频漫画表情包等等元素的运用要适应移动端阅读特征和年轻人阅读偏好……也就是说，不做简单的"三明治式"融媒报道，而要"烹制"各种"食材"融为一体，还能"引诱"受众"食欲"的"佛跳墙"。

栏目的融合也带来了才华的融合。"过去我们是靠融媒人才'单点突破''独木撑林'，现在要'集团作战''多木成林'。"许基仁说。《追光》栏目采用"工作室"机制，英雄不问出处，只要有兴趣，都可以参与其中。

"工作室给了我们很大的试错空间，让我们能畅快淋漓地开脑洞，充分挖掘自己的潜力。"年轻记者卢羽晨说，偶尔一些老同志会拿着报道来问年轻同志，这个"梗"是什么意思？

"不过很快，老同志玩'梗'会比我们还'666'。"卢羽晨说，"大概是因为体育人总是乐于拥抱新事物。"

《追光》怎么"追光"

"可以庆祝了，沙佩回到甲级了！"

经历空难、降级、主席去世……沙佩科恩斯的回归，完完全全依靠自己的力量。这支巴西南部的球队被人们记住，因为他们曾经遭受苦难：2016年11月28日，麦德林空难，71人遇难，6人幸存，全队都在飞机上的沙佩科恩斯仅有3名球员幸存……

然而2020赛季是更加艰苦的一年……

——节选自《追光|历经磨难，那支遭遇空难的球队浴火重生！》

《追光》，为什么是"追光"？

这基于编辑部对体育的理解。"体育不仅给人愉悦的享受、生活的激情，更多的是给人希望，能起到教育的功能。"新华社体育新闻编辑部副主任周杰说，"就像沙佩科恩斯队，历经重大挫折还能顽强站起来，重新生长。"

就像国际奥委会主席巴赫所说，在疫情肆虐、全球维艰的当下，奥运会就是"黑暗隧道尽头的一束光"。编辑部给这个崭新栏目起名字时，便想将体育的激情、生机和国社的社会责任感，融进一个"短小简练、有炫酷感、还不能俗"的词汇里。

"追光"，这个泛着理想的光芒的名字，无形中为栏目树立起高标杆。新华社体育新闻编辑部融发中心主任彭东笑称，自己现在的工作就是"寻找、等待与压力山大的循环播放"。

寻找大量的选题，筛选最好的选题，等待更好的选题，还要经常"拷问灵魂"：这篇报道追到"光"了吗？找到契合受众兴趣的"点"了吗？明天推送什么？还有多少"余粮"？

"压力很大，"彭东顿了一顿，深吸一口气，"又很有意思，觉得大家的辛勤付出很有价值。"

为与新媒体节奏相适应，《追光》栏目每日更新。不同于以往每逢重大事件、重要节点推出重磅融媒产品，《追光》致力于将融媒产品日常化。"这也形成一种倒逼，通过一个融媒栏目打造一支融媒队伍。"许基仁说，现在编辑部办公高效、专注度提高，干劲十足。"日更就是生产力！"

擅长画漫画的，善于"抖包袱"的，"网言网语"说得溜的……不拘一格"冒"人才。"这个栏目让我重新认识了很多同事，发现了他们放飞自我、多才多艺的一面。"彭东说。

体育+新闻，而非娱乐+八卦

有人要问了："和朋友运动一下，还能闹上法院？"

真的能。

假如你在运动中不小心误伤朋友，对方提出索赔，赔？还是不赔？

朝阳法院告诉你，不用赔！（看到"朝阳"二字，有没有虎躯一震？但是注意了，这里没有群众）

1月4日，备受关注的"民法典首案"开审，起因是74岁的原告与被告在某公园进行羽毛球3V3赛时，被击中右眼，致使右眼接近失明。原告诉至公堂，主张对方赔偿医疗费、护理费、住院伙食补助费等各项费用。

——节选自《追光|打球误伤球友，法院说了：不赔！》

聚焦民法典首案、昆明"运动门诊"、健身房"跑路"……打开新华社客户端《追光》栏目，你能看到体育界的大千世界，但也许看不到满屏的篮球明星、豪门球队、热门比赛。

"我们做的不是娱乐产品，而是新闻产品。我们也不提供八卦消息，'追光'不是'追星'。"许基仁定调鲜明。

既是新闻产品，就要传递信息，引导舆论，传播正确的价值观，提供专业解读。对媒体融合颇有研究的周杰认为，融媒时代新闻工作者的竞争力不在于特别会做动图、剪视频，还是在于专业优势，专业性带来权威性。

"新华社的体育报道具有专业深耕优势，专家型记者多，能够做出富有思想性和人文价值的报道。"周杰说，"内容的专业性和权威性，人有我优、人优我精、人精我活的自我突破，才能为国社的体育报道凿出'护城河'。"

国社招体育记者有什么要求？很重要的一点就是外语好，能胜任国际采访。遍布全球的分社，也赋予了新华社体育报道的国际化优势。巴西的足球、北欧的冰雪运动、日本的体操王子……海内外记者联动，天涯资讯若比邻。《追光》融媒报道带动了传统中英文报道质量的提升，对新华社体育新闻对外报道也起到补充作用。

"《追光》是开放的，不定位为人物报道，也不只是讲故事，它就是当天体育界的头条。"彭东说。

这不是编辑部的一厢情愿。在新华社客户端上，《追光》栏目几乎每篇报道的浏览量都超过100万，还多次"上热搜"。

"疫情没有荒废掉体育记者的事业"

牛年将至,任务繁重,中国体育将发扬"三牛"精神。

昆明市官渡区白汉场中心学校的体育教师毕首金,就是一个勤勤恳恳、为民服务的孺子牛。但在学生们眼中,和蔼可亲的毕老师更像是拥有"魔法口袋"的机器猫。

1984年,毕首金来到白汉场村执教。几个破损不堪的球拍,一个严重漏气的皮球……这所农村小学严重匮乏的体育器材,揪疼了他的心。很快,毕首金推出了第一款发明——板鞋。

用PVC管弯成呼啦圈,用小药瓶和麻线合成跳绳,用废篮球皮剪成围棋子……37年来,毕首金用神奇的双手制作体育器材100余种,总计11600多件。

——节选自《追光|中国体育人的2021》

2020年,突如其来的新冠疫情,似乎为国际体坛按下了暂停键,举世瞩目的东京奥运会被迫推迟,许多赛事也陷入停摆。体育界无新闻了吗?

体育新闻人可不同意。过去一年,赛事报道少了,但居家健身、体育科技、体育旅游、体育产业、体育教育、生态体育、体育法律法规等方面的报道渐入公众视野。"十四五"规划等国家战略、红头文件中也多有关于体育强国、健康中国、体教融合等方面的内容。

"过去我们报道的重点放在竞赛体育上,而实际上体育是很宽广的。疫情带来的暂停,给了我们时间思考、学习和调研。"周杰说,疫情是坏事,但也客观上促进了体育报道、体育新闻人才的全面发展。"不再只盯着赛事,记者的眼睛就能更多地看到:体育在基层,体育新闻在群众中。疫情没有荒废掉体育记者的事业。"

其实,越是艰难时刻,人们越需要体育,需要从体育中获得力量和慰藉。过去一年,卢羽晨感受到另一种忙碌。

"过去忙着搭乘各种交通工具赶往赛场,现在忙着记住一串串邀请码、进入在线'会场'。出差少了很多,过去收拾行李的时间,现在用来检查设备电量够不够。"卢羽晨说。

商业赛事快速复苏,风头正劲。中国首个UFC(综合格斗冠军赛)世界冠军张伟丽成了"出圈"明星,2020年3月8日成功卫冕金腰带后,她站在八角笼中央说:疫情是全人类的事,希望大家共同努力,战胜疫情。

充满科技范儿甚至未来感的体育

"冰丝带"全冰面面积近12000平方米,不仅大,而且有望成为"最快的冰",让冬奥健儿滑得飞起。

"最快的冰"背后,当然少不了"黑科技"的加持。

经过科技攻关,国家速滑馆不仅成为全球首个采用二氧化碳制冰的冬奥速度滑冰场馆,并且在两个最关键的设计方案——制冰系统的集成设计、冰板结构设计上取得实用新型专利,提出了这项技术的"中国方案"。

——节选自《追光|完工!它可能是冬奥史上"最快的冰"!——"你不知道的冬奥"之一》

"冰丝带""雪如意""冰玉环""冰雪走廊"……随着北京冬奥场馆、交通基建日益完工，这场中国人"家门口的冬奥会"脚步越走越近。

这是国际体坛盛事，也是体育新闻人的职业"高光时刻"。体育科技，就是一座报道富矿。

1月2日，国人还沉浸在元旦假期中，多名运动员在我国自主设计建设的国内首个HS140跳台训练场地上，顺利完成首跳。

这个首跳，是在我国首个自主设计的风洞实验室的科技保障支撑下完成的，这个风洞实验室能够用世界最先进的跳台滑雪训练方法，帮助运动员更精准地改进技术动作。

"体育运动充满科技范儿，甚至未来感。"许基仁说。

拿国家速滑馆"冰丝带"举例，它有一个漂亮流畅又不规则的外型，外观玻璃每一块都不一样，这就让施工异常复杂，不能拼错一块。

如何提高施工效率？给每块玻璃都贴上二维码，工人一扫二维码，就知道这块"拼图"应该放在哪里，十分"智慧"。

并且，"冰丝带"作为一个比赛场馆，不能遮挡观众席的视线，所以建成了一个2万平方米的无立柱空间，用钢量也仅为传统屋顶的四分之一。

这个偌大优美的建筑，就是力学之美、工艺之精的化身。

羽绒服如何既保暖又透气，还能防水防风？如何给滑雪板选蜡、打蜡？什么样的跑鞋能让你跑得更快更远？体育科技无处不在，这样的报道，就问你喜欢吗？

冬奥会时，新华社记者要带着滑雪板去采访

赛场上，她是帅气无敌的冠军——2019年澳新杯，夺冠；2020年冬青奥会，两金一银；2020年世界杯卡尔加里站，两金。

……

"我的职业生涯最大目标是冬奥冠军。"

"我热爱滑雪，我热爱胜利，但归根结底，我想最大的成就应该是能够影响激励更多的人。"

——节选自《追光|IOC也好奇，这个"别人家的孩子"》

前不久，国际奥委会官网专访了中国自由式滑雪运动员谷爱凌。

这位17岁的中美混血姑娘，也走进了《追光》栏目。

谷爱凌也许不知道，这几年，有一批新华社记者，也像她一样在练习滑雪。

为了备战冬奥会报道，新华社体育新闻编辑部从2018年起，专门举办培训班，训练体育记者滑雪。

"有些比赛在半山腰上，靠两条腿或者缆车会很被动。摄影记者要选择最佳拍摄点，更需要实现'位移自由'。"许基仁说，冬奥会时，新华社记者要带着滑雪板去采访。

2020年1月，冬青奥会在瑞士洛桑举办。编辑部派去很多记者做报道，这也成了新冠病毒大流行前编辑部参与的最后一场大型国际赛事采访。

这次报道，也是新闻国家队为冬奥会报道练兵。

"我们现在还培养记者做导演，拍专题片给大家看，还请大家多捧场。"彭东笑眼带光。

（https://www.sohu.com/a/447295953_267106）

媒体融合是国家战略，也是新华社体育部近些年来的工作重点。新华体育全媒工作室成立于2018年，截至2022年6月已生产了60多部视频，其中讲述7名中国运动员在疫情下冲刺东京奥运会故事的长纪录片《追光：东京之路》不但入围广州国际纪录片节长纪录片复评，还获得了米兰国际体育电影电视周主竞赛单元"奥林匹克精神与价值"提名奖和国际体育记者协会年度媒体奖。全媒体转型对长于文字报道的新华社记者、编辑而言很艰难，但又至关重要。在短视频"大行其道"的媒体环境中，长纪录片的分量、整体感是无法取代的，它能够客观真实地记录运动员的奋斗过程，具有震撼人心的力量。

2.熟练掌握体育专业知识

体育记者曾经的门槛很高。20世纪90年代初，中央电视台第一次招聘体育记者，要求大学本科学历，30岁以下，身高不低于1.75米。笔试包括体育知识、英语等五部分。其中，作文题目是用800字阐述北京申奥输给悉尼的真谛。1997年，《中国记者》杂志曾经发起了一份体育记者工作情况调查，邀请多家资深体育媒体人分析点评。其中很重要的一点，就是讲述一名优秀的体育记者应该具备怎样的能力和素质。

而在21世纪的新时代背景下，除了掌握一般记者必备的新闻业务知识与技能外，体育记者最重要的职业素质之一就是要具备各类体育运动知识及其他相关知识。体育运动的各种项目差别很大，不了解这些运动项目的特点与相关知识，就难以胜任体育新闻报道工作。例如，熟悉基本的体育理论、体育学科自身的特点和规律，各体育项目的竞赛规则、基本的技战术以及奥林匹克相关知识等；对某一项目的国内外优秀运动员以及教练员的社会经历、运动经历、身体素质、技术特点、心理素质、运动成绩和发展空间等情况都应了如指掌。而且所谓的体育专业知识，还会随着时代的进步而提高要求，在21世纪的国际体育新闻采访中，除要求记者对所有奥运会和部分非奥运会比赛项目，拥有丰富的专业知识外，而且还要对与体育运动相关、相联的新知识有所掌握和了解，像运动医学、运动生理学、运动解剖学、兴奋剂知识、生物科学、建筑流派、环保理论等，都要有所涉猎。

一些体育新闻工作者体育知识储备不足，导致报道失误，已屡见不鲜。如对第25届巴塞罗那奥运会的各个项目成绩预测，中国记者所做的赛前预测报道几乎全部失败，连体育记者自己都感到惊讶。这反映了有些体育新闻工作者对运动员、教练员的情况不熟悉，对运动项目、赛场情况不了解，使预测具有较大的盲目性。

体育专业知识欠缺，还会影响采访时的提问质量，造成采访局面尴尬，以致闹出很多笑话。

例如，在高尔夫JWC北京赛新闻发布会上，中国记者对25岁的冠军澳大利亚帅哥亚当·斯科特的提问大多与高尔夫球无关，诸多记者不停地问诸如"帅会不会给你压力？""退役后会不会当模特？进军娱乐圈？拍电影？"之类的问题。结果遭到海外媒体的鄙视，英国高尔夫记者彼得·迪克逊特意撰文在《泰晤士报》上嘲笑了中国高尔夫记者的职业素养，并摘选了中国记者问的部分问题，广而告之。有些错误更显出体育记者的无知。如蔡猛解说马术比赛的名言"马术比赛中，马不分公母，人不分男女，都在同一个场地、同一级别进行比赛"。女子25米运动手枪决赛，有个央视记者信口开河，说什么300发子弹打了298环①。在2020东京奥运会期间，某体育记者对铅球冠军巩立姣一段"什么时候做回女孩子"的采访引发观众不满，也暴露出当今体育记者专业素养的缺失。

8月1日，在2020东京奥运会女子铅球决赛中，作为奥运"四朝元老"的巩立姣在第六投以20米58的个人最好成绩获得冠军，这枚金牌同时也是中国代表团奥运会历史上首枚田赛金牌。

赛后某记者在 Mixed Zone（混合区）对巩立姣进行采访。在采访视频中，记者自述："无论是对她的教练还是巩立姣，我都说好好哭一场吧，这是我们女孩子最习惯或者说是最想表达我们情绪时候的一种释放……巩立姣留给我一种女汉子的印象，直到有一秒的突破……"

巩立姣："表面女汉子，其实我还是比较小女孩的。"

记者："那接下来对女孩子的人生有什么计划吗？"

巩立姣："女孩子的人生？"

记者补充说："因为你之前是女汉子为了铅球，接下来可以做自己了。"

巩立姣："看最后自己规划吧，如果要是说真要是不练的话可能就减肥，然后结婚生孩子吧，人生必经之路，对。"

随后，某记者对着镜头自述："当我的摄像机师傅问她说男朋友的事呢？她在那刹那间的微笑是带着害羞的。"

在记者表示完祝贺，巩立姣准备离场时，摄像机工作人员追问："你要是准备结婚生孩子，那你有什么想法吗？"

巩立姣迟疑后尴尬笑道："就这么一说，这个保密。"

摄像机工作人员继续问："那你想找个什么样的？"

巩立姣思考后说："阳光就行，是好人就行。"

记者："但是我觉得你和他掰腕子，他……"

"我不掰腕子，我很温柔的"巩立姣打断记者问题后，笑着回答。

（http://media-ethic.ccnu.edu.cn/info/1116/2832.html）

在巩立姣四战奥运会终于站上最高领奖台，并且突破中国铅球的历史的时候，某体育记者对她的关注点却放在其形象外表和结婚生子的计划上。体育新闻与一般新闻报道不同点就是要突出其体育的专业性，然而这一点并未在采访中体现出来。为什么巩立姣能在这次奥运会赛场取得如此优异的成绩，这比巩立姣的结婚生子等隐私信息更应受到关注。当观众希望通过现场采访了解奥运和运动员时，体育新闻记者便应该发挥其引导者的角色，这个导向从始至终都应该对准奥运所倡导的精神以及奥运本身。

美国《密尔沃斯》杂志著名记者罗伯特·韦尔斯曾说：如果记者知道什么是正确的提问，他就能在采访和竞争中百战不殆。可见，体育记者在采访过程中，必须与时俱进，不断提升自己的知识修养，将人文社会科学、自然科学、体育科学知识相互叠加，以达

---

① 陈明.体育报道如何备战08奥运会[J].青年记者，2006（08）：65.

到知识的广博性。同时，又要不断积累和学习新闻学专业和体育专业知识与技能，两者互相融合，融会贯通，以达到专业知识的精深性。

三、道德修养

什么是道德？道德通常是指人们的行为准则和行为规范的总和，它用来调整人与人之间、人与社会之间的关系。还有一种解释是："用善恶标准去评价，依靠社会舆论、内心信念和传统习惯来维持的一种社会现象。"马克思主义认为，道德属于上层建筑意识形态范畴，是由经济基础决定的，是随着经济基础的发展而发展的，反过来它对经济基础又具有极大的能动作用。道德包括社会道德、家庭道德、职业道德三部分。本文主要从职业道德范畴来讲述记者尤其是体育记者应具有的道德修养。

新闻职业道德是职业道德体系的重要组成部分。提升新闻职业道德水平，对履行党的新闻舆论工作的职责使命、建设高素质新闻队伍、培育和践行社会主义核心价值观、促进新闻事业健康发展有着重要现实意义。

中华全国新闻工作者协会（以下简称"中国记协"）作为党密切联系新闻界的桥梁纽带，一直认真落实党中央关于职业道德建设的方针政策，高度重视新闻工作者职业道德建设，将贯彻《中国新闻工作者职业道德准则》作为新闻战线砥砺道德实践、加强行业自律的重要抓手。

1986年，为贯彻落实党的十二届六中全会通过的《中共中央关于社会主义精神文明建设指导方针的决议》提出的"在我们社会的各行各业，都要大力加强职业道德建设"的重要要求，中国记协立即着手研究制定《中国新闻工作者职业道德准则》（以下简称《准则》）。著名新闻记者吴冷西、穆青、邵华泽、郭超人等当时都参与了《准则》的讨论制定工作。

1991年1月19日，《中国新闻工作者职业道德准则》在中国记协第四届理事会第一次全体会议上通过。这是新中国成立后第一个正式颁布的新闻工作者职业道德规范。主要内容有8项：全心全意为人民服务；以社会效益为最高准则；遵守法律和纪律；维护新闻的真实性；坚持客观公正的原则；保持廉洁奉公的作风；提倡团结协作精神；促进国际友好合作。

随着社会发展以及各种新情况、新问题的不断出现，原《准则》中的部分内容和表述方式已经不适应新闻界的现状与时代发展的要求，《准则》先后历经1994年、1997年、2009年、2019年四次修订。1994年和1997年在保持1991年《准则》总体内容与框架基础上，进行了两次小规模修订。1994版《准则》结合三年来新闻实践发展，增加"维护新闻工作者合法权益"内容。1997版《准则》修改"以社会效益为最高原则"为"坚持正确的舆论导向"，将"坚持客观公正的原则""促进国际友好合作"分别并入"维护新闻的真实性""发扬团结协作精神"中。

2009版《准则》在1997版基础上进行了较大调整，在规范新闻工作者行为方面更具体、更有操作性。如首次将"把人民群众作为报道主体和服务对象"写入《准则》，明确了新闻舆论工作的服务对象、报道主题和服务内容；深入阐释"坚持团结稳定鼓劲、正面宣传为主"，理顺了"正面宣传"与"舆论监督"之间的辩证统一关系；详细规定"新闻真实性原则"，有助于在实践操作层面抵制虚假失实新闻；丰富拓展"发扬优良作风"，有利于新闻工作者勤学习、多锻炼，更好地了解社情民意，成为新闻报道的行家里手；增加"坚持改革创新"，推动新闻工作者掌握互联网传播技术，提升新闻舆论工作传播力和影响力。

2019版《准则》共7条31款，相比2009版的7条28款，内容更加丰富、细化。

《准则》紧紧围绕贯彻落实习近平总书记对新闻舆论工作的最新指示要求，引导广大新闻工作者增强"四个意识"、坚定"四个自信"、做到"两个维护"。如在第一条增加"坚持用习近平新时代中国特色社会主义思想武装头脑""坚持以人民为中心""保持人民情怀"等表述。在相关部分增加"坚持正确政治方向、舆论导向、新闻志向、工作取向，不断增强脚力、眼力、脑力、笔力"表述。充分吸收党的十八大以来新闻舆论工作在实践方面取得的新经验新成果，适应全媒体时代新情况新变化新要求，体现对新媒体从业人员的规范引导。如强调"坚持网上网下'一个标准、一把尺子、一条底线'"；增加"强化互联网思维，顺应全媒体发展要求"的表述等。深入研究新闻界职业精神、职业道德等方面的新情况新问题，提出规范性要求，注意凸显《准则》发挥行业引领、行为规范方面的自律作用。如强调把真实作为新闻的生命；强调加强和改进舆论监督，激浊扬清、针砭时弊；强调尊重和保护新闻媒体作品版权，反对抄袭、剽窃；强调新闻采访要出示合法有效的新闻记者证等。

30多年来，《准则》在结构、表述、语言等方面发生了诸多变化，但贯穿于其中的主题主线始终未变。一是强调坚持正确政治方向这个根本要求。二是强调坚持以人民为中心这个根本立场。三是强调坚持新闻真实性这个基本原则。四是强调坚持与时俱进这个实践要求。五是强调遵纪守法这个工作底线。

新闻记者如何做到"让党放心，让人民满意"？首先是要对党的新闻事业无限忠诚。忠诚于党的新闻事业，除了必须具备一定的文化功底外，履行肩负的神圣职责，还必须具备优良的道德素养。

优良的道德素养是新闻记者自觉提高从业能力的重要保证，是促进新闻记者为党和人民的事业不断进取的内力支撑。道德作为调节人与人、人与社会、人与自然之间关系行为规范的总和，主要依靠社会舆论、传统习惯和内心信念来维持。具备优良道德素养的新闻记者，必然会通过正确的舆论引导，引领社会新风，促进社会和谐。

优良的道德素养不是与生俱来的，不仅需要新闻记者自觉磨砺、自我陶冶，更需要党组织的教育、培养和监督。

请看下面的报道：

女记者在场边和球员激烈互怼，被取消采访资格！网友态度为何大反转？

2022年1月12日 14:20　新闻来源：上观新闻 记者：姚勤毅

1月9日，CBA常规赛第20轮，北京首钢与浙江广厦的比赛在长春市体育馆进行。比赛还剩10分钟时，场上出现了混乱，一度被中断。

现场视频显示，一位坐在记者席的女性与北京首钢队两位球员发生争执，双方情绪都很激动，发生言语冲突。

据现场记者透露，该女性媒体人员公开大声"辱骂"北京首钢队球员，并因此和球员发生争执，这才导致了比赛的中断。在事件发生后，这名女子被现场工作人员请出了球场。

当晚，这名媒体人员在社交媒体上做出了五点声明：自己没有骂人；倡导文明比赛，规矩做人；自己不是没有道理更不是被驱逐；运动员在场上产生情绪请自己消化，不要迁怒于人；自己作为一名记者客观报道，没有做任何违反纪律违反规定的行为。

CBA发布公告：取消第二阶段采访资格

对于此事，1月10日，CBA发布《CBA联盟关于取消违规媒体人员常规赛第二阶段采访资格的函》表示，9日的比赛中，位于文字记者席第一排的媒体人员杨宝岩向场内参赛球员喊话，导致北京首钢队球员与其发生争执，经现场工作人员协调劝阻后该媒体人员被带离现场。

CBA表示，根据《2021—2022赛季中国男子篮球职业联赛官方手册》中《2021—2022赛季CBA联赛媒体服务工作规定》第一部分"媒体工作准则"中"二、媒体工作者守则"第（八）条之规定，该媒体人员杨宝岩的行为构成干扰比赛，影响赛事正常进行。

CBA表示，决定取消媒体人员杨宝岩2021—2022赛季CBA联赛常规赛第二阶段后续比赛的媒体采访资格，并责令其所属单位对其加强教育。

CBA联盟呼吁所有联赛参与人员恪守联赛相关管理制度，共同维护联赛良好秩序和形象。

（https：//www.163.com/dy/article/GTH3G63K055040N3.html）

上面这篇报道说明我国体育记者职业道德的缺失，这已是不争事实，而且诸如此类有违体育记者职业道德的事件，屡屡发生，因此，加强体育记者职业素养的培育势在必行。

新闻记者不应该是社会生活的旁观者，应该是社会生活的积极参与者。河南省委宣传部副部长张锐说："新时期的新闻工作者应始终把党和人民的利益放在首位，坚持以人为本，自觉担负起社会责任。"

结合当今时代体育记者工作实际以及《准则》指示精神，谈谈体育记者应该特别关注的职业道德问题。

（一）坚持体育新闻的真实性

1.真实是体育新闻的生命

真实是新闻的生命，事实是第一性的，是新闻存在的基本条件和本质特征，对新闻具有决定性的作用。新闻则是第二性的，是对客观事物的反映，是由事实所派生出来的，由事实所决定。坚持新闻真实性，就是实事求是，讲真话。但许多记者，由于思想作风不过硬、道德品质不高、自身素质低等原因，常常造成新闻失实，为世人所不齿，更是给自己和媒体带来较坏的影响。体育新闻更是假新闻的重灾区，尤其面临体育大赛的非常时期，体育假新闻充斥媒体的各大版面，造假手段也是五花八门，对社会、运动员以及我国体育事业良性发展带来的负面影响不言而喻。

忍无可忍！中国足协针对多个假新闻郑重辟谣

2022年4月6日　22:24　新闻来源：北青网　记者：肖赧

4月6日晚，针对互联网上传来的由部分自媒体炮制出的"足协高层人员变动"等虚假新闻，中国足协新闻发言人在接受媒体采访时，郑重辟谣。该发言人同时表示，目前中国足协各项工作正在有序开展过程中。

中国足协新闻发言人接受媒体采访时明确表示，"近期一些自媒体关于足协高层人员变动等传言，都是不实之词。"对于国足在卡塔尔世预赛12强赛的糟糕表现，该发言人表示，"国家队在世预赛上成绩不佳，表现不好，中国足协是首先要反思和总结的。但反思的同时，各项工作都在正常进行中，国家队建设并没有停滞。"

……

针对"海参广告"等涉及国足赞助商的不实传闻，该发言人表示："中国男女足各级国家队训练、参赛的经费来源，主要来自中国足协从市场赞助自筹。对于任何一支足球队，赞助商都非常重要。有多家知名企业长期以来都对'中国之队'进行了不遗余力的支持，晓芹海参也是'中国之队'的签约赞助商之一。作为对赞助商的回报，国家队队员适当配合参与赞助商宣传是合理的商业要求，这在世界足坛还有其他体育项目都很常见。"

（https://www.163.com/dy/article/H4A8I4O90514R9KQ.html）

事实上，正如中国足协新闻发言人所言，自从国足于2019年踏上卡塔尔世预赛征程开始，有关球队及中国足协的假新闻便此起彼伏，给球队世预赛备战与比赛乃至中国足球整体舆论环境带来一定的影响。比如，在此之前，互联网上就曾相继传出"国足上百人豪华旅行团""包酒店"等虚假传闻。中国足协新闻发言人对此回应称："一支征战大赛的球队到底有多少人，其实并不复杂。中国足协每次都会在官网公布各级国字号队伍集训名单，其中包括队员、教练组（主教练、助理教练、守门员教练、体能教练）、领队、队伍管理、队医、康复师、理疗师、新闻官、技术分析、翻译、装备管理、外事管理等。一个国际标准的足球队，教练和工作团队人数和队员人数相近是很正常的。今年3月份国足和U23国足一同前往西亚参赛，两支队伍所有人员加起来89人，加上随行的竞赛、防疫、后勤保障、外事和媒体等工作保障人员，总人数不到110人。"

通过以上报道我们必须清醒认识到，体育假新闻已经泛滥成灾，必须严格加以控制。但若想根除，首先要弄清楚体育假新闻的造假手段及其产生的根源。

2.体育假新闻产生的原因及根治方法

体育报道中的假新闻，如同体育比赛中或明或暗、或多或少存在的假球黑哨所造成的危害一样，正在败坏媒体的公正性、严肃性甚至党性。那么，为什么会出现那么多体育假新闻呢？主要原因有以下两个方面。

（1）利益驱动，包庇放纵，假新闻大行其道

人们很难理解，为何媒体一方面动辄用"黑哨""假球"的"独家新闻"批评赛场内外的种种不良运作，另一方面却又在自己的媒体上发表假新闻呢？利益驱动、片面利用社会影响来追求经营业绩是其主要原因。作为一家媒体，特别是媒体的管理者和经营者，若说他们受到西方资产阶级新闻观的影响，他们会振振有词地进行反驳，但事实是，他们不管新闻的真假和格调的高低，只要能吸引眼球，都可以上版面，不仅不对假新闻进行封杀，反而对假新闻制造者采取包庇放纵的态度。

前几年，在新闻界有一种"蹚地雷"之说，讲的是一家新办媒体要打开市场，必须要几位领导打头阵，用假新闻、打擦边球制造轰动效应，以抓住受众，待领导因此受到上级的批评而下台，媒体已达到自己想要的影响效果。另外，有的媒体为了扩大影响，创造效益，将"独家"作为考核记者的"标准"，这可难为了跑外勤的记者。在信息高度发达的今天，大凡热点新闻，哪里还有"独家"的空间。不得已，为了生存，也为了业绩，记者只能走抄袭和造假的路子。

（2）道德失衡，素质偏低，热衷独家新闻

专家在分析假新闻为何越打越多的原因时认为，记者缺乏调查研究的功力，对事实不核实，仅凭道听途说写新闻。这种说法仅对了一半，且多是表面原因。另一半或者说深层次的原因就是有些媒体的编辑和记者对"独家"的认识有误区。

当今办媒体做新闻，都懂得要关注社会难点和热点，用独家新闻来抢受众市场。这本来没有什么错，也是一家媒体是否具有影响力的评判标准。但问题是何为"独家"新闻？简单说来，就是别人没有采写到的新闻。就一个新闻事件或新闻人物而言，在信息高度发达的现代社会，不可能有真正的"独家"新闻，只有时效之分——电视台、通讯社和网站是分秒必争的。对于平面媒体而言，要做"独家"新闻，就必须做后续和深度的东西。比如说，你采访到了张三，他采访到了李四，虽然主题都集中在同一新闻事件，但各方有不同的反映和评论，这些都称得上独家新闻。而要做好这些独家的新闻，事先必须有周密的策划和扎实的采访。

但是，许多媒体片面地理解"独家"新闻，认为将新闻冠以"本报讯"和"本台消息"，就是"独家新闻"。殊不知，新闻天天有，就体育新闻而言，一天之内，全国乃至世界各地，不知有多少体育比赛，也不知道有多少热点。一家媒体，可能有多名得力的记者，又有不少的"线索"，但也难以做到报纸版面、电视台各时段、网站各栏目的新闻都是本媒体记者（或撰稿人）采集。至于采访奥运会、世界杯这样的比赛，很多家媒体只能派出一两名记者，又限于场次多、交通不便、语言不通等条件，他们想做出像模像样的独家新闻并非易事。

有的地方媒体记者孤身一人采访奥运会，领导交代他不仅要对运动会进行"全方位"报道，更要有"独家"新闻。像这样，就是这名记者不吃不喝，一天下来，也跑不了几个场馆，看不了几场比赛；如果坐守新闻中心，根据电视转播的实况来写稿子，且不说根本看不全同时进行的许多场比赛，就是一刻不停地埋头写作，一天也写不了多少个版面的稿子。但是，如果打开这几天的报纸，或者点击各网站的奥运专版，就会发现

满满几个奥运专版上的稿件，常常标的都是"本报特派记者"的名字。

新闻的权威性和真实性是媒体的生命线，是树立媒体信任度和形象的基本点。但不少媒体热衷"独家"性，却正好与回归权威性和真实性背道而驰，这是万万要不得的。

根治体育假新闻，必须完善法制，提高记者素质。2022年6月16日，美国知名报纸《今日美国报》承认该报一名记者存在严重的新闻造假行为。造假记者名为加布丽埃拉·米兰达，是该报的重点新闻记者。该报收到外部举报后对该名记者报道进行了核查，发现存在伪造当事者身份、编造受访者引语、受访者不存在等造假行为。该报已对23篇报道进行了撤稿处理，内容涉及乌克兰危机、东京奥运会、堕胎权等广泛领域。造假记者后从报社辞职。

2003年，《纽约时报》著名记者布莱尔被查出在大量独家新闻中捏造新闻事实。这一事件导致该报高层引咎辞职。2004年，《今日美国报》也曾发生新闻造假丑闻。当时，该报曾入围普利策奖的记者凯利因造假公开道歉并辞职。凯利是该报的国际新闻记者，曾报道海湾战争等重大国际新闻。

上述事件说明假新闻西方也有，而且是很不光彩的事情，一旦被曝光，造假者绝对不会逍遥法外。在中国治理假新闻，同样需要制约机制，让那些造假者受到惩处。在中国，不少人将根除假新闻寄托于新闻法。但是，法律只能对违法者起到震慑作用，就像目前市场管理中虽然各种法律和条例比较健全，但假冒伪劣产品却屡禁不止一样。就假新闻而言，因大众对它的危害认识不清而更难清除。

对待假新闻，人们有一种很奇特的心理，认为它无伤大雅，不像市场上的假冒伪劣产品直接危害人类的生活或生存。但是，假新闻就像一把杀人不见血的刀，对社会的危害比假冒伪劣产品还要严重，其一旦泛滥成灾，必定会对社会公信体系造成不可弥补的破坏，而这个体系一旦被破坏，社会就会陷入一种极度混乱的局面。因此，新闻打假必须唤起民众的觉醒，形成"老鼠过街，人人喊打"的局面，让那些造假的媒体无生存的空间。

根治体育假新闻，主要应从以下几方面入手：

首先，认真审视体育假新闻现象，必须从源头上解决问题。

除了新闻从业人员要认真学习马克思主义新闻观，加强自身的修养和自律外，还必须建立操作性强的、有章可循的惩戒机制或行业约束机制。谁制造了假新闻，就要让他在行业内失去诚信，丢掉饭碗。并且用曝光方式让制假者受到舆论法庭的审判，从而形成一种给予造假者、责任人舆论压力惩处的制度。这实际上就是假新闻的预警、惩戒机制，是悬在新闻工作者头上的"达摩克利斯剑"。这样才能真正堵住假新闻的源头，使新闻传播走上规范化轨道①。

其次，对年轻记者的职业培训必须提到议事日程上来。

随着中国体育事业的发展，中国体育新闻队伍也急剧壮大。一批又一批年轻记者的加入，改变了中国体育新闻队伍的结构，扩大了新闻的覆盖面，也大大丰富了体育新闻报道。但与此同时，新闻队伍的培训和教育却一直滞后。许多年轻人凭着感觉走上新闻工作岗位，要么按领导的指令进行工作，片面认为不需采访也能做好工作，久而久之形

① 赵庆.新闻的真实性原则岂容背弃——从"足球报事件"看体育假新闻现象[J].新闻记者,2004（03）：34-35.

成了"新"的工作方法；要么受西方新闻观的影响，盲目学习西方新闻记者的做法，用"狗仔"的方式，进行体育新闻跟踪采访。对这些记者而言，他们最需要接受新闻权威性和真实性的教育。可见，对体育新闻界年轻记者的培训和再教育势在必行。

再次，增强体育记者的社会责任感。

现在有些体育记者开始向娱乐记者的方向发展，为飨受众之口，以迎合低级趣味为能事，挖掘一些体育明星的飞短流长，制造各种小道消息，并冠以"消息灵通人士"的字眼。这就偏离了正常体育新闻报道的轨道，使自己进入了"狗仔队"的窠臼。中国的体育受众对于媒体一向是信任的，这就要求体育记者要对社会负责，清楚自己的报道对我国体育事业、对社会产生的影响。体育是当今人类不可或缺的活动，它对人类沟通、理解、挑战自我、维护和平、促进生理健康和道德水准都有着积极的意义。作为一名体育记者，如果抛弃了体育的这些主要层面，而片面地去追求所谓的明星效应和负面的与体育无关的内容，这不仅是对社会的一种伤害，而且也是对自己的不负责任。如《南方周末》曾指出其办报的底线：有可以不说的真话，但决不说假话。如果我们的体育媒体也能够像《南方周末》那样有自己坚守的底线，那么体育新闻打假也就更有希望。但从目前的情况看，要彻底根除体育假新闻，有许多工作要做，还有很长一段路要走。

（二）体育新闻采访权与"付费报道"

1.维护体育记者的采访权

采访权是指新闻记者在工作中享有的、在法律规定范围内不受限制地收集信息的权利。体育记者的职业之所以被社会承认，在于受众需要通过传媒满足自己了解各种体育信息的需要。因此，体育记者因服务于公民的言论自由和获知体育新闻的权利而拥有采访权。在这个意义上，体育记者的采访权是宪法规定的公民言论自由权的延伸。新闻舆论监督力度在逐渐加大的同时也面临复杂的环境。而有一些人，害怕群众知情，不愿让"丑事"昭之天下，便以粗暴方式，抗拒和干涉新闻记者的采访权。而体育记者在采访过程中，其采访权常常被一些采访对象和报道单位所侵犯。

如某场CBA半决赛中，体育馆的工作人员、保安与记者发生冲突，央视体育频道的两名篮球记者被打。社会要维护体育记者正当的采访权，事态严重时，体育记者必须通过法律手段解决各权力组织与媒体之间的纠纷。记者采访权并不是记者个人权利，也不单单是记者的职业权利，而是公民宪法权利的职业（专业）代理，是"人民当家作主"的体现，具体内容表现为公民知情权和政府信息披露义务。

《新闻记者证管理办法》规定："各级人民政府及其职能部门、工作人员应为合法的新闻采访活动提供必要的便利和保障。任何组织或者个人不得干扰、阻挠新闻机构及其新闻记者合法的采访活动。"[1]体育记者依法享有的人身权和采访权不容侵犯，对无理阻挠记者正常采访并殴打记者的暴力行径，必须予以强烈谴责。

2.谨防体育记者采访权的滥用

体育记者拥有采访权去获取体育信息，但由于缺乏法律和制度的规范，记者在行使

---

① 新闻记者证管理办法[EB/OL].http://www.gov.cn/gongbao/content/2010/content_1565495.ktml，2009-8-24.

采访权时问题颇多，有些体育新闻采访活动不合乎道德，还有的触犯了法律。目前，我国新闻媒体记者滥用采访权主要有有偿新闻、媒体暴力、媒介审判这三种表现。

（1）有偿新闻

有偿新闻，是新闻工作者采取不正当手段向被采访报道对象索取物质报酬的活动。有偿新闻还包括故意隐匿和扣押新闻的活动。其实质就是某些新闻从业人员将国家和社会赋予的新闻机构传播新闻的权利，作为个人和团体的私有商品非法出卖，权力和金钱进行了非法交易。有偿新闻是"拜金主义"在新闻领域的反映，是新闻界的不正之风，它的存在和蔓延是新闻行业的耻辱。

有偿新闻主要表现形态为：接受劳务费、误餐费等形式的红包、礼金、有价证券，获取各类消费、好处，以及可能会影响到公正采访和报道的礼品；以新闻为诱饵换取经营利益（如广告、发行）或赞助；以内参、曝光等为要挟，迫使对方提供钱、物等好处；利用发布新闻报道谋求外单位住房、房屋装修、制作家具、旅游邀请以及占用对方交通工具等。

在体育新闻报道中，上述现象也是屡屡发生，记者只有摒弃上述种种现象和行为，才能杜绝有偿新闻，保持新闻的真实客观性。当前，在体育新闻界，有偿新闻或新闻敲诈现象层出不穷，且有泛滥之势，必须明令禁止。在为球队冠名的体育事业越来越繁荣的今天，人们认识到体育赛事也是一个特别好的广告载体。一场关键的足球比赛会有几万名现场观众，电视台向全国现场直播比赛实况，甚至在亚洲其他一些国家也可以看到。比赛的第二天，几乎所有的综合、体育类报纸都要报道相关的比赛消息……这样的广告效应使很多企业争相为球队冠名，或买断球员胸前背后的广告。

在全国足球甲级比赛中，也出现过媒体加入其中的情况，如冠名一支媒体所在地的球队，也有的在球队的球衣上打出"某某报"的字样。这是一个需要谨慎对待的问题。媒体出于自身发展的需要，希望在体育比赛时与主场球迷亲密接触，并通过广告来赢得更多受众、扩大知名度，这似乎无可厚非，但也不排除媒体想通过此举与球队搞好关系的企图。即使媒体没有这样的企图，体育比赛，特别是足球比赛存在着对立的两支球队，在比赛结束之后，这个媒体该如何报道呢？是否因为与某一球队的特殊关系而使报道的客观性、公正性受到影响呢？几乎所有的体育记者都有朋友向他（或她）要免费球票的经历，体育记者能搞到球票，被人们认为是自然而然的事情。但是美国体育记者协会制定的体育新闻的道德准则中明令禁止体育记者向球队索要球票。美国体育记者协会也期望其成员不接受球队提供的免费球票，而报社则应为其所需球票付款。体育记者于工作之余观看比赛应自己买票进场，或由报社支付票款。球票虽小，但美国媒体普遍认为，会影响记者采访报道的客观性和公正性。实际上，体育记者得到免费球票只是所谓有偿新闻中的"小事"一桩。接受球队或竞赛组织部门及体育相关产品厂商提供的免费机票和住宿的行为，在中国的体育记者中也有出现，为比赛和其他事项做宣传的"红包新闻"并没有杜绝。

为了抵制有偿新闻，1993年中共中央宣传部、新闻出版总署在发布了《加强新闻队伍职业道德建设，禁止有偿新闻》的通知。1997年1月15日，中共中央宣传部、广播电影电视部、新闻出版署、中华全国新闻工作者协会联合下发《关于禁止有偿新闻的若干规定》（中宣发〔1997〕2号）。同时，《中国新闻工作者职业道德准则》也明确将有偿新闻列为违反职业道德的行为，规定"坚决反对和抵制各种有偿新闻和有偿不闻行为，不利用职业之便谋取不正当利益，不利用新闻报道发泄私愤，不以任何名义索取、接受采访报道对象或利害关系人的财物或其他利益，不向采访报道对象提出工作以外的要求"。新华社、人民日报社、中央广播电视总台等媒体切实落实禁止有偿新闻的若干规定，实行采编经营两分开举措，并公开举报渠道，旨在有效打击有偿新闻。体育新闻报道是新闻报道的重要组成部分，同样应该遵守公正、客观的原则，以维护体育媒体在公众面前的公信力。

（2）媒体暴力

媒体暴力是指媒体将自己的权利和职责凌驾于行政机关与职能部门之上，将新闻的权威性无限放大。现实生活中，一些人在遇到问题时不找政府、不找法院，而是找媒体、找记者，结果使久拖不决的问题得到迅速解决，这就进一步强化了媒体的权威性，也让某些媒体错误地认为自己是高高在上的，因此在报道中对采访对象和受众造成不应有的伤害或侵权。如利用自己的强势地位，以满足公民知情权、表现百姓现实生活原生态为名，强行闯入个体的私人空间，以公开个人隐私为主进行新闻采集与传播，或将体育明星的不雅照片不加遮掩地曝光，对体育明星的隐私恶意炒作、进行虚假宣传等。这都是媒体为了追求轰动效应、增加卖点，不顾社会责任，制造热点、炒作热点，给我国体育事业和运动员带来了不必要的伤害。

（3）媒介审判

有些体育记者在采访中始终没有对自己的角色进行准确定位，他们不是做独立、公正、超脱的旁观者，而是充当法官、裁判员甚至犯罪嫌疑人，存在严重错位、越位的现象。这种行为忽视了记者职业的定位，超出了媒体工作的范围，超越了体育新闻采访报道所应把握的"度"，属于滥用体育新闻的采访权。通常称之为"媒介审判"。

在体育新闻采写实践中，媒体越俎代庖，代替法院给嫌疑人定罪的情况非常普遍，如中国体育界近期的"反腐打黑事件"，许多媒体在报道过程中，就带有明显的"媒介审判"的意味。2010年9月20日中国新闻网一篇题为"×××问题比××严重得多，最多可被判死刑"的报道，从题目本身就直接给涉案者定罪。2010年8月13日《体坛周报》一篇题为"媒体曝××被查实受贿百万，×××涉案金额更多"报道中，指出"××被查实的受贿金额在100万元左右""×××操纵比赛和赌球的可能性不大，应该就是受贿"等报道中，直接代替司法机关充当了"媒介审判"的角色。在体育新闻采访中，记者的职责并没有改变，记者的角色只是体育新闻信息来源的代理人，而不是警察、法官，不能去办案、判案，更不能直接参与案件。办案、定罪、判罚是司法部门的事，体育新闻记者不能越俎代庖[①]。

体育媒体作为党和人民体育事业宣传的喉舌，在揭露体育司法腐败，维护体育司法公正方面，已发挥了许多积极作用。正是因为媒体作用巨大，才更加需要注意它的影响、责任和后果。体育记者需要多学法律知识，增强尊重司法、尊重公民权利的观念，正确

---

① 孙海平.新闻采访权滥用的现实表现[J].新闻爱好者，2010（05）：27-29.

行使采访权，避免搞"媒体审判"而妨碍司法审判，伤害我国的司法制度。

3.体育新闻的"付费采访报道"

随着新闻市场日趋激烈的竞争，一种带有新含义的"有偿新闻"频频出现——一些媒体通过花钱获取独家新闻采访垄断权，这种竞争手段在体育新闻采访中显得尤为突出。"付费采访报道"起源于20世纪90年代的日本媒体，日本体育记者由于在欧洲采访足球联赛时屡屡受阻，于是打出"付费采访报道"的旗号，这种做法在采访当红体育明星和娱乐明星时迅速铺开，被欧美形象地称为"支票簿"新闻。近年来，"付费报道"悄悄进入我国的媒体。如在2003年中巴之战后，里瓦尔多、小罗纳尔多、罗纳尔多三人接受广州某报专访，里瓦尔多和小罗纳尔多各收费2万元，罗纳尔多收费3万元。

有人认为"付费报道"不符合新闻理念，在中西方也都存在较大争议。但事实上，随着体育新闻竞争的日趋激烈，在国际上付费采访已经相当普遍。尤其是世界杯之类的体育新闻采访，买断某某"明星"球员的采访权是经常有的事情。每逢世界杯足球赛开赛之前，中国各家媒体之间会展开一场买断新闻来源的大战。媒体纷纷买断球员开专栏，或付费让球员只接受自己的采访，一些手机、网络等新媒体给球员开辟采访专线。这种付钱"封口"，搞新闻垄断的方式，引起了社会舆论的批评和争议。这是一个值得人们讨论的话题，即新闻是不是商品。中国人民大学舆论研究所所长喻国明认为，"国家队足球运动员在世界杯期间，代表的是国家利益，他们所占有的与比赛相关的信息内容属于公共资源，他们有义务向公众进行无偿披露。"媒体用金钱买断本应该向公众公开的信息，不仅违反了职业道德，也有损媒体的形象。《中国新闻工作者职业道德准则》中明确规定，新闻工作者要"坚持用习近平新时代中国特色社会主义思想武装头脑，深入学习宣传贯彻党的路线方针政策，积极宣传中央重大决策部署，及时传播国内外各领域的信息，满足人民群众日益增长的新闻信息需求，保证人民群众的知情权、参与权、表达权、监督权"，如果代表国家参加的重大的体育比赛的信息为一家媒体所垄断，侵害了公众的知情权，是十分危险的。体育新闻付费报道自出现之日起，便引起国内外新闻界的极大关注和质疑，未来发展事态如何，只能通过新闻立法和体育新闻实践不断加以完善。

（三）游走于道德与法律边缘的问题

在体育新闻采访报道中，有一些问题既涉及道德，又涉及法律，带有边缘性，必须慎重对待。

1.避免名誉权纠纷

随着我国传媒业的快速发展，传媒与社会的冲突日渐增多，"新闻官司"呈上升趋势。奥运会期间，由于报道对象多为备受瞩目的"公众人物"，因而很易引发新闻侵权事件。新闻侵害名誉权一直是一个最主要的新闻侵权形式，司法裁判结果往往以记者和媒体的败诉而告终。所谓新闻侵害名誉权是指用发表新闻的手段使公民或法人的名誉权受到伤害的行为。公民或法人的社会活动是新闻报道的主要内容，而名誉权与之密切相连，所以，体育媒体和记者稍有不慎，就有可能构成对公民或法人名誉权的伤害。

网易体育2022年5月21日报道：

根据天津市高级人民法院发布消息，日前，天津自贸区法院公开开庭审理了原告张常宁诉被告刘某网络侵权责任纠纷一案，依法判处被告刘某于判决生效之日起，连续90日在某自媒体账号置顶位置公开赔礼道歉，消除影响，同时赔偿精神损害赔偿金1元以示惩戒及其他合理支出。张常宁作为中国女排顶级主攻手，曾获得2016年里约奥运会金牌、世界杯冠军等多项荣誉，具有较高的社会知名度。

被告刘某在其自媒体账号直播时大肆发布针对原告张常宁的诽谤、侮辱性信息，引发大量网友进行转发截图评价，对原告进行恶评及贬损等。上述信息的发布严重扰乱了原告正常的工作、生活，被告的行为已严重侵害了原告的名誉权，原告为维护自身合法权益，特向法院提起诉讼。被告当庭表示，已认识到自己的不当行为，愿意诚恳道歉，并主动履行判决内容。

类似因报道引发的名誉权纠纷案例着实不少。2017年6月26日，今日头条刊载的《明星运动员特权？明知有伤却硬参赛，退赛炒作抢头条博同情》一文对某体坛明星进行了无情的批评与嘲讽。文中写道："……有着腰伤的病根，这是众所周知的，从里约奥运会之后，他就一直在康复，也断断续续地训练参赛，但更多的时间他都用于个人事务上，也就是所谓国乒提出的'三次创业'，频繁走穴商业活动、参加多个电视台的各档综艺节目录制以及晚会助阵。工作日程安排甚至比在国家队的训练比赛强度还大。"此文在互联网引起轩然大波。

体育记者应慎重行使自己的报道权，避免因此引起不必要的纠纷。我国民法通则第一百二十条规定：公民的姓名权、肖像权、名誉权、荣誉权受到侵害的，有权要求停止侵害、恢复名誉、消除影响、赔礼道歉，并可以要求赔偿损失。最高人民法院《关于审理名誉权案件若干问题的解释》（法释"1998"26号）关于"主动提供新闻材料，致使他人名誉受到损害的，应当认定为侵害他人名誉权"的规定，该负责人应承担名誉侵权的法律责任。

2. 合理使用肖像权

公民的肖像权同公民的名誉权一样，也是我国法律保护的公民的重要人格权。在奥运报道活动中，明星运动员的肖像权也是较易受到侵犯的公民民事权利之一。当然，由于在对运动员肖像权的法律认识上，体育媒体和记者有一个比较清晰的概念，因此，这种权利受到侵害的概率相应要小一些。

明星无疑为公众人物，公众人物也有人称之为公众形象，是指在社会生活中广为人知的社会成员，如著名歌星、影视明星、体育明星，社会公众人物主要指体育、影视明星等。社会公众人物也是民法规定的民事主体中的自然人，享有一般民事主体所享有的全部民事权利。但他们的知名度超过常人，或者承担的职责涉及公共利益或者国家利益，他们的行为关乎国家、社会的利益或者公众的知情权，因此，人们对他们的关注和观察就远远地超出对一般的自然人所关注的程度。在肖像权的保护中，社会公众人物的肖像权有时候也要受到一定的限制。例如，体育明星的肖像往往在新闻报道中被使用，这种使用具有新闻价值的人物的肖像的行为，是无须经过本人即体育明星的同意的。再者，为了社会公共利益而使用体育明星的肖像时，也无须经过其本人同意，因为在不损害个人利益的情况下，个人利益还是要让位于公共利益的，这也是作为公众人物所必须作出的牺牲。

所以，体育明星也应正确地认识自己的地位，在维护个人权益的同时，在特定条件下，权利也会有所限制。体育明星在维权路上也应摆正心态，不应认为所有未经其同意而使用其肖像权的行为都是侵权行为。

随着社会发展速度的加快，侵犯体育运动员肖像权的形式越来越多，体育运动员肖像权被侵犯的领域也越来越广泛。例如一些网站售卖的运动员签名照片，这些照片并没有授权，签名更是可以合成；从网站违法链接肖像下载，到某些企业擅自使用其肖像卖广告；等等。侵权形式的多样性加大了维权难度。

近年来不少有重大影响的新闻侵害肖像权的案件发生。如篮球运动员朱芳雨诉南宁市某床垫厂商侵权案，2014年7月24日在南宁市兴宁区法院一审判结，床垫厂被判赔偿朱芳雨14万元。2008年3月，南宁市某床垫厂与朱芳雨签订协议，约定朱芳雨出席该厂的开业5周年庆典活动，该厂支付7万元作为报酬。协议还约定：厂方可使用朱芳雨的签字、合影作为企业内部文化展示和宣传，但不得冠以"形象代言人"等名号。庆典活动结束后，床垫厂向朱芳雨支付了7万元报酬，随后将朱芳雨的签名、肖像及参加活动的合影，印制成宣传单和宣传画册放置于该厂所销售的床垫内及各销售网点，并制作成墙体广告。2011年，该床垫厂与南宁市某广告公司合作，制作了有朱芳雨形象的车椅头套广告，投放使用于广西某汽车运输集团有限公司所营运的快班车上。2014年1月，朱芳雨认为床垫厂违反双方签订的协议约定使用其肖像及签名，且与广告公司、汽车运输公司共同构成对原告肖像权、姓名权及名誉权的侵权，向南宁市兴宁区人民法院起诉，要求床垫厂支付违约金14万元并赔偿经济损失80万元、精神损害抚慰金5万元，立即停止侵害、消除影响，并在媒体上公开赔礼道歉，被告广告公司和运输公司对上述请求承担连带责任等。法院审理后认为，根据朱芳雨与床垫厂的协议约定，该厂有权使用朱芳雨参加其协议约定活动的合影、签名作为广告宣传使用，但应避免社会公众产生朱芳雨为床垫厂的企业进行代言宣传的误解，其宣传内容仅应表达为朱芳雨参加并出席床垫厂企业活动的范畴内。床垫厂在制作宣传单和墙体广告时，使用了朱芳雨的单独形象，并使用了朱芳雨签名用于制作宣传单、墙体广告和客车座椅枕头套，虽未明确将朱芳雨标注为其产品的形象代言人，但仍容易使社会公众形成朱芳雨为床垫厂产品代言的误解，违反了《协议书》的约定，已构成侵权。另外，广告公司及汽车运输公司分别作为客车座椅枕头套广告的广告经营者和广告发布者，在审查义务的履行上存在瑕疵，应当对侵犯朱芳雨的姓名权承担相应的责任。法院认为，床垫厂、广告公司及汽车运输公司的上述侵权行为，均未造成朱芳雨的名誉受损，故并不构成对朱芳雨的名誉侵权。据此，法院判决床垫厂赔偿朱芳雨14万元，并停止印制和对外宣传使用所有印制有朱芳雨单独肖像及单独签名的宣传用品；广告公司及运输公司各赔偿朱芳雨3万元，并停止使用所有印制有朱芳雨签名的快班车座椅枕头套；三家企业在广西壮族自治区省级以上报刊公开向朱芳雨赔礼道歉。朱芳雨的其他诉讼请求未获法院支持。

3.勿闯隐私禁区

体育明星的隐私是一些体育迷关注的热点。相当长时间内我们对隐私权的漠视，使得隐私权成了除名誉权外最容易受到新闻侵害的另一种人格权。新闻侵害隐私权是指在新闻作品中公开他人的隐私而使他人隐私权受到伤害的行为。涉及公民个人隐私的信息，越是客观、真实、全面，对公民隐私权的侵害就越严重。这是因为隐私权的一个显著特点就是隐私的主体希望隐私"不为人知"，而新闻报道的一个显著特点就是让信息"广为人知"，此间的反差往往构成了体育报道要求和运动员隐私权要求的严重冲突。如果媒体对运动员隐私加以报道，必然使运动员的隐私权受到严重的侵害。

在2020年东京奥运会中，由于女选手经常被有人刻意抓拍臀部和胸部特写，引发了选手们的强烈不满，日本奥委会决定与日本各体育协会和全国高校体育联盟合作，共同商讨研究防止受害的具体对策，而除了日本奥委会决心打击这种无耻行为，日本法务省也考虑将"偷拍罪"列入刑法。

我国法律中对隐私权的保护在相关的法律条文中得到体现。宪法第三十八条规定："中华人民共和国公民的人格尊严不受侵犯，禁止用任何方式对公民进行侮辱、诽谤和诬告陷害。"名誉权是指公民或法人保持并维护自己名誉的权利。它是人格权的一种。人的名誉是指具有人格尊严的名声，是人格的重要内容，受法律的保护。任何人对公民和法人的名誉不得损害。凡败坏他人名誉，损害他人形象的行为，都是对名誉权的侵犯，行为人应负法律责任。根据《中华人民共和国民法典》第一千零三十二条和第一千一百六十五条的规定，任何组织或者个人不得以刺探、侵扰、泄露、公开等方式侵害他人的隐私权，否则应当承担侵权责任。隐私是指自然人的私人生活安宁和不愿为他人知晓的私密空间、私密活动、私密信息。自然人享有隐私权。

体育明星作为"公众人物"，受到比普通人更多的关注是可以理解的，但是体育明星也是普通人，也理应享有自己的隐私空间。参与重大体育赛事报道的新闻工作者一定要清醒地认识这一点[①]。

4.禁止提前泄露体育赛事信息

在体育新闻采访报道领域，违反体育记者职业道德或侵权的行为还包括提前泄露体育赛事信息。在诸如奥运会等重大体育赛事报道中，有的记者为了争抢独家或单纯满足个别人的喜好，不惜违背职业规定，在赛前提前披露某队的排兵布阵或首发阵容的出场情况等重要的赛事信息，或某项重要体育活动之前主办方明令禁止需要记者保密的环节或内容，从而对体育比赛或体育活动的正常进行带来不必要的干扰或影响。记者及其媒体会因为提前泄露此类信息而导致与采访对象关系紧张僵化，轻者受到道德或良心的谴责，重者会触碰法律。

请看下面的案例：

泄密火炬点燃照片！这家外媒被平昌冬奥会封杀

2018年2月2日 10:49 新闻来源：中国青年报

1月28日，位于平昌的奥林匹克主体育场内进行了奥运圣火点燃仪式彩排。彩排期

---

① 李江，蔡明明.奥运会体育报道涉及的法律问题探讨[J].南京体育学院学报，2008（03）：12-13.

2008年韩国SBS偷拍北京奥运开幕式彩排节目截屏
图片来源:《中国青年报》

间，路透社记者将彩排时拍摄的照片发出，并随后出现在一些网站中。

关于奥运会的开幕式和闭幕式，奥组委对媒体报道有明确且严格的规定，以防止开幕前泄露任何细节。不管是记者还是当日编辑的失职，路透社的行为被认为是严重违反规定。尽管路透社很快撤销了照片，奥组委仍决定，将"不为路透社的记者发放开幕式的通行证"，并且，拍摄照片的记者将被剥夺报道奥运会的资格。

虽然照片被撤掉，神通广大的网友们还是找到了照片。还有网友表示，就算摄影师们没有了通行证，还是可以混进观众席进行拍摄。

奥运会前细节泄密这已不是第一次。2008年北京奥运会开幕10天前，韩国三大电视台之一的SBS电视台在其新闻节目中播出了一段长约两分钟的开幕式彩排，引起轩然大波。随后，北京奥林匹克转播有限公司对该电视台作出禁止采访彩排及报道开幕式的制裁。2012年的伦敦奥运会的彩排上，开幕式总导演亲自出面恳求观众"保密"，不要将任何一张相关照片上传至社交网络。然而彩排结束后不久，大量与之相关的照片及视频出现在网络中。

在对外发布的声明中，平昌奥组委表示，在国际奥组会的要求下，"违反开、闭幕式报道规定的媒体机构及记者，将会受到严厉的惩罚"。

上面援引的路透社发布平昌奥运会圣火火炬照片以及韩国SBS电视台提前播放北京奥运会开幕式现场彩排的新闻，都属于体育新闻领域的泄密行为，而且路透社记者被禁止出席开幕式，SBS电视台也受到BOB的"禁止采访北京奥运会彩排及开幕式"的严格制裁。可见，体育记者在采访过程中，也应以大局为重，加强职业道德素养，不要为逞一时之欢而作出有悖道德甚至触犯法律的行为。

简言之，广大体育新闻工作者，要认识到体育赛事报道的重要性，带着"法"眼投身到工作中去，辨清自己的权限、责任，规避可能出现的体育新闻侵权风险，力争为我国体育新闻事业创造良好的舆论环境。而且，在体育新闻报道中出现的职业道德问题，不仅仅是经济问题、管理问题和素质问题，还是观念问题，在体育新闻的采访中重视职业道德问题，将有助于维护行业的整体形象，促进我国体育事业和新闻事业的共同发展。

第二节 体育记者的个性素养

体育比赛具有竞争性、群众性、时效性、悬念性和国际性等特点，以及体育新闻发生的时间、环境、技术等规定性的特点，决定了体育新闻在采访写作上的特殊性，同时也决定了体育记者素质、知识等方面的特殊性。因此，与其他类型记者相比，体育记者需具有一些个性素养，以胜任体育新闻采访报道工作。

一、爱好即工作：体育迷+专业新闻人

人世间有一条成才之路，那就是对事业的痴迷之路。一个"痴"字，道出了人们成才的共同规律。正如一句古语所言：好之，不如痴之，不痴不能成才。世上各行各业的成功者，无一不是因为痴迷一辈子，把全部生命、全部精力倾注于事业上，最终取得巨大成功的。著名的围棋国手有一个共同体验，"我们终日生活在黑白世界里，只有不食人间烟火的棋手，才能在黑白世界里杀出一条新路"，这句话道出了因为痴狂才能成为真正棋手的真谛。

这种痴迷、痴狂的现象在新闻界也非常普遍。过去，我们讲到记者对新闻事业的追求，常常用"敬业""痴迷""热爱""执着"等字眼。要当好一名体育记者，除了基本的新闻素质外，最重要的是什么？许多资深的体育记者认为：做一名职业体育记者的首要前提，就是热爱体育事业，对体育运动具有浓厚的兴趣与爱好。体育记者应该是体育迷与专业新闻人士的完美结合。只有既热爱新闻事业，又热爱体育运动的人，才是从事体育新闻工作的上佳人选。只有这样的体育记者，才能在自己所从事的体育新闻报道中发现无穷乐趣，对工作和业务做到全身心投入。

张宏达是中央电视台体育频道记者，2016年里约奥运会开幕式单边出镜记者，曾以主力记者身份参与报道辽宁全运会、仁川亚运会、北京田径世锦赛，以及数届羽毛球单项世锦赛和团体赛。曾获评中央电视台先进个人、中央电视台编辑记者技能竞赛一等奖。

以下是他在清华校友会上分享的亲身经历。

央视体育记者张宏达：爱好成职业，从体育迷到奥运会

2017年6月14日 新闻来源：清华新闻与传播校友会

奥运会的"峰、谷"体验

作为体育人，奥运会是终极殿堂和梦想，体育记者同样如此。此前八年，有披星戴月，有通宵达旦，有灵光一闪，也有南墙之痛，带着种种经历沉淀下来的能量，我来到里约奥运会羽毛球赛场。

在里约，我印象最深的一幕是女单半决赛，中国选手李雪芮拼到极致，左膝前十字韧带全部撕裂，当时雪芮妈妈含泪凝望的眼神，队医目瞪口呆的表情……这一

张宏达采访NBA总裁萧华 图片来源：清华校友网

张宏达采访"飞人"博尔特 图片来源：清华校友网

切都被我们的单机画面定格，并呈现给观众，而且，还不止这些。通过重重公关努力，我们得以进入运动员热身区，独家拍摄了李雪芮场外紧急治疗画面，并从午后一直跟拍到入夜，完整呈现了李雪芮受伤后的亲情、队友情和团队凝聚力。奥运村大门口的出镜点评，既包含了对李雪芮的祝福，也肯定了其拼搏精神对于这项运动，对于整个团队，以及每一位观众的激励价值。专题《无需金牌的"卫冕冠军"》是对她这份精神的致敬。

爱好成职业　全能多面手

从小，我就是个体育迷，小学时代眼巴巴盼望每周看两场NBA录像，听各个电台的体育新闻播报，范志毅、郝海东、乔丹、科比……但没想过自己有一天会和他们产生交集。人生就是这么有趣，正如《阿甘正传》的台词，"人生就像一盒巧克力，你永远不知道下一颗是什么滋味。"

2016年6月，科比退役特别活动《布说再见》；2015年10月，乔丹来华访问深圳、上海两座城市，我都全程报道了他们的活动。我的一个朋友，为了远远看"乔帮主"一眼，清晨从北京飞上海，蹲守在活动现场对面二层的餐馆，只是远远望到乔丹下车步入会场的背影，随即又赶回北京，对于这种稍显疯狂的行为，他回应说，"看一眼，我就知足了。"或许，这就是体育的魅力。

由于自己在校期间曾经接受过系统的英文采编培训，入职后，虽不是天天跟国际新闻打交道，但BBC和CNN一直是"磨耳朵"的陪伴，来体育频道之初，就获得了更多涉外采访报道的机遇。当然，这些涉外"福利"的背后，是对人物和事件背景难以穷尽的挖掘，在现场孜孜以求的发现，以及后期技术精雕细琢的打磨。每次因公出国的机会，我都会被委派作为领队，协助团员在护照、签证、邀请信、派遣函、预算表等十几分英文报表中抽丝剥茧，并拟定和落实工作及生活的统筹规划。当下，我们团队正在走流程，申报8月下旬格拉斯哥羽毛球世锦赛的前期工作。

这是我来央视的第九个年头，跟奥运会每四年一周期相契合，我的央视履历也是如此：第一个四年，我是直播线上真金火炼的新闻编导；第二个四年，我是四处奔走独当一面的主力记者；眼下，第三个周期刚刚开启……

夯实基础，提升专业能力的同时，新周期，我积极开拓视野，期待下一次转型。

（https：//view.inews.qq.com/k/NEW2017061303060501?web_channel=wap&openApp=false）

体育记者张宏达将爱好作为职业的精神令人敬佩。"爱好即工作"也是许多体育记者的共同特点。体育记者首先应该是一个真正的体育迷。乐业是敬业的基础，敬业是成功的动力。唯有体育迷才能最贴近体育，唯有体育迷才能了解体育迷的喜好和所求，也唯有体育迷才能把体育新闻当作事业而不仅仅是谋生的手段。基于这样的理念，《体坛周报》在招募时有一条特别之处：体育记者、体育编辑可以没上过大学，也可以不是学新闻或者学文科的，但要求必须是一个真正的体育迷。其负责招聘的领导认为，只要是一个真正的球迷，还有一定的文字功底和想象力，就有可能在《体坛周报》找到发展空间。在这种观念的引导下，《体坛周报》的择人标准是：第一，必须要有10年以上的球迷史；第二，在招聘人才时只有一道考试题：20分钟内写出一个体育项目的40位国内外名人，其中名字在5个字以上的要求有4个。此外，要求写出10个AC米兰队员的名字，很多人考都不考就走了。《体坛周报》之所以能够在20世纪90年代短短的时间内崛起为中国发行量最大的体育专业报，与这一理念有直接的关系。

体育记者如果不能将自己的工作当成爱好全身心投入，势必会导致专业素养的缺失。在2020东京奥运会期间，某体育记者对铅球冠军巩立姣一段"什么时候做回女孩子"的采访引发观众不满，其在采访时难以触及体育新闻的核心事实，代入自己的主观偏见，挖掘运动员隐私，强化观众对女性的刻板印象，暴露出当今体育记者专业素养的缺失。

在巩立姣四战奥运会终于站上最高领奖台，并且突破中国铅球的历史的时候，某体育记者对她的关注点放在其形象外表和结婚生子的计划上。这其实暴露了体育新闻报道的共性问题：难以触及核心的体育新闻事实。体育新闻的新闻点和关注点与一般的新闻报道不同，这也意味着体育新闻具有极强的专业性。这种专业性在采访的过程中便表现为：体育记者更要充分了解现场和场外的体育迷以及普通群众的需求，对他们关注的问题甄选整合，并在采访中予以回应。而相比运动员的"择偶观"，大部分观众实际上想知道的是赛场上的情况，并且不仅局限于电视转播中可以一览无余的"是什么"，他们更关注"为什么"。为什么巩立姣能在这次奥运会赛场取得如此优异的成绩，这比巩立姣的结婚生子等隐私信息更应受到关注。某体育记者对巩立姣的提问是融入了个人的预设和主观偏见，即女性的刻板印象。女性不应该是女汉子的形象，女性应该"做自己"，考虑择偶结婚生子等问题。记者的采访策略最大的问题不在于诱导，而是没有触及体育新闻的核心事实，反而追问八卦类的娱乐问题。当观众通过现场采访了解奥运和运动员时，体育新闻记者便应该发挥其引导者的角色，这个导向从始至终都应该对准奥运所倡导的精神以及奥运本身。

2020年东京奥运会期间，某体育节目主持人也被推向风口浪尖。2021年7月31日，卢云秀夺得东京奥运会帆船女子帆板RS：X级金牌，这是中国女子帆板队在2008年北京奥运会取得1枚金牌后，时隔13年又获得1枚金牌。8月1日，在CCTV SPORTS《体坛英豪–卢云秀 毕焜》22分36秒的专访节目中，主持人调侃卢云秀（福建漳州人）的普通话，让她用闽南语唱歌，在卢云秀犹豫的情况下，该主持人紧接着说："一定可以的，永载史册，这一唱永载史册，你想，你的帆船才有多少人看，你这个访谈有一千万人看，用你的歌声。"在主持人鼓励下，卢云秀腼腆地唱了《爱拼才会赢》的片段。节目播出后，主持人的不当言论引发网友的不满。

体育节目主持人的不当言行是为了得到好的节目效果，从他提出的问题能够看出他的最初预设：冷门项目没人看，观众爱看娱乐性的东西。主持人将做电视节目的逻辑放入采访问题的设计之中，设定好框架和情绪，对被采访的运动员进行着引导，试图通过一系列的话语策略，挖掘运动员背后更多的所谓"故事"。但是采访不同于主持，更不同于节目制作。新闻采访要求记者与被采访者之间是平等的关系，记者要做的是通过采访打破种种"刻板印象"，而不是强化观众常见的"刻板印象"，更不能随意脱离体育核心事实，去随意挖掘运动员个人的隐私问题。

上述案例都表明，体育记者在采访时缺乏专业理性，暴露出体育新闻工作者专业素养缺失的问题。体育新闻工作者对被采访者的提问应该建立在双方平等对话的基础上，不能代入个人偏见进行诱导，不能脱离体育新闻的核心事实，不能过分追求娱乐化效果，漠视人的感受，更不能侵犯运动员隐私。

体育记者应该是体育迷+专业新闻人的完美结合，两个要素缺一不可。体育新闻报道中体育记者所承担的任务是将赛场的信息传达给社会公众。从新闻报道的工作本质而言，体育记者是一名新闻人，首先要具备新闻素养。而体育记者在新闻报道的具体环节中的行为无不与体育运动息息相关，体育专业素养也同样重要。

因为足够热爱，所以心中有所畏惧。优秀的体育记者会把热爱变成工作，充满敬畏、充满激情地将工作做好，避免专业素养缺失的窘境。

克雷格·赛格在《活出精彩》中写了这么一段话："问一问我相识多年的朋友们或者家人，他们个个都会告诉你，65岁的我和15岁的我没什么两样。同样的气魄，同样的干劲，同样的癫狂，同样的决断。"这段话，是克雷格·赛格对自己人生最好的总结。人们常说，热爱是最好的老师，热爱也是一个取得成功的法宝之一。克雷格·赛格用自己的人生故事生动地诠释了这一点。

正是对体育的热爱，才让克雷格·赛格选择体育记者，作为自己的职业，并长年累月活跃在全美各地的赛场上，孜孜不倦地为受众传播赛事，用自己充满激情与感染力的肢体、服饰、语言，把体育的魅力洒向四面八方；正是对体育的热爱，克雷格·赛格在身患绝症之后，不相信只有3—6个月的生命周期，顽强地与癌症抗争，在经过一系列的化疗、干细胞移植以后，再一次重返赛场，带给人们意外的惊喜。克雷格·赛格用行动证明：勇敢与无畏，不但可以延长一个人的生命长度，更能够增加一个人的生命厚度，让人生绽放出更加耀眼夺目的光彩。

请看下面的案例：

从体育粉到体育记者，坚持12年的她诠释着真正的热爱

2018年7月2日 18:32 来源：广州城足球俱乐部 记者：陈新进

她从事体育新闻报道工作12年，几乎报道过所有的体育项目，见证了富力俱乐部的成长，也感受了十余年来体育的变化。这个行业人来人往，她一直都在坚守着自己的新闻理想。她是体育记者邹甜。

从体育粉到体育记者，坚持终获回报

2002年，邹甜刚步入大学，彼时的她还是一个在电视机前为中国队加油的小女孩。邹甜回忆道，"当年中国队打进了韩日世界杯，白金一代的国奥队在世青赛的表现也很好。当时我跟着同学一起看中国队比赛，特别喜欢这些球员和比赛的氛围。"

和大多数体育行业的工作者一样，邹甜也是因为先喜欢体育明星，然后慢慢开始接触体育行业。

大学期间，非体育院校出身的邹甜努力争取到了《中国青年报》的实习机会。毕业后，邹甜进入《华夏时报》成为了一名体育记者，随后也在《成都商报》（北京分部）担任了体育记者一职。

就这样，邹甜与体育结下了不解之缘。对于现在的她来说，这份工作已经不再是对球员的崇拜，更多的是一名体育记者对新闻理想的坚守。

几年之后，邹甜回到家乡广东省，成为广州日报报业集团旗下《信息时报》的一名体育记者。在这个岗位上她一待就待了10年，足球、游泳、田径、排球、马拉松等，几乎所有的体育项目她都曾参与报道过。

"体育改变了我"

如今的邹甜不仅仅是一名体育记者，更是一名运动爱好者。常年报道体育的邹甜坦言，体育的确给自己带来了很大的改变。

她说："以前比较懒，不太爱运动，但我现在已经开始跑马拉松了，这是我从来都没有想到过的事情。"

这让她的朋友都觉得不可思议，大家都说如果邹甜可以他们也可以，不少朋友在她的影响下也成为马拉松队伍中的一员。

而以前非常怕水的邹甜在多次参与游泳赛事报道以后，也不再排斥了。现在她已经学会游泳，这就是体育所带来的惊喜变化。

说到这里，邹甜还告诉我们，虽然有的运动员看起来很高冷，但在认真了解和沟通以后，他们也会鼓励她。

她说："刚开始跑马拉松的时候很害怕，身边很多人在超越我，就有认识的教练告诉我，'按自己的节奏去跑，不要管别人怎么说，虽然很多人会超越你，但同时你也会超越很多人，人生也一样，按照自己的想法去活就好'。"

或许这就是体育的魅力，不仅能让人变得更好，还能从中收获温暖和鼓励。

（https://www.toutiao.com/article/6573565801889006087/）

邹甜的从业经历，很好地诠释了"体育迷+专业新闻人"的成长历程。体育记者只有将热爱与专业做到极致才能为受众传达专业的体育知识以及体育精神，否则只会进入过度娱乐化甚至媚俗的怪圈。"体育迷"与"专业新闻人"两种角色的完美融合才是体育记者应该致力追求的。体育记者只有把爱好当成工作，心中才有敬畏，才能将体育精神深植于每一个人心中。

对体育记者而言，这份对职业的热爱具体来说又是什么呢？是按时去报道每一次训练、每一场比赛的态度，是精心准备每一次采访、认真写好每一篇稿件的责任心，这是一种对记者本职工作的热爱，也是媒体人最基本的职责和操守。有了这份热爱，你才会常年如一日，认真负责地完成训练和比赛的报道，你才会时刻保持热情，主动去探索和学习你还不了解的业内动态，才会对那些未知的领域充满好奇。

二、火热的激情：贵族的修养+狼的本性+坚持不懈

"要么不做，要么就做到完美"，鲁豫坦言自己是个完美主义者，哪怕日常煮粥也当作艺术。看看她的煮粥影像回放：在一个白色绘着浅蓝色的水花的精美搪瓷锅里，盛着晶莹饱满的大米和清澈的水，温暖的火苗在锅底轻轻地跳跃着，那是一幅多美的画面。沉浸在美妙的想象中，鲁豫自己也成了画中人。

鲁豫把自己与采访对象的交流比喻成一场"恋爱"，着实新鲜。鲁豫说，她曾经在伊拉克就"恋"上了萨达姆。为了打动伊拉克前新闻官穆罕默德，她掏出所有的家当，给人家算账："你看，我这里有500美金，还有1000港币，4张旅行支票等于2000美金，这张VISA卡信用额度是16万港币，运通卡可以透支10万港币，我只有这么多，其余的我回香港后再邮寄给你，怎么样？"结果当然是遗憾地离开伊拉克，但这样的"钉子"精神，开出"意料之外"的花朵，在美国通缉伊拉克前高官的扑克牌出来前的几周，鲁豫终于在荷枪实弹的武装战士的戒备下，进入伊拉克副总统府，采访到伊拉克当时的2号人物——前副总统拉马丹。

"享受时我很快乐，工作中其实我也很快乐。"鲁豫说[①]。鲁豫的成功，就在于她对事业的激情与全身心地投入。

做好体育记者，同样需要激情和坚持不懈的努力。体育记者在重大赛事采访的时候，睡觉时间可能一天就是三四个小时，而且要坚持十几天，对身体的要求很高。而且体育新闻报道与其他新闻还有明显区别，多为赛事报道，它更强调的是现场、是感染力，因此更需要记者在享受体育比赛的同时把最精彩的赛事还原并传递给每一个体育爱好者。李希光曾经说过：记者最重要的素质是激情，做一个好的媒介从业人员，他应该具有的最基础的，而且最重要的素质是"激情"！我认为没有一个职业比记者更伟大，他是站在一个道德的最高地，记者没有自己的私利，他是站在公众的立场上的，代表老百姓和公众，因此要投入100%的激情，记者对自己的工作都要投入激情[②]。可见，没有激情是无

① 周洁.凤凰奥普拉[J].采写编，2008（01）：40-41.

② 一位颠覆式新闻教育者谈话录——访清华大学新闻与传播学院副院长李希光[EB/OL].http: www.peopledaily.com.cn.（2003-06-24）.

法写出精彩纷呈、感染受众的体育新闻报道来的。做新闻，就需要有这种与自己的受众同甘苦、共命运的热情，需要凭借这种热情不畏艰险、不惮前驱。当然，做新闻光有热情是不够的，但没有热情则是很难做出好新闻的。

"报道体育新闻很简单，你只要把血管割开，让血流到稿纸上就行了"，一名从事体育报道的记者说，体育新闻记者是世界上最快乐的职业。体育新闻记者勇敢果断、机智过人，并且有机会把自身爱好和专业素养结合起来，把对体育的热情化作激扬文字或惊人妙语，成为激烈赛场外另一点闪烁的光芒。体育新闻是"速度"的最佳体现。不管是赛场上的竞争，还是赛场下的媒体较量，体育新闻在中国成了一个"年轻人的世界"，因为体育新闻记者需要和运动员一样的速度去关注赛事，采访并发表新闻报道。对于老将来讲，由于身体因素所以会越发地感到工作困难。我国体育媒体不同于美国等西方国家，体育新闻记者的年龄和经历不能成为他们沉淀的资历，反而成为落伍的象征。而在西方，年龄大竟然是优势，它是阅历、是积累、是无可替代的财富。

请看下面案例：

马洪文动人事迹：他用满腔激情为青岛体育呐喊

2016年11月11日　新闻来源：《青岛早报》　记者：刘世杰　赵建鹏

近两天早报连续刊发了青岛早报体育部主任马洪文的先进事迹，他采写体育新闻的执着和对岛城体育事业的热爱令人感动，尤其是媒体同行和体育从业者都十分认可马洪文对岛城体育做出的独特贡献。

光明日报记者　刘艳杰
他是所有同行学习的榜样

"我和马洪文主任并不认识，但是之前也听说过他的感人故事。"光明日报记者刘艳杰表示，作为一个媒体同行，她非常敬佩马洪文的敬业精神。

刘艳杰说，马洪文的敬业精神、奉献精神和社会责任感，是我们所有的同行学习的榜样。"11月8日，我们刚过完第17个记者节，那天我看了一篇文章，题目是《记者节但愿你心有所持温和坚定》。"刘艳杰说，她所理解的记者，就是无论所处是顺境还是逆境，都应该坚持这种职业的理想和信念，坚守职业的使命和担当，在新闻舆论战线上，或者说是在中华民族伟大复兴的征程上，与党和人民共呼吸，与时代共进步，做党和人民信赖的新闻工作者。

青岛电视台《体育风》栏目制片人　陈欣
我们要继续他未完的事业

"马老师绝对算是媒体体育圈里的领军人物，是个很有责任感、使命感，同时也是很有头脑的人。"青岛电视台《体育风》栏目制片人陈欣说起马洪文，言语中流露出敬佩与不舍。陈欣2007年进入青岛电视台，开始从事体育新闻采访报道，很快就和体育圈

"人人皆知"的老马相识。在奥帆赛、全运会等各大赛事的采访中，转眼9年过去了，陈欣渐渐和马洪文成了无话不谈的朋友。

"马老师应该是媒体体育记者中，最早将着眼点跳出采访报道本身，开始思考媒体在体育产业中所起作用的人。"陈欣说，近两年，马洪文和他聊得最多的话题就是媒体体育报道的关注点，应该关注竞技体育还是引导群众参与的大众体育。让陈欣记忆犹新的是，曾经在一次深夜采访结束后，马洪文在陈欣的办公室，两人关于这个话题谈论了3个多小时，离开时已是第二天凌晨。"马老师的思路是在青岛成立媒体体育联盟，媒体可以将体育作为一个产业来推进，通过赛事运作，带动大众体育的发展。"陈欣说到此处，声音低沉下来。"按照马老师的计划，原本今年秋冬赛季之后，我们就要筹备这个体育联盟，没想到他就这么走了……这么一个热爱体育事业，热爱新闻事业的人……"。

通过马洪文事迹报告，让陈欣从更多层面更全面地了解了马洪文，这让他有了实现马洪文生前愿望的冲动。"我想，这个体育联盟我们还要继续做起来，无论有多大困难。"陈欣说，马洪文一直认为，媒体肩负着时代责任，有义务为推进大众体育发展起引导作用。

（https://www.toutiao.com/article/6351529885617357313/）

著名体育记者马洪文的故事，体现了体育记者"一生为体育"的执着精神。青岛早报体育部主任马洪文采写体育新闻的执着和对岛城体育事业的热爱令人感动，尤其是媒体同行和体育从业者都十分认可马洪文对岛城体育做出的独特贡献。马洪文对报道岛城业余足球赛事不遗余力，而青岛鲲鹏足球俱乐部作为岛城草根足球的代表更是得到了马洪文的青睐和支持。2009年1月，在鲲鹏足球俱乐部的揭牌仪式上，马洪文作为媒体代表亲临现场道贺，从此与鲲鹏建立起深厚的友谊。2010年10月，马洪文放弃国庆节休假，跟随鲲鹏队来到江西九江，全程报道了全国业余足球联赛南区决赛的比赛情况。鲲鹏队在本次比赛中遭受到了不公平的待遇导致中途退赛，马洪文通过各种渠道为鲲鹏击鼓鸣冤，积极申诉。2013年，鲲鹏首次作为岛城业余足球代表参加中国足协杯赛，马洪文为了见证这个历史时刻，不辞辛劳跟随鲲鹏队采访客场对阵广东梅县客家队，并通过个人关系打探对手情况，最终鲲鹏队顺利战胜职业队闯过第一轮。同年，重庆的第二轮比赛和国庆节期间的柳州预选赛都留下了马洪文的足迹。2014年，马洪文在刚刚做完痛风手术的情况下，又跟随鲲鹏队远赴银川，亲眼见证鲲鹏队在中国足协杯赛场再次战胜职业队，继续创造青岛业余足球历史。在鲲鹏第三次遗憾地负于中甲球队贵州智诚队之后，马洪文亲自写了关于鲲鹏"老男孩"的文章，表达了他对鲲鹏的赞赏和对于球队失利的遗憾。马洪文的敬业精神、奉献精神和社会责任感值得同行敬佩和学习。

西方有位记者说，体育记者既要有上流贵族的修养，也要有狼的本性。真正的著名体育记者平时都是谦和有礼的，他们总是对除了英雄以外的人露出得体的微笑。他们说话彬彬有礼，处世得体大方，熟知一切社交礼仪，并应用得圆滑熟练。

体育记者要想展现更精彩的报道，必须展现出贵族的修养。落实到采访活动中就要牢记以平等关系为基础的"得体意识"，以细节动态为支撑的"现场意识"以及以人文关

135

怀为核心的"沟通意识"。

英国语言学家Leech提出会话的"礼貌原则",会话中"自身"和"他人"[①]之间的"惠""损"[②]关系表现出礼貌的态度差异,其还提到不同礼貌程度的策略和宽宏、赞扬、谦虚、赞同、同情等准则[③],对采访实践促进会话双方关系、构建得体的交流具有一定的指导意义。但在记者采访实践中应建立"平等"对话的关系,区别于有较大反差的"惠""损"关系,这就要求记者在采访中注重以平等关系为基础的"得体意识"。在采访中的"得体意识"体现为记者的采访应以客观事实为基础,在采访会话中减少"个人倾向性",不强加主观评判,不戴"有色眼镜"以先入为主的思维进行采访报道。

每个人的成长环境、文化水平、价值观念不同,但体育记者作为媒体工作者,要在报道中充分尊重客观事实,注重采访对象的心理感受,尽量避免采访中的个人主观色彩,以防止突出自己的立场"误伤"到采访对象。因此,体育记者应不断强化新闻报道的专业素养,力求客观地看待问题,使采访报道更加得体。

采访是基于对现场的观察和认知且注重随机应变的过程,对于追求时效性的赛后采访来说,信息采集、挖掘与记录等各个环节应该尽量呈现更多的现场细节动态。可以说,良好的现场把控力所营造的"现场感"是体育记者做好采访的重要因素。采访报道中的"现场感"不是点缀,而应贯穿于采访描述、提问、点评的过程之中,体育记者要充分在比赛及采访现场所产生的细节与采访主题之间建立联系,使采访更加具体、生动。以固有的经验、机械式的流程所呈现出的采访往往"千人一面"。忽略现场的细节动态,采访难以贴近新闻事态的"元点",那么,记者的"在场"意义也就大打折扣。

采访中记者从细节入手,不仅能满足观众的好奇心,也可以通过采访会话加深观众对现场细节的具体印象。同时,因为采访主题从具体细节出发,增强了采访的针对性与可视性,避免了千篇一律的问题。并且,体育记者在采访过程中围绕采访主题,对已掌握的细节和现场更新的细节动态把握,会使整个采访在细节流动之中充满"现场感"。

采访中记者与采访对象建立的是相互尊重且平等的对话关系,作为媒体工作者,记者应以人文关怀来统领整个采访过程[④],也就是说,除了要充分了解采访对象的荣誉情感、兴趣爱好、价值观念之外,也要设身处地地感受采访对象的喜怒哀乐。比如,面对话筒采访对象不免会有些紧张,这种情况下,记者不能直接误认为采访对象不配合、不合作,应该尝试以平和的心态、语气以及可能会与采访对象感同身受的观点作为出发点,与采访对象建立和谐的关系。此外,还应考虑到运动员赛后第一时间的个人状态和采访的现场环境等因素影响,采访会话应尽可能口语化,力求生动、简洁,避免晦涩、歧义。再者,根据不同的采访对象以及采访对象不同时间的状态反应,记者也应注重语言风格

① "自身""他人":"自身"(self)一般就是指说话人,"他人"(other)可能指听话人,也可能指第三者,这个第三者可能在交际的现场,也可能不在场,因此,说话人所表现出来的礼貌可以是针对听话人的,也可以是针对第三者的。

② "惠""损":"惠"(benefit)和"损"(cost),这里的"惠"和"损"是最广泛意义上的"惠"和"损",并不专指物质上的得和失,是指令和承诺行为中的这个动作牵扯的两个因素.

③ 何兆雄.新编语用学概要[M].上海:上海外语教育出版社,2000:215.

④ 刘潇.体育赛事新闻报道中的失范现象研究[J].新闻战线,2017(22):47-48.

的转换与匹配，应避免采访形式与风格的"死线抽象"[1]，力求因人而异、富于变化。

采访是交流、沟通的过程，不能一味地追求完成任务，只顾及访题与信息量，还应给予采访对象充分的理解与尊重。在采访报道中渗透人文情怀，不仅能增强媒体的公信力、塑造良好的媒体形象，同时也是媒体社会责任的体现[2]。

不过记者还得有狼的本性，甚至血性。体育记者应该有狼的团队精神和狼的活动原则，而一篇精彩的报道必不可少的是如狼般的锋芒和个性。从事体育新闻报道工作是人类迄今为止发明的最愉快的一种谋生方式。作为"性情中人"，体育记者不能忘掉自己血里流淌的热情，也不能放弃从体育世界中探寻对生命和人类存在方式的思考。

狼的本性就是要求体育记者在采访活动中充分地展现引导者的角色。也就是要进行适当角色介入，避免主题失焦的"伪"报道；呈现客观事实，避免信息失衡的"偏见"报道；引领价值观念，避免价值缺失的"冗余"报道。

受众的接受是记者采访活动的终极目标。体育记者在采访前的准备工作除准确掌握赛场信息之外，还需要了解受众关注的问题及接受动机，向受众提供匹配度更高的信息。体育记者在采访中应避免主题失焦、信息失衡、价值缺失等问题，以良好的专业素养主动承担受众"引导者"的角色。

采访报道不是记者到现场架起采访话筒这么简单，策略缺失或记者仅以"旁观者"角色介入的采访，抑或是依靠采访对象自由释放原生态的信息，停留在浅表式、罗列式表层样态的采访，会失去采访实践的主动性。记者只在"现场"却忽视"报道"同样是"伪"现场报道，往往采访到的信息很难形成采访的"焦点"，无法触及新闻内核。

自选题式的采访一定程度上给了采访对象足够自由的发挥空间，或是由采访对象自由开启话题之后，记者再逐渐介入采访，也会收获到良好的采访效果。应注意的问题是，赛后采访往往是直播报道，如若与采访对象没有事先沟通，而此时采访对象又无从说起，这种方式就颇为冒险。此外，在采访过程中采访对象偏离主题时，记者应适当介入，适时修正、聚焦采访的主题。

记者在采访报道中应避免因刻板印象、角色失衡、职业素养和社会责任感的缺失而导致报道中的信息失衡，避免避重就轻或歪曲事实在采访报道中呈现"偏见"。在体育赛事报道中，记者一般习惯使用对比、衬托来凸显当前要表达的内容，这种贬低式的偏见报道往往会有失公允。此外，即便采访报道中的褒义式偏见能被观众或采访对象欣然接受，也会使报道呈现出明显夸大其词的色彩，经不住推敲。

"我们的运动员从来都没有输过""拿牌拿到手软"等这类观点均呈现出褒义偏见的色彩[3]。这种表述虽然并未明显悖于事实，但是偏离了新闻报道的客观性，夸张的表述可能滋生媒体的浮夸之风。并且，当下的媒体环境中，接受信息的途径日益多样，受众的媒体接近权增强[4]，受众也并非完全被动地接受信息，当信息与其经验认知产生匹配

---

[1] "死线抽象"原指人们只在语言"抽象阶梯"的某一级上使用，这里把"死线抽象"从特指语言扩展到包括语言在内的采访报道形式和报道风格中来。

[2] 曹云龙.赛后采访体育记者的角色审视与规范探析[J].青年记者，2022（03）：67-69.

[3] 李程.新闻中的褒义偏见[J].新闻记者，2012（6）：95.

[4] "受众传媒接近权"是指大众即社会的每一个成员皆应有接近、利用媒介发表意见的自由。

偏差时，受众便会产生逆反心理以至于摒弃媒体所传播的信息。

能否向受众提供有价值的信息是评价采访报道的重要指标，记者在采访时要善于抓住主要信息，排除"冗余"信息。在时机限定下的赛后"即时采访"中，体育记者要高效、精准把握采访技巧，确保呈现给受众的信息有"量"有"质"。

信息论奠基人香农曾针对"信息量"概念的理解提出，信息越完整信息量就越大，消除事物不确定性的功能就越强。①现场采访报道相较于其他的报道形式，具备提供"确定性信息量"的优势，而采访报道中如果信息零散、确定性受限，即便信息的文本数量很多，但其消除不确定性的作用不大，信息量依然很小。

信息中呈现出的价值观构成了采访报道的价值取向。记者与媒体同样都肩负着挖掘更多为受众所认同并内化的优势观念，实现与社会大众价值共享与互动的使命与责任。从央视播出的赛后采访的标题及访谈的内容关键词来看，采访表达的主题中既有"相信自己""激发潜能""放开打全力拼"等自信、谦逊、专注、乐观、奋勇拼搏的态度，也有"为团结欢呼""给对方一个鼓励""中国力量很燃"等对集体的感恩与荣誉归属，还有如"过程很艰辛但是像一场梦""一路走来不容易""所有付出都得到了回报"等积极昂扬的成长感悟……采访中所呈现出的价值观念很好地诠释了奥运精神，也影响着社会大众的态度和行为。

体育记者激情的燃烧还需要坚持不懈的韧劲。目前，体育新闻采访的难度越来越大。这首先是因为现在各类运动会，尤其是大型运动会的安全措施越来越严厉，限制了记者的采访；其二是很多体育管理部门、俱乐部和运动员对记者防范越来越严，甚至有"防火防盗防记者"之说；其三是很多体育明星与媒体的关系紧张，不愿意配合记者的采访。这些都向体育记者的采访工作提出了挑战，需要记者具有锲而不舍的精神，不怕被拒绝，不怕碰钉子，坚持不懈，主动出击，想尽一切办法克服困难，完成采访任务。

请看下面的案例：

对话青岛资深体育记者孙飞 | 才高八斗文武双全，他从北体走向世界

2020年6月9日 13:58 来源：网易新闻 记者：李海剑

2020年初，一场突如其来的疫情打破了全世界人民生活的宁静，各大体育赛事都陷入停滞，作为体育记者的孙飞也被征调去报道医疗卫生领域的新闻。"现在我们报纸的体育版是暂停的，近期我的很多报道都是偏向于医疗卫生，已经是半个医疗卫生的记者了。"尽管如此，孙飞还是在百忙之中坚持更新自己的公众号"青岛体坛那些事儿"，从未有过一天的间断。"因为现在没有比赛了，其实一开始我也动摇过，就感觉巧妇难为无米之炊。"孙飞说道，"但是我觉得哪怕只是停止一天也会产生惰性，就不完美了，然后就会产生一个恶性循环。"在没有体育赛事可以报道的情况下，孙飞的公众号依然有着丰富的内容。无论是青岛职业球队最新的备战动态，还是和球迷们一起回顾青岛体育历史上的经典，尽管现在体育比赛陷入了停摆，但"青岛体坛那些事儿"的更新从未停下。

虽然疫情期间孙飞的工作更偏向于对医疗卫生新闻的报道，但在每周二傍晚青岛电

① 孙小礼，冯国瑞.信息科学技术与当代社会[M].北京：高等教育出版社，2000：5.

视台的《青岛体育风》节目当中，人们还是时常会看到孙飞作为嘉宾出镜。事实上孙飞已经在青岛电视台有过多次亮相，收看他与足坛名宿孙新波搭档解说的球赛已经是很多青岛球迷的生活习惯。在孙飞看来，自己在足球解说员和记者这两项工作之间可以做到无缝衔接，作为一名从业十四年的记者，孙飞对青岛足球如数家珍，很多信息和珍贵的历史资料都可以信手拈来，在记者工作当中所获得的积累也对自己的足球解说工作很有帮助。

而对于如今正在努力学习，未来希望在体育新闻行业有所建树的体大学子，孙飞给出了如下建议："首先要热爱体育，在专业课之外多进行积累，从而做到厚积薄发。同时还要多读书，去看看武侠小说、历史名著这些。"孙飞还强调了学好外语的重要性，2008年北京奥运会的帆船比赛期间，孙飞正是凭借自己打破北体英语四六级考试最高分纪录的英语水平对多名外国运动员进行了采访，最终得到了不错的评价。"这个事情是不可能速成的，要有一个量变到质变的过程，也没有什么捷径可以走，就是在潜移默化当中实现厚积薄发。"孙飞最后说道。

（https：//www.163.com/dy/article/FEMET1H60514FETU.html）

疫情期间，全世界的体育赛事基本都陷入停滞，不少体育媒体人都出现了没有内容可以更新的苦恼，体育迷能够看到的新闻也乏善可陈。在这种情况下，《青岛日报》记者孙飞的个人公众号"青岛体坛那些事儿"仍在每日更新，当地的体育迷由此可以及时获知青岛体坛的大小事儿。这一切都得益于记者孙飞日复一日的坚持，这位毕业于北京体育大学的资深体育记者，对待体育的态度和敬业精神值得每一位同行学习。

美联社一名体育记者曾经说过，在学习国际象棋时明白了这样一个道理："活跃的马、厉害的象、无所不能的皇后以及变幻莫测的招法使我着迷。我参加了俱乐部，在纽约的华盛顿广场公园的花岗岩桌子上与人对弈。我的棋艺大长，也终于明白了国际象棋有无数种招法和组合，而我是不可能掌握的。我不是波比·菲舍尔（Bobby Fischer）。绝望之际，我却有了另一个更现实的想法，如果我是波比·菲舍尔，我就会摆脱所有的危险，解决所有的问题，找到一个获胜的方法。"记者在体育报道中也应该有这样坚持不懈的态度。如果遇到了塞车，什么人也找不到，什么信息也得不到，你就对自己说一定会有办法，像波比·菲舍尔那样找到获胜的方法。

再请看下面的案例：

累并快乐着，陕西体育记者的全运故事

2017年12月13日　17:47　新闻来源：搜狐体育

因为陕西要承办第十四届全运会，作为下一届东道主，陕西体育记者们也是备受关注，甚至能受到一些"礼遇"，比如这次天津组委会，就给了陕西省足够的注册记者名额。前去天津现场报道十三运会的记者有56人，和陕西代表团参赛成绩一样，也创下了历史纪录。

他们中有报道全运会的"五朝元老"，也有全运初体验的"大赛菜鸟"，但都把使命和责任扛在肩上。"讲好陕西体育故事，我们责无旁贷。"陕西省体育新闻工作者协会副

主席、西安晚报体育部主任高西广说。

除了人数多，媒体属性齐全，有报纸、广播、电视、网络和新媒体，各家媒体也是使出浑身解数，各个体育记者都是全能超人，既能写的一手好文章，还能拍照、做短视频，有时还玩一下直播，目的是把赛场信息最快传递给用户，把媒体的时代特色展现的淋漓尽致。西部网策划10秒短视频，把最精彩的瞬间最快传递给陕西网友。健康陕西网制作的"全媒封面"，赛后第一时间把喜讯传递给三秦父老，被微信朋友圈广泛转载。报纸、广播、电视因为受到出报和时段限制，但都在利用新媒体让传播更加全时段、多元化。

虽然大家表面上互相开玩笑，但真要工作起来那就暗自较劲了。现场抢位置，提前排队领摄影马甲，写稿还要拼速度，有时赛场空间大还要拼体力。体育记者很辛苦，竞走比赛七点开赛，记者们五点多就得起床乘坐媒体班车赶到比赛现场，足球比赛晚上七点半开赛，记者们十一点多才能坐最后一趟班车回到媒体村。有时赛场离媒体村较远、上下午比赛间隔较短，饿着肚子坚持也是常事儿。

（https://www.sohu.com/a/210259794_632637）

"累并快乐着"，用这句话形容报道第十三届全运会的陕西体育记者们最合适不过了。在竞争激烈的全运会赛场边，他们用文字、图片、视频记录陕西代表团参赛进程，用有心的眼睛、细腻的情感参与陕西体育历史。工作起来的他们，废寝忘食拼了命；体育记者也追星，与体育明星近距离接触合影必不可少；工作之余，约场球、微醺一下，缓解一下紧张的神经和疲惫的身体，劳逸结合效率更高。其敬业精神与对待体育新闻报道的态度令人钦佩。

在进行体育报道时，记者应该能够找到任何一个需要的人，而要做到这点就要有应变能力、耐心和一种不达目的决不罢休的精神。你或许会遇到电话占线、号码错误、录音电话无人接听或者秘书的挡驾，但是不要被这些问题吓住，即便是同一个号码打50次，你也要争取把电话打通。有的时候你会很幸运，你要找的人很快接了电话，并谈了所有你想知道的事。有时候你一上午打了10个电话，却谁都没找到。那没关系，这就像钓鱼，等鱼上钩，通常是当你抓起一个三明治正要吃时，你要找的几个人同时回电话[①]。可见，只要坚持不懈，就能找到解决问题的方法。

三、强健的体魄：累并快乐着

同其他专业记者相比，体育记者的一个显著特点是必须拥有强健的身体素质。由于体育报道具有报道量密集（如大型运动会的报道量十分密集和日常的体育赛事报道十分频繁等）、截稿时间限制（如晚上比赛或有时差地区比赛时，截稿时间要求记者在很短时间内完成采、写、发的工作）、空间跨度大（如职业比赛的主客场制的报道和国外赛事的报道）、报道环境艰苦（如登山、滑雪、汽车拉力赛等项目）等特点，体育记者的采访报道工作量很大，身体要好，要背得动采访器材，要扛得住每天工作到凌晨四五点钟。如

---

① （美）杰里·施瓦茨.美联社新闻报道手册[M].曹俊，王蕊，译.北京：中央编译出版社，2008：84.

一些影像记者身上要带3至4个相机，外加各种镜头十几个，负荷不下15公斤，每天在赛场奔波12个小时以上，但他们乐此不疲，真正做到了"累并快乐着"。健康的体魄和充沛的体力是体育新闻记者必须具备的身体素质。在采访体育比赛尤其是大型综合性运动会时，体育记者常常要同时应付好几个不同的比赛项目。虽然现代体育运动会都配有专用车辆，但是各个比赛场馆之间都有几公里甚至更远的路，多数体育记者要携带很多采访工具，每天往返比赛场馆、住地、新闻中心的路有几十甚至上百公里，十几天采访下来对体力的消耗是可想而知的。所以体育新闻记者要特别注意锻炼身体，经常参加体育运动，保持良好的精神状态和充沛的体力。另外，要对采访的比赛项目和日程安排充分了解，合理安排采访路线和采访时间，对采访做到心中有数，有的放矢。

体育记者非常辛苦，跟踪运动队经常没有钟点，需要见缝插针采访。吃不上饭、睡不好觉是常事。因此，搞体育新闻最好是富有活力身体健康的年轻人。请体会下面《五环旗下的中国》[①]里四个体育记者的故事。

新华社体育部前主任高殿民：

凡事有弊就有利，起步晚固然是坏事，但当过兵、做过工、下过乡、"文革"十年的经历使他们非常成熟。体育记者需要嘴勤、腿勤，有敏锐的新闻鼻、新闻眼和极强的沟通能力。有生活阅历的人容易与人沟通，他们凭着敏锐的洞察力在采访中如鱼得水，采访效果远远超出了初出茅庐的年轻人。他们从事体育记者工作时，中国的通讯、摄像设备非常落后。初次采访洛杉矶奥运会，高殿民不知道BP机是干什么用的；到了1996年，在亚特兰大采访的《人民日报》报道组只有一部手机，陈昭像看护宝贝一样看护着手机，生怕弄丢了；缪鲁采访汉城奥运会带了十个笔记本的手写资料，却在机场把行李弄丢了，只好重打锣鼓另开张；马国力刚干体育记者时，中央电视台只有三台简陋的胶片摄相机。第一次报道大型体育赛事，转播的居然是三天之前的旧闻，模糊的电视画面还是黑白的。

艰难困苦，玉汝于成。四位记者非常敬业，他们把体育新闻报道当作生命来做。在洛杉矶赛场上，没有电脑、手机等通讯设备，高殿民像一把金色的梭子，在射击馆和分新闻中心里的电话机之间来回梭奔跑抓新闻，终于抢发了许海峰夺得洛杉矶奥运会第一枚金牌的新闻。"零的突破"造就了许海峰，也造就了高殿民，他后来担任新华社驻伦敦分社社长。

《人民日报》海外版体育记者缪鲁：

缪鲁首次采访汉城奥运会，处处受到封锁。当过兵的经历使他在奥运会上又当了一回侦察兵，用童年过独木桥的游戏方式机智地闯入苏联代表团团长的驻地，抓到很多独家新闻。

原中央电视台体育中心主任马国力：

马国力在干体育记者之初，中央电视台当年在《新闻联播》节目中播出的300条体育新闻中，居然有130条是他在四个月的时间里拍摄的。

他们的生命已经和中国体育新闻紧紧地融合在一起。他们和中国体育新闻报道一起

---

① 孙晶岩.五环旗下的中国[M].北京：人民文学出版社，2008.

成长，奥运会成就了他们的事业，注入给他们生命的激情。

（http://sports.sina.com.cn）

由著名报告文学作家孙晶岩创造的中国首部全景式记录筹办2008年北京奥运会历程的长篇报告文学——《五环旗下的中国》，由人民文学出版社隆重推出，这也是中国文学界为北京奥运会奉献的一份厚礼。《五环旗下的中国》以开阔的视野、激情的笔调、丰富的内容，浓墨重彩地描绘了筹办北京奥运会的历程，展现了中华文明与奥运精神，当代中国与世界潮流的大交汇、大融合，是一部宏大的中国筹办奥运的史诗。该作品也是中国作协扶持的重点作品中，唯一一部全景式描写中国筹办奥运历程的长篇报告文学。作者孙晶岩是唯一获准参加北京奥运新闻中心组织的所有采访活动的中国作家。她用手中的笔描绘了一幅北京奥运会的绚丽画卷，记录着中国划时代的一段历史，展现了体育记者坚韧不拔的毅力和敬业精神。

体育竞赛千姿百态、紧张刺激，有的环境险恶（如登山、冲浪等项目）、有的旷日持久（如汽车、自行车拉力赛）、有的场地分散（如大型综合赛事）。体育记者从事的工作既是脑力劳动，又是体力劳动。设备沉重不说，还要跟踪拍摄，抢镜头。体育记者工作艰辛，应具备极强的身体素质。

在体育记者的时间表里，根本就没有双休日休息的概念，因为体育赛事一般都在这两天进行。目前新闻媒体和观众对赛场之外的报道也相当重视，往往让记者们在一周中的另外五天也无法得闲。如果碰上大型的综合性赛事（如奥运会、世界杯、全运会等），时间集中，信息繁杂，报道时效要求高，则更是劳苦无度，没有极佳的身体基本素养和精神状态，是难以完成报道任务的。采访一些在国外进行的赛事，往往由于经费和名额的限制，一名体育记者要身兼数职，既当编导，又当摄像，还要管技术、后勤，等等。这也难怪会有记者发出如此感慨："身体是体育记者的唯一本钱，身体透支了，体育记者也就做到头了。"[1]

体育报道的节奏非常快，工作极为艰苦。很多体育记者在采访奥运会等大型赛事时，每天都要采访十来个小时，还要花六七个小时写稿，睡觉的时间最多四五个小时。工作强度之大，对记者身体和毅力的考验都超乎寻常。所以，那些在国内善于"跑会议"不做功课的记者，那些不愿深入采访只求面上掠过的记者，那些碍于面子不屑争抢的记者，那些只会瞎抢没有独立思考的记者，都很难胜任奥运会这种超规模、超强度、全面比拼的工作任务。大多数体育记者都应有些体育锻炼的底子，身体要能经受住考验。2004年雅典奥运期间就有个别同行不幸倒在采访一线，如北京电视台资深体育摄像师郑立，俄罗斯一名老摄影记者、韩国一名记者在奥运会期间都倒在工作岗位上。记者殉职在以往奥运会上是相当罕见的，这说明现在奥运会报道工作强度越来越大，另一方面也说明新闻工作者面临加强体育锻炼、提升健康水平的迫切性。

那么体育记者应该在哪些方面强健体魄呢？首先，你得需要一个强健的臂膀。长枪短炮不是瘦弱的身体可以承受的。同时，作为一名合格的体育记者，赛场情况瞬息万变。

① 靳雨虹.全媒体体育记者报道的基本素养[J].文学少年，2019（12）：1.

只有拥有一个强健的臂膀，才能保证极快的手速，秒秒钟发出新闻稿才有可能抢登头条。再者，需要有健硕的下肢，大家都知道比赛一比就是几十分钟，作为体育记者，为了追一个镜头，或者从不同角度观察比赛，通常坐不下来，而且往往一站就是一整场比赛。如果没有强健的下肢保证，是不能保证有好的采访效果的。紧接着需要有一个铁胃，体育记者为了追比赛，饮食很不规律。没有一个铁胃是万万不行的。为了支持全程采访而耗费的大量体力，必须还有个能装的肚子。一顿吃饱，管够一天！当然作为体育记者，要能常熬夜，要能熬长夜！众所周知，大多比赛都是在晚间进行的，赛完后，等发布会，采访完再到发稿，一套程序完成后都已经凌晨三四点了。如果在国外比赛，倒时差更是常有的事。所以不熬夜怎么行？不仅如此，还得边熬夜边赶稿，得赶在凌晨前印发，赶早报。最后，作为体育记者，嘴部肌肉得保养好，体育圈三天一大事，两天一小事，会有大量采访任务，张口说话是免不了的，如何挖掘别人所不知的点，更得看会不会说话了。体育记者们聚会也是常有的事，一帮能说会道的人聚在一起，那真是金句频出。

对于通讯社而言，时效历来是新闻报道的第一生命。很快，新华社用英文发出了全世界第一条中国赢得第一块奥运金牌的消息："China Wins the First Olympic Gold Medal."正是这样一则简短的快讯，让全世界共同见证了许海峰在洛杉矶奥运会上夺得中国奥运首金的光荣时刻，也让全世界了解到中国奥运报道的快速、及时、准确。在发完第一条快讯后，文字记者高殿民依然没有松懈。他将稿纸放在翻译员背上奋笔疾书，并频繁奔跑于射击赛场和固定电话之间，使得当天新华社能够发出快讯、人物、特写、述评等一系列报道。后来，高殿民关于许海峰夺冠的系列报道还获得了1984年全国新闻评选特等奖。

高殿民的文字，记录的不仅仅是中国体育乃至奥林匹克运动史上的重大时刻，更是一个历经百年磨难的民族站在复兴起点、准备重返世界舞台的姿态；而官天一的摄影作品，更是那个重要历史瞬间最有力、最直观的定格。高殿民和官天一，一位文字记者，一位摄影记者，两个人用自己的努力为中国体育留下了弥足珍贵的文字和影像记录。在当时的条件和情境下，无论是硬件设备条件，还是奥运会报道经验，中国体育记者都面临着巨大的困难。然而也正是因为挑战重重，才更加体现出当时中国体育记者扎实的专业基础和强大的心理素质。1984年洛杉矶奥运会中国首金报道任务的圆满完成，是新华社和中国体育记者们的成就，更是整个国家的荣耀——世界因此听见了中国的声音。

对奥运记者的身体素养要求，中国人民大学新闻学院杨丽老师认为，优良的身体素质和持久工作的耐力对体育记者而言，这是个显而易见的重要指标。奥运报道也是智力与体力的大比拼。奥运记者培训项目中应当列入如何最有效地增强体能保持体能的训练内容，而记者的自我备战计划中也当列入锻炼身体增强体能的训练内容。记者学会几招简便易行的锻炼方法对于持久的报道工作无疑具有战略意义。不过，"以人为本"的理念要求每个记者在做"拼命三郎"的同时，也要学会照顾好自己。美国有统计显示，体育记者寿命短，最易出现过劳死的状况，每年都有奥运记者倒在奥运会上。雅典奥运会上，一位中国摄像记者在工作中猝死，留给人们深深的惋惜，更提醒记者要注意自己的身体状况。

强健的体魄才能书写精彩的体育采写故事，平昌冬奥会体育记者费茂华曾经这样回忆他的冬奥摄影故事。

请看下面的案例：

从索契到平昌，再到北京冬奥会，你是永远的骄傲！

2022年2月13日 22:52 新闻来源：北京日报客户端 记者：费茂华

从索契到平昌，到目前为止，我总共采访过两次冬奥会。但在这两届冬奥会之外，我还采访过三届大冬会、两届全冬会。经历的越多，越觉得冬季赛事的摄影工作并不简单，它是对意志力和体力的双重考验，无论是摄影师，还是摄影器材。

很多朋友问过我，什么样的器材才能够胜任冰雪运动的拍摄，在这个问题下面，我看到很多回答——对焦速度、连拍张数、色温控制能力、像素、高感光度、画质等等一系列专业的参数指标。我想说，这些固然重要，但是最基本的一个要求不能少——对于冰雪运动的拍摄，和摄影师一样，相机必需要抗造和稳定。首先要拍到照片，其次，才是拍到好看的照片。

在今年的2018月11日，平昌冬奥会自由式滑雪项目比赛前，为了在比赛前找到最佳的拍摄地点，我冲到了运动员出发点附近，之后就将器材"丢"在一边，我也瘫在旁边，一边等待比赛的开始，一边恢复体力。

将器材就这样堆放在冰冷的雪地立，确实是一种无奈之举。每天陪伴自己的朋友，谁不希望能够好好对待。然而，实际的情况就是，每一名拍摄冰雪运动的体育摄影师都会这样做。在这次比赛中，我背着三台机身、三支镜头以及一台电脑——总重量超过二十公斤的设备——用了半个多小时的时间，爬到了几百米高的山顶，头上升腾着袅袅雾气，接下来还有四个小时的时间要追着拍摄，没有时间将器材整理妥当再取出来，只能如此地让它们躺在这里。不过可以放心的是，用了这么长时间的佳能器材，还没有遇到因为这样做而不能拍摄的情况，感谢它们一直陪伴在我的身边，让我交出满意的作品。

在所有的摄影师当中，可能体育摄影师是对待器材最为冷酷的人，也是与器材最相依为命的人——同酷暑，共严寒。在我拍摄过程中，经历过的恶劣环境太多太多，冰天雪地、炎炎夏日、大漠风沙、暴雨倾盆、海水波溅……在一次次的携手作战中，增加了彼此的信任，也更加看重"抗造"的特性。各种红圈白炮看起来似乎很娇贵，但是在严酷的环境下表现比我还要出色。有时在极端恶劣的环境下，我想放弃的时候，是它让我继续拍摄下来——我找不到退缩的理由。

2月11日，这一天的平昌气温依旧非常寒冷，夜晚的温度降到了零下二十余度，天空中飘舞着鹅毛般的大雪。虽然主办方已经为摄影师提供了一定的保暖措施，各式各样的暖宝宝也贴在身上，依旧能感受到刺骨的寒冷。因为要操作相机，我的手套并没有戴的很厚，拍到后来我的手已经冻得肿了起来。就算是在这样恶劣的条件下，我的1Dx2没有受到任何的影响，似乎机身还有一些温暖。就在这天，收获了这张我十分喜欢的作品。

体育摄影的艰难不属于某一个人，而是属于全体摄影师。冬奥会不仅是运动员之间的竞赛，更是摄影师与体能之间的较量。在某次赛前的"摄影记者登山预赛"之中，一位刚刚抵达山顶的欧洲媒体记者的身上、镜头上都是雪——很显然，在爬山的过程中，他不幸摔倒了。不过万幸的是，他和我一样信赖了佳能，拍拍身上的积雪，清理一下镜头，继续战斗在赛事的最前线。

冬季比赛项目的特点显而易见：赛场大，赛道长，需要自己带着器材挑选心仪的位置——很可能一个热门机位很多人去争——更早地到达机位，更能抢占到有利的拍摄条件。登山的过程中，各种情况都可能遇到，只有抗造的设备才能确保万无一失。在这场体力与毅力的竞赛中，付出的辛苦总会获得回报。

在二十多天的时间里，需要不停地折腾、不停地拍摄，能够经受得住身心的考验才能成为一名合格的体育摄影记者。同样，能够经受住冰雪考验的器材，才能让每一名专业摄影师爱不释手。

我想，在这二十多天里，我做到了；下一次比赛，我将做得更好。

（https://finance.sina.com.cn/jjxw/2022-02-13/doc-ikyakumy5763495.shtml）

体育记者的辛苦不言而喻。记者不但工作节奏紧张，经常到外地甚至到国外进行报道，有时报道条件还十分艰苦，再加上现代新闻媒体之间的竞争十分激烈，媒体对体育记者新闻采写的质量与数量都提出了很高的要求，这进一步加大了体育记者的工作压力，对其身体素质提出了较之其他专业记者更高的要求。因此，作为一名当代的体育记者，没有健康的身体与强壮体魄是很难胜任其工作要求的。

《中国青年报》记者林剑呼吁体育记者去健身。他2019年在《中国体育报》发表的《记者陪你去健身体育记者更应是健身参与者》一文中写道：体育记者也有健身锻炼的需求，不健康的身体状况，无论对于工作单位还是家庭都是不负责任的，也很难和读者形成共鸣，更遑论引导读者离开沙发，走出家门，成为健身锻炼大军的一员。由此可见，不论是其他记者，还是体育新闻记者，良好的身体素质都是新闻采写编评录的关键。

有媒体人曾经说过：某种意义上讲，体育记者的综合适应能力要等于或强于战地记者，因为战争不是每年都有，而像打仗一样的大型、综合性运动会，如全运会、亚运会、奥运会等，几乎每年都能碰上。

时任《新民晚报》评论组常务副组长的徐世平表示：体育记者是年轻人的职业。一天吃一顿饭，睡三个小时觉，还要一天写一万字。身体是体育记者的唯一本钱。身体透支了，体育记者也就做到头了。时任中央人民广播电台体育部记者的陈建奇则认为：体育记者除了要有丰富的知识（包括体育知识）、纯熟的语言（包括外语）能力和良好的体能、敏捷的身手外，更重要的是对体育事业及其发展的强烈兴趣。另外，体育记者需要有极强的耐久力和适应能力，能耐渴、饿、寒、热；能20多小时一动不动、兴趣盎然地观看比赛、写稿，或长途跋涉专题报道，能连续作战20天以上，每天只睡三四个小时；还须掌握多种形式的交通工具和通信手段。

当然，体育新闻记者累并快乐着的从业态度，决定了其新闻报道的质量。新闻记者要尊重自身职业，充满对成功的渴求以及对体育事业的快乐心态。体育新闻的报道具有时效性，这就要求记者必须出现在现场第一线，而新闻追踪和跟进采访是一个艰难的过程，要求记者保持积极的从业态度，拥有面对困难的勇气和毅力，不断提高工作热情。此外，记者还要充分认识到体育新闻的价值，提高自身能力，改善报道形式，制作出高水平的新闻。体育新闻记者还要具备一定的职业道德和专业素养，在面对不断变化的体育赛事时，能够站在客观的立场，以公平、公正的态度去报道新闻，提高对新闻的敏感度，从而抓住转瞬即逝的新闻报道机会，并通过新媒体即时发布新闻，提高新闻的时效性[①]。

四、良好的语言技能：普通话+民族语+英语+其他

体育记者的业务素质还包括良好的语言技能。语言技能是构成语言交际能力的重要组成部分，语言技能包括听、说、读、写四个方面的技能以及这四种技能的综合运用能力。听和读是理解的技能，说和写是表达的技能。语言技能要求记者在国内采访中说一口流利的普通话，而且中国作为一个多民族国家，能够掌握几种少数民族语言也会有助于采访顺利进行。据香港《文汇报》报道，在中国正使用的少数民族语言约120种，使用人口在一万人以下的语言占了一半，千人以内的有20余种。同其他新闻业同行相比，体育记者经常与各地的球员、教练员打交道，如果普通话说得不好，地方口音很重，就会妨碍采访交流的顺利进行。目前体育新闻报道的国际化与全球化，要求体育记者至少精通一门外语。体育记者经常出国采访，具有外语采访能力是非常必要的。另一方面，在国内足球、篮球等职业联赛外籍球员、教练员越来越多的情况下，拥有良好外语采访能力的体育记者也在新闻竞争中拥有明显的优势。在所有语言技能中，最重要的是普通话和英语，因为英语可以作为世界通用的语言。

格兰特拉德·赖斯（Grantland Rice）是美国体育新闻写作黄金时代最具代表性的人物之一，也是对美国体育新闻写作带来深远影响的最重要的体育记者。良好的语言教育让格兰特拉德·赖斯与体育结缘。华莱士大学的预备学校为格兰特拉德·赖斯今后的写作奠定良好的基础。格兰特拉德·赖斯在16岁时，进入华莱士大学的预备学校进行学习，在这里他遇到了一个对他一生都有深远影响的人，当时的校长——华莱士（Wallace）。主修希腊语和拉丁语，华莱士所教授的语言课程正是希腊语，他对学生的要求非常严格，独独对格兰特拉德·赖斯赞赏有加，这与格兰特拉德·赖斯勤奋刻苦是分不开的，这也为以后格兰特拉德·赖斯的写作打下了坚实的基础。1897年秋季，格兰特拉德·赖斯进入了范德比尔特大学进行学习。范德比尔特大学的教学宗旨就是为新南方培养新型人才，以适应社会经济的复杂变化。所以该校既重视传统的文学培养，在体育运动等方面也非常重视。格兰特拉德·赖斯在这里继续学习希腊语和拉丁文，无疑这夯实了他文字方面的基础。四年的学术生涯中，他接触了大量的古典诗人、19世纪的哲学家和英语文学著作，刻苦学习的他在大学毕业时获得了斐陶斐（phibetakappa，美国大学优等生荣誉学会）的奖学金。他是少数平均分在86分以上以及满足其他苛刻条件的学生之一[②]。

著名NBA记者海希尔曾经三次深度采访著名NBA球星乔丹，他也承认让乔丹在采访过程中两度热泪盈眶、真诚地吐露心声绝非易事，采访成功自然就离不开他自身良好

---

① 刘涛.体育新闻记者的素养要求及提升策略[J].新闻战线，2016（10下）：2.
② 李琪.美国著名体育记者格兰特拉德·赖斯及其作品研究[D].北京：北京体育大学，2019.

的英语口语与流畅的中文文笔。

媒体圈有句话说，新闻七分采三分写，这个采考验的就是记者的人际沟通技巧。例如，同样一个球员，给你同样长的时间，你如何让采访更出彩？没有别的办法，就是你事先花更多的时间去了解球员的背景和特点，去掌握那些可能连他自己都忽视了的细节和故事，这样才能去打动他，让他敞开心扉跟你聊天。记者必须真心喜欢跟人沟通，这种性格不仅将帮助我们更好地完成采访，还能在日常交流中得到人脉资源，为将来的采访蓄力，这些人可以是球员、教练，也可以是球队的工作人员，甚至球场安保。

能讲一口流利的英语，应被体育记者视为一个目标。在语言方面，采访奥运会的记者最起码应能用英语与运动员、教练员进行简单交流，并能看得懂组委会用英语发布的一些公告说明。当然，良好的外语素养对于体育记者而言不可或缺，而良好的中文水平更是有助于体育新闻记者传播体育文化、打开国内市场。长江大学外国语学院学者田传茂就体育记者的中文素养提出过如下观点：20世纪90年代以来，无论是纸质媒体还是互联网，体育新闻报道与评论一直是语言最为活跃的一个领域。体育新闻工作者以其愈来愈高的语言文化素养，通过语言的活用和创新，展现汉语在表现人类思想情感方面愈加强大的生命力，使人们在了解体育新闻信息的同时，感受语言的魅力，经历感情的悲喜。激情文字正是热爱体育的当代读者的需求。

江苏师范大学语言科学与艺术学院学者曹云龙也提出，体育记者扮演着体育精神的传播者角色，体育记者在体育新闻采写中应注意叙述方式的"专业化"与"大众化"的关系。国际奥委会电视委员会曾指出：让8岁的孩子到80岁的老人都可以分享奥运会是其最重要的工作标准。因此，就采访报道而言，体育记者需要在"专业化"与"大众化"的关系把握中注重体育运动大众化分享的通俗叙述方式。诚然，专业的解释能够让观众更深入地了解体育知识，但过于晦涩的表述无疑会将绝大部分观众拒之门外，这与"一切体育为大众"的奥林匹克理想和"全民分享"的工作理念相背离。再者，体育记者在采访的过程中过于专业的问题及阐述方式也会给采访对象带来压力。对于大多数受众而言，如技战术术语、难度系数、项目名称与技术代码等专业性过强的信息实属陌生概念，很难产生直观感受，采访内容难以获得观众的共鸣。体育记者提高体育专业水平是为了更好地与受众分享，在采访报道中以专业的视野挖掘赛事中普通观众未能发现的信息，再进行通俗化解读、阐释传递给大众。因此，以简洁、通俗的叙述方式在专业信息与受众之间建立起有效传播的桥梁是体育记者需要解决的问题。

综上所述，一个现代体育记者需要具备良好的综合素质和专业素质。只有不断对自己提出更高的要求，体育记者才能胜任现代体育新闻报道的要求。正如中国体育记者协会副主席、《文汇报》资深体育记者和体育部主任马申所指出的："一名称职的体育记者，必须具备相对其他记者同行更高的素质。他们不但要有体育及体育新闻方面的专业知识，更要年轻、有经得起大赛折腾的强健体格，有敏锐的思考，有倚马可待之才。同时，体育涉外采访较多的特点决定了体育记者必须具备清醒的政治头脑、政策水平和较强的外语能力。一名称职的体育记者，应该具有丰富的知识结构，历史、美学、音乐、建筑等无不同体育息息相关，几比几的体育报道毕竟是苍白的。一名称职的体育记者，他的视野必定是广阔的，他对体育和体育新闻报道会有深层次的理解。"

（一）思考题

1.体育记者如何提高自己的政治修养？你如何理解"体育即政治"这句话？

2.作为新时代一名合格的体育记者，应该具有怎样的知识结构？你将如何提高自己的知识修养？

3.结合奥运会新闻报道，谈谈文化素养对于今天的体育新闻采访报道的重要意义。

4.体育记者知识的精深性主要表现在哪两个方面？如何将体育与新闻较好地融合？

5.结合实际谈谈体育假新闻出现的动因有哪些，如何根治体育假新闻现象。

6.请结合国内外体育新闻发展现状解读体育新闻的"付费采访报道"现象。

7.体育记者应具有的个性素养主要表现在哪些方面？

（二）采访实践

搜集关于体育记者在采访报道中涉及道德与法律边缘问题的案例，并结合案例论述作为一名体育记者该如何正确对待和规避此类问题。

（三）课堂讨论

1.媒介技术的快速发展对体育新闻记者的素养和能力提出了新的挑战。结合所学知识，并查找一些相关案例，分组讨论：融媒体环境下体育新闻记者应具备怎样的素养和能力。

2.2020年东京奥运会期间，某体育记者对铅球冠军巩立姣一段"什么时候做回女孩子"的采访引发观众不满，暴露出体育记者专业素养的缺失。结合此案例分组讨论。如何提升体育记者的专业素养。

附录

中国新闻工作者职业道德准则

（中华全国新闻工作者协会第九届全国理事会第五次常务理事会2019年11月7日修订）

中国新闻事业是中国共产党领导的中国特色社会主义事业的重要组成部分。新闻工作者坚持以马克思列宁主义、毛泽东思想、邓小平理论、"三个代表"重要思想、科学发展观、习近平新时代中国特色社会主义思想为指导，增强"四个意识"、坚定"四个自信"、做到"两个维护"，牢记党的新闻舆论工作职责使命，继承和发扬党的新闻舆论工作优良传统，坚持正确政治方向、舆论导向、新闻志向、工作取向，不断增强脚力、眼力、脑力、笔力，积极传播社会主义核心价值观，自觉遵守国家法律法规，恪守新闻职业道德，自觉承担社会责任，做政治坚定、引领时代、业务精湛、作风优良、党和人民信赖的新闻工作者。

第一条　全心全意为人民服务。忠于党、忠于祖国、忠于人民，把体现党的主张与反映人民心声统一起来，把坚持正确舆论导向与通达社情民意统一起来，把坚持正面宣传为主与正确开展舆论监督统一起来，发挥党和政府联系人民群众的桥梁纽带作用。

1.坚持用习近平新时代中国特色社会主义思想武装头脑，深入学习宣传贯彻党的路线方针政策，积极宣传中央重大决策部署，及时传播国内外各领域的信息，满足人民群众日益增长的新闻信息需求，保证人民群众的知情权、参与权、表达权、监督权；

2.坚持以人民为中心的工作导向，把人民群众作为报道主体、服务对象，多宣传基层群众的先进典型，多挖掘群众身边的具体事例，多反映平凡人物的工作生活，多运用群众的生动语言，丰富人民精神世界，增强人民精神力量，满足人民精神需求，使新闻报道为人民群众喜闻乐见；

3.保持人民情怀，积极反映人民群众的正确意见和呼声，及时回应人民群众的关切和期待，批评侵害人民利益的现象和行为，畅通人民群众表达意见的渠道，依法维护人民群众的正当权益。

第二条　坚持正确舆论导向。 坚持团结稳定鼓劲、正面宣传为主，弘扬主旋律、传播正能量，不断巩固和壮大积极健康向上的主流思想舆论。

1.以经济建设为中心，服从服务于党和国家工作大局，贯彻新发展理念，为促进经济社会持续健康发展注入强大正能量；

2.宣传科学理论、传播先进文化、滋养美好心灵、弘扬社会正气，增强社会责任感，严守道德伦理底线，坚决抵制低俗、庸俗、媚俗的内容；

3.加强和改进舆论监督，着眼解决问题、推动工作，激浊扬清、针砭时弊，发表批评性报道要事实准确、分析客观，坚持科学监督、准确监督、依法监督、建设性监督；

4.采访报道突发事件坚持导向正确、及时准确、公开透明，全面客观报道事件动态及处置进程，推动事件的妥善处理，维护社会稳定和人心安定。

第三条　坚持新闻真实性原则。 把真实作为新闻的生命，努力到一线、到现场采访核实，坚持深入调查研究，报道做到真实、准确、全面、客观。

1.通过合法途径和方式获取新闻素材，认真核实新闻信息来源，确保新闻要素及情节准确；

2.根据事实来描述事实，不夸大、不缩小、不歪曲事实，不摆布采访报道对象，禁止虚构或制造新闻，刊播新闻报道要署记者的真名；

3.摘转其他媒体的报道要把好事实关导向关，不刊播违背科学精神、伦理道德、生活常识的内容；

4.刊播了失实报道要勇于承担责任，及时更正致歉，消除不良影响；

5.坚持网上网下"一个标准、一把尺子、一条底线"，统一导向要求、管理要求。

第四条　发扬优良作风。 树立正确的世界观、人生观、价值观，加强品德修养，提高综合素质，抵制不良风气，保持一身正气，接受社会监督。

1.强化学习意识，养成学习习惯，不断增强政治素质，提高业务水平，掌握融合技能，努力成为全媒型、专家型新闻工作者；

2.坚持走基层、转作风、改文风，练就过硬脚力、眼力、脑力、笔力，拜人民为师，向人民学习，深入了解社情民意，增进与群众的感情；

3.坚决反对和抵制各种有偿新闻和有偿不闻行为，不利用职业之便谋取不正当利益，不利用新闻报道发泄私愤，不以任何名义索取、接受采访报道对象或利害关系人的财物或其他利益，不向采访报道对象提出工作以外的要求；

4.严格执行新闻报道与经营活动"两分开"的规定，不以新闻报道形式做任何广告性质的宣传，编辑记者不得从事创收等经营性活动。

第五条　坚持改进创新。遵循新闻传播规律和新兴媒体发展规律，创新理念、内容、体裁、形式、方法、手段、业态等，做到体现时代性、把握规律性、富于创造性。

1.适应分众化、差异化传播趋势，深入研究不同传播对象的接受习惯和信息需求，主动设置议题，善于因势利导，不断提高传播力、引导力、影响力、公信力；

2.强化互联网思维，顺应全媒体发展要求，积极探索网络信息生产和传播的特点规律，深刻把握传统媒体和新兴媒体融合发展的趋势，善于运用网络新技术新应用，不断提高网上正面宣传和网络舆论引导水平；

3.保持思维的敏锐性和开放度，认识新事物、把握新规律，敢于打破思维定式和路径依赖，认真研究传播艺术，采用受众听得懂、易接受的方式，增强新闻报道的亲和力、吸引力、感染力，采写更多有思想、有温度、有品质的精品佳作。

第六条　遵守法律纪律。增强法治观念，遵守宪法和法律法规，遵守党的新闻工作纪律，维护国家利益和安全，保守国家秘密。

1.严格遵守和正确宣传国家各项政治制度和政策，切实维护国家政治安全、文化安全和社会稳定；

2.维护采访报道对象的合法权益，尊重采访报道对象的正当要求，不揭个人隐私，不诽谤他人；

3.保障妇女、儿童、老年人和残疾人的合法权益，注意保护其身心健康；

4.维护司法尊严，依法做好案件报道，不干预依法进行的司法审判活动，在法庭判决前不做定性、定罪的报道和评论，不渲染凶杀、暴力、色情等；

5.涉外报道要遵守我国涉外法律、对外政策和我国加入的国际条约；

6.尊重和保护新闻媒体作品版权，反对抄袭、剽窃，抵制严重歪曲文章原意、断章取义等不当摘转行为；

7.严格遵守新闻采访规范，除确有必要的特殊拍摄采访外，新闻采访要出示合法有效的新闻记者证。

第七条　对外展示良好形象。努力培养世界眼光和国际视野，讲好中国故事，传播好中国声音，积极搭建中国与世界交流沟通的桥梁，展现真实、立体、全面的中国。

1.在国际交往中维护祖国尊严和国家利益，维护中国新闻工作者的形象；

2.生动诠释中国道路、中国理论、中国制度、中国文化，着重讲好中国的故事、中国共产党的故事、中国特色社会主义的故事、中国人民的故事，让世界更好地读懂中国；

3.积极传播中华民族的优秀文化，增进世界各国人民对中华文化的了解；

4.尊重各国主权、民族传统、宗教信仰和文化多样性，报道各国经济社会发展变化和优秀民族文化；

5.加强与各国媒体和国际（区域）新闻组织的交流合作，增进了解、加深友谊，为推动人类命运共同体建设多做工作。

对本《准则》，中国记协会员要结合实际制定相应实施细则，认真组织落实；全国新闻工作者包括新媒体新闻信息传播从业人员要自觉执行；各级地方记协、各类专业记协要积极宣传和推动；欢迎社会各界监督。

第四章

体育新闻采访的种类

[本章提要]

本章体育新闻采访的种类主要包括：体育新闻发布会采访、体育突发事件采访、隐性体育采访和体验式体育采访。

1.体育新闻发布会采访

了解体育新闻发布会的源起与发展；体育新闻发布会的定义、类型与作用；体育新闻发布会的采访特点。

重点掌握体育新闻发布会的采访流程：体育新闻发布会的访前准备、现场采访和会后延伸采访。

熟练运用体育新闻发布会的采访技法：即提问技巧、倾听技巧和观察技巧。

2.体育突发事件采访

了解体育突发事件的定义；体育突发事件的类型；体育突发事件采访报道的作用。

重点掌握体育突发事件的采访流程：为突发事件采访做长期、随时的准备；客观看待突发事件，选择合适的报道落点；突发事件的紧急策划与持续策划；尽量争取更多的采访；充分占有资料，保存事件现场证据；边采访边报道，争取新闻时效性；选择最佳报道时机。

体育突发事件媒体的应对：认清体育突发事件的政治目的性；比突发事件更可怕的是不会应对；体育突发事件政府和媒体的应对之策。

熟练运用体育突发事件的采访技法：多途径获取采访线索；"闪电式"抢报；靠近最有新闻点的第一现场；客观呈现完整过程；做好连续报道和深度报道；简化发稿环节。

体育突发事件采访应注意的问题：突发事件报道高于赛事报道；遵守国家法律和采访规定；体现温暖的人文关怀；报道力求客观、公正与平衡。

3.隐性体育采访

了解隐性体育采访的定义与类型；隐性体育采访的作用。

重点掌握隐性体育采访的实施技法：判断新闻题材适用性，扩大影响力；拟定周密计划，确定采访主题；进入典型领域，扮演典型角色；把握社会角色，明察暗访并重；保留采访证据，记录采访内容。

隐性体育采访应注意的问题：慎用隐性体育采访；目的必须是维护社会公共利益；谨慎选择采访对象、采访场合和工具；防止低俗化手段的运用；限定在合法的范畴内；注意保护体育记者的人身安全。

4.体验式体育采访

了解体验式体育采访的定义。体验式采访在体育新闻报道中的优势：变革新闻文风，增加人情味的体育报道；强化现场效应，让受众身临其境；挖掘独家视角，形成个性化报道；加深记者与采访对象之间的情感交流；积累体育专业知识，发展成专家型记者。

掌握体验式体育采访的实施技法：瞄准关键点慎重做决策；核心报道讲好故事，捕捉细节；外围报道挖掘新鲜元素；有新闻的地方"我"在场；注重客观事实，克服主观偏差。

体验式体育采访的局限性主要指时间的局限性、能力的局限性和角色的局限性。

在不同的时空，面对不同的采访对象，运用不同的传播媒介，体育新闻采访存在着不同的特点，这需要体育记者根据具体情况灵活地调整采访内容与方法。本章聚焦体育新闻采访的种类，关注具体的体育新闻采访方式、方法与技巧，介绍采访流程，提示采访要点，使不同的体育新闻采访类型都有据可依、有章可循、有法可考。

体育新闻采访按照采访主体环境的行为方式可分为体育新闻发布会采访、体育事件采访和体育人物采访等；根据新闻事件本身性质，可分为体育非突发事件采访与体育突发事件采访；根据采访主体性质可分为公开体育采访、隐性体育采访和两者结合的体育采访；根据记者介入的程度，可分为询问式体育采访和体验式体育采访等；根据采访运用的媒介可分为平面体育采访、电视体育采访和网络体育采访等。本章在以上分类方法的前提下，重点阐述以下四个体育新闻采访的种类：即体育新闻发布会采访、体育突发事件采访、隐性体育采访和体验式体育采访。

第一节　体育新闻发布会采访

一、体育新闻发布会的源起与发展

（一）新闻发布会的源起与发展

新闻发布会实际上是一个舶来品，源自西方，发端于美国，逐渐发展成熟为一种新闻发布制度，并被世界各国认可成为国际惯例。在美国伍德罗·威尔逊总统时期（1913—1921），新闻发布会已形成制度，新闻发言人正式出现，每周举行两次。美国白宫总统举行的记者招待会有许多"规矩"：第一排总是为ABC、NBC、CBS三大电视网和美联社、合众社、路透社等世界性通讯社的记者所占据，第一个站起来提问的总是驻白宫资格最老的记者；为了有效地控制记者招待会，总统的助手们往往在会前授意白宫记者提总统准备好的问题。一般地方记者和外国记者，很难得到提问的机会[1]。第二次世界大战后，西方国家普遍建立新闻发布机制。20世纪50年代，媒体的影响力越来越大，深入到社会各个角落，与人们生活的各个方面紧密相连。为了适应这一变化，西方各国政府纷纷效仿美国，建立新闻发布制度，设立新闻发言人。

我国早在抗日战争和解放战争时期就已开展新闻发布工作。周恩来总理曾多次举行记者招待会，争取国际国内舆论支持。解放后不久，国务院副总理兼外交部长陈毅也曾多次举行记者招待会。但新中国成立后很长一段时间，新闻发布会一直没有得到政府和媒体的普遍重视。从1949年到1976年间的新闻发布会报道以中央和各地党报为主，报道行文趋于相同，均以新华社统一稿件为底本，仅在标题制作和版面安排略有差别。直到20世纪80年代，新闻发布会作为一种发布信息的平台和采访种类才得以确立并日益受到重视，新闻发布会报道媒体信息来源的单一结构开始改变，各省市行政机构的新闻发布会重现，省市媒体重现自采消息稿件。1983年3月1日，时任外交部新闻司司长齐怀远在北京举行了首次新闻发布会，并在会上对中外记者宣布：中国外交部从即日起建立发言人制度。1983年下半年，中央提出建立全国新闻发言人制度。此后，中国政府的新闻发布工作进入了制度化建设阶段。随着中国改革开放的进一步发展和对外宣传工作的全新需要，随着公众知情权意识和参与意识的增强，新闻发言人和新闻发布会制度建设又进入一个新的普及阶段。2003年是新闻发布会实践与制度建设的另一个重要节点，自2003年开始，中央政府推动在行政系统内建立中央政府、各部委、省市三个层级的新闻发言人建设，各级地方政府逐步建立发言人制度。2020年10月30日，首场中共中央新闻发布会举行，介绍和解读中共十九届五中全会精神。时任中央宣传部副部长、国务院新闻办公室主任徐麟在发布会上表示：建立中共中央新闻发布制度，是在中国特色社会主义进入新时代的历史条件下，适应形势发展和时代要求，坚持和加强党的全面领导、提高党的治国理政能力的重要制度安排和制度创新。到2021年年初，国务院新闻办公室更新2021版中央国家机关和地方发言人名录：中央和国家机关有关部委、各省（区、市）党委和政府新闻发言人共262位，其中，中央部门161位，地方101位，国家体育总局位列其中，新闻发言人为国家体育总局宣传司司长涂晓东。

（二）体育新闻发布会的发展历程

1983年，我国正式建立起新闻发言人制度。但在很长一段时间，它只是国家的一种宣传机制，体育领域也不例外。随着我国体育事业和体育市场的不断蓬勃发展，人们对体育信息的需求量不断扩大，政府如何规范管理体育信息已迫在眉睫。

从1983年至2006年7月，我国体育部门举办的新闻发布会的总体效果并不尽如人意。诸如机制的不成熟带来对体育新闻信息的不敏感，对新闻媒体缺乏客观、全面的认识，在体育新闻发布过程中，往往以"会议报告"或"工作总结"的形式出现。体育发言人常常官味十足，没有建立起与媒体记者平等交流的合作意识。另外，体育新闻发言

---

[1]蓝鸿文.新闻采访学[M].北京：中国人民大学出版社，2000.

人掌握的体育信息未能发挥其应有的作用而导致公众的体育知情权不能得到满足。例如，2004年中国足球"假球、黑哨"风波，由于足球管理机构在相当长的时间里回避问题，甚至进行新闻封锁，一时流言四起，从体育界的问题演变成举国关注的大问题。这表明了新闻发言人对事实的逃避和隐瞒，使公民知情权得不到满足，容易造成民众的误解，从而增加焦虑感、不安全感。随着我国体育事业的发展，大型体育赛事不断在国内举行，扩大了我国在世界体坛的影响、提高了国际地位，相应的体育新闻发布制度却没有跟上体育的国际化，没有抓住这个进一步扩大影响，树立形象的好机会，一定程度上影响了体育信息传达的通畅。譬如，我国体育宣传报道中，虚假新闻、恶性炒作等现象时有发生，有的媒体甚至热衷于制造和传播虚假体育新闻，炒作各类小道消息和负面报道。究其实质，主要是因为从国家体育总局机关到各个运动项目管理中心，都没有相对固定的新闻发布制度，更没有固定的新闻发言人，记者不能从正常的渠道获取权威性的信息，因而不仅使虚假信息有了市场，而且严重损害了国家体育总局机关和体育组织在公众心目中的形象。

鉴于以上原因，2006年8月，时任国家体育总局宣传司司长张海峰在全国体育宣传工作会上宣称，通过与各地宣传部门、新闻出版部门和各类媒体、教育部门等建立有效的合作机制，从国家体育总局到各省（区、市）体育局初步建立起新闻发布制度。2006年12月起，随着北京奥运会的日益临近，外国对奥运信息的需求量越来越大。为了满足国外媒体全方位、多角度报道北京奥运会的需求，中国政府和国家体育总局决定实行每周一次的"北京奥运会"新闻发布制度，为国外媒体记者提供北京奥运会场馆建设、志愿者招募、市场开发、文化活动、体育赛事、城市交通、环境保护、文明礼仪等方方面面的资讯。与此同时，新华社正式播发了《北京奥运会及其筹备期间外国在华采访规定》，在境外媒体中引起极大反响，同时北京奥组委新闻宣传部以及北京奥运新闻中心工作人员也纷纷表示将认真履行工作职责，努力践行北京申奥成功时许下的善待媒体，为媒体提供优质、便捷服务的承诺。北京奥运会的新闻发布活动为2022年北京冬奥会提供了丰富的经验。2022年2月5日，北京冬奥会赛时例行新闻发布会在主媒体中心正式启动。在首场新闻发布会上，国际奥委会新闻发言人马克·亚当斯、北京冬奥组委新闻发言人严家蓉、北京冬奥会开闭幕式总导演张艺谋等嘉宾在主会场和分会场回答了国内外记者相关提问。2022年3月13日，北京冬奥组委举行北京冬残奥会赛事总结新闻发布会，北京冬奥组委新闻发言人赵卫东介绍：冬奥会期间共有中外媒体记者和转播人员9388人参与报道，冬残奥期间相关人数达到近2900人。在北京冬奥会和冬残奥会期间，主媒体中心共举办了20场新闻发布会和22场媒体吹风会，各竞赛非竞赛场馆组织新闻发布会、媒体吹风会、记者见面会182场，还组织包括集体采访在内的各类采访活动70场，受理了近15000件采访申请，累计为22000余人次提供了信息和新闻服务，及时准确地讲述冬奥动人故事。

二、体育新闻发布会的定义与类型

（一）体育新闻发布会的定义

新闻发布会是指政府或部门发言人举行的定期、不定期或临时的新闻发布活动。一般认为，新闻发布会是披露信息、介绍情况、表明态度、沟通民意，以期获得民众理解和支持的新闻发布方式之一。新闻发布会现场是信息集散地，传受双方都能够散布、收集和反馈信息。

体育新闻发布会多为体育总局、体育总局所属各运动项目管理中心、体育协会、体育俱乐部等体育相关部门以及省市县级体育主管部门和社会体育组织召开的定期、不定期或临时的体育新闻发布活动，以达到对体育赛事、体育事件、体育明星、体育社会问题和体育现象等释疑解惑、宣传引导的功能。举行体育新闻发布会的目的，一是体育相关部门有新情况、新成绩、新举措，希望通过媒体的报道，以扩大舆论影响；二是澄清事实，以正视听。

（二）体育新闻发布会的类型

新闻发布会的类型目前尚无统一的划分标准。体育领域新闻发布会的大体类型，可以根据不同的标准划分为不同类型。如按照新闻发布主体的身份划分，可分为记者招待会、新闻发布会和媒体吹风会等；根据发布时间来划分，有例行体育新闻发布会、赛前新闻发布会、赛后新闻发布会等；根据具体事件划分，如因体育突发事件、重大体育活动、重大体育法规和政策等举办的新闻发布会；也有的依据发布会的传播媒介划分，如电视体育新闻发布会、网络体育新闻发布会、全媒体体育新闻发布会等。不同类型的体育新闻发布会有不同的特性与操作重点，下面简要介绍几种常见的体育新闻发布会的类型。

1.按照新闻发布主体的身份：新闻发布会、记者招待会和媒体吹风会

（1）新闻发布会

这是使用最多的一种体育新闻发布形式。一般的做法是：在一个布置好的新闻发布厅内，主持人和发言人就座于主席台，先由主持人做开场白，然后发言人发布新闻，再回答记者提问。被主持人允许提问的记者，一般率先通报自己所代表的新闻机构。但现在日益盛行一种新形式：不设主持人，体育新闻发言人上台发布新闻，进行和记者的问答环节，不设座席而改为立式发布台。这种新的体育新闻发布形式是借鉴和学习西方新闻发布的习惯做法。新闻发布会的优点是：可以正式地、大范围地传播体育信息、解释体育政策和表达相关意见，并通过体育新闻发言人和媒体记者的回答提问，相互沟通交流，比较系统地讲清楚某个事件，回应体育热点问题，起到宣传自己、引导舆论的作用，并表达出对体育媒体关系的重视。

（2）记者招待会

记者招待会又称"记者会"，是各类组织或个人向记者群体提供情况和信息发布的传播活动，是一种更正式、更大范围地发布体育新闻的方式。记者招待会通常在新闻发布厅内或更大规格的会议厅举行，一般要设主持人和主席台，先由主持人做开场白，介绍此次发布会的目的和主题、与会领导及嘉宾的身份和背景，然后由主要领导围绕主题发表讲话，最后由领导及嘉宾答记者问。记者招待会上领导或嘉宾一般不先发布新闻，经由答记者问，就民众普遍关心的问题表态，及时答疑解惑。在提问过程中，一般要求记者通报自己代表的新闻机构。记者招待会的优点是：可以更正式、更权威、更大影响地对外传播体育信息。

（3）媒体吹风会

媒体吹风会，英文为"press briefing"，是组织机构或个人的新闻发布方式之一，是国际上政府或机构沟通媒体关系的常规做法，一般提供背景信息、表明态度，又称为"背景吹风会""媒体吹风会"等。但是媒体吹风会参与媒体范围和规模相对于新闻发布会狭窄，对时间和地点的选择相对灵活，正式程度略低一些。一般在遇到不愿炒热，但又需在一定范围内传播的问题或事件时，采取媒体吹风会的形式。媒体吹风会往往是新闻发布方在正式发布新闻之前，透露信息，以便于形成受众期待。这种形式现场气氛相对活跃和轻松，可邀请为数不多的记者，在一个小会议室或发言人办公室里，甚至在咖啡厅、茶馆或者饭桌上举行，答问能详细一些。媒体吹风会的优点是：因不如新闻发布会正式，能说一些在正式场合无法说的话，从而建立与记者的友好关系。媒体吹风会邀请的记者一般是小范围的，应邀者大多是一些具有代表性的媒体或关系融洽的记者。由于体育比赛的悬念性和体育社会问题的敏感性、重要性等特点，一些体育部门举办赛事、活动时会经常邀请中外一些记者举行媒体吹风会，释放口风，提供议题以引导体育媒体议程，同时也具有协商的特点，而且媒体吹风会的采访中获取到的体育新闻比较灵活、视角独特，很受体育记者欢迎，但有时需要隐藏信息来源。

上述三种形式的新闻发布会，媒体吹风会比较容易理解和区分。而新闻发布会与记者招待会是正式发布新闻的最常用的两种形式，在本质上是一致的，都具有新闻发布的性质。从历史的角度来看，新闻发布会和记者招待会也是相伴产生的。但两者是有细微区别的，具体表现如下：

第一，发言人或举办人身份不同。新闻发布会，一般规格相对较低，无论是体育主管部门还是一些社会体育组织都可以举办，发布会发言人通常是专职人员；记者招待会更适用于机构或组织的高级官员，如中央领导、部长或部门主要领导人，更具有权威性和影响力，可以在记者会中对民众普遍关心的问题答疑解惑、消除负面事件的消极影响、建立负责任的政府形象，针对性强。

第二，任务不同。新闻发布会是以发布新闻为主，记者招待会可以不发布新闻，也可以发布新闻，但以招待记者、答记者问为主。往往记者招待会的发言人表达风格比较具有个人特色，能体现出独特的风格来建立组织形象。

第三，程序不同。新闻发布会一般由发言人先发布新闻，再回答记者提问。新闻发布会现在的趋势是由发言人自己主持，自己发布新闻，自己点记者提问，自己回答提问。记者招待会一般设一主持人，主持人不回答问题仅仅安排流程，回答记者提问的是机构或组织的高级官员。

第四，时间不同。新闻发布会活动时间较短，一般半个小时至一个小时左右。记者招待会时间一般较长，历时一个多小时或更长，回答问题的范围更广泛。

2.按照发布时间划分：例行体育新闻发布会、赛前新闻发布会和赛后新闻发布会

（1）例行体育新闻发布会

例行体育新闻发布会，用于发布动态新闻，是针对长期举办的职业联赛、奥运会、亚运会等国际大型体育比赛的主办国或组织，在赛事筹备阶段和比赛期间向媒体发布新闻的一种常用形式。例行体育新闻发布会的基本特点是定时、定期、定点举行，有专职的体育新闻发言人，有时还会邀请一些领导和嘉宾出席。在例行体育新闻发布会上，媒体记者主要针对职业联赛的筹备情况、组织情况、运动员变动、教练任免等相关问题，以及奥运会等大型赛事主办方的筹备进展、场馆建设、媒体中心的安排、主办国的政治、经济、文化、卫生、环境等方面问题进行提问，一方面宣传体育赛事本身，另一方面也是塑造国家和政府形象的良好平台。如在2022年北京冬奥会和冬残奥会期间，主媒体中心共举办了20场例行新闻发布会和22场媒体吹风会，各竞赛非竞赛场馆组织新闻发布会、媒体吹风会、记者见面会182场；中国足协在例行新闻发布会上通报联赛情况和赛事赛风赛纪建设等情况。

请看下面例子：

"带动3亿人参与冰雪运动"是北京冬奥会最大遗产

2022年2月11日　新闻来源：《中国体育报》　记者：方卉

2022年2月11日，以"冬奥遗产"为主题的北京冬奥会例行新闻发布会召开。北京冬奥组委规划建设部部长刘玉民介绍，北京冬奥会最大的遗产成果是实现了"带动3亿人参与冰雪运动"的目标。

刘玉民介绍，根据国家统计局统计结果，从北京冬奥会申办成功至2021年10月，全国参与冰雪运动的人数为3.46亿人，冰雪运动参与率超过24%，"带动3亿人参与冰雪运动"的承诺已经实现，这是北京冬奥会最大的遗产成果。

刘玉民表示，北京2022年冬奥会最大限度使用了北京2008年奥运会的遗产，并在这个基础上创造了新的"双奥遗产"。比如国家游泳中心、首都体育馆、五棵松体育中心等，新增或者优化了原有的设施和制冰的设施，把原来夏季的体育功能扩展到冬季，这两项功能并存，提升了场馆的适用性。北京冬奥组委新闻发言人严家蓉认为，从夏奥到冬奥，"双奥之城"奥运精神的普及传承是非常宝贵的无形遗产。

据介绍，北京冬奥会践行绿色环保理念，传承了自然的建设理念。新建、改建的7座冰上场馆、9块冰面都使用了环保型的制冷系统和制冷剂，所有新建的室内场馆全部达到国家绿色建筑三星级的绿建标准。

北京冬奥会还带动了工业遗产的复兴和主办城市的全面发展。在前一天的新闻发布会上，北京冬奥组委的新闻发言人赵卫东介绍了首钢成为世界知名工业遗产复兴示范区的故事，延庆赛区和张家口等地区的发展也得到了极大提升。"比如张家口赛区在申办冬奥之前，每年滑雪的人口大概在20万人，现在已经达到200万人。"刘玉民说，这些场馆设施的建设，也为这些地区将来开展群众性体育活动、举办国际性比赛等提供了很好的场所。

刘玉民强调，场馆赛时与赛后利用紧密结合的"北京实践"也是北京冬奥会重要遗产之一。所有的场馆在建设之初，同时考虑了赛后使用和赛后遗产的"双重"要求，并且都制订了相应的计划。北京冬奥组委总体策划部部长李森提及，"北京冬奥会这几天的比赛，各个场馆的业主单位已经同有关的单项体育协会负责人联系，他们对我们的场馆服务，包括竞赛组织非常满意，希望以后有高水平的赛事接着在这些场馆举办。"

"筹办冬奥会近7年的时间，我们还形成了很多体育文化和人才方面的遗产，比如成立农民滑雪队、开展北京市青少年俱乐部联赛、连续7年举办全国大众冰雪季。"刘玉民说，北京冬奥会同时培养了一大批场馆设计、运行、维护、建设的专家。

此外，严家蓉提出，人与人之间的交流、大众不断提升的健康意识、更加深入人心的可持续理念等，也是北京冬奥会宝贵的无形遗产。

发布会当天发布的《北京2022年冬奥会和冬残奥会遗产案例报告集（2022）》收录了7大领域中形成的44个典型遗产案例，总结提炼了冰雪运动普及发展、冬奥场馆、科技创新、环境保护、城市更新、区域协同、文化传播、奥林匹克教育、志愿服务、包容性社会建设等多方面的亮点成果。

上面案例是围绕"冬奥遗产"为主题展开的体育新闻发布活动。例行体育新闻发布会一般要求出场嘉宾有较强的政治素养、理论素养、文化素养，对于发布会主题相关体育知识能够全方位、高度而深入地把握，能够高屋建瓴，因此出场嘉宾多为该体育领域的主要官员和具体执行者。在案例中北京冬奥组委规划建设部部长刘玉民作为主要的新闻发布者，面对记者多角度、多方位的提问，在回答中不仅涉及体育本身，而且拓延到冬奥以外的政治和文化等社会视角。这要求新闻发言人和记者都具有较好的现场应变能力和迅捷的反应能力。

（2）赛前新闻发布会

赛前新闻发布会多围绕赛前体育受众关注的与比赛相关的问题进行现场提问，如比赛的备战情况、运动员的心理状态、技战术部署、运动员的伤病情况以及一些著名运动员目前的竞技状态等。赛前新闻发布会多围绕赛事或者一些体育明星进行采访，教练、知名运动员往往成为发布会的主角。

请看下面案例：

女足奥预赛附加赛次回合今日打响

中国队严阵以待 韩国队期待翻盘

2021年4月12日 新闻来源：《中国体育报》 记者：马艺欧

（本报记者 马艺欧）带着东京奥运会女足亚洲区预选赛附加赛客场2比1的比分，中国女足回到一年来一直备战的大本营苏州。虽然形势占优，但从出席赛前新闻发布会的中国女足主教练贾秀全身上，看到的仍是严阵以待。韩国队主教练科林·贝尔依然对上一场的失利感到遗憾，背后则是期待翻盘的欲望。

从4月8日打完首回合比赛到4月13日第二回合比赛，仅有5天时间，这对于球队的调整提出了不小挑战。贾秀全表示，在有限时间内，球队仍安排了视频分析，并且针对问题进行了训练。

苏州这两天都在下雨，但中国女足依然坚持在户外训练，这是为了能更好地适应环境。虽然中国女足这一年多来在苏州集训时间很长，对当地环境已经十分熟悉，但女足还是不放过任何一个有助于备战的机会，包括球鞋等装备都做好了应对不同天气的准备。

球员恢复状况是另一个焦点，贾秀全坦言，球员赛前的身体、脑力和心态恢复都很重要。首回合比赛的遭遇战之后，双方已没有太多秘密可言。决战是技术的较量、意志的较量和心态的较量。他同时强调，统一和执行是第二场比赛的关键。

韩国队目前的情况相对被动，但从首回合比赛场面上看，其实她们并不是没有机会。科林·贝尔在第二回合赛前发布会上，依然为第一回合比赛的失利耿耿于怀，表示对结果不满意。他不止一次强调，下半场韩国队掌控了比赛。在他看来，个别球员的失误直接导致了比赛走向的变化。

无论是中国媒体还是韩国媒体，赛前都问到了3位旅欧球员的情况。上一场比赛中，池笑然有着不错的发挥，下半场替补登场的李金玟也展示了不俗实力，老将赵昭贤则没有登场。科林·贝尔介绍，这3名球员目前身体状态良好，赵昭贤因为从英国回来的时间较短，第一场比赛未能上场，经过几天调整，已做好上场准备，"赵昭贤从来没有在我执教韩国女足期间正式上场过，通过这几天时间我们也得以更熟悉彼此，也希望她能找到自己最好的状态。"

几位明星球员有更好的发挥是韩国队翻盘希望所在，科林·贝尔也强调了整体防守的重要性，在他看来，中国队很擅长抓住她们的漏洞。

上面案例是关于中国女足备战2020东京奥运会亚洲区预选赛的一场赛前新闻发布会，记者对这次赛前新闻发布会采访报道的视角很独特，主要是通过中韩女足备战状态的对比来呈现两队的特点。赛前新闻发布会只有在重大比赛或者一些备受关注的职业体育比赛赛前才召开，尤其是一些职业联赛，也是组织者对职业比赛进行宣传、扩大赛事影响力的有效手段。但针对奥运会、世界杯、世锦赛等大型体育赛事，各主管部门举办的记者招待会，一般体育官员、领队、教练和运动员因为处于赛前的敏感时期，而且比赛胜负难料，因此，嘉宾对记者的提问有很强防备心理，不会轻易发表自己的观点看法，或者有所保留，只是出于礼貌和惯例对比赛准备情况进行简单介绍，多为被动回答记者的提问，记者采访也不会获得太多"猛料"和有价值新闻。

（3）赛后新闻发布会

赛后新闻发布会是体育新闻发布会最主要形式之一。主要是在比赛结束后，各项赛事主管部门总是在第一时间召开赛后新闻发布会。赛后发布会主要参与嘉宾是本项目的主要体育官员、教练、主力运动员等。被邀嘉宾针对比赛的输赢、赛场表现、技战术的部署配合、场上发挥、裁判的判罚、本次比赛的意义等回答各媒体记者的提问。

请看下面例子：

羽生结弦"一个人的发布会"："永远感谢这块冰面"

2022年2月15日　新闻来源：《环球时报》　记者：张振　陈尚文　庄羽

【环球时报记者　张振　陈尚文　庄羽】"没想到有这么多人来到我面前"，14日下午，日本花滑名将羽生结弦在北京冬奥会主新闻中心举行新闻发布会。此前日本奥委会宣布羽生结弦将召开发布会时，不少人猜测他将宣布退役，但日本奥委会解释称，此举是因为此前媒体向羽生结弦提出大量问题，需要集中回应，羽生在记者问答前的发言也印证了这一点："比赛后的采访需要和媒体保持社交距离，这些天有许多媒体采访，这也是为什么我要开发布会，感谢大家参加。"

感受到中国粉丝的爱

8年前的2月14日，当时未满20岁的羽生结弦在俄罗斯索契首获冬奥金牌。8年后的这一天，他在北京冬奥会主媒体中心"立春厅"举行发布会。这是北京冬奥会为数不多的一个人的发布会，桌上仅有"羽生结弦"这一个名牌。在新闻发布会正式开始前一个多小时，《环球时报》记者观察到厅外已排起长队，厅内很快挤满了人。发布会上，被问及过去几天的感受时，羽生结弦表示，自己想了很多，想自己失败的4A跳（阿克塞尔四周跳），想这趟冬奥旅程。结束男单自由滑后，羽生仰头看了天花板，然后深鞠一躬，对此他表示，当时全场观众都在用力鼓掌，自己很感谢他们，"我也将永远感谢这块冰面，也想到这可能是自己在这块冰面上最后一次表演，由衷感谢制冰团队"。

参加北京冬奥会，羽生结弦收到两万多封信件和礼物，以及志愿者的欢迎，"感受到中国粉丝的热爱，在这样的氛围中表演，我觉得非常高兴"。

回看这个4A，会为自己自豪

14日上午，羽生结弦现身首都体育馆训练馆。被问到为什么会想再次上冰训练时，他坦言其实自己不适合继续滑冰，"但真的很热爱，我想起自己小时候滑冰的样子。之后我还要滑很久，不只是滑，我还想跳"。他还回顾自己在北京冬奥会的旅程，"短节目我很满意，第一下没跳好，可能是那天的冰面不喜欢我。自由滑，我以为自己可以跳好。完成4A后，（我看到）9岁的自己向我祝贺，9岁的自己和我一起完成跳跃，（摔倒后）9岁的自己伸手拉起了我——这就是羽生结弦的4A，多年后回看这个4A的话，我会为自己感到自豪"。

赛前脚受伤，打封闭上场

对于北京冬奥是不是自己的最后一届奥运会，羽生结弦说"还不知道"，"当然我希望再一次登上冬奥会舞台"。谈及未来是否会继续挑战4A，羽生结弦也说，"现在还没有答案"，"其实赛前几天我脚踝受伤时，医生嘱咐我必须休息，如果是别的比赛我就放弃了，但我最终决定打封闭上场。场上的那一刻就是我跳得最好的4A，（对那个动作）我很满意。"

发布会结束后的摄影环节中，《环球时报》记者观察到羽生结弦贴心地帮摄影师清理面前的水瓶。在日本，有关"羽生结弦是否会退役""羽生结弦脚伤"成为网友最关注的话题。很多日本网友纷纷发推，"羽生不退役真好，但也请注意脚伤"。日本各大电视台14日纷纷直播此场记者会。日本《东京体育》称，羽生在记者会上提及下一次冬奥会，这令人期待。

上面案例是关于2022年2月15日日本花滑名将羽生结弦在北京冬奥会主新闻中心举行的赛后新闻发布会，羽生结弦针对体育媒体提出的大量问题做出集中回应。发布会在十分友好平和的氛围中展开，也体现了明星运动员羽生结弦正确对待比赛成绩、面对体育媒体的良好心理素质。《环球时报》的记者通过文字记录下发布会中生动的细节，充分展示出羽生结弦的超高人气和礼貌态度。

赛后新闻发布会是记者在采访中比较容易获得有价值事实材料的主要渠道之一，尤其是赢得比赛的新闻发布会，无论是教练和运动员都将发布会作为载体，都愿意与媒体记者和受众一起分享胜利的喜悦，这时候运动员和教练的回答都带有真情实感，赛前多年艰苦训练、伤病困扰、亲人的期盼、赛前的紧张、场上对生命极限的挑战、对胜利的无限渴望在这一刻倾泻而出。而对于一些失利运动员的采访，也容易攻破采访对象的心理底线，获得感人肺腑的真实材料。

3. 按照具体事件划分：如因体育突发事件、重大体育活动、重大体育法规和政策等举办的新闻发布会

（1）体育突发事件新闻发布会

在体育比赛中，突发事件时有发生。体育突发事件新闻发布会多属于危机事件发布。我国对体育突发事件的处理和报道，经历了一个从封闭到逐步开放的过程，现在逐步与国际惯例接轨。这一类发布会举行时间不确定，通常在体育突发事件发生后及时发布。体育突发事件本身具有背离常规的特点，所以要充分满足体育新闻价值的新鲜性要求，具有较高的体育新闻价值。体育媒体应该第一时间到达事件现场，及时参与报道，了解事件发生和处理的全过程，并充分考虑事件的复杂性、敏感性和可能造成的影响，及时向新闻媒体通报。体育突发事件发生后，体育机构主要负责人必须迅捷反应，积极处理应对，澄清事实真相，主动释疑解惑争取舆论。

如2020年欧洲杯B组第一轮的一场小组赛在丹麦首都哥本哈根的帕肯球场展开角逐，由东道主丹麦坐镇主场对阵欧洲杯新军芬兰。上半场，丹麦优势较大，但久攻未果。丹麦球员埃里克森在第42分钟非对抗情况下晕厥倒地。队医迅速进场处理，从比赛镜头可以看出，埃里克森已经完全失去意识，丹麦球员将埃里克森围了起来，以便队医进行抢救，丹麦球员托马斯·德莱尼甚至已经泣不成声，球迷也在现场湿润了双眼。第55分钟，埃里克森被队医用担架抬出场外，现场球迷为埃里克森送去了祝福的掌声。埃里克森在被佩戴上氧气面罩后已经可以自主呼吸。欧足联随后宣布，本场比赛暂停进行。在突发医疗紧急情况后，双方球队和比赛官员就召开了一次紧急新闻发布会。丹麦主教练在新闻发布会上流泪并答疑解惑，欧足联希望埃里克森能尽快康复并感谢两支球队模范般的态度。

（2）重大体育活动新闻发布会

重大体育活动举办往往伴随着一定的商业性、政治性和娱乐性，因此总是获得主办方、媒体和公众的共同关注。为满足媒体和公众知情权，扩大体育活动的社会影响力，创造更大的社会价值和商业价值，新闻发布会的举办成为不可或缺的传播平台。如2017年7月22日著名足球运动员克里斯蒂亚诺·罗纳尔多（C罗）联手耐克品牌开启2017"引爆非凡"中国行，在上海淮海路耐克体验店举办新闻发布会，与中国媒体、球员和球迷互动，分享自己非凡的足球故事和成功秘诀。此次新闻发布会既宣传耐克品牌，促进中葡两国足球项目的交流，也为品牌商和C罗带来可观的经济利益。

（3）重大体育政策新闻发布会

在新闻发布会上直接宣布新出台的体育政策和措施，是最吸引记者的做法。过去，体育部门出台重大政策和措施，有时以会议形式发布，有时以文件形式发布，有时则通过官方媒体发布。其实，这些内容大多都有很高的宣传价值，如果只用官方传媒对外发布信息，外国记者会认为得到的是第二手资料，报道的兴趣会受影响，报道的倾向和详细程度也会打折扣。为了与记者建立相互信任关系，对外树立开放形象，提高宣传效益，可考虑把大部分即将出台的政策拿到新闻发布会上公布。这样做丝毫不影响官方传媒的权威，外国记者觉得有优先权。重大体育政策法规颁布时，一般体育总局或相关部门要举行新闻发布会，进行广泛宣传和普及。

如2022年7月18日《公共体育设施开放服务与评估通用要求》体育行业标准项目在北京召开启动发布会。国家体育总局体育经济司、群众体育司、体育器材装备中心相关处室同志参会并做主旨发言。《公共体育设施开放服务与评估通用要求》体育行业标准是总局群众体育司提出，2022年3月经体育总局批复立项的体育行业标准。标准适用范围包括公共体育场馆，以及健身路径、农村体育设施、健身步道、健身广场、体育公园等各级各类开放型公共体育设施。该标准将通过建立各类公共体育设施的开放要求、管理要求、评估指标体系和评估方法，为体育行政主管部门加强公共体育设施监管和考核提供必要的依据。

可见，在重大体育政策颁布之后，一定涉及很重要的内容，或与民众息息相关。通过举行新闻发布会，加强与民众的沟通，有助于政策的贯彻与实施，得到民众的支持和理解，并通过国内外媒体对政策重要内容进行传播，助推我国体育事业的繁荣与发展。

关于体育新闻发布会的类型还有很多种分类方法，如根据传播的媒体不同，可以分为电视体育新闻发布会、远程电话体育新闻发布会、网络体育新闻发布会等，尤其在媒体日益发达的今天，运用不同媒体发布新闻的形式也在不断丰富和变化，网络体育新闻发布会进入民众日常生活的视野。新华网、人民网、央视网等带有政府部门性质的官网邀请相关体育知情人士出席新闻聊天室，与广大网友在线互动交流，即时回答网友提问，表达意见、解释体育政策。随着移动新媒体的兴盛，体育新闻发布会的形式更加多元，各级体育组织与机构还在微博、微信等移动终端设立网络发言人，积极回应体育热点，表达体育组织机构对媒体关系的重视。

三、体育新闻发布会的作用及采访特点

（一）体育新闻发布会的作用

目前，体育新闻发布会的作用，主要表现在以下几方面：

1.满足公众知情权，培养公共体育意识

知情权是我国宪法赋予公民的不可侵犯的基本权利。随着社会发展，公众对体育信

息的知情意识和参与意识越来越强。体育新闻发布会，可以向公众及时通报有关重要体育信息，让公众及时了解各体育主管部门的重要决策和重大体育赛事、体育事件等发生、发展情况，满足公众的知情权。例如，近年来运动员违规投注比赛、违法操纵比赛结果等现象时有发生。少数运动员、教练员、裁判员等体育从业人员参与赌博、打假球，严重违背了体育诚信和职业道德，损害了体育形象，败坏了社会风气的大问题，后来在广大媒体的深度介入以及相关管理机构进行新闻发布，满足公众的知情权，同时也对体育组织和政府部门的工作提出更高的要求；2021年10月，体育总局启动关于严肃查处赌博、假球等违规违纪违法行为文件的起草工作，经向有关协会了解情况，在系统梳理现有政策规定的基础上，研究形成了《体育总局　公安部关于严肃查处赌博、假球等违规违纪违法行为　切实强化行业自律自治的通知》初稿，并于2022年3月2日在国家体育总局官网正式发布《体育总局　公安部关于严肃查处赌博、假球等违规违法行为切实强化行业自律自治的通知》。

同时，在公众知情权获得满足后，体育管理部门对体育信息的适度发布有利于民众更多地了解体育，培养更多的体育爱好者，加强公众的公共体育信息意识，而在体育部门建立新闻发布制度是构建体育政务信息公开的一个重要平台。譬如，作为全国体育宣传工作会议的一项重要议程，2018年5月16日国家体育总局举行新体育网全媒体平台上线新闻发布会。时任国家体育总局副局长赵勇出席发布会，并宣布新体育网全媒体平台正式上线。新体育网是国家体育总局构建体育宣传大格局的一项重要内容，由中国体育报业总社具体建设和运营。新体育网以推进体育强国建设为使命，以微博、微信、微视频、客户端（三微一端）为主要载体，以服务大众美好生活需求为目标，打造国内一流、国际领先体育新闻网。以后类似于这样的新闻发布平台将会越来越多。这将对提升公众公共体育意识，推进全民健身运动的开展，增强国民体质具有重要意义。

2.引导体育舆论，释放公众压力

随着信息技术的迅猛发展，特别是随着互联网的普及，多元化的社会已经在很大程度上改变了人们的生活方式和思维模式，舆论引导工作越来越有必要。建立和完善体育新闻发布制度，定期召开体育新闻发布会，及时主动发布新闻、提供信息，能够起到把握先机，争取主动，引导舆论的作用。同时由于生活节奏的加快，人们的心理压力也越来越大，通过体育新闻发布会接收体育信息，能够娱乐大众，缓解大众紧张情绪。尤其在球迷骚乱、球场暴力等体育突发事件爆发的特殊时期，新闻发言人的作用更为重要。通过这种直观、人性化的方式，向媒介和社会公众传达事件的即时信息、政府的态度、采取的措施，满足公众趋利避害的需求，缓和公众的紧张情绪，取得公众的理解和支持。

3.塑造政府形象，缓解体育危机

体育的全球化发展态势使体育比赛越来越多地融入政治、文化、商业和娱乐等元素，尤其是奥运会、世界杯等重大体育赛事，对塑造国家形象意义重大。通过体育新闻发布会，及时、准确地公布各类体育信息，让全世界媒体透过体育窗口，了解中国的文化、中国的社会发展和历史变迁等，对于树立一个公开、高效、务实和负责任的政府形象，树立开明、开放、和平、友好、合作、负责任的大国形象，都将具有重要作用。如2022年2月5日，北京2022年冬奥会开幕式点火环节，火炬共传递6棒，由7名火炬手进行传递。开幕式导演团队依次选择了生于20世纪50年代、60年代、70年代、80年代、90年代的运动员，最后决定由"00后"接棒。在选择火炬手过程中，团队也与有关部门经过了讨论，并且严格遵守国际奥委会的规定，即在得到最终批准确认之前不与火炬手候选者交流相关情况。在新闻发布会现场有记者就火炬手的个人情况提问，国际奥委会新闻发言人马克·亚当斯在应询时说，根据《奥林匹克宪章》，国际奥委会不会因为运动员的背景或他们来自哪里而有任何歧视，也不会进行什么"安全检查"，并强调，"他们完全可以参加火炬传递，而且这些火炬手都是非常出色的运动员"。他还说，最后一棒火炬手是参加本届冬奥会的运动员，有资格承担"点火"工作。此回答既表达了世界对奥运的支持，同时也坚定地表现出中国对成功举办冬奥会的信心，维护了中国负责任的大国形象。

同时，在体育领域，体育暴力事件、体育赛事中的兴奋剂、假球、黑哨、体育腐败现象使我国体育市场和体育环境开始恶化，体育危机事件频繁出现。通过体育新闻发布会有利于政府对危机作出快速的反应，并且用"一个声音"传达和解释各种体育信息，有利于取得人们对信息信度的较高认同。同时，由于代表政府的态度，可以在第一时间设置国内新闻媒体的报道框架，占据道德制高点，在便于缓解危机的同时也维护了政府的形象。

（二）体育新闻发布会的采访特点

1.新闻来源的同质性

体育新闻发布会一般由特定的新闻源构成，新闻源可能是体育主管部门或某个体育项目负责人担任新闻发言人的角色，教练、主力队员等作为新闻发布会的嘉宾，也是媒体采访报道的关键人物。在新闻发布会中，经过充分准备的新闻发言人和现场嘉宾（新闻源）针对某场体育比赛或特定体育事件、体育活动等进行信息发布。而且是新闻源主动地向与会各家媒体记者集体发布信息，而不是单独对某个媒体提供体育消息。也就是说，体育新闻发布会所提供给记者的信息在相当大程度上是同质的。这就要求体育记者主动去寻求新闻源，因为发言人掌握着发布新闻的主动权，只有主动出击，方能获取更有独家价值的新闻。

2.采访场合的特殊性

体育新闻发布会大多是由较为重要的机构，如国家体育总局、各赛事的组委会、各运动项目管理中心等国内、国际体育组织，正式邀请记者出席的新闻发布活动，新闻发布会的主办者往往具有特定的社会地位。而且新闻发布会一般来说是比较严肃的，不管是例行性的还是临时性的，都会因为这样的背景而显示出它的重要性。可见，新闻发布会作为特殊的采访场合，与记者事先约定的个别采访，或者在比赛现场记者随机采访所呈现出来的氛围和格局，有着完全不同的特点。体育新闻发布会是体育新闻界同行精英云集、激烈竞争的场合。参加体育新闻发布会的记者可能很多，但真正能获得提问机会的体育媒体却很少。众多记者在限定的时空内争夺提问机会，这就要求记者对新闻发布会所提问题要精心设计，力求区别同质化内容，从同行意想不到的角度去提问，又使被访者不感突兀、便于回答，这都需要体育记者的职业训练和反思揣摩，方能脱颖而出。

3.采访对象的显著性

体育新闻发布会的发言人及现场嘉宾，或者是某一体育团体或组织的权威人士，或者是体育明星、教练、知名体育人士等体育赛事和体育事件的当事人。他们往往是有备而来，该说什么不该说什么，说到什么程度，常常是在发布会筹备阶段就已经成竹在胸。如果是一位职业新闻发言人，他们更是经受过严格的专业培训来应对记者。他们的戒备心理，给记者的采访活动无疑增加了难度。体育新闻发布会采访对象的显著性，使新闻发布会本身成为具有较大价值的新闻。如马龙、徐梦桃和谷爱凌等体坛明星作为嘉宾出场的新闻发布会，不管本身是否发布新闻，都会因为采访对象的显著性而使发布会本身成为受众关注的大新闻。

4.采访时空的限定性

体育新闻发布会是在限定的时间内发布新闻，一般1—2小时，根据时间的线性发展，需要体育记者集中精力参与并向外界传递有效信息。记者招待会这类较为正式的集体采访活动在时间安排上一般都是比较严密的，没有特别重要的原因一般不会超时。体育新闻发布会往往是在一个固定的场所举行，这就将记者的体育采访活动从空间上进行了限定。时间、空间的有限性，决定了记者的采访活动必须"速战速决"，必须尽力寻求发言的机会，积极争取发言的权利，一旦有机会提问，那就必须抓紧时间，提出明确的、有深度的问题，努力引导对方的回答具有实质性的内容，能够为媒体和受众带来有价值的信息。因此，在充分考虑时间有限性的基础上，抓住一个简洁的、有意义的话题，并争取获得有新闻价值的答案，这正是提问的创意所追求的境界。

体育新闻发布会的上述特点，决定了记者要采访到一定水准的个性化体育新闻具有相当的难度。体育新闻发布会到目前为止已是一种比较成熟的信息发布模式，其一般是就重大体育赛事，突发体育事件、重大体育活动、敏感的体育社会问题等作出的陈述与解释，所以体育新闻发布会具有很强的采访价值，体育记者应该在新闻发布会的采访中下大力气，同中寻异，变换角度，挖掘深度，从千篇一律中"挖到金子"，写出耳目一新的新闻报道。

四、体育新闻发布会的采访流程

（一）体育新闻发布会的访前准备

1.思想准备

（1）提高思想高度，高屋建瓴，把握关键进行提问

任何工作要做好，都需认真准备和精心策划。体育新闻发布会一般是就某一场体育比赛或重大体育事件进行信息发布，但是记者不能只想着事情本身的细枝末节，而要以全面的、整体的、发展的眼光看待体育比赛和体育事件的产生、发展、结果和影响等，找出最关键的、影响最深远的问题，并在发布会上串联起体育新闻发言人给出的陈述与解释，以高屋建瓴的角度，准备并提出采访问题。

（2）平稳心态情绪，有对话意识

参加体育新闻发布会的记者要排除思想上的障碍：提问是给领导出难题；怯场；把体育记者分为三六九等，妄自菲薄。在体育新闻发布会的特殊场合里，所有记者都不能甘心当个听众和传话筒，要"竞争上岗"，所以需要每个记者都要有足够的"对话意识"、缜密的思维、过人的勇气、清晰的思维而敢于和体育新闻发言人进行有效沟通。体育新闻发布会上，绝大多数提问机会是给知名媒体预留的，如果作为普通媒体记者参加新闻发布会，就更要积极发扬"抢"的精神——即在发布会现场抢前排座位，积极举手提问，这样有利于获得发言人的关注，获得发言机会。

2.前期的工作准备

任何一次体育新闻采访活动，记者事先的资料准备都是必不可少的。而体育新闻发布会的特殊性，更使记者采访前的准备工作显得尤为重要。在一般情况下，新闻发言人或嘉宾会根据调研资料和体育新闻发布的内容，已事先准备好回答口径。尤其面对敏感问题时，常需要请示上级同意，或与相关部门协调，以确保口径的一致性。相比一般的采访活动，记者在新闻发布会上的提问机会要少得多，众多体育记者争抢发言机会，每次提问都是记者在众多媒体同行面前表现的绝佳舞台。因此，若想在体育新闻发布会上获取有价值的新闻，保证提问质量，知己知彼，就必须进行必要的前期准备工作。

（1）对体育新闻发布内容的把握

根据体育比赛的预知性和固定性等特点，体育记者能够提前了解新闻发布会的举办时间和地点。但体育比赛的悬念性和体育突发事件的时有发生，使体育新闻发布会也带有诸多不确定性的因素。如果时间允许、条件许可，而且事先已经获知体育新闻发布会的内容，最好事前围绕发布会的内容进行必要准备：比如对比赛对决双方的主力队员、技战术特点、排兵布阵以及体育事件发生的背景进行必要了解，也可以对同一或同类体育比赛、体育事件、同类现象进行横向、纵向的数据对比，等等。

（2）对体育新闻发言人的必要了解

体育新闻发言人或者是某一体育团体或组织的权威人士，或者是体育事件当事人，他们发布的只是他们主动想发布的信息，而这些信息对于记者而言，很多情况下并不是其与受众所需要的。如果记者在会前能对体育新闻发言人的背景、学识、脾气秉性、说话习惯等有所了解，有针对性地施展采访技巧，将有助于发布会采访的顺利进行。同时，在发布会上通常不能进行采访，如果有机会，可以考虑发布会结束后对发言人进行围堵补充采访，但是这些都建立在对体育新闻发言人充分了解的情况下。

（3）对出席体育新闻发布会媒体的了解

一个经验丰富的体育记者，往往能通过其他媒体派往发布会的记者的质量和数量判断出该媒体对此新闻的重视程度，甚至通过对与会记者的水平、风格的了解大体揣测出他的报道角度和报道重点。相比其他采访活动，体育新闻发布会上提问机会是有限的，机会要比其他采访方式少得多，根据对同行的了解就可以避开其他媒体的角度，独辟蹊径，高出一筹。

（4）设计提问的问题

体育新闻发布会的提出问题必须事先准备好，这是采访前必做的功课之一，记者围绕体育新闻发布会主题，查阅相应的背景资料等内容，准备好采访提纲，列出准备提问的具体问题。在问题的数量上，要遵循"10∶1"的原则，因为体育新闻发布会上同行众多、竞争激烈、时间有限，有可能出现自己准备的问题被其他记者抢先提问。所以，在采访提纲中多设计逻辑递进的问题可以帮助记者形成清晰的提问思路，建构记者头脑中的分析框架，在此基础上进行临场发挥，更能游刃有余。

（5）准备好采访工具

体育新闻发布会上，记者同时要携带录音笔、笔记本电脑、相机等必备的采访工具，它们可以帮助记者更好地调整思路，完整记录现场信息等，这是发布会采访必备的工具，做好工具的准备工作，做个有心的"倾听者"，可以保证采访的顺利进行。网络新闻发布会是近几年出现的新发布方式，通过网络形成虚拟会场，把新闻发布者和分散于不同地点的记者集中在一起，使信息在相当广的范围内实现有效传播。随着技术的进步，网上新闻发布会可以实现资料发放、多媒体播放、现场提问、项目交流、电子名片交换、精彩回放等多种功能，这就要求体育记者在网络新闻发布会上准备相应的采访设备和工具。

（二）体育新闻发布会的现场采访

1.充分利用主办方的主题材料

记者到达体育新闻发布会的现场，首先应拿到会议主办方发给记者的体育新闻发言人的发言稿和新闻通稿，有的主办方还会发放一些与发布会相关的记者提问提纲（答记者问的备忘录），以上材料都是经过发布会主办方专门班子充分讨论，在广泛征求和调查各方意见的基础之上形成的对发布会相关主题活动或事件的统一认识、口径一致，因此可作为记者新闻采访的主要资料来源之一，但记者又不能局限于现有的新闻通稿，对体育新闻发布会的现场采访是获取鲜活的体育信息必不可少的途径。

2.抢占有利条件创造采访时机

体育新闻发布会是众多体育记者竞争的场合，好的采访位置容易引起体育发言人的注意，获得采访机会。体育记者的服装、神情、行为等都有可能成为创造采访的有利条件，比如有体育记者总结，体育新闻发布会一些女记者要穿大红的上衣，目的就是为了在众多体育记者中醒目一些，更方便获得采访机会。当然，如果碍于种种条件，体育记者的位置不够有利，采访机会不好，也不能自暴自弃，敷衍了事。应该凭借记者的新闻敏感，变不利因素为有利因素，可以善用观察技巧独辟蹊径，或以独家视角发现新闻眼，获取别出心裁的好新闻。

（三）体育新闻发布会的会后延伸采访

体育记者要想采访到个性化的发布会新闻，除了会前的精心准备、会上的积极努力之外，会后的"功夫"也必不可少。体育新闻发布会结束了，并不意味着体育记者采访活动的结束。相反，如果时间允许，体育记者应该依据体育新闻发布会上获得的信息，继续展开会后的追踪、补充和深入采访。

1.单独采访体育发言人，争取独家新闻

体育新闻发布会上提问未能尽兴，是经常出现的一种情况。体育新闻发布会结束

后，单独采访获取的体育新闻常常是独家新闻。但能否抓住机会或者制造机会单独采访体育新闻发言人，主要取决于记者所在媒体的权威性、媒体与发布会主办方的关系以及体育记者的个人能力。在一些通报体育事件、辟谣类发言、调查回应性等类型的体育新闻发布会中，发言人一般在会上都谨言慎行，除去既定材料以外不愿多谈。面对这种情况，记者应视具体情况，迅速判断有无可能在会后延伸采访，围堵发言人进行必要的追问。

2.延伸采访线索，深化采访内容

体育新闻发布会就体育新闻发言人准备好的问题进行回答，就特定问题进行阐述解释，所以很难有与众不同的角度观点进行报道，由于采访对象、采访内容受限，使得新闻内容千篇一律。所以，在体育新闻发布会后，记者可以采取多种多样的采访方法，对相关人士进行专访，对相关部门、现场进行全方位新闻采集与报道，也可以顺藤摸瓜，进行追踪报道和调查，如果在众体育媒体的包围中，发言人愿意开口回应，提问要注意开门见山、直奔主题，问题以闭合式为主，便于发言人的表态。这样延伸采访线索、深化采访内容，易形成系列式、有深度、有广度的体育新闻报道，从而提高体育新闻报道的社会影响力。

五、体育新闻发布会的采访技法

体育新闻发布会由于其采访场合、采访对象和采访时空的特殊性与限定性等特点，要求体育记者在采访时掌握特殊的提问、倾听、观察和情感体验等采访技巧与方法，以顺利完成体育新闻发布会的采访报道工作。

（一）体育新闻发布会的提问技巧

1.围绕议题，不挖隐私

大型体育新闻的采访报道，对部分明星运动员的关注甚至超过了比赛本身，但是在体育新闻发布会上的提问，应该与本次比赛或者运动项目相关，围绕体育新闻发布会的议题发问，如果过分地挖掘隐私会造成运动员的反感，且与本次发布会无关。

请看下面案例：

金牌并非全部，巩立姣与亚当斯赛后惺惺相惜

2021年8月1日 19:13 新闻来源：羊城晚报特派东京全媒体记者：周方平 郝浩宇

中国选手巩立姣今日上午以绝对优势夺得女子铅球冠军，创造了中国选手在奥运首夺田赛冠军的历史。在赛后的新闻发布会上，巩立姣与新西兰老将亚当斯有说有笑，气氛和谐。

"亚当斯大姐一直拿冠军，这次终于轮到我了"，巩立姣说完，一旁的亚当斯哈哈大笑起来。

"因为疫情，我们两年没有见面，能来参加比赛，真的是很艰难。此前我一直看亚

当斯大姐拿冠军，这次终于轮到我了。不过她还是抢先了我一步，因为她有了两个可爱的孩子，我也想有我自己的BABY"。众人再度大笑。

亚当斯拿出相片展示给现场媒体："我拿着的是我的两个孩子的照片，他们是我最大的激励，我赢得这个奖牌，除了为我两个孩子和国家外，也激励了女性。虽然有孩子，但是我们还是会继续回到赛场上来。我祝贺巩立姣今天拿到金牌，此前她看我赢了很多次，但是今天的冠军是她，我尊重她。"

这是2020东京奥运会田径赛场上中国选手巩立姣夺冠后的采访，在这段赛后新闻发布会采访中，体育记者的提问围绕疫情下参赛夺冠展开，引导采访对象自然流露出情感，同时在两位发言人的互动中，充分展现奥林匹克精神，丰富体育新闻内涵。虽然记者并没有围绕运动员个人隐私和赛事无关的事展开提问，但是达到非常好的提问效果。在巩立姣夺冠后，也有记者将采访的提问重点放在其夺冠后的情感和个人问题上，甚至试探运动员隐私，视频播出后引发网友对不当采访的愤怒和不解，不少网友带着微博话题#采访巩立姣的记者#进行激烈讨论，舆论偏向于指责其带有个人偏见，采访运动员个人情感问题，偏离了核心的体育新闻事实，既没有做到简洁准确，也没有做到围绕核心事实展开提问，可以说，这样的问题在赛后提出是不妥当的。体育新闻发布会的采访更应该围绕体育事件的核心点展开，充分展现体育竞技的魅力和体育精神的内涵。

2.言简意赅，准确生动

首先，在体育新闻发布会上，新闻源要面对众多的新闻媒体，精力有限，所以要求体育记者在提问的时候，要用最简单直白的话语表达观点，最有效的方法就是把问题切入点放小且清晰具体。这样有利于发言人理解问题，并进行明确的回答。所谓的好问题并不是用了多少语法，引用了多少背景知识，而是解决问题。

体育新闻发布会上还有一个独特的现象，我国记者在提问时常常加一些表达感情的前缀，如感谢领导、肯定前文等，这些都是不必要的，记者要用最简单的语言，让新闻源给予最直接、最具体的回答，这才是提问所要的结果。记者要培养自己"一铁锹就挖出金子"的能力。

请看下面案例：

苏炳添成为东京奥运会中国奥运代表团旗手

2021年8月8日 08:58 新闻来源：央视网 编辑：卢芳菲

记者：其实作为田径运动员当旗手，是很骄傲的事情吧，通常我们选旗手以前都是男篮运动员，很高大，但是我们这次凭借中国速度入选奥运会旗手，所以说能够参加闭幕式代表整个中国田径队，而且你在这个田径场留下了一个亚洲速度和世界级的表现，是创造历史的地方，所以你心理感受是什么呢？

苏炳添："其实闭幕式我也是第二次参加，上一次奥运会也有参加过。当时可能是没有疫情，大家能够很好地感受到里约的文化、特色。可以和不同国家的运动员接触在一起。今年的闭幕式更多是要好好保护自己。这点是最重要的。我们还是要坚守到最后，这点是最重要的。"

苏炳添补充道:"如果能代表中国参加闭幕式,作为旗手的话。我感觉是无比光荣。之前自己也没太多关注,但我觉得能够成为旗手,对于中国田径、自己也好,中国田径的历史发展也好。是无比光荣的历史。要珍惜好这一刻。"

记者:这是中国田径人的荣耀。你知道2004年刘翔就是在闭幕式上担任了旗手的吗,这是不是两代中国田径人的接力?

苏炳添:"这个我还真不知道,你给我说了我才知道。但肯定是要得到很多方面的认可才能有旗手的荣誉。正像你说的,不光这是自己的荣誉,更多的是代表中国田径人这么多代人的努力。翔哥可能是代表我们中国跨栏、田径的奥运会金牌,可能对于我来说,更多的是代表我们中国短跑突破的历史点。"

(https://2020.cctv.com/2021/08/08/ARTIak4H9tX0HhecHHSoA4fh210808.shtml)

这个采访中第一个问题提问时长超过20秒,言词稍显累赘,提问的核心在于成为旗手后苏炳添的内心感受,但是提问中已经涵盖对内心感受的描述,这样夺取了采访对象回答问题的内容。苏炳添作为一个受访经验丰富的运动员,面对这样的提问展现出良好的素养。但如果这样的提问是采访大赛经验不足的青少年运动员,则很容易弄巧成拙。

其次,体育新闻发布会的时间非常有限,记者一旦获得采访提问机会,准确生动的提问是获得明确回答的前提。准确指问题的提出切中体育新闻事件要害,准确把握新闻价值,引导体育新闻发言人明确地回答解释事件,这是一个体育记者基本的采访能力。

生动,是让问题具有个性,立刻引起别人注意,让问题生动的方法有很多,可以用适当的道具、生动的词语、表情神态等,新闻发布会并不是警察问话,提问与回答都需要有良好的沟通能力,使沟通顺畅、自然,而且提问的角度、方法、语气等都可以使提问变得生动具体。总之,都是为了使问题更好地传达,不同的方法适用的场合不同,为了能够引起新闻源的注意,争取到采访机会,记者就要挖空心思,既让发言人听懂,又要有兴趣来回答。

3.随机应变,整合提问

记者在体育新闻发布会采访时应集中精力,对发布的信息进行快速的总结提炼,并及时理解整合,发现新的内容和含义。

请看下面案例:

中国足协召开新闻发布会 职业联盟筹备进展顺利

2019年10月16日 13:57 新闻来源:人民网-体育频道 记者:马翼

人民网北京10月16日电(马翼)据中国足协官网消息,16日上午,中国足球协会就中国职业足球联盟筹备工作召开新闻发布会,中国足协秘书长刘奕、职业联盟筹备组召集人黄盛华就职业联盟筹备情况向媒体做了通报并接受采访。

为全面深化足球改革发展,贯彻落实《中国足球改革发展总体方案》"调整组建职业联赛理事会"的任务要求，中国足球协会于2019年8月22日足代会换届之后，积极推动"中国足球职业联盟"的筹备。经与中超俱乐部协商，中国足协牵头成立了"职业联盟筹备工作组"，工作组组长为广州富力足球俱乐部投资人张力先生，其他成员包括广州富力足球俱乐部副董事长黄盛华、河南建业俱乐部董事杨楠、大连一方俱乐部董事长张霖和山东鲁能俱乐部总经理孙华。

联盟筹备工作组按照"尊重足球运动的发展规律，坚持联盟企业化和市场化"的原则，推动构建新型管理体制和机制，以制度创新激发中国职业足球高质量发展。

刘奕在介绍职业联盟筹备情况时表示，中国足协坚决贯彻落实《中国足球改革发展总体方案》的任务要求，对职业联盟给予充分放权，推动职业足球发展的专业化、市场化、产业化和国际化。为充分体现职业联盟的独立和自治，中国足协将不再持有"职业联盟"的股份，由16家俱乐部提名和选举职业联盟的主席，中国足协对联盟董事会主席的选举进行监督。中国足协通过和职业联盟签署谅解备忘录等文件的形式，对职业联盟行使监督权，同时明确双方在中超联赛管理方面的分工与合作。

刘奕还介绍说，联盟筹备工作严格遵循合规合法、民主协商的原则稳步推进，目前进展顺利，预计本月底之前可以完成职业联盟章程的起草，以及"中国足协和职业联盟谅解备忘录"的签署。中国足协希望未来和职业联盟建立良性互动和合作共赢的关系，一方面提高中国足球的整体水平，另一方面壮大足球产业，给广大球迷提供精彩和丰富的体育娱乐产品。

黄盛华在新闻发布会上表示，在联盟筹备过程中，中国足协和中超俱乐部进行非常充分的民主协商，达成高度一致，目标就是要建设健康联赛，我们希望以后联赛会越来越火爆。

面对媒体记者关心的人才选用问题，刘奕表示，足协只会对联盟主席的选举进行监督，其他用人选材问题由联盟自己负责。黄盛华表示，现阶段急需解决的还是联盟的成立相关问题，等确定联盟主席后再具体考虑接下来的框架搭建及选材用人问题。未来联盟业务将更广泛，还要在现有人员基础上不断发展，希望能够吸收最好的人才。

关于中超升降级以及扩军问题，刘奕指出，中国足球需要专业化管理，升降级制度不会变。下赛季中超联赛不存在扩军问题，如果扩军足协会提前和联盟协商，至少提前一个赛季向社会公布。

10月16日下午，职业联盟筹备工作组将入驻中超公司，对中超联赛进行更细致的调研和规划。

在此次中国足协的新闻发布会上，中国足协秘书长刘奕先生已经在发布会上就职业联盟筹备情况向媒体做了通报，记者及时总结提炼了发布的新闻事实并延伸人才选用、扩军和升降级等问题。

总之，体育新闻发布会这类特殊场合的提问艺术，其实就是体育记者的思想水平、知识积累、专业技能和反应能力的综合表现，要想提出富有创意的问题，关键在于重视培养思维和技能的创造性，只有日积月累的刻苦学习，不懈探索，才会有灵感的闪光，才能有精彩的表现和巨大的成功。

（二）体育新闻发布会的倾听技巧

体育新闻发布会采访作为一种特殊的现场采访，不是每个记者都能得到提问的机会，现实情况是大部分记者只是带着耳朵去参加发布会，这种情况下，就要求记者掌握倾听的技巧，善于把握采访重点，随时总结，快速发送消息，争夺新闻时效。国外一位著名记者曾经说过："学会倾听是我职业生涯的最大经验。"会听，是记者的基本功之一。而且倾听本身也是一种采访。但与其他采访以记者提问为主明显不同，在体育新闻发布会上，记者的身份更大程度上是一个倾听者。体育新闻发布会上没有"无意"的说者，体育新闻发言人的每一句话都可能透露出一个重要信息。

首先，要集中注意力于"听"。在发布会上面对同质的新闻源发布新闻，记者应全神贯注于发言人此时此刻正在说的内容，而不是分心于下一步提问什么问题。影响倾听的主要障碍之一就是担心接下来的提问导致注意力不集中。

其次，学会用眼睛倾听。记者一定要做善用眼睛的听者，对体育新闻发言人所说的每一句话都不放过，并保持高度敏感，尽一切可能从他的言谈之中发现有价值的东西，听出真话、反话、弦外之音和要害所在，尤其是采访对象会用体态语言、情绪表达来反应，这些不自觉流露的迹象会保留哪些信息，是记者在提问和追问中要特别关注的。倾听结合观察，才会事半功倍。

（三）体育新闻发布会的观察技巧

体育记者可以利用自己在新闻发布会上所观察到的某些细节增加报道的趣味性。比如，新闻发布会是在一间狭小的休息室还是在体育馆旁的一个宽敞的音乐厅里举行？被采访的那些教练球员是衣冠整齐还是穿着随便？被采访者的态度怎么样？他们对记者的态度是否随着发布会的进行而变得有敌意？如果是的话，原因何在？体育记者的一双眼睛，在体育新闻发布会上决不能当摆设，要眼观六路，学会察言观色，不放过任何一个细节。

请看下面的案例：

李娜退役新闻发布会哽咽落泪 宣布结束职业生涯

2014年9月21日 14:12 新闻来源：央视网体育

9月21日下午，李娜退役新闻发布会在北京国家网球中心举行，这里也是今年中国网球公开赛的举办地。不同的是今年李娜再次回到这里的时候已经不再是参赛者，而是已经退役的故人了。今天出席李娜发布会的嘉宾包括姜山、MAX和IMG高层。

李娜曾两次打进过中网的四强，钻石球场的新闻中心她非常熟悉，不过此番再次回到这里却是宣布退役。李娜在9月19日发布了退役告别信，宣布结束长达15年的职业生涯，不过当时李娜并未现身，此次现身北京也是一次与大家的告别。

中网赛事总监张军慧介绍李娜选择在这里退役时说："李娜刚刚回国，北京是她到达的第一站，她也希望尽快把消息发布给大家；中网作为亚洲最高级别的女子赛事，很适合作为发布会的地点。"同时张军慧也证实，中网30日晚场比赛期间，将会为李娜举办退役仪式。"

李娜的膝盖曾多次做手术，经常需要打消肿针，饱受伤病的折磨，最终李娜在32岁的时候做出了离开的决定。李娜曾出过一本自传《独自上场》，而现在她终于不用再独自上场了。李娜在退役信中向姜山深情告白："你陪伴我已经20年了。你是我的全部，我也很感激能和你共享人生。"如今，远离了竞技场，他们的生活将回归平静，携手走过未来的人生。

李娜身穿休闲装亮相新闻发布会现场，在向各方致谢之后，李娜声音哽咽，向大家说再见。李娜说："这次发布会比较特殊，还是交给媒体吧。"

李娜介绍说，3月份自己膝盖就已经出现了问题，7月份做了手术，这已经是她第四次做手术了，李娜说这种感觉非常复杂。李娜承认做出退役的决定非常艰难，甚至比打大满贯还要艰难。李娜说："身体已经承受不了高水平的比赛了，最后决定是在上周四或者周五做出的，在和团队沟通之后最终选择了退役。"

李娜说非常满意自己的网球生涯，也为自己感到自豪，同时也表示现在是最好的退役时间。在谈到是否会后悔的时候，李娜说："我内心很坚强的告诉自己不会后悔，因为自己已经尽力了。"李娜说她的下一个梦想是开网球学校以及帮助需要帮助的儿童。

李娜说她一直看好中国网球的发展，她说："现在在中国举办的比赛已经有十几个了，小姑娘们有更多机会面对面接触到高水平比赛，我对中国网球的未来有着美好的憧憬。不过每个人都有自己的特点，所以谈不上接班人的问题。下一个球员会做的比我更好。"李娜在谈到未来时说一定会在中国定居，但具体哪个城市要看网球学校开在哪里，而生小孩已经提上了议事日程，因为孩子是生活的一部分。

（http://sports.cntv.cn/2014/09/21/ARTI1411279852335992.shtml）

上面是中国著名网球选手李娜退役新闻发布会上的一段描述，主要运用就是观察的方法，如"向姜山深情告白""致谢后，声音哽咽"等等，将李娜因伤病退役告别体坛当时的心境、情愫、神态描写得惟妙惟肖，跃然纸上，增强了体育新闻发布会新闻的可读性与趣味性。

第二节 体育突发事件采访

变动产生新闻，变动是新闻之母。在受众的心中，引起高度关注的体育新闻就是带有突发因素的体育赛事，是最新发生的、变动的体育事实信息。当今社会，人们对体育的关注程度越来越高，体育比赛也因结果的悬念性和不确定性而带有一定的突发性和戏剧性。而且，突发事件不给媒体反应时间，事发即报道，考验体育记者与媒体的综合反应、判断、采访报道能力，体现了媒体的权威性和公信力，因此以最快速度抵达现场并对突发事件进行独家体育报道，一直是体育媒体所追求的境界。在全媒体时代的体育新闻竞争中，突发事件、突发因素都是体育新闻报道的"肥肉"，是体育新闻采访中不可小觑的重要部分。

一、体育突发事件的定义与类型

（一）体育突发事件的定义

体育事件可以分为两类：体育非突发事件和体育突发事件。

体育非突发事件是指那些人们事先预知的，安排好的，在正常情况下、在固定的时间和地点发生的体育事件，如北京冬奥会开幕、欧洲杯赛事的如期举行等。

体育突发事件相对于体育非突发事件而存在，是指那些与体育事业相关联的，在一定的体育环境下突然发生、带有异常性质、人们缺乏思想准备、能够产生重大影响的体育事件。如2013年4月15日美国波士顿马拉松终点线附近连续发生2起爆炸事件，造成重大伤亡；2021年4月13日，NBA官方宣布，篮网客场对阵森林狼比赛因明尼苏达阿波利斯发生一起枪击事件而延期；2021年5月22日，甘肃一山地马拉松赛遭遇极端天气，此次事故最终造成21人遇难，其中包括梁晶、黄关军等国内马拉松圈顶级选手等。

体育突发性事件较非突发事件时间感强，内容新异，具有较大的体育新闻价值。另外，体育突发事件通常对体育环境、体育事业具有一定的破坏性，使人们没有时间反应和接受，因此更加引起公众的高度关注。

体育突发事件具有突然发生、性质异常、破坏力强、时间紧迫等特点，这些特点要求体育记者面对诸如此类事件时，应该格外重视体育新闻采访报道的立场，及时应对，妥善处理轻重急缓，不能被事件冲昏头脑，失去理性，事件越是紧急，破坏力越强，越能彰显媒体的实力和记者的素质。

（二）体育突发事件的类型

当代体育运动的蓬勃发展和体育赛事的日益增多，致使体育突发事件频繁发生，如赛场群殴、球场暴力、比赛事故、兴奋剂事件、违规判罚等。纵观时有发生的体育突发事件，大致可以分为三种类型：即完全无法预知的体育突发事件、"吊胃口"的体育突发事件和重大的体育比赛突发事件。

1.完全无法预知的体育突发事件

是公众事先完全无法预知的意外体育事件，多为在大型体育赛事或围绕大型体育赛事而进行的体育活动时发生的震惊世人的重大事件，也是全球媒体尤其是注重体育新闻时效的国际大通讯社、电视台、网站要以秒计算抢发快讯的对象。在以往的奥运会等大型赛事中曾经发生过的完全无法预知的体育突发事件大致有以下几个种类：

（1）恐怖袭击事件

1972年慕尼黑奥运会上恐怖组织"黑九月"绑架并杀害11名以色列选手和教练；被誉为"史上最凶险世界杯"的2010年南非世界杯屡屡发生各种安全隐患问题，抢劫、车祸、火灾和恐怖袭击事件；2015年11月13日晚，巴黎发生多起恐怖袭击，造成至少130人死亡、约350人受伤，其中几起自杀式爆炸袭击的制造者试图进入正在进行法德足球友谊赛的法兰西体育场，勒夫率领的德国队赛前就曾在下榻酒店接到炸弹威胁，这一震惊世界的系列恐怖袭击事件为在法国10座球场举行的欧锦赛蒙上阴影等等。

（2）赛场伤亡事件

此类体育突发事件主要是指在比赛中时常发生的群体性踩踏及伤亡事件。球迷冲突和球场安保失当而导致球迷践踏或被铁丝网挤压而亡，酿成悲剧的事件时有发生。如1964年5月24日的"利马惨案"致使318人罹难；1982年10月20日的"莫斯科惨案"致使340余人蒙难；1985年5月29日的"海瑟尔惨案"中，39名尤文图斯球迷死亡，300多人受伤；2001年4月16日的"约翰内斯堡惨案"致使47名球迷丧生，160多人受伤；2012年2月1日凌晨的埃及东部的塞得港，足球比赛双方球迷从小范围的骚乱进而发展到大规模冲突，导致至少77人死亡（也有媒体报道为74人死亡），1000余人受伤；2022年2月2日，在非洲国家杯东道主喀麦隆与科摩罗的1/8比赛开始前，球迷试图挤进雅温得奥伦贝体育场发生致命踩踏事件，造成6人死亡数十人受伤，等等。

此外，运动员在比赛赛场意外伤亡的事件也时有发生：如2021年欧洲杯埃里克森在第42分钟非对抗情况下晕厥倒地立即展开救援；2020年11月29日，在F1巴林大奖赛上法国车手格罗斯让撞穿护栏赛车起火，赛会当即出动红旗，比赛中止，发生碰撞并起火28秒后车手奇迹般地从大火中逃出，随后被立即送往医疗中心进行急救；2022年5月5日中国篮坛传来噩耗，CUBA球员阿尔泰在4月30日的比赛中心脏骤停，抢救无效不幸离世，年仅31岁等等。

（3）兴奋剂事件

兴奋剂一直是笼罩在大型体育赛事上空的阴影。阿姆斯特朗在1999—2005年期间创纪录地获得了环法自行车赛的七连冠，但这位美国自行车手被美国反兴奋剂机构取消了他自1998年8月1日后参加的所有比赛成绩，其中就包括他获得的七个环法冠军；俄罗斯田径界的兴奋剂丑闻被维塔利·斯捷潘诺夫揭发，他向《纽约时报》揭露了部分细节，称俄运动员在2014年索契冬奥中系统性地用药；2016年里约奥运会上俄罗斯田径队因兴奋剂丑闻被集体禁赛；2020东京奥运会发现6起兴奋剂违规事件，所有相关运动员被暂时停赛，案卷交由体育仲裁法院反兴奋剂部门和各个体育联合会终审。

（4）政治示威事件

在1968年墨西哥奥运会上，分别获得男子200米金牌和铜牌的美国黑人选手史密斯和卡洛斯光着脚走上领奖台，并在演奏美国国歌时分别举起了戴着黑手套的左右手，以抗议美国的种族歧视，被后人称为"黑权事件"。美国被迫向国际奥委会道歉，墨西哥组织者随后勒令两人在24小时内离境。2019年下半年，美国奥林匹克和残奥会委员会处罚了两名美国运动员，他们在泛美运动会颁奖仪式上进行政治抗议：击剑比赛运动员英博登做出下跪举动，链球运动员格温·贝瑞举起了拳头。

（5）裁判争议事件

裁判争议是体育比赛采访报道中一个永恒的话题。比如，在2004年雅典奥运会男子单杠决赛中，现场观众不满裁判对俄罗斯名将涅莫夫打分过低，群情激愤，嘘声四起，持久不息，在裁判改判后观众仍不依不饶，最后还是涅莫夫大度地出场示意，才平息了嘘声；2020年8月4日，中超第3轮比赛中，大连人1∶2不敌江苏苏宁，本场比赛中主裁判关星出现几次争议判罚，引起了球队和球迷的不满。

（6）自然灾害和公共卫生事件

自然性突发事件主要包括气象灾害、地震灾害、地质灾害等，以及体育赛事活动受天气、台风等自然因素的影响。如2018年7月21日，上海市足球协会发文件宣布上港vs恒大的比赛因10号台风延期，本场比赛双方阵容足够豪华，两队身价相加为1.5亿欧元，是中超史上最贵的对决。

公共卫生事件，包括重特大传染病疫情、重特大动植物疫情、食品安全事件等。比如原定2020年举办的欧洲杯，因新冠疫情定为2021年6月份举办；2020东京奥运会也因新冠疫情改期为2021年夏季举办，疫情的再次扩散给东京奥运会的召开带来诸多不确定因素。

（7）感人事件

突发事件并不总是负面的，体育赛场上总有一些感人场面不期而遇，比赛传诵至今。最著名的事例是在1968年墨西哥奥运会上，坦桑尼亚马拉松选手阿赫瓦里在途中手臂和腿部受伤，但仍一瘸一拐地"走"到了终点，此时离第一名选手冲过终点已有两个多小时，尚未退场的观众起立喝彩。阿赫瓦里留下了奥运史上最感人、最经典的一句话："我的祖国把我送到7000英里以外的地方，不是要让我开始比赛，而是要让我完成比赛。"2016年8月15日凌晨，里约奥运会跳水比赛女子3米板决赛中，何姿和施廷懋两位中国选手激烈争夺金牌，最终何姿稍逊一等，连续两届奥运在这个项目上获得亚军。在颁奖典礼上，秦凯突然求婚，何姿选择答应，围观的运动员兴奋地簇拥上去给何姿热情的拥抱并围观求婚戒指，满满都是诚挚的祝福，无关肤色、无关国家、无关种族，构成奥林匹克感人的一幕。

2."吊胃口"的体育突发事件

是指人们知道它要发生但不知何时发生，如北京奥运会火炬登顶珠峰就是典型一例。为了在登顶瞬间抢发新闻，各大媒体不得不时刻待命，在焦急等待中守候着新闻事件的降临，甚至还必须准备好万一登顶失败的另一套报道方案。这类突发事件在奥运会上、世界杯等重大比赛中则多有发生，如奥运会开幕、第一枚金牌诞生、世界冠军卫冕之战、百米飞人大战、各项目上演的巅峰对决等，也必将是世界各大媒体争先抢发的重大体育新闻事件。由于事件所要发生的时间、地点可以预知，因此严格来说还算不上"体育突发事件"，但同样是媒体要比拼报道时效的场合，只不过比试的并不是媒体的新闻敏感和获取独家新闻的能力，而是比试各家采编人员的瞬间判断和反应能力以及发稿技术手段的先进性。

3.重大的体育比赛突发事件

重大的体育比赛突发事件根据其发生场所，可分为赛场内突发事件和赛场外突发事件。

（1）赛场内突发事件

顾名思义就是指在比赛进行中，发生在赛场以内的突发事件。此类事件往往具有很强的偶然性和不可预知性。事件的发生往往能迅速引起新闻媒体的关注和报道，但是相应的新闻点相对比较集中，难以出现精彩的独家报道。

比如，2016年8月9日，在里约奥运会男子举重62公斤级比赛中，中国名将谌利军由于小腿抽筋无奈弃权。媒体报道的落点放在谌利军无奈退赛的遗憾和观众的理解上，提供更有层次感、更丰富的体育新闻事实。

（2）赛场外突发事件

指发生在赛场外的一切与体育赛事有关的突发事件。此类事件的偶然性和不可预测性没有赛场内突发事件那么强，但是由于发生在赛场之外，普通大众很少了解到事件的真相及过程，这就需要新闻媒体通过不断地深入挖掘，找到具有新闻价值的线索，有效地呈现事件本身。例如2016年11月29日，巴西沙佩科恩斯俱乐部遭遇空难。由于飞机坠毁，机上77人中有71人死亡，其中包括19名沙佩科恩斯球员；2021年4月19日凌晨，皇家马德里、利物浦、AC米兰等12家欧洲老牌足球俱乐部宣布组建名为"欧洲足球超级联赛"的赛事，同时公布赛事组织形式、资金分配等方案。但到21日凌晨，组建欧超的48小时后，此事便因其中6家英超俱乐部退出而暂时搁浅等等。

综上，可以看出，体育突发事件同样也具备一般突发事件的特征：不可预知的、突然发生的、比较重大的、会产生重大影响的。在这三类体育突发事件报道中，最能体现媒体实力的当数对第一类无法预知的体育突发事件和第三类重大的体育比赛突发事件的报道。寥寥数字的"快讯"往往价值连城，"首发新闻"是对媒体的最高奖赏。但不要轻视第二类可预知的体育赛事新闻的快讯抢发，它同样需要很高的新闻素质。

二、体育突发事件采访报道的作用

通过了解体育突发事件的定义和类型，可以看到新闻"变动"的魅力。体育突发事件不给媒体反应时间，事发即报道，考验了体育记者与媒体的综合反应、判断、采访报道能力，也考验了体育新闻媒体的全面把控能力和应对能力。那么，体育突发事件采访报道具有什么作用呢？

（一）检验媒体实力的试金石

体育突发事件的采访报道，不仅是对体育记者综合素养和能力的一次大考，更是对媒体整体实力和社会影响力的全面检验。体育领域内突发事件的意外发生，首先考验的是媒体能否全球首发这一体育事件的快讯，其次是媒体能否在较短时间内迅速采写并组织一批滚动报道、后续跟踪报道，满足受众被快讯急速调动起来的阅读需求。这需要编辑部具有高效的策划和调度能力，更需要记者有很强的体育新闻采写能力。请看新华社记者肖亚卓对法国球迷骚乱事件报道的叙述：

法国再现球迷骚乱　尼斯与科隆欧协联比赛推迟一小时

2022年9月9日　12:17　新闻来源：新华网　记者：肖亚卓

新华社巴黎9月8日电（记者肖亚卓）法国的足球赛场再次出现球迷骚乱事件。在8日进行的2022-23赛季欧足联欧洲协会联赛小组赛D组首轮尼斯主场与科隆队的比赛前，两队球迷在球场内部发生了大规模暴力冲突，直接导致比赛被推迟近一个小时，双方最终 1∶1 战平。

本场比赛共有约一万名科隆队球迷跟随球队"出征"。法国媒体称，其中部分球迷行为恶劣，在城市里"乱扔垃圾和随地小便"，肆意破坏城市公共设施；尼斯当地政府官员对此进行了公开批评。

本场比赛原定于 18∶45 开哨，但比赛开始前一小时，双方球迷在场内爆发大规模冲突，在当地警方的介入下，事态才得以平息，比赛最终被推迟了 55 分钟才开始。

尼斯俱乐部在一份官方声明中称，事情的起因是"部分从客队球迷看台出现的足球流氓试图冲击主席台区域"。现场画面显示，双方球迷互射烟火，场内烟雾弥漫。

据法新社报道，共有数十人在这场冲突中受伤，其中包括两名警察和一名球场安保人员。有四人被送往医院，其中有一人从五米高的看台摔下，伤势严重。

比赛中，蒂格斯在上半场为客队进球，德洛尔在下半场为尼斯将比分扳平。

近年来，法国球场骚乱事件时有发生。上赛季的法甲第三轮，同样是在尼斯主场，尼斯队球迷大量涌入球场与客队马赛队队员爆发冲突，直接导致比赛中断。不到一个月后，朗斯与里尔的"北部德比"也出现球迷骚乱，现场有警察受伤。

上赛季末尾，老牌豪门圣埃蒂安在升降级附加赛中主场输球不幸降入法乙，大批愤怒的球迷试图冲下看台攻击自家球队队员，并向球场投掷烟火，导致圣埃蒂安球员不得不狼狈地"逃回"球员通道。

面对层出不穷的球迷骚乱事件，法国政府和足协重拳出击，上赛季后半段，甚至在部分关键场次采取了禁止客队球迷观赛的措施，而这又引起了许多球迷组织的不满。从实际效果上看，该项措施似乎收效甚微。

（http：//sports.news.cn/c/2022-09/09/c_1128989579.html）

可见，新华社关于"法国球迷骚乱事件"的报道，体现出新华社面对体育突发事件的快速应对能力，同时对此事件的后续报道、追踪报道和独家报道也满足了受众深入了解事件发展演变全过程的强烈愿望，而且可以断定，一些受众对突发事件的关注度远远超过对体育比赛本身的关注。而新华社对诸如此类突发事件的全方位报道，对检验我国最大通讯社的品牌实力以及体育记者的综合能力具有重要作用。

（二）信息公开，满足受众知情权

所谓知情权，是指社会公众知悉、获取社会资讯、公共信息的权利和自由。而新闻媒介对公共信息的采访与报道是公众享有和行使知情权的重要途径之一。体育领域的突发事件，一般也多为比较重大的能引起公众广泛关注的具有较大社会影响力的事件，公众需要了解更多有关事件的内幕，发生发展的过程、结果及深层次的动因，而记者的采访报道，保证了信息的公开透明，满足了受众获取体育信息的权利和自由。下面是关于国际拳联肃清腐败的相关报道：

专访国际拳联主席：麦克拉伦调查有助反腐，乐观看待重返奥运

2021年11月7日 15:34 新闻来源：新华网 记者：刘旸 石中玉

新华社贝尔格莱德11月6日电 国际拳联主席克列姆廖夫在2021男子拳击世锦赛期间接受新华社记者专访时表示，麦克拉伦独立调查报告正在帮助国际拳联肃清腐败毒瘤，他对联合会未来重返奥运会持乐观态度。

克列姆廖夫表示，非常乐于见到麦克拉伦调查报告（第一阶段）中披露的各种问题，这一独立调查有助于国际拳联惩治腐败。国际拳联将对存在问题的相关人员实施严厉制裁。

"我非常高兴现在知道是哪些人应该对过去的问题负责了。我们会尽一切可能，对这些人制裁、禁赛，让他们终身不能接触拳击运动。"克列姆廖夫说，"现在我们在等调查最终全部结论，届时我们会采取更多措施。我们的目标是让拳击成为干净、诚实和透明的运动。"

此前公布的长达152页的麦克拉伦调查报告（第一阶段）证实了里约奥运会期间拳击比赛中存在裁判遴选和执法场次分配、操纵比赛、金钱交易等问题，指出国际拳联数名前任高官的责任问题和协会架构中的系统性风险，对有高度嫌疑的场次逐一进行案例调查，并列出相关人员名单。

克列姆廖夫表示，麦克拉伦团队和他们的调查结果正在帮助国际拳联改善工作，已经取得明显效果。此次世锦赛筹备期间，两名参与人员被禁赛。世锦赛举办期间，又有两人被禁赛。这些都是依据麦克拉伦团队调查做出的决定。

"世锦赛后，我们还有分析评估过程，确保拳手得到公平公正的待遇，如果任何人有关于操控比赛或其他问题的任何线索，我们都同意应告知麦克拉伦团队，任何指控都要调查清楚。"克列姆廖夫说。

加拿大知名体育法律师麦克拉伦在接受记者线上采访时表示，正在举行的世锦赛裁判遴选过程中，执法官员需要接受关于执法信任度的人工智能测试，这是协助调查团队获取信息的重要渠道，也可以辅助调查团队对裁判是否可能存在不公执法问题做出判断。

里约奥运会拳击比赛中出现裁判舞弊和操纵比赛等丑闻后，国际奥委会暂停了国际拳联参与举办奥运会的资格。东京奥运会拳击比赛是由国际奥委会组建的特别运营小组负责。

克列姆廖夫对国际拳联重返巴黎奥运会持乐观态度。"我们收到国际奥委会非常明确的建议，一直在努力实施和完善，会一直坚持落实国际奥委会全部建议。我们的任务是成为透明和诚信的组织。"克列姆廖夫说，"至于能否重返奥运会，这是国际奥委会的决定，我不能假借名义发表评论。当然，我（对重返巴黎奥运会）持乐观态度。我们是拳击运动员，当我们决定战斗时，总是想着胜利。"

克列姆廖夫表示，行动胜于空谈。"国际拳联帮助很多有困难的协会和运动员来参加世锦赛，并对优胜者设立了数额可观的奖金，这在世界业余拳击比赛中是第一次。新冠疫情下，很多运动员训练比赛都受到影响，这次世锦赛对他们来说是非常好的实战机会。"

2021国际拳联男子拳击世锦赛6日结束了全部13个重量级别的比赛，来自100多个国家和地区的600多名拳击运动员参加比赛。

（http://www.news.cn/sports/2021-11/07/c_1128040383.html）

当拳赛市场化之后，体育迷作为体育事业的消费者，他们希望并有权获得更广泛的"知晓"的权利。而自2021年开始持续一年多的拳坛反腐肃清行动，是对国际拳坛黑市和腐败的一次彻彻底底的肃清与革命，而媒体的采访报道，推动了这一历史进程，媒体的调查采访和客观报道，满足了公众知情权，也让民众看到了国际拳坛和体育主管部门的整顿力度与决心，看到了拳击运动发展的未来。

（三）及时引导舆论，化解社会矛盾

大型体育赛事及群众体育活动的特点，主要表现在人员聚集、竞争对抗激烈、观众及参与人员情绪波动大、非理性等特点。突发事件一旦爆发，其时间、规模、具体态势和影响深度，经常出乎人们的意料，其破坏性的能量就会被迅速释放，并呈快速蔓延之势，而且事件大多演变迅速，解决问题的机会稍纵即逝，如果不能及时采取应对措施，将会造成更大的危害和损失。而且突发事件的不确定性和人类理性的有限性使得公众在事件面前往往无所适从，给人们心理造成无法用量化指标衡量的心理恐慌和社会秩序混乱，信息的传播也会在非常态下不及时，甚至有变形的可能，导致信息失真，误导受众[1]。因此，媒体需要通过及时、深入的调查采访，报道客观真实信息，及时引导公众舆论，以疏导公众情绪，化解社会矛盾。习近平总书记在新闻舆论工作座谈会上强调："做好正面宣传，要增强吸引力和感染力。真实性是新闻的生命。要根据事实来描述事实，既准确报道个别事实，又从宏观上把握和反映事件或事物的全貌。舆论监督和正面宣传是统一的。"对体育记者也提出全新要求：坚持正确舆论导向，坚持团结稳定鼓劲、正面宣传为主的基本方针，确保新闻舆论工作始终沿着正确轨道向前推进；就必须坚持改革创新，增强工作针对性，推动融合发展，把握好时度效，增强国际话语权。

比如在2021年欧洲杯比赛中丹麦球员埃里克森比赛过程中心脏骤停引发"黄金救援"，体育新闻媒体高度赞扬赛场上队医、球员、教练等人员的快速反应，合理疏导公众关于"急救"的正确观念；在2008年北京奥运会刘翔退赛一事上，国内媒体的报道便起到了较好的舆论导向作用。北京时间8月18日，当刘翔在国人殷切的目光中出现在110米栏预赛跑道上时，现场沸腾了。电视画面上刘翔的表情则让人分外揪心。往日自信的微笑不见了，饱受伤病困扰的刘翔，有些难以承受之重。当现场9万观众目送刘翔的背影逐渐消失，现场一片惊叹，中国震惊了，全世界震惊了。事后，我国媒体从容应对，迅速反应，对刘翔退赛这一意外事件，主流媒体给予了及时引导，形成了宽松开放的舆论氛围，保证了公众知情权，避免负面效应的产生，维护了国家形象。

三、体育突发事件的采访流程

（一）为突发事件采访做长期、随时的准备

体育突发事件来临前，记者要做好两种准备：一是长期持续的准备；二是临时的

---

① 陆卫平，柴建设，孟繁林，等.北京大型体育赛事突发事件应急处理[J].首都体育学院学报，2006（01）：26-28.

准备。

突发事件对普通人来说是突发的，对于新闻人来说应该是战役前的第一声枪响。记者在平时的体育新闻采访中就应该注意积攒采访素材、经验、人脉等，这是采访工作的收获，更是为更紧急的新闻报道准备的武器。著名体育评论员罗宏涛曾分享搜集各国击剑队资料的经验，这样的资料累积，使得她在国际大赛之前可以根据各队的队员进行更好的预测性体育新闻报道，面对突发事件，临阵不乱。

在突发事件来临时，记者也要做好临时的准备工作。如在采访前，评估采访要求，提出符合实际的采访内容，明确接受采访的主题、角度、采访者、采访时间、地点、时长以及新闻稿发表形式等一切与采访有关的事项；根据采访提纲，搜集相关资料，准备采访口径、内容或新闻通稿。

同时，记者还要为自己的安全做好准备。勇敢不代表鲁莽，面对体育突发事件，不确定因素太多，记者不能完全控制采访局面，身在现场，危机四伏，甚至可能会招致人为威胁。因此，记者要为自己带好保障身体安全的必要器具，体育新闻报道中保持信息通畅，跟有关体育主管部门做好备案，申请协调等，都是保障体育突发事件采访成功的必要准备。

（二）客观看待突发事件，选择合适的报道落点

报道落点，是指新闻报道呈现核心新闻事实的时空距离和景别选择。新闻报道的落点与新闻事件的发展紧密相连。报道落点的第一个层次为提供基本新闻元素，第二个层次为深度挖掘更丰富、更有故事感的材料，第三个层次为对新闻事件的解释、预测、分析或通过相关类似案例进行集中式报道。比如2016年里约奥运会时，"举重名将谌利军因伤退赛"事件引起广泛关注，退赛后谌利军痛哭表示："对不起教练，对不起领导，对不起祖国，我辜负了大家！这种情况从来没遇到过，现实就是这么残酷。"媒体事先采访中给予名将夺冠的期待，但退赛是一件令人遗憾的事，在媒体的引导下，谌利军很快就得到了舆论的普遍理解。苛责的声音很少，大部分网友都在安慰、鼓励他，同时反击那些上纲上线的批评。在央视网的报道中，也充斥着对运动员的理解和包容，因伤退赛，不用说抱歉，同时报道中提到2008年刘翔因伤突然退赛时公众的不理解和质疑。这篇体育新闻报道将落点放在人文关怀上，放在第三个层次，通过运动员纠结的抉择对比公众的宽容，通过不同届奥运会中夺冠种子选手的类似遭遇将核心体育新闻事实贴近公众，这样的报道既有纵深感，又有感染力。

（三）突发事件的紧急策划与持续策划

突发事件时间紧急，但也不能眉毛胡子一把抓，这是新闻的大忌，让人无所适从，不知所言的报道是没有价值的。突发事件发生后，记者要第一时间做好紧急策划、调整报道任务、确定新的采访重点。如确定重点采访的部门、记者将赶赴的现场、采访的关键人物和关键事件等。

此外，采访前策划是采访的开始，随着体育事件的发展，还要进行后期的持续策划。许多突发事件有时间上的持续性，像中国足坛反赌打黑的报道，时至今日仍未逝去。

媒体虽完成了第一时间的报道，但必须后续跟进。即使瞬间结束的体育突发事件，比如2016年里约奥运会秦凯赛场向何姿求婚，央视新闻立即搭建临时直播厅，邀请何姿进行线上直播，与国内观众分享她的喜悦，倾诉她与秦凯在2012年伦敦奥运会和2016年里约奥运会一路走来互相扶持的情感经历。所以突发事件的报道不是一次完成的，其延续性要求记者有跟踪采访、连续作战的意识。持续策划的好处不仅在于善始善终，防止虎头蛇尾，而且也有利于深度开发，争取后来居上。持续采访除了要报道事件后续详细内容外，更重要的是要挖掘体育事实真相与延伸性新闻，做好深度报道。

（四）尽量争取更多的采访

体育突发事件采访不仅是对人物的采访，更是对整个事件的综合性访问记录，包括与事件相关的所有因素在内，不能把采访局限在对人物的问话中，而应拓展到对事件整体的关注了解上。在突发的体育新闻中，现场情况往往是最好的说话工具，采访的人物、角度越多，对事件的反映就越全面客观，在有重点、有详略的基础上，争取让更多现场的人物、景物说话，是使采访具有现场感的有效方法。

（五）充分占有资料，保存事件现场证据

在进行体育突发事件采访时，尤其是事故性、政治性体育突发事件，往往受到地方保护主义、利益集团等势力的影响，记者在采访现场要努力搜集现场资料，一方面为了探索真实事件，形成采访逻辑起到提示作用；另一方面也是为了保存现场证据，为证明现场状况，存留报道依据做万全准备。同时，突发事件的新闻素材经常重复，并且媒体之间市场面临同题竞争，充分占有现场材料、保存现场证据，也是媒体同行竞争的需要。

（六）边采访边报道，争取新闻时效性

体育突发事件采访要求记者初始策划的原则是，着力于抢时效，在第一时间抢发新闻。相对于可以预知的体育新闻采访而言，突发事件采访的竞争点主要体现在记者的快速反应上，媒体要争分夺秒地抢发、抢写、抢采新闻，不二的法则是先把消息报道出去，哪怕是一句话新闻。然后要边采访边报道，以争取新闻的时效性，因为突发事件往往会受到地方保护主义的限制而封锁负面信息，即使记者到达现场也不一定能够开始真正意义上的采访，这就要求记者具有较强的应变能力，采取灵活策略，顺利进入事件核心现场，并对事件的关键人物进行采访[1]。

一般情况下，突发事件发生时，媒体应做如下安排：如果分管项目记者在现场，必须第一时间向编辑部汇报，并负责报道的第一落点，之后机动记者将加入第二落点和第三落点的报道中，与分管项目记者共同完成应急报道。如果突发事件不涉及分管项目记者，则由应急报道小组完成。此外，突发事件一般应抢发文字、图片快讯，迅速启动对内、对外、网络、手机短信报道，并立即安排后续报道，统筹安排文字、摄影、网络、

---

① 官章敏，史军.论突发事件的采访策划[J].新闻前哨，2006（06）：23.

音频、视频、图表报道。在进行滚动报道的同时，应适时进行综合性报道，以满足不同受众的阅听需求。

（七）选择最佳报道时机

记者对突发事件采访结束后，还要考虑报道时机的安排，因为体育领域的突发事件往往也具有一定的危害性和破坏性，因此需谨慎报道，选好时机，以获取较好的传播效果。如对于不可预知的体育突发事件，媒体的竞争体现在对事件的快速反应上。越早发出声音越容易吸引受众注意，并在更大程度上赢得信任。因此，要力争第一时间介入事件，争取用最快速度将消息传播出去，成为信息的权威发布者，在舆论导向上占据主动。而对于可预知的重大体育突发事件，时机的选择至关重要。

可预知事件的报道时机通常可分为两种：一种是先发式，即在重大事件到来之前的某个时间点启动报道，以此求得先声夺人的效果。这里要留意一个问题，就是提前多长时间开始。启动过早，一方面与受众关注点脱节，不容易引起注意；另一方面会使报道过程拖得过长，过早产生报道疲态及阅听疲劳，到重大事件发生时，反而没了气势。因此，要在全面衡量的基础上，找到一个合适的切入点推出报道。如果能找到一个最新的报道由头启动报道，效果更好。另一种是同步式，即报道的推出与重大事件发生大致同步。这样的报道好在时效性强，与受众需求节奏同步，局限性是难免与其他媒体"相撞"，要想冲破重围、赢得关注，必须在报道角度选取、内容组织及形式表现，即呈现方式上更胜一筹。

同时在突发事件采访结束后，应总结评估采访过程，分析得失，提出改进方法，并将采访媒体名称、记者姓名、相关稿件、新闻剪辑片或录像带等存档，以备日后留作他用。

四、体育突发事件媒体的应对

（一）认清体育突发事件的政治目的性

重大体育赛事总会引起"地球村"村民的高度关注，像奥运会、足球世界杯等赛事举办期间，一切讯息都将以空前的传播效率被迅速传遍全球，使其在最短时间内达到最大的传播效应。如对于奥运会的宣传报道，一方面，主办国利用奥运会强大的传播功能来达到树立良好国家形象的宣传效果；另一方面，国际上各种势力历来把奥运会作为一个实现自身企图的平台，其媒体效应也成为包括恐怖势力在内的各类势力追求的目标。因此，每届奥运会除了运动员的光荣与梦想、举办国的努力与荣誉、开幕式的瑰丽与传奇外，还时常夹杂着震惊全球的枪声、爆炸、尖叫和恐惧。可见体育"盛事"常常导致"危机"的发生。正如郝勤教授所言："恐怖分子不是攻击奥运会，他们追求的是奥运会巨大的影响力。"因此，媒体和记者在采访报道突发事件前，要充分认识到体育突发事件的政治目的性，才能更好地把握体育突发事件采访报道的政治性和敏感性，稍有疏忽，就可能酿成大错。

（二）比突发事件更可怕的是不会应对

没有一个重大体育赛事的举办国希望看到赛会期间出现负面的突发性事件，但在重大体育赛事尤其像奥运会、世界杯等国际大型赛事期间，都会有或大或小的此类突发性事件不请自来。突发事件考验着东道主化解危机的能力，考验着国际奥委会驾驭奥运航船的胆识，考验着世界各国媒体在快速捕捉和解读事实中显现的公信力和新闻素质，更考验着奥林匹克大家庭中官员、裁判、选手、记者和民众的良知。比如2022年北京冬奥会设计的闭环防疫措施，以确保严格执行闭环管理，进行核酸检测，就能在第一时间筛查出病例，阻断传播、阻止扩散。在这样一个全球媒体聚焦的背景下，如何处理突发事件尤其是疫情防控方面的突发事件，于赛事的成功举办，尤为重要。正如郝勤教授所言："从历届奥运会的应对处置来看，突发事件并不可怕，可怕的是缺乏危机公关的方法与技巧。"

（三）体育突发事件政府和媒体的应对之策

1.提前做好应急预案

媒体为提高应对大型体育赛事、群众体育活动及处置重大自然灾害、事故灾难、安全事故等突发公共事件能力，应增强新闻危机意识，强化应对突发事件的能力，做好突发新闻的采写、宣传和报道工作，确保做到及时、客观、全面、准确地发布权威信息，澄清事实、解疑释惑，积极正确引导舆论，最大程度地避免、缩小和消除因突发公共事件造成的各种负面影响，媒体应提前做好应急预案。在坚持"及时准确、正面引导、快报事实、慎报原因"的报道方针下，力争在第一时间发布权威信息，提高时效性、增加透明度，抢占舆论制高点，掌握舆论引导的主动权。

在大型体育赛事突发事件的报道和应对方面，国务院颁布并实施了《突发公共卫生事件应急条例》《国家突发事件总体应急救援预案》《大型体育赛事活动综合应急预案》《大型体育赛事突发事故灾难应急预案》和《大型体育赛事突发公共卫生事件应急预案》等一系列应急法律、法规，以此作为有效应对突发事件的法律保障，这表明中国政府高度重视体育赛事应急管理的研究，并努力逐步建立体育赛事应急管理体系和机制。在应对机制中，媒体工作是非常重要的一环，体育赛事应急事件媒体工作由赛事宣传部门和体育新闻媒体等负责构成，应急事件发展态势的实时跟进及救援状况信息的统一发布，客观、及时、准确地向社会发布保护措施的紧急公告。新华社对北京奥运会突发事件的报道值得我们学习和借鉴：

新华社非常重视北京奥运会期间的突发事件报道，在2008年年初就制定了"奥运会突发事件应急报道初步方案"，明确了突发事件报道的责任单位、职责分工、指挥体系、线索搜集、报道流程和注意事项。在北京奥运会期间，新华社前所未有地派出284名采编人员，其中160名文字、摄影记者遍布奥运会28个大项和其他重要活动场所，覆盖所有中国选手参加的比赛和其他重要比赛，力图把赛场盛况尽快奉献给读者。这支庞大的报道队伍，也是保证在现场目击突发事件后，能用最快的速度把文字、图片发回编辑部。奥运会期间，前方报道团、由各编辑部组成的后方平台和北京分社将主要承担赛场内外突发事件的报道任务。国内部央采中心负责联络和采访中央各部委，北京分社负责联络和采访北京市各分管部门，前方报道团则主要负责联络和采访奥运赛场发生的突发事件。此外，各协办城市分社负责采访各自城市的突发事件。前方报道团已成立了由7名骨干记者组成的应急报道小组。这些机动记者不参与项目报道，只负责非赛事新闻报道，重点是突发事件报道。

可见，新华社对北京奥运会突发事件报道的应急预案全面具体，做到了全覆盖，不漏掉任何一个环节、一个项目、一个城市，体现了新华社对重大体育赛事突发事件报道的重视。而应急预案的制定，是突发事件报道成功的前提和保证。

2.快速反应、从容面对

面对体育突发事件，媒体要快速反应，各编辑部、各分社应建立健全重大突发事件快速反应机制，坚持不懈地实行24小时值班发稿制度，真正建立起"全国性""全球性""全天候"运转的"新闻雷达网""把地球管起来"。如果没有这样的机制，就无法快速报道重大突发事件，参与世界性新闻媒体的竞争就是一句空话。由于无人值夜班，无人监看其他媒体报道，迟发重大突发性事件和漏发重要新闻的教训有很多。因此，记者要力争在体育突发事件发生后的第一时间内赶到现场，采访调查事件原因，获取必要的信息和资料，包括危机事件现场基本情况，事件发生、进展、处置情况等，并及时传播给受众。但记者在采访突发事件时，也要服从现场指挥部门的管理和安排，不得干扰或影响职能部门对事件的处置工作，并做好自身的安全防护工作，做到沉着应对，稳中求胜。

3.公开透明，确保信息畅通

在一般情况下，突发事件一旦出现，政府和体育主管部门会在事发现场设立临时的新闻中心，定时定点组织新闻发布，向现场采访的中外记者提供信息。在体育大赛期间发生突发事件后，信息越开放越透明，主办国就越从容，即使突发事件导致危机产生，通过公开透明，理性对待蜂拥而至的记者，反而可以缩小影响。

例如，2021年5月发生的甘肃山地马拉松事故震惊全国，事件发生后，救援指挥部第一时间召开新闻发布会，通报救援情况和调查情况，各大媒体记者对其进行充分报道，确保信息公开透明。面对突发事件应对媒体的最好方法，就是主办方和有关方面主动及时地做到信息沟通，以避免不实信息和猜测谣言借助现代传媒四处传播。在当今互联网和移动互联网等高新媒体高度普及的条件下，更要在最快时间通过举行新闻发布会、媒体吹风会，接受记者线上访谈、发送新闻通稿，向主流媒体迅速通报信息等形式，将事件的真相和处理办法告诉公众，以避免因信息不畅带来的负面效果。

4.及时化解危机，注重传播实效

媒体要及时主动，准确把握体育突发事件。事件发生后，政府和主流媒体应按照"快报有效作为和处理措施、慎报事态演变细节和原因"的要求，在第一时间发布权威信息，引导社会舆论，稳定公众情绪，及时化解危机，把握新闻舆论的主动权。同时要正面引导，注重效果，着力提高正确引导舆论的能力和水平，使突发事件的新闻宣传工作始终做到有利于党和政府的大政方针，有利于体育部门树立良好形象，有利于社会和谐稳定，有利于事件的妥善处置。在体育突发事件采访结束后，主流新闻媒体的报道稿件应要求记者送交各部委宣传部或应急指挥机构审核，以确保新闻报道的导向性和实效性。

五、体育突发事件的采访技法

体育突发事件冲击力强、震撼力大，很快就会成为社会关注的热点和焦点。无论哪一级新闻媒体都把对突发事件的报道作为抢抓新闻时效、扩大自身影响、显示综合素质的难得机会。当今，体育突发事件已经成为新闻媒体快速反应能力、准确判断能力、创新策划能力、整体协调能力等综合实力的检验和体现。但对体育突发事件的采访，应在新闻实践中不断积累、探索和尝试新的技巧和方法，以提升媒体的综合竞争力和社会影响力。

（一）多途径获取采访线索

体育突发事件的采访，首先要获取突发新闻的线索。采访线索是新闻的起点，没有线索就没有新闻，也就没有突发新闻。线索可以激发记者的新闻敏感，从而产生采访的动机，也为记者的采访提示了方向。重大体育赛事期间，如果某一媒体没有盯住重大突发事件的线索而漏报新闻，会极大影响该媒体的公信力和社会影响力，媒体在突发事件报道方面的缺失，也会减低其在受众心目中的信誉和地位。因此，各媒体均成立了机动记者部，派专门的记者盯防突发新闻的线索。

下面以奥运会采访为例，谈谈记者获取突发事件采访线索的主要途径。

途径之一：记者目击。

一般来说，赛场和奥运会相关场所是容易发生突发事件的地方。哪个媒体撒出去的记者越多，它在第一时间捕获突发事件的概率就越高。在2020东京奥运会时，中国体育媒体有专门盯各类别比赛的记者，即使是在国内关注度不高的项目也有记者盯梢，因此在现场发生日本选手田中亮明全程被哥伦比亚的马丁内斯压制，但裁判依然判定田中亮明以积分获胜晋级半决赛，随后田中亮明被轮椅推开，失去知觉，还在呼吸氧气，中国体育媒体就很快发回快讯消息进行客观的新闻报道。

途径之二：与体育界重要官员建立良好的人际关系。

媒体或记者如果与体育界重要官员的关系密切，那么，一旦突发事件爆发，掌握重要信息的体育官员便会第一时间为记者提供线索。1994年美国世界杯小组赛期间，阿根廷队在打完第二场与尼日利亚队的比赛后，马拉多纳接受了药检，药检结果为阳性，查出的违禁药物包括利尿剂类的麻黄素等5种。马拉多纳随即遭到了国际足联15个月的禁赛，阿根廷队也在失去马拉多纳后在八分之一决赛里以2比3输给罗马尼亚队，无缘世界杯八强。马拉多纳服用兴奋剂的曝光，就是一家西方通讯社的记者在兴奋剂实验室外"守株待兔"，并最终成功地从负责兴奋剂的国际足联官员那里获得的独家新闻。在奥运会上报道突发事件，"找准人"非常重要。国际奥委会一般负责宏观事务和电视转播、赞助商权益保护等事务。比赛事宜一般由各国际单项体育联合会管理，如遇到判罚争议、队员处罚、名次更改等突发事件，一般应该找该项目的国际单项联合会。兴奋剂问题则由独立的世界反兴奋剂机构（WADA）负责处理。一名优秀的体育记者，平时就应该与上述国际体育组织的重要官员建立联系。如果事先没有做这个"功课"，那么就只有到奥运会上"临阵磨枪"了。采访奥运会的记者，第一项工作就是设法找到或自建一本"联系册"，上面有采访可能用得上的重要官员包括国际体育组织和各代表团新闻官的联系方式。一旦发生突发事件，就可以打电话了解信息或者核实新闻。

途径之三：受众热线。

以往奥运会，记者可以通过读者来信来电获取体育突发事件的采访线索，这是传统意义上的信息渠道。当下借由自媒体和新媒体的社交属性，体育记者可以获取的采访线索渠道大大增加。突发事件也许能避开记者的眼睛，但会被无所不在的网民捕捉到并上传网络。媒体随时监看网络，从网民们上传的五花八门的文字、视频中，也许就能发现突发事件的线索。在新媒体技术日益发展的当今时代，网络媒体、手机媒体、社交媒体和自媒体等都成为重大体育赛事媒体记者获取突发事件线索的主要途径。

（二）"闪电式"抢报

新闻媒体无论报道任何新闻，都需要时效性，这是其职能所在。重大体育突发事件报道中的时效竞争，犹如奥运比赛，谁都想拿到金牌，而金牌确实"金光闪闪"。海湾战争中，CNN以其最快速度连续进行现场报道，进而成为全球强势新闻媒体。正是因为它在许多重大突发事件报道中时效最快，所以它成为各国政要、各大媒体、外交军情机构日夜收看、监看的电视台。一名外国记者感言：你的新闻比别人快发出一分钟，你就早一分钟争取了受众。记者、通讯员必须练就短促突击、速战速决的采访本领，以适应竞争、参与竞争，在任务特别紧急，可供采写的时间特别短促甚至完全没有任何思想准备的情况下，立即投入战斗，集中全力突击，在最短的时间内进行最深入的采访和写作，以最快的速度发出消息。一个突发事件，可能会成就一位名记者，同时也彰显了记者的社会价值。

奥运会等大型体育赛事，是全球瞩目的体育盛会，一旦发生突发事件，就会立刻成为外国媒体关注的焦点，甚至可能把公众注意力从赛场转移到突发事件上来。安全、兴奋剂、服务保障、赛场等领域都有可能发生意外事件。因此，记者对一些可能发生的突发事件要预先考虑，在信息的发布和议题的设置上都要有预案。一旦发生突发事件，我国媒体要在第一时间作出反应，先发制人、设置议程、引导舆论，防止突发事件经外国媒体炒作而升级为"媒介事件"。

（三）靠近最有新闻点的第一现场

当今，重大体育突发事件的现场报道乃至现场直播越来越多。"第一现场"报道应当是媒体记者亲历现场或离现场"最近距离"的报道。记者离现场越近，报道越有说服力、吸引力、感染力。重大体育突发事件发生后，各国记者总是云集在离事件最近的地区，足以说明现场报道日益受到重视。卫星通信和网络的直播功能的广泛运用，将使重大突发事件的现场报道更为普遍。采访！采访！采访！记者的职能是采访，重大突发事件报道的竞争力关键在于采访，在于第一手新闻。我国在国际重大体育突发事件报道中的竞争力不强，主要因为第一手新闻不足，"第一现场"报道不够，大部分的报道都是根据外电外台编发而成的。真正提高重大突发事件报道的水平，就要充分调动记者抢发第一手新闻的主动性，增强记者"第一现场"的新闻采访能力，增加独家新闻和自采新闻的比重。著名战地摄影记者罗伯特·卡帕有一句名言：如果你拍得不够好，那就是你还靠得不够近。因此，记者不仅要接近现场，还要靠近最有新闻点的现场，这是一种境界，也是记者的职责所在。

（四）客观呈现完整过程

体育突发事件发生时，记者要根据事件的性质、程度、影响等做出现场紧急判断，并给予适当的报道，这不仅关联到媒体的报道，更涉及事件在社会上形成的巨大影响。所以，对于体育突发事件的采访，记者不仅要做到长期的功课积累，更要全面考虑、冷静判断，忙中不出乱，稳中现锋芒。对突发事件进行采访时，由于事件发生的新闻要素散乱，需要记者尽量搜集现场内容和与事件发生相关的各种信息，如具体时间地点、现场状况、涉及的人物、造成的影响等等，记者要眼观六路、耳听八方，客观呈现突发事件的完整过程。

许多有影响的系列报道、连续报道，都是在对突发事件的追踪采写中产生的。所以连续的、完整的报道才能把整个事件的起因、发生、发展、高潮和结果以及影响等呈现给受众。

突发事件报道远比日常报道复杂。它不仅受事件本身的制约，更受国内国际大环境、大气候的制约。媒体过去的报道有"保守"的一面，但的确也有把握好"度"、讲究策略的一面。媒体在突发事件上采取的一切措施，所做的一切努力，其目的只有一个，就是实事求是、准确而有分寸地把突发事件的真实情况展现在公众面前。

（五）做好连续报道和深度报道

重大突发事件一经传播立即成为社会"热点"，加之不少突发事件所具有的复杂性，突发事件报道不能只是发好第一条快讯，必须有及时、充分的后续报道和连续报道。重大突发事件发生后，西方三大通讯社的发稿量都比平时成倍增加，凡是与事件有关的内容，包括资料、反应、分析、评论，都随着事态的发展而播发，以求形成更大声势。通常新闻靠广告扶持，而重大突发事件的报道则成为媒体扩大自身影响的最重要广告。连续报道和深度报道则是重大体育突发事件报道不可缺少的组成部分。报道既要讲适度，更要讲速度、深度、广度，从而形成整体报道的力度。做好重大突发事件报道，必须最大限度地使用多种新闻信息资源，最大限度地利用资料、访谈、评论和专栏等多种报道形式，以满足不同受众的多方位需要，形成声势，扩大影响。

（六）简化发稿环节

重大突发事件报道的时效和速度关系到整个报道的成败。目前，广播电视媒体和网络媒体越来越多地运用"现场直播"的方式报道重大体育突发事件。面对新的竞争形势，平面媒体报道重大突发事件的发稿环节必须进一步简化，寻求适合媒体特点的"现场直播"模式。同时，无论是网络媒体、广电媒体还是平面媒体，都要寻求简化重大体育突发事件采访报道的程序，以应对复杂的形势和激烈的竞争。如新华社不仅简化了总社编辑部处理重大突发事件报道的环节，还积极探索出国内各分社、驻外总分社和重点分社直接签发重大突发事件稿件的新形式，对分社负责人和合乎要求的记者给予最大限度的发稿授权，从而进一步提高报道的时效。当然，迈出这一步首先需要提高签发稿件者的政治业务水平，确保报道的导向正确和事实准确。增强全社人员参与重大突发事件报道的主动性和积极性，新华社记者无论何时何地获知重大突发事件信息，都有责任和义务直接向总社编辑部报告。建立重大突发事件"现场直播"机制，即处在事件现场的记者和记者组，经总社授权可直接签发稿件。

六、体育突发事件采访应注意的问题

（一）突发事件报道高于赛事报道

突发事件报道的重要性要高于赛事报道。赛场记者遇到突发事件后，必须抽调人员参与报道或请求编辑部支援，不得以忙于赛事报道为由而放弃对突发事件的报道。

（二）遵守国家法律和采访规定

在突发事件报道中，要自觉遵守国家法律和重大赛事的采访规定，恪守新闻职业道德，树立媒体良好的职业道德形象。报道要遵循"又准又快"的原则。新闻的真实性、准确性永远是第一位的，不得以任何理由和借口做不真实、不准确的报道。

新闻公开正进入法律和制度的创建程序，新闻传播日趋有法可依。随着《突发公共卫生事件应急条例》《国家突发公共事件总体应急预案》《中华人民共和国突发事件应对法》以及《政府信息公开条例》等法律法规的颁布实施，信息公开正走向法治化、制度化。2022年6月24日，《中华人民共和国体育法》由十三届全国人大常委会第三十五次会议修订通过，于2023年1月1日起施行。一系列针对性、操作性都很强的法规、规定与组织规范的出台，使得新闻传媒及广大新闻工作者在实施新闻舆论监督时，不仅有法规等条文作为自我保护的制度屏障，而且可以用这些法规与规定作为选择、定性与见报的依据。

（三）体现温暖的人文关怀

在采访突发事件当事人时，要体现人文关怀，尊重被采访对象，不得妨碍被采访者正常的生活、工作、比赛秩序。突发事件采访要考虑现场气氛，新闻当事人的身份、状态等，尊重事实，尊重采访对象。受突发事件冲击最大的是新闻当事人，在现场采访时，记者应该考虑到当事人的心理状态、行为禁忌等，当事人的反应也是新闻的一部分，记者给予的尊重，不仅是对新闻真实的尊重，也是对人性的一种爱护，体现了新闻的人文关怀。

面对突发事件，记者需要对事件的前因后果、来龙去脉进行了解，并且选择适合的采访对象，帮助叙述、解析新闻事件。另外，不一定需要正面地对事件进行回应，当事人的行为、语言等都是对新闻事件的展现。

（四）报道力求客观、公正与平衡

报道要客观、公正、平衡，不得以记者的好恶等主观倾向取舍采访素材，对不同意见的各方都应该平衡报道。对突发事件的报道，要注明消息来源。报道中应注意防范民族主义，积极引导民众。强大起来的中国是否会成为一个狭隘民族主义的大国？这是西方对未来中国感到不确定的一个方面。奥运会这样的全球性体育盛会，极易发生民族主义情绪失控的事件。作为东道主，我国媒体在报道中尤其要注意防范民族主义、金牌至上等不良倾向，在关注自身的同时，要扩大视野，放眼世界，在报道强国的同时不忘弱小，着重传播奥林匹克精神。在与本国相关的报道中，要做到客观、真实、理性，积极引导民众，不过分渲染感情色彩，在激励和弘扬爱国主义的同时，避免对偏激的民族主义情绪起推波助澜的作用。

第三节　隐性体育采访

在舆论监督报道中，记者为获取新闻素材，隐性采访是一种有效手段。在很多场合里，记者一旦以公开身份调查新闻事件原委，深入新闻事件中心，当事人就会"严密防范"，并保持安全距离，为了追寻事实真相，可以采用隐性采访。近年来，媒体的竞争日益激烈，为了能在竞争中胜出，报道独家新闻，各媒体想尽一切办法吸引受众的眼球，以获得较高的发行量或收视率。在采访对象弄虚作假或者批评性报道中采访对象拒绝接受采访甚至对记者人身安全构成威胁的特殊情况下，经常会运用隐性采访。每年央视的"3·15"晚会都有大量的报道内容属于隐性采访报道。

随着我国体育事业的繁荣发展，体育领域也是泥沙俱下、鱼目混珠，一些体育社会问题成为制约我国体育事业尤其是竞技体育发展的主要瓶颈，如假球、黑哨、赌球、体育领域的贪污腐败、兴奋剂事件、球场暴力、运动员资格作弊、侵占体育场地设施等，以上体育社会问题的解决，既有赖于国家政策和法律法规的规避、全体社会成员的监督和遵守，也需要体育媒体的宣传和引导。但媒体对体育社会问题的批评性报道如果采用正面的采访方式，很难获得应有的匡正示范的效果。因此，在体育采访报道领域，隐性采访也是一种必要的手段，用以追问事件真相、还原现场、疏导舆论和解决问题。

一、隐性体育采访的定义与类型

（一）隐性体育采访的定义

1.隐性采访的定义

采访按记者身份的公开和隐蔽的差异，而分为显性采访和隐性采访。记者为完成一定采访任务而公开亮明自己的身份和意图，这种采访方式叫作显性采访；隐性采访与显性采访相对，是指记者为完成某一特定的采访任务而把自己的身份和意图隐藏起来，在采访对象不知情的情况下，通过偷拍、偷录等方式获取新闻素材的采访形式，又称为"暗访"或"秘密采访"。在现代新闻活动中，隐性采访是在特殊的场合、为了获得更好的采访效果，实现新闻媒体的有效舆论监督，而作为显性采访的有益补充，日益凸显其地位的重要性。

2.隐性体育采访的定义

隐性体育采访是指记者为完成特定的体育采访任务而把自己的身份和意图隐藏起来，通过偷拍、偷录或亲身感受等方式搜集体育新闻素材的采访形式。隐性体育采访一般运用于一些问题比较突出，严重影响到公众利益，造成极其负面的社会影响，运用明访难以获取真实新闻素材的体育事件。在现代体育领域，公众同样需要新闻媒体提供大量真实的、有现实意义的体育信息，尤其是揭露现实中阴暗面的体育事实，隐性体育采访中获得的声音、图像及文字信息可以更好地还原体育事件的第一现场，真实地记录体育事件的发生发展的全过程，给受众以最大程度的"真实性"和"可信度"。

（二）隐性体育采访的类型

根据体育新闻事件的采访环境和记者的采访方式及深入程度的不同，可以将隐性体育新闻采访分为偷拍偷录式采访和体验式采访两种类型。

1.偷拍偷录式隐性体育采访

是指体育记者在明知或者估计当事人不会同意的情况下，故意隐瞒甚至伪装身份、意图，对采访对象或现场偷偷进行拍摄、录音，以清楚掌握体育新闻报道要素，获得细节信息的隐性采访方式。偷拍偷录的采访类型主要适用于对体育领域中的运动员、教练员、裁判员及体育官员等的违法乱纪等现象及体育社会问题所进行的采访。对于体育领域中的阴暗面，如果用显性采访的方式很难获取真实的信息，更难于进行深入采访调查，而偷拍偷录不失为一种获取体育新闻事实的有效手段，但要注意此种类型隐性采访的适用范围。这种方法可以最有效地获取信息，但它也是最难的一种采访方式，一旦记者身份曝光，就容易引起采访对象的反感，甚至决裂。下面为世界杯预选赛被操控的相关报道：

世预赛可能被操纵 一支非洲国家队据称完全被控制

2013年11月30日 13:42 新闻来源：新华网 记者：岳东兴 王子江

新华网伦敦11月29日体育专电（记者岳东兴、王子江）正在审理的英国假球案29日被当地媒体爆出更大的丑闻：世界杯的部分预选赛可能也被国际赌博集团操控了。

《每日电讯报》为这次案件提供了暗访下获得的音视频证据，在29日继续追踪报道。一个声称是比赛操控者的人称，他"做过世界杯"，还有在欧洲、澳大利亚的一些比赛。

主抓这次假球案的英国国家犯罪局（NCA）28日晚宣布，已经抓捕了涉案的第七名嫌疑人。其中，两人已经被起诉为"共谋欺诈"，手段是通过"影响足球比赛的过程"。该罪名的最高刑罚为10年监禁。这两人一个是33岁的新加坡人，另一个为43岁的拥有新加坡、英国双重国籍的人。

根据案情审理进展，该报透露了以下内容：

1.一支完整的来自非洲的国家队据称被比赛操控者所控制，因司法原因目前不能透露该队的名字。

2．遍及欧洲的一些裁判据称将通过操纵比赛结果获得2万英镑。

3．线人告诉该报，曾多次劝说英足总调查一些有操纵嫌疑的比赛，但他们没有做基本的预防措施。英足总拒绝评论。

关于世界杯，一位声称是操控者的人，在本月与暗访的调查人员会面时，在被秘密录制的一段视频中说，"我做澳大利亚、苏格兰、爱尔兰、欧洲、世界杯，世界杯预选赛"。他还声称完全控制了一支来自非洲的国家队。

"什么，世界杯？"调查人员在交谈中问道。

"至少，至少15（场）"这个声称是比赛操纵者的人说，"我买下了比赛。"他表示，他与一个注册的国际足联经纪人关系密切。

《每日电讯报》称，本月，他们和一名与国际足联有关的调查人员接触，得知一个来自亚洲的赌博集团瞄准了英格兰的球赛。该报随即展开暗访，将获得的影像资料在本月初交给警方。一些视频内容28日在英国天空电视台被滚动播放，引发了英足坛的"大地震"。目前来看，涉案者瞄准的是英格兰低级别的联赛，英超联赛没有被牵扯进去。

以上是新华网关于"世界杯预选赛可能被操控"的报道，其中《每日电讯报》的记者所运用的就是偷拍偷录的隐性采访方式。至于该记者偷拍偷录的合理性问题，我们先不必评说，自有相关机构会进行调查取证，但记者通过故意隐藏真实身份，获得音视频证据，对于揭露球坛的黑幕，还原事件真相，整肃足球风气，确实起到了至为关键的作用。

2.体验式隐性体育采访

是指在体育新闻事件较为复杂的采访环境下，体育记者隐藏身份，以扮演或直接涉入的方式深入新闻现场，了解新闻事件始末情况，获得第一手材料的隐性采访方式。而且在对正面形象、正面典型进行报道时，在某些问题上也可以采取体验式隐性体育采访的方法，这是对隐性体育采访的一个发展。下面《重庆晨报》2018年6月18日第四版对俄罗斯世界杯假票事件的采访，属于体验式隐性体育采访，请看具体报道：

安郅公司窗户蒙上厚厚灰尘，办公设备早已不见踪影

本报特派记者现场探访 卖假票的皮包公司

2018年6月18日 新闻来源：《重庆晨报》 记者：金鑫

搭乘莫斯科地铁系统中最古老、最破旧的一号线，我随着摇晃的列车前往位于莫斯科最中心的红场站。从6号出口出来，沿着Vararka大街一直朝南走，路过克里姆林宫军械库，再穿过莫斯科河来到拉弗鲁申斯基路。再走上几百米，就到了5A一号的位置。这里有一片两三层楼的欧式建筑，其中有一家名叫安郅（ANJI MSK）的旅行社，就是我要找的地方。

这家已经人去楼空的旅行社炮制了世界杯史上最大的一起假票案件，涉及虚假球票1万余张，其中有3500张流入中国，90多名重庆球迷也成了受害者，付了钱却拿不到票，根本看不了世界杯。

事件
90多名重庆球迷被骗

由于从这家名叫"安郅"的旅行社那里买到了假票，30名重庆游客错过了16日晚在莫斯科斯巴达克体育场进行的阿根廷和冰岛的世界杯小组赛。据重庆市旅游监察执法总队介绍，整个世界杯期间，有90名重庆游客因为这起假票事件，无法到现场观战。而在全国范围内，安郅公司更是涉及3500多张假票，涉案金额高达1亿美元，屡屡收到游客咨询的中国驻俄罗斯大使馆都被惊动，通过微信公众号发布了相关消息。

这起骗局大概是这么一回事——安郅公司自称有世界杯的相关售票权，打着商业合作的幌子联系上国内不少旅行社，并出示了世界杯俄方组委会官员签名的信函。但实际上，此信系伪造。也许是缺乏相关经验，不少国内的旅行社"中了招"，花重金买了一批所谓的门票。结果旅行社和看球的游客到了俄罗斯之后，根本拿不到门票，才发现被忽悠了。

重庆一家不愿意透露名字的旅行社表示，他们也是重庆三家受害旅行社之一，之前受假票事件影响，他们也组织了一批游客过去，结果发现被骗。前天，他们紧急凑了100万元，忙活了整整一个通宵，在俄罗斯四处买票，最终以20000多元人民币一张的超高价，紧急买到了数十张正品球票，解决了游客的看球需求，也安抚了他们的情绪。

探访
公司早已全部搬空

安郅旅行社到底是怎么一个情况？昨天下午，我特意前往拉弗鲁申斯基路打探了一番。

按理说，能够代理世界杯门票这种"大业务"的公司，办公地点和办公环境应该不错。不过，来到这栋红色二层小楼，其破败的状况让我震惊。

小楼的大门靠近拉弗鲁申斯基路，但铁门紧锁，只能通过背后的小路走向它的后门，穿过一片漂漂亮亮、尚未完工的砖路，就可以一览这栋红色建筑的真面目。这栋小楼分上下两层，一共大概有20多个房间，然而所有房门都上了锁。窗户上积累了一层厚厚的灰尘，要想看清楚里面的场景，只能用力把窗户擦拭干净，才能勉强看见——一楼大多数房间内，都已经完全被搬空，只有一个小房间内有一些生活和办公用品。粗略数了一下，包括六箱饮用水、一箱罐装啤酒、六个纸箱和几个白色箱子。至于电脑、电话、传真机、打印机这些办公必备的设备，早已不见踪影。

沿着白色的铁楼梯走到二楼，大部分房间窗户都被厚厚的窗帘遮住，只有一个房间能隔着玻璃看到一排办公桌，桌上凌乱地还摆放有一些文具，以及几把椅子。种种迹象表明，这并不像一家做旅游或球票生意的公司，而且所有工作人员已经离开很久了。

仔细分析，安郅旅行社的确很像一个皮包公司——通过相关税务网站可以查到，安郅旅行社于去年5月17日注册，注册资本仅为5万卢布（约合人民币5000元出头），公司法人是珍妮·叶甫盖尼耶娃·布柳多娃。2012年，这个布柳多娃还参与合办了一家公司，参与资本仅为10000卢布（约合人民币1000元出头），这也是俄罗斯注册公司的最低标准，目前这家公司已经倒闭。

据在此守门的大爷透露，安郅公司是大约一年前搬到这里的，但始终没有像模像样的业务，最近一段时间更是见不着人了。

揭秘
可能利用FAN ID漏洞

其实，除了这批通过旅行社买票想来俄罗斯看球的重庆球迷被骗，还有一些想来现场看球的重庆球迷也在球票上遇到了麻烦事。

6月13日，我从江北机场T3航站楼出发时，遇到了几位参团去俄罗斯旅游并想在当地碰运气买票看球的重庆球迷。一位微信名叫"飞鱼"的重庆球迷告诉我，他们想看19日波兰和塞内加尔的球赛，有人告诉他们，可以在俄罗斯本地的STUBHUB这个网站上面买，票比国际足联官网上要多一些。球票价格为1840元，外加320元的手续费，他们三人本想买三张，算下来就7000多人民币。万一又出问题，钱基本上就会打水漂，最终选择了只买一张做做实验。果不其然，付款已经几天了，球赛还有十多个小时就要开始了，他们登录网站只能看到"正在验证付款信息"的提示，估计很难能及时拿到这张门票了，而且能否退钱、如何退钱也是一个大问题。后来，他们经过多方努力，通过莫斯科大学的一名学生，花高价买到了一张包厢的票。尽管过程有些复杂，至少能现场看到世界杯比赛了。

另外，来到俄罗斯之前，我加入了一个世界杯球票的微信交流群，里面很多人都在求购或者转让门票。这两天也出现了一些和球票有关的争议。一位名叫"冷蓝山"的网友在群里表示，他从别人手中以210美元买了一张球票，过了两天，卖他球票的人表示，之前卖给他的价格太低了，要求他重新补上500美元，否则这位卖家就会去票务中心以主申请人的身份重新打印球票。这样一来，"冷蓝山"手上的这张票就会作废。至于这个说法是否成立，尚不得而知。

这个事情多多少少说明通过FAN ID买票容易出现纠纷——根据规定，持票球迷才有权利办理FAN ID，但一张球票除主注册人之外，还可以有几位副注册人。在官网上注册账号的即为主票持有者，这个账号可以购买四张门票，如果不是本人使用，即为副票。副注册人在使用球票时跟主注册人权益没有差别，因此在入场时，只要持有FAN ID和球票即可，无须严格对应。但出现上述"主注册人"和"副注册人"发生纠纷时如何解决所有权，也成了一个大问题。

提醒
购买球票应选择正规途径

本次世界杯，大中华区唯一官方票务授权在盛开体育。根据统计，中国球迷购买了4万多张世界杯门票。而且早在半年前，安郅公司仿造的票务授权代理书就已经流传到中国，盛开也曾看到过这个信息，并做出过相关提醒，但还是没能阻止球迷被骗的事情发生。

类似世界杯奥运会这样的大赛，最可靠的购票途径除了官方网站，就是正规的球票代理机构。至于其他的交易方式，一定要擦亮眼睛，多方鉴别。

以上报道中《重庆晨报》的记者以普通球迷买家身份，亲身体验俄罗斯世界杯买票的环节并探访售卖假票的皮包公司，并将自己的亲历见闻报道出来，呈现出体验式隐性体育采访的特点。

需要强调的是，体验式隐性体育采访不仅适用于对体育事件和体育问题的阴暗面的报道，对体育领域中正面形象、正面典型进行报道时也同样适用。如在新冠疫情期间，记者和督查部门以体验式暗访的方式走访健身场馆和比赛用地，没有出现防疫漏洞，是对防疫严密的正面报道，运用的就是体验式的采访方式，增强了新闻的说服力和可信度。

二、隐性体育采访的作用

（一）积极作用

隐性采访作为一种有效的新闻竞争手段，在近年来的体育新闻传播中，大行其道，并发挥了一定的积极作用，主要表现在以下几方面：

1.原汁原味获取常态新闻

在隐性体育采访中，记者不亮明自己的真实身份，采访对象就不会有所戒备，说话做事一如往常，记者的采访和报道就会顺利得多，也真实得多。因为记者的采访没有受到干扰，这样获得的材料就可以保持原汁原味。可见，隐性体育采访能够塑造、深入最真实的新闻现场，减少正式采访对新闻现场气氛的影响，让采访对象能够自由发挥，使体育新闻事件保持常态。

2.提高体育新闻的可信度

在现代的体育新闻报道环境中，尤其在报道负面体育新闻的环境下，记者的采访往往得不到采访对象的配合，而采用隐性体育采访的方式，更容易探出真实的消息，快速获取新闻事实。同时，隐性体育采访属于一种体验式采访，是记者亲身经历的采访，可以全程体验、知晓事件的来龙去脉，对事件会有更强烈的感受，从而对事件的认识和理解也会更深刻。因此写出的报道才能如闻其声、如临其境，还原事件发生的第一现场，增强体育新闻报道的说服力，提高体育新闻的可信度。

3.利于记者换位思考

隐性体育采访也可以使体育记者改变采访的角度，从而发现线索，进行个性化的采访。显性体育采访中，体育记者总是把自己尽量的公正客观化，与采访对象保持安全距离，在"无冕之王"的光环下无法放下身架，不能深入新闻现场进行实地采访，亲身体验。那么隐性体育采访的方式就是要求体育记者改变自己原有的"职业态度"，放低姿态，进入广阔的社会生活中，这种采访更有体验式采访的味道，是对记者原有价值观、思维方式的一种换位思考，有利于改变体育采访报道的视角，增强体育新闻的关注度。

4.加强体育新闻的舆论监督

隐性体育采访有助于反映公众的呼声，从而有效地实施体育事件的舆论监督。由于舆论监督不可避免地会危及一部分人的既得利益，所以新闻媒体进行舆论监督的难度也在不断加大。当以公开采访的方式开展舆论监督遭遇的障碍越来越多时，利用隐性采访就成了多数新闻媒体共同的选择。同时，通过隐性体育采访对体育领域中的违法违纪现象和行为进行舆论监督，有利于问题的快速解决，从而净化我国的体育市场环境，推进我国体育事业和竞技体育的健康良性发展。

5.建立体育系统的安全阀机制

有人把媒体比作"安全阀"，媒体可以通过对体育突发事件的迅即应对和舆论引导，成为消除公众社会积郁、缓解社会矛盾的平台，使社会情绪保持在一个安全而稳定的水平值上，这就是媒体的安全阀功能。隐性体育采访有助于在体育系统中建立一种安全阀机制，及时化解各种社会矛盾，疏导个人和集体的不满情绪，避免矛盾与冲突的过度压抑和集中爆发。如媒体对中国足球反赌打黑的连续性和追踪报道，对导致中国足球腐败现象的深层次解析，对化解公众的社会情绪，缓解社会矛盾，缓和社会危机，都具有重要的作用。再如一度成为竞技体育阴霾的兴奋剂事件，对运动员身心和竞技体育公正性有极大的危害，滥用兴奋剂和一切负面文化一样，具有对正面文化的背叛性。它不仅是对运动员誓言的背叛，对奥林匹克宪章的违逆，对体育精神的公然践踏，更是对竞技体育文化的粗暴蹂躏[①]。因此需要媒体记者运用隐性采访的报道手段，还原事件真相，消除体育受众的不满情绪，维护体育的公平与正义。

（二）消极作用

1.体育记者的良心谴责和道德困境

隐性体育采访在实施过程中，为了完成既定的采访任务，要隐瞒体育记者的身份，往往带有一种欺骗成分，是用欺骗的手段来获得被采访者的信任，以获得事实真相。即使最后采访成功，隐性体育采访所带来的一些后果也会令许多体育记者陷入良心谴责与道德困扰的境地。如果处理不当，便会招致社会和一些体育迷的公然谴责和唾弃。如《世界新闻报》的记者迈哈穆德，因在钓鱼采访中"演技"出众、装备齐全、百战百胜，让无数名人跌下马来，使他在世界新闻界名噪一时。但他在自传里也披露了自己作为普通人的一面，他的工作遭到了家人唾骂，也经常被人告上法庭甚至遭遇追杀威胁。迈哈穆德因早年卧底调查家族的一位朋友，令他的父亲大为光火，威胁要把他从家里扔出去，认为迈哈穆德在《世界新闻报》的工作"抹黑了家族名誉""是整个社区的耻辱"，他还称迈哈穆德是个"叛徒"。可见，体育记者在进行隐性采访时，如果不知如何平衡职业的责任与行为道德之间的矛盾，就容易陷入良心的谴责与道德的困扰中，这种状况必然会影响体育记者的积极性。

2.体育记者和媒体陷入法律纠纷

隐性体育采访容易使体育记者和新闻媒体由于体育新闻侵权而陷入法律纠纷。目前，对隐性体育采访的操作方式和采访范围，我国尚无专门的法律条文进行明确规定，因而体育记者在具体操作时基本处于无规范可循的境地，只能根据自己的主观想法，凭借已有的法律知识"在迷茫中探索"。同时，隐性采访也考验着职业道德和社会公德之间的平衡。隐性采访究竟是不是有法可依？合不合法？这是当前隐性体育采访面对的法律困惑。2019年6月7日，德国WDR电视台公布一份针对卡塔尔世界杯筹备工作的调查报告，国

---

① 卢元镇.体育社会学[M].北京：高等教育出版社，2006.

际足联将其称为"严厉的指控"，起因是WDR电视台记者本杰明·贝斯特携带隐藏摄像头，未经官方允许进入了球场施工现场，他此行的目的是了解2022年世界杯场馆建设工人的生存状况，后续国际足联承诺对报告中所指出的问题进行进一步调查。但在暗访过程中，未经官方允许进入球场施工现场，是否合法合规，这始终成为困扰媒体的阴影。

综观我国的宪法和法律，隐性采访可以利用的法律依据主要是新闻自由权、满足公民知情权和舆论监督权三项。但是法律法规中没有对新闻采访者的权利作出明确规定，尤其是偷拍偷录也没有明确的法律依据，而且是否侵犯隐私权、侵犯"公众利益"也难以界定。所以体育记者运用隐性采访容易成为一把道德和法律的双刃剑。

3.体育媒体与采访对象的关系僵化

体育记者在运用隐性采访的时候，由于隐藏了自己的身份和采访意图，或者把采访对象的阴暗面和丑闻公之于众，必然引起采访对象极大的愤怒和反应。而且，隐性体育采访是在体育记者完全知情的情况下对采访对象的公然欺骗，这会严重破坏记者和所效力的媒体与采访对象之间长久以来建立的友好合作关系，无形之间等于将自己媒体的新闻资源拱手相让，也会因此招致采访对象的新闻封锁，给今后的采访带来极大的阻力和隐忧。因此，记者除非迫不得已，否则要慎用隐性采访。

三、隐性体育采访的实施技法

（一）判断新闻题材适用性，扩大影响力

体育记者在接到采访任务后，首先要判断新闻题材是否适合隐性采访这一方式，如果公开采访能够达到既定目的，体育记者就应该尽量用公开的方式进行采访，扩大媒体的影响范围，提高新闻的客观度。只有那些用公开采访无法得到采访内容，采访的新闻价值大、社会效益好的体育新闻事件才可以采取适当的暗访，进行新闻调查。

（二）拟定周密计划，确定采访主题

隐性体育采访并不是记者假定身份的冒险体验，是带有一定目的的采访行为，旨在搞清楚体育事件发生的原委，了解当事人情况，发现体育新闻价值等。在隐性体育采访中，由于体育记者身份与采访计划不为外人所知，这就更需要记者自身对采访方向的把握，避免节外生枝。因此，体育记者要在采访前拟定明确的采访计划，确定主题，使采访的实施更加有的放矢。同时，由于隐性采访往往要揭露一些不为人知的社会阴暗面，所以体育记者在进行隐性采访时一定要想好安全措施，制订安全的采访计划，为自身安全与新闻采访做好周密准备。采访中应多制定几套采访方案，同采访涉及的部门做好通气，请求配合。

（三）进入典型领域，扮演典型角色

隐性体育采访需要记者进入一定的社会环境进行侦查，选择典型的社会环境，对于揭露新闻本质有事半功倍的效果。同时记者选择合适的扮演角色也有利于接触到有价值的新闻线索，促成采访的成功。请看下面关于"体测神药"的相关报道：

"体测神药"违禁又伤身，商家公开售卖谁来管？

2019年7月8日 21:40 新闻来源：新华社"新华视点"记者：翟永冠 宋佳 尹思源

新华社天津2019年7月8日电 在中考体育考试之前，广东一所中学的学生小林很焦虑："离考试只有几天了，靠训练肯定没法达标。"听说网上卖的一种"体测神药"可以提高成绩，他决定试一试。

"新华视点"记者调查发现，随着中考、高考以及公务员考试的体育测试密集进行，少数身体素质不佳的考生通过吃所谓"神药"提高体测成绩，网上不法商家的兴奋剂生意火热。

"体测神药"网上销售火热，有的微商一上午接三四单

在网上联系到卖家后，小林花300元拿到一袋"体测神药"。没有外包装，没有文字介绍，小林不知道自己拿到了什么药。

为顺利过关，在体育考试之前，小林硬着头皮服下了卖家口中的"兴奋剂"，体育成绩也确有提高——"吃了以后感觉耳根子有点发热，运动能力比平时要好一些，200米跑成绩提升了1秒左右，跳远项目也比平时远了10厘米左右。"

记者调查发现，当前，一些考生利用兴奋剂提升运动能力，借以通过相关体育测试。他们有的是因为公务员考试，某些岗位需要进行体能测试；有的是因为中考或高考。据了解，有的地方考高中时体育成绩纳入总分，部分具有自主招生资格的高校在校考中增设了体育科目测试，一些高校规定大学生毕业体测达标才发放毕业证。

在网络上，多名兴奋剂卖家介绍，最近每天都有咨询和买药的人。"一般春季和夏季是销售旺季，冬季是淡季。"一位卖家告诉记者，"前一段时间，每天都有好几个考公务员的为了体测找我买药。"

一位微信上的卖家，把客户的下单截图发给记者，有时候一上午就能有三四单。

国家对兴奋剂目录所列禁用物质实行严格管理，任何单位和个人不得非法生产、销售、进出口。但记者调查发现，卖家手里的药品均出现在国家相关部委公布的2019年兴奋剂目录公告中。

还有卖家出售一种人工合成的甲状腺激素，具有促进新陈代谢和发育，提高神经系统兴奋性的作用。据了解，目前同类药品属于处方药，不允许在网络上随意售卖。

记者暗访：兴奋剂价格从数百至数千元，卖家推荐用药计划表

记者在网上搜索看到一个博客公开售卖兴奋剂的消息。虽然博客已封，但首页依然可以看到"买卖运动兴奋剂"字样和卖家的QQ号。

记者添加该QQ号后发现，QQ主页内有兴奋剂相关的详细介绍，并展示有购买者提高体育成绩的反馈。

卖家告诉记者，兴奋剂根据项目不同分为短跑、长跑、力量、精神类等多种类型。"所卖的是运动兴奋剂，专注于提高人的爆发力和耐力，不是别人售卖的运动补充剂。"

卖家表示，兴奋剂有很多种，有比赛当天用的，有提前几天用的，也有平时训练用的。有口服的，国产的200元一份，进口的有400、600、800元三种，不包邮。注射用的兴奋剂是进口的，3000元一支。"进口的药品价格贵但效果好，国产的药品性价比高。"

记者又联系了其他多位卖家。有些卖家根据不同的比赛项目，不同的使用者情况，来推荐药品怎么吃、吃多少。"身高体重告诉我，我会做一个用药计划表，你跟着表格服用就好。"

售卖者一般都拿出好几种药物让买家同时服用，而且这些药物都以百片起售。其中一位卖家给出的"组合"，全套下来要1500元左右。

卖家称，这些药品都是从国外进口的，在国内正常渠道很难买到。"我卖的都是欧洲正品，是从欧洲走私带回来的，假一赔十。"一位卖家告诉记者，并在微信上发来了药品图片。记者看到，药盒上标注欧洲生产，没有中文标识。

体测使用兴奋剂伤害健康，破坏考试公平

据了解，一些考生已因在考试中使用兴奋剂被查处。2018年国家体育总局反兴奋剂中心在官网公布信息，两名女中学生田径运动员在高校体育特长生招生考试中被发现使用了违禁药物。这两名学生中，一名在2018年1月13日招生考试的药检中被发现使用了"司坦唑醇代谢物"；另一名在考试中被查出使用了"美雄酮代谢物"。这两种物质均属违禁药物。

与此同时，目前，学校考试和公务员考试中，大部分的体测并不会检测兴奋剂，这也让一些人敢使用兴奋剂而不担心被发现。

南开大学周恩来政府管理学院教授吴晓林表示，在体测过程中使用兴奋剂是明显的作弊行为，破坏了正常的考试秩序，对于遵纪守法的考生严重不公。

专家介绍，服用兴奋剂会对身体造成伤害。有卖家忽悠说："基本不会对身体有损伤，实在担心可以配合护肝片一起吃，抵消损伤。"但一位体育科研人员表示，无论甲状腺激素药物还是类固醇药物，都会影响正常肌肉激素的分泌，严重的话会直接影响人的身体健康。

天津市儿童医院的专家告诉记者，处于发育阶段的青少年，使用兴奋剂后可能会产生十分严重的人体器官和功能异常，随意服用可能因为身体条件缺陷产生心率过快，甚至导致猝死。

多位受访专家建议，要加强对兴奋剂黑市的打击力度，监管部门要切断违禁药物的流通渠道，加强对网络平台的监管，对于被投诉的平台要追究审核责任。此外，提醒家长和学生不要为一时的考试分数伤害身体健康。

上述报道中，记者以体测神药买家的身份通过网络联系卖家，可以说选对角色定位，这个身份更容易接触到新闻事实，能够充分了解兴奋剂的具体情况。从行文叙述中，记者通过"套话"，让卖家说出药物来源和销售渠道，这是用新闻事实进行讲述。具体情况的叙述中，也一直紧扣"体测"等关键词，以"兴奋剂""健康""公平"等词汇紧抓公众关注焦点，真实地反映出兴奋剂药物对青少年的危害，并推进监管部门要切断违禁

药物的流通渠道。

（四）把握社会角色，明察暗访并重

体育记者也是普通公民，没有任何超越法律的权力。因此，体育新闻暗访首先也要保证不违法、不越位。如果暗访涉及的题材属违法乱纪类的，要注意参与度的把握，及时通知执法部门，引入法律制裁。可见，体育记者在隐性采访中要严格把握好自己的社会角色，在体育记者和普通公民两个身份中寻找动态的平衡，不要因为要获取新闻事实而不择手段，逾越法律的鸿沟而自食恶果。而且，大量的体育采访任务是难以完全通过暗访完成的，隐性采访通常是与公开采访手段结合采用的。当记者利用暗访掌握大量的新闻事实时，可以适当地转为公开身份采访，这不仅有助于体育新闻报道的顺利开展，还能对暗访得到的材料做进一步的深入验证，提高新闻的可信度，扩大采访面积，保证新闻报道的全面客观。

（五）保留采访证据，记录采访内容

进行隐性体育采访时，为了不暴露身份，记者往往不会在明面上进行文字记录、拍摄等，但是为了存留采访证据，并进行必要的记录，记者需要一定的隐性采访工具，如暗访包、录音设备（包括录音笔、录音手表、录音台钟等）、摄像设备（包括高清摄像眼镜、插卡式夜视高清纽扣摄像机、车钥匙摄像机、BPR夜视高清录像笔、防水摄像手表、领带式摄像机、车钥匙挂件摄像机、口香糖摄像机等），品种齐全、功能多样。而且随着社会进步和科技的发展，在体育采访中运用的偷拍偷录设备更加的先进，为顺利完成暗访任务奠定了坚实的物质基础。

同时，不得不思考的一个问题，体育记者使用的偷拍、偷录器材合法吗？如果使用的拍摄器材都属于违法，所获的体育新闻素材自然不能合法。刑法第284条规定，"非法使用窃听窃照器材造成严重后果"的要负刑事责任。如何把握"非法使用""严重后果"的度，是记者因暗访获取采访证据必须要思考的问题。

采访获取的稿件还要综合考虑，斟酌报与不报、早报与迟报的问题。隐性体育采访的特殊内容，其社会影响应该是记者和媒体要考虑的重要因素，应该注重综合的社会效应，认真审视报道角度等，力求积极正面的报道效果。

四、隐性体育采访应注意的问题

（一）慎用隐性体育采访

公开采访是体育采访的基本手段，是获取体育新闻的主要来源。隐性体育采访只是在迫不得已的情况下对公开采访的有益补充。体育记者只有在问题比较突出、已经严重危害了公众利益、公共安全或我国体育事业的发展时，而进行正常的体育采访有很大的难度，无法通过正常途径了解事实真相、获取新闻资料的情况下，才可以考虑用隐性体育采访。

在《中国新闻工作者职业道德准则》（中华全国新闻工作者协会第九届全国理事会

第五次常务理事会2019年11月7日修订）中，虽然没有明确反对隐性采访，但有具体规定："通过合法途径和方式获取新闻素材，认真核实新闻信息来源，确保新闻要素及情节准确""严格遵守新闻采访规范，除确有必要的特殊拍摄采访外，新闻采访要出示合法有效的新闻记者证"。一些专家学者认为，这个规定对暗访并未提倡。因为在"合法途径""出示记者证"的前提下，隐性体育采访有执行的难度。

因此，隐性体育采访应该审慎使用，能够正式公开采访的尽量公开采访，这样不仅能够得到更多的社会支持，扩大媒体影响力，而且也不一定就影响采访的质量，又能够保护体育记者的安全。

（二）目的必须是维护社会公共利益

重大的体育新闻事件尤其是涉及体育社会问题的事件，常与社会公共利益有关，当公开的采访方式无法了解体育事件内幕、获取相关信息时，则可以考虑使用隐性体育采访的方式，将暗访作为还原新闻现场的必要手段。在任何情况下，社会公共利益是衡量是否必须采用隐性采访的一个主要依据。这是隐性采访得到社会支持的一个重要原因，也是申请免责的基本依据。如果体育记者为了泄私愤、图私利等个人原因进行隐性采访，不仅违背了体育记者的职业道德，而且会在实施体育采访的过程中触犯法律。因此，隐性体育采访必须以积极目的为出发点，争取新闻价值与社会效益的双赢，避免以猎奇、揭丑为出发点，造成体育新闻的丑闻化与低俗化。如希金斯赌球事件曝光后，国际台联主席赫恩就曾表示："我不太懂记者这一行，但他们提供的信息很重要。因为无论是对将来的比赛承诺赌球，还是过去已经发生的比赛找到赌球的证据，对我而言结果都是一样严重。"

（三）谨慎选择采访对象、采访场合和工具

首先，在体育暗访中，采访对象应该是社会某一群体、普遍现象，而不是以曝光某一个体为目的。体育记者要注意选择采访对象的典型性，此类采访才能扩大采访意义，深入剖析和根治各种体育社会问题。

其次，隐性体育采访的场合应是自由场合，而不是非自由场合。在自由的、公开场合才能体现出社会公共利益，并且是防止隐性采访侵犯他人隐私的一种简单易行的方法。公共场所是供公众从事社会生活、可以自由出入和交往的各种场所，例如街道、娱乐场所、公众集会场所等，记者享有自由摄录的权利。而非公共场合是不允许自由摄录的，即私人场合，包括住宅、病房等法律明文规定不许擅自侵入的区域，也包括在公共场合的私人活动，例如在公共电话亭打电话、在银行柜台取款等。

再次，采访偷拍偷录的工具也要特别注意，不能使用非法的窃听、拍照工具。国家安全法规定："任何个人和组织都不得非法持有、使用窃听、窃照等专用间谍器材。"刑法规定了"非法使用窃听、窃照专用器材罪"。

（四）防止低俗化手段的运用

在体育新闻竞争日益激烈的今天，媒体为增强舆论监督的力度、提高自身的知名度和战斗力，往往采用隐性体育采访这种方法报道独家新闻，完成有深度、有影响的体育

新闻作品。部分媒体把体育新闻当卖点，费尽心机满足受众的好奇心、猎奇心，常常过多运用隐性体育采访的手段报道一些"黄、赌、毒"和"星、腥、性"现象。运用非法或者下流手段，将体育名人的刺激性镜头全部曝光，滥用隐性体育采访，致使新闻低俗化的本质暴露无遗。隐性体育采访通过曝光社会的阴暗面，对体育领域中的不道德或是违法犯罪行为进行揭露和批评，这完全是合理合法的行为。但是，这种披露和批评可能含有不适宜或不可刊播、登载的内容和画面，可能产生不道德的后果。所以，体育记者进行隐性采访，必须要有强烈的社会责任感和社会公德意识，一些低级趣味、血腥暴力场面决不可取。对于有悖于社会伦理道德的现象，体育记者一般不宜随便使用隐性采访。即使使用也应当注意对报道内容的甄别，以免产生不良后果。

（五）限定在合法的范畴内

隐性体育采访应注意法律的规定，切忌在探寻事件情况时误入歧途，侵犯他人隐私，甚至违犯国家法律。现代社会中人们对自身隐私权的法律保护意识已经逐步提高。体育新闻中如何运用隐性采访而又不侵害他人的隐私权成为体育记者面临的一种挑战。

首先，体育记者扮演的角色必须是合法的。

"体育记者扮演的角色不是随意的，记者不能冒充政府工作人员，借处理政事获取政务新闻；不能装扮成军事机关人员，获得军事机密和军事新闻；不能扮演成违法犯罪分子，获取犯罪新闻；不能改变其固有的自然性别角色，而深入到另一个性别世界采访，这是传统习俗和道德所不允许的"[①]。可见，作为获取体育新闻信息的一种手段，有些身份是体育记者绝对不能使用的。比如在我国，在任何新闻采访情境中，"新闻记者都不允许伪装成人大代表、政协委员、国家公务员、军人、警察、法官、检察官等进行采访活动，这类职务是依照法律的规定专门授予的，任何人假冒都要承担法律责任。至于记者伪装成违法犯罪者，例如吸毒者、嫖客之类以摄录所需要的材料，也是不能允许的，这种伪装不仅有损人民记者的尊严，而且会引发意外的事端，甚至助长或促成犯罪活动"。特殊身份意味着某种特殊权利，特殊权利有着特殊的道德根据。记者以隐瞒、欺骗方式获取特殊身份和特殊权利，这本身就是不道德的。因此，隐性体育采访中隐瞒身份是有限度的，并不是什么身份都可以伪装。

其次，隐性采访不能侵犯他人合法权益。

在隐性体育采访中，记者运用非法手段获取的新闻事实，往往会涉及侵犯采访对象的隐私权、名誉权等问题。因此需要体育记者在角色运用中应合理扮演，适度介入。需要提示的是体育记者要时刻记住自己新闻记录者的身份，牢记采访目的，防止过分投入角色身份，影响事件真实性，造成主观偏颇。尤其在曝光社会阴暗、违法行为等隐性体育采访中，记者的介入与扮演，不小心就会造成自身的犯罪，而法律不可能因为体育采访的初衷就法外开恩。要记住，法律面前人人平等。

（六）注意保护体育记者的人身安全

隐性采访具有一定的风险性，记者应该注意保护自己的人身权利与安全。如北京时

---

① 杨继光，刘鸿.论体验式采访[J].北京青年政治学院学报，2006（2）：76-80.

间2019年1月18日据BBC报道，曾揭露多起非洲足坛丑闻的卧底记者艾哈迈德·苏亚勒（Ahmed Suale）在加纳遭到枪杀，因记者艾哈迈德·苏亚勒曾是一名卧底记者，也是"老虎眼"调查组织的一员，这个组织通过卧底暗访的方式曾参与揭露过加纳足协腐败案，也协助BBC《非洲眼》节目拍摄加纳足协腐败案的纪录片，在视频中记者假扮加纳足协官员同一名肯尼亚裁判阿登·马尔瓦进行接触并向其提供600美金，同时加纳足协恩扬塔基被镜头拍摄到接受65000美元的贿赂。当年在腐败案被揭发出来后，加纳足协恩扬塔基受到国际足联的禁足罚款，加纳议员阿加蓬曾公开呼吁过人们报复苏亚勒。苏亚勒的死在加纳国内引起巨大轰动，时任加纳总统纳纳·阿库福·阿多在社交媒体上谴责此次谋杀简直是"滔天罪行"。

可见，在通常情况下，没有记者的身份、国家政府的支持、媒体的关注，单枪匹马的隐性体育采访是存在极大危险的，所以，体育记者在进行隐性采访时一定要在事先保护好自己的安全情况下，尽量不要泄露过多个人信息（包括图片）再进行调查走访。

第四节　体验式体育采访

近年来，一种生动活泼、贴近受众，具有较强现场感和可读性的采写形式——体验式采访报道，风靡新闻界，很受欢迎。体验式采访是在隐性采访的基础上产生的一种新的采访方法，两者的最大不同是隐性采访隐去采访者的身份，而体验式采访有时并不隐瞒其身份；而且隐性采访有记者介入和非介入两种形式，体验式采访是记者直接参与到新闻事件中，在参加活动的过程中进行"活"的采访。新华社记者郭超人1960年采访我国攀登珠峰的登山队员时，与登山队员一起行军、宿营、攀登，甚至在零下30摄氏度的严寒里，同登山队员一起登到6600米的高度，写出《红旗插上珠穆朗玛峰》这篇报道，使读者有身临其境之感，成为体验式体育报道的经典之作。

在体育新闻报道中，体育运动的竞技性、参与性、悬念性等特点，要求记者在体育采访中，创新采访报道的方式，而体验式采访以其强烈的现场感和亲历性与体育运动的本质相契合。因此，在体育新闻报道日益受到媒体重视的今天，体验式体育采访也日益勃兴，成为体育记者惯用的一种新的采访方式，并赢得受众的青睐。

一、体验式体育采访的定义

（一）体验式采访的定义

体验式采访或称亲历式采访，是记者为完成某一次报道任务，直接投入所要报道的新闻事件中去体验生活，以获得新闻报道所需要的素材，以进一步深入解读和认识新闻事件的过程，也就是变"你做我写"为"我做我写"。体验式采访是新闻记者深入生活、体察民情的一种好方法，对于记者采访作风的培养和新闻写作水平的提高都有重要的推动作用。

体验式采访旨在还原第一现场，追求原汁原味的生活真实。体验式采访不是传统的倚马可待，其中有记者的体验，它需要精力、需要胆量、需要分析，更需要采访前的充分准备与进入角色后的随机应变。人们认识事物最好的方法就是亲身体验，在特定的采访条件下，记者的积极介入，可以使我们对陌生或复杂的新闻事实有一个清晰而透彻的了解，如记者现场体验冰球运动，就要与冰球队员一起训练，去体验他们的训练生活。随着新闻事业的发展，体验式采访丰富和发展了隐性采访，渐渐成为一种独立的现代新闻采访方法。相对而言，体验式采访一般均为深度报道，一旦采访成功，往往产生较大的轰动效应。但因体验式采访实施的难度较大，只能偶尔为之，并非一贯的采访手段。通常情况下，记者每天都要写稿子，时间上赔不起，只有在特殊情态下才采取这种方法。

（二）体验式体育采访

在体育新闻报道中，体育记者或长期驻守在运动队，与运动员同吃同住；或直接参与体育事件、体育比赛或体育人物的生活与日常活动，与队员们一起体会训练、比赛和生活中的苦辣酸甜。这种记者参与被报道者的体育运动实践，亲身体验并进行采访的报道方式叫作体验式体育采访。体验式体育采访跟"冷眼静观"的其他体育采访方式有着很大的不同，尤其在体育运动中，体验式采访往往给受众展示出不一样的新闻视角与阅读乐趣。

请看下面《新民晚报》记者在俄罗斯世界杯开幕式前的体验式报道：

这里的黎明静悄悄，本报特派记者在莫斯科感受世界杯气氛

2018年6月12日 08:55 新闻来源：《新民晚报》 记者：首席记者关尹

还有两天，俄罗斯世界杯就要正式揭开面纱，向全世界球迷宣告它的到来。不过从记者首日抵达莫斯科的体验来看，世界杯的氛围并不如想象中浓烈。东道主准备好了吗？俄罗斯人告诉你：来吧，一切照常。

记者是乘坐上午10时从浦东机场出发的MU261航班，经过10个小时的飞行后抵达莫斯科谢列梅杰沃机场。前半程一切顺利，但在出关时遇到了一点小麻烦。尽管人并不算多，但海关工作人员的放行很慢，不到20人的队伍出关竟然花了一个小时。

莫斯科是国内旅游的热门城市之一，与记者同机的就有两个老年旅行团四五十号人，再加上已经动身前往俄罗斯看球的球迷，人就更多。一名姓李的男球迷告诉记者，他买到了开幕式的球票，特别向公司请了一个星期的假，"就当给自己一个足球假期了。"

作为世界杯主办城市之一，莫斯科机场并没有为持有球票的球迷包括官方注册记者提供专门的通道，再加上他们比较低的放行效率，对于出关费时这一点球迷要有足够的心理准备。随着来自各国的球迷越来越多，这个问题可能在今后几天会更加严重。

当然，机场的志愿者们已经开始了工作，而且也比较热情。当记者询问哪里可以用美元换卢布时，一位俄罗斯大妈还会用英语好心地提醒你："不要在机场换钱，这里不划算。你可以先换一点零钱坐车，到了市区再找银行换。"

谢列梅杰沃机场的世界杯气氛并没有多浓，除了几块显示屏偶尔提醒着你世界杯的存在，你很难在这里感受到大赛即将在这座城市开幕的气息。不过，对于中国游客和球迷来说非常不错的一点是，机场的所有指示牌都是俄语、中文的双语标配，哪怕一点不

懂俄语或英语，也能很轻松地找到巴士、地铁、出租车等地点。机场取行李处还会免费提供一本中文的莫斯科游览指南，这本小手册里包含了世界杯球赛的时间、当地的旅游景点以及地铁线路图等，非常实用。

不过，与机场指示牌的便利相比，在莫斯科乘地铁，可能对很多中国人来说就会感觉"头大"了。因为很多地铁站都只有俄文、没有英文，走进去完全就像进入迷宫，方向都很难搞清楚。

为了体验一把当地的交通，记者没有选择打车，而是决定乘坐机场快线再换地铁前往预定的公寓酒店，中间需要倒两次车。即便以前有过多次国际大赛的出行经验，但在莫斯科也是连问带蒙才"杀"出一条生路。有的时候，哪怕就身处站台，都很难分辨出是哪一站。从这一点来说，莫斯科不如很多国际大都市方便。

这是世界杯第一次在东欧国家举办，但俄罗斯人似乎并不是很在意这一点。无论是地铁还是城市街头，有关世界杯的元素比想象中少得多。宣传画少、指示牌少、志愿者少，看来想要感受世界杯的火热氛围，只有去球场才行。

当然，一个利好是，俄罗斯世界杯为持有球票和球迷卡的世界各国球迷提供免费的城际火车，这种待遇在以往可不多见。虽然耗时比较长，但至少在经济方面大大节省了开支。当然，这也得提前在官网预定才行，否则就会没票。

而相比2010年的南非、2014年的巴西动辄被爆出偷盗、抢劫、罢工、爆炸等事件，俄罗斯世界杯明显要安全、有序得多，开幕前很少有与治安相关的负面新闻。一切照常，也许是最大的好消息。

世界杯就要来了，这里的黎明静悄悄。

上述报道是《新民晚报》记者关尹在俄罗斯世界杯开幕式前，在当地亲身体验感受到了俄罗斯的世界杯氛围，感受到俄罗斯世界杯平静的气氛，见证俄罗斯世界杯的淡定与有序。这种体验式体育采访报道的方式，彻底颠覆了过去"观点性"新闻的局限性，当体育记者零距离地走近采访对象的生活，成为他们中的一分子，交流的障碍便被减少到最低限度，使体育记者的采访更顺利、体验更深刻。

二、体验式采访在体育新闻报道中的优势

（一）变革新闻文风，增加人情味的体育报道

采访是一个认识过程，而通过身临其境的亲身体验，记者的认识过程就会更扎实、更自然、更合情合理，认识最好的办法就是接触，要体验那个事物的存在环境，将感性认识上升到理性认识。在体验式采访中，体育记者既是采访者，又是当事人，笔墨从记者这个"当事人"的所见所闻所感流出，呈现给受众的材料直接来源于生活，因而生动、鲜活。它改变了长期难以突破的沉闷的新闻文风，具有革故鼎新的开拓性质，也以浓郁的人情味和故事化风格，吸引和感动受众。

请看下面例文：

日媒记者排队抢购冰墩墩：期待回国前能买得到

2022年2月15日 11:08 新闻来源：海外网 记者：吴倩

海外网2月15日电 正在北京报道冬奥会的日本《体育报知》新闻网记者直15日在该网发文，记录了各国记者对冰墩墩的喜爱，以及排队抢购的火爆场面。

在文章开篇，直提到了各国记者抢购冰墩墩的画面，"'怎么办''今天也没买到'，记者们之间每天都能听到这样的声音，大家的话题也经常围绕冰墩墩展开。在北京冬奥会主媒体中心的官方商店里，连日来排队购买商品的人络绎不绝。每天早上在巴士换乘的时间里，我几次都因为队伍的长度'知难而退'"。

还提到，其他国家媒体的记者都纷纷替亲友采购冬奥纪念品，"即使花几个小时排队也热情不减"。他也期许道，"距离冬奥会闭幕还剩一周，只希望回国前能买得到吧"。

（http：//news.haiwainet.cn/n/2022/0215/c3541093-32341931.html）

上文是海外网记者对日媒记者体验排队抢购冰墩墩的报道。记者以亲身体验的采访方式，见证"一墩难求"的名场面，记录各国记者对冰墩墩的喜爱。而且记者作为当事人，在体验中，巧妙运用故事化笔法，以富有人情味的口语表达捕捉人物的内心世界，如"因为队伍的长度知难而退"这种故事化笔法的运用，颇具情趣。

（二）强化现场效应，让受众身临其境

体验式体育采访可以使记者对体育领域各种事物的认识，由感性认识上升到理性认识的高度，从而更真切地了解事物真相。而且体验式采访往往要求记者深入采访对象的生活中，以便于记者与采访对象打成一片，从他们那里获得更多的帮助，了解到更深入的情况。因此，体验式体育采访不仅要求记者亲自到体育新闻发生的第一现场进行采访，成为现场的见证者、亲历者和参与者，从而获得第一手的新闻素材并熟悉体育环境，增加体育新闻报道的现场感。体验式体育采访的这种"现场效应"不仅是记者对新闻现场的亲身感受、体验、反馈，更是让受众有身临其境的现场感，以增加体育新闻报道的真实性与可信性。

请看下面的例文：

记者手记：见证法国特色的欧锦赛

2016年7月13日 11:01 新闻来源：新华社 记者：应强 王子江

新华社巴黎7月11日体育专电（记者应强 王子江）历时整整一个月的欧洲足球锦标赛10日在法兰西体育场落下帷幕，虽然法国足球重返欧洲之巅的梦想被葡萄牙无情打碎，但本届欧锦赛仍然可以说是一部精彩的足坛大戏。

从压哨的经典绝杀到残酷的点球决战，从黑马的杀出重围到巨星的冉冉升起，从大比分酣畅淋漓的进攻到小组赛跌跌撞撞平进决赛并最终夺冠，足球的种种魅力在法国欧锦赛上都有近乎完美的体现。

作为主办国，法国也充分让人体会到了这10个举办地代表的法国风情：巴黎的古典浪漫、波尔多的庄重大气、图卢兹的粉红之城、尼斯马赛的蓝色海岸……法国丰富的旅游资源和文化底蕴让来到这里现场看球的250万观众在享受足球带来的快乐的同时，还能在法兰西展开一场美景之旅、文化之旅和美食之旅。

10座球场有新有旧，但都做了精心的安排调整，虽然安检严格，但每场比赛都能让观众和媒体方便进场、快速疏散，充分体现了作为组织者的用心和老到的组织经验。

法国最为担心的是针对欧锦赛的恐怖袭击威胁。在经历了去年11月的巴黎连环恐怖袭击和今年3月份的布鲁塞尔恐怖袭击之后，反恐成了本届欧锦赛安保的重中之重。在欧锦赛开赛之前曾传出恐怖分子针对欧锦赛发动恐怖袭击的消息，开赛后没几天还发生了巴黎近郊两名警察夫妇遇害的恐怖性质案件。难怪法国体育部长坎纳在11日举行的发布会上表示，在面临极高恐怖主义威胁的情况下，法国成功地完成了欧锦赛全部组织和安保工作，虽然法国队最终没能夺冠，但从安保方面"法国赢了欧锦赛"。

法国为本届欧锦赛的安保投入相当大，近9万名警察、宪兵和军人投入安保。法国内政部长卡泽纳夫在11日的安保总结发布会上表示，法国成功地举行了此次欧锦赛，要感谢所有参与安保的部门和主办城市的通力合作，曾经备受攻击的法国情报部门这次也发挥了极大的作用，今年上半年就有150名恐怖嫌疑人被逮捕。欧锦赛组委会主席朗贝尔也对成功完成所有赛事表示欣慰："恐怖袭击是我们之前最大的担心，现在对我们来说真像一块巨石落地，要知道只要发生恐怖袭击事件，欧锦赛将会立即停止。"

赛前备受争议的球迷区的设置，也在组织者的妥善安排下，没有出现大的问题。除了几次小型的骚乱，基本都算在控制之中，对于今年已经经历了12次冲突不断的反劳动法示威游行的法国警察来说，这些真不算什么。

如果要说美中不足，一是足球流氓的借机闹事，6月11日在马赛英格兰和俄罗斯球迷的冲突让全世界见识了"椅子和啤酒瓶大战"。法国内政部消息，法国警方逮捕传讯闹事球迷共1550人次，59人被判刑；二是社会治安，法国一直以来都没有解决的偷盗抢治安事件在欧锦赛期间仍时有发生，不少新闻记者也成了受害者，也让全世界见识了这一颇具法国特色的社会问题。

除了法国特色，欧锦赛也有着明显的欧洲特色。作为世界上足球市场最发达、超级球星最集中的地区，从柏林到维也纳，从日内瓦到布鲁塞尔，不少城市广场和酒吧都聚集起大批球迷，他们和在现场观战的球队支持者一样，用整齐划一的服装、手势、口号和旗帜，与球员们一起战斗、一起欢笑、一起流泪，这样深厚的足球基础可能才是欧洲无弱旅的现实原因所在。

（http://www.xinhuanet.com//sports/2016-07/12/c.1119208094.html）

上文是2016年7月11日，历时1个月的欧锦赛落下帷幕。记者应强和王子江以现场亲历者的身份采访和报道比赛，但重点不在赛事本身，而将更多笔墨落在赛场外的法兰西特色上。记者充分发挥细节描写，切实融入了欧锦赛的现场。现场情景的历历再现，也让身在现场之外的读者如临其境、如闻其声。记者的这种亲身体验经历，也会感染和震撼场外读者的心灵。

（三）挖掘独家视角，形成个性化报道

体验式体育采访有时能了解到其他采访方法了解不到的体育事实材料。记者通过亲历的形式，以参与者或当事人的身份，对体育赛事或体育事件进行报道，以第一人称的视角替代他者的眼光，避免了体育新闻的同质化现象，实现了体育新闻报道的内容创新、形式创新和角度创新。如新华网在伦敦奥运会专题内开设了"国家队揭秘"栏目，编发的《训练场馆军歌嘹亮——中国跆拳道赛前备战"不慌不忙"》《期待收获——中国女排备战伦敦奥运会漳州集训探营》《伦敦奥运中国姑娘憋足劲花游将上演"最炫民族风"》《冼东妹：柔道新规对国家队影响不大》等稿件，均采用体验式采访报道形式，深入国家队训练场，对运动员的备战情况、精神面貌等进行贴近、真实的描述。其文中"训练场上，不见队员施展拳脚，却传来嘹亮的军歌，让人以为是'误闯了军营'"等鲜活的文字，给人一种身临其境的感觉。

（四）加深记者与采访对象之间的情感交流

体验式体育采访让记者跟运动员一起感受了训练的艰辛，伴随着采访对象点点滴滴的生活琐事，记者与之同呼吸、共命运，使记者能够更加深入地了解采访对象的经历、性格、兴趣和爱好等，在感情上也和采访对象有深厚的交情，不会让人产生陌生感。

请看下面例文：

女排冠军背后的人

2021年11月23日 新闻来源：《中国体育报》 记者：苏畅

日前，我参与了中国排球协会和中国体育报、新体育网合作的"中国女排首夺世界冠军四十周年"纪念报道的融媒体采编工作。在忙碌的图片收集、文字整理和稿件采写过程中，我也回忆起了自己十七年跟踪报道中国女排的经历。回想起那些人、那些事，感慨良多。

中国女排在四十年中获得十个世界冠军，我在十七年女排报道中通过各种方式见证了第七至第十次夺冠。一代代女排队员、教练员弘扬女排精神忘我拼搏的事迹通过我的报道传递给万千读者，令我与有荣焉，也无须赘述。让我同样感动的，还有那些为了中国女排能够登上世界之巅作出诸多贡献却鲜为人知的人员。

2004年春，我进入中国体育报工作，第一次下队就是去国家体育总局训练局采访备战四国赛的中国女排。走进训练馆，陈忠和、冯坤、周苏红、杨昊……一张张以往只能在电视画面中看到的面孔映入我的眼帘。我记得，时任中国女排助理教练的赖亚文指导在训练间隙走过来，主动热情地和我打招呼。当时我比较紧张，语无伦次地做了自我介绍之后，竟然向赖指导说了句"以后大家互相学习"以示客气。后来每次回想起来，都会哑然发笑。

随后的几年时间，我有幸以随队记者身份跟随中国女排采访了世界女排大奖赛、世

锦赛等一系列比赛，获得了和队伍"同吃同住同训练"的机会。除了近距离观察女排姑娘们的日常训练、生活，我也结识了球队中的助理教练、陪打教练、队医等。我记得，世界女排大奖赛转战各地期间，时任中国女排助理教练的俞觉敏每天训练出发前都会给我打电话，细心地通知我和队伍一同搭车去训练馆的时间。和我同龄的陪打教练袁灵犀平时言谈不多，有一天训练之后，他专门找到我，向我借一本排球英文词汇方面的资料。原来，袁灵犀在日常训练之余非常热爱学习。后来，他成为中国女排在计算机技术统计分析方面首屈一指的专业人才。不过在北京奥运周期，中国女排还没有使用计算机进行技术统计分析工作，而包壮、张建章、张文一等陪打教练除了日常训练，还常常会在晚上队员们都休息之后，和主教练陈忠和、助理教练俞觉敏等分工协作，进行繁重的资料整理和对手情报分析等工作。其后，虽然越来越多的年轻陪打教练如吴晓雷、于飞、施海荣、李童等进入中国女排，计算机技术统计分析全面应用也给了这些繁重工作以助力，但这些陪打教练仍始终不忘初心地甘当着一代代中国女排幕后的英雄。

队医是中国女排复合型教练员团队的重要成员。十几年来，卫雍绩和王凯两位队医在中国女排默默奉献，为队员们提供着悉心的治疗和康复服务。王凯是2005年进入中国女排的，我接触队伍比他早一年，常常开玩笑说我俩是"同期"入队。比赛工作之余，我们也会相约一同饮茶、聊天，我也从他那儿了解到不少运动医学知识。

十七年排球报道工作中，我还有幸聆听戴廷斌、邹志华、李耀先等排坛前辈畅谈中国排球发展历程中的故事。他们即便年事已高，还会贡献余热。此外，我也在工作中结识了胡进、蔡斌、王宝泉、俞觉敏等知名教练员，和他们结下了亦师亦友的情谊。他们曾在中国女排主教练岗位上工作，即便走下国家队帅位，他们仍在地方俱乐部继续为中国女排培养人才。

无论是带领中国女排登上世界冠军领奖台的功勋主帅，还是在低谷中毅然执掌中国女排教鞭的主教练，或是助理教练、陪打教练，抑或科研、医疗人员，正是因为有了这些人默默工作、不计回报，才有了中国女排今天的成绩。他们，都值得我们尊敬……

以上是2021年《中国体育报》驻中国女排的随队记者苏畅对十七年跟踪报道中国女排的经历回顾，记者作为"随队记者"参与到队员的训练之中，记者与采访对象的关系已经非常熟悉，而且从报道中可以看出记者对女排训练各个方面的深入了解，使写出的报道更加生动、专业、有现场感和情感性，且有一定的解释性，让我们看到一个更加平易近人的中国女排圈。通过体验式采访积累的专业术语和体育专业知识，也可以进一步提高记者采访能力。

（五）积累体育专业知识，发展成专家型记者

俗话说"实践出真知"，在体验式体育采访中，记者可以真切体会到体育新闻事件的发展变化，感受其中人情世故的潜移改变，从而搜集大量能够解释和补充体育新闻报道的背景信息。体验式体育采访不仅仅有利于新闻采访本身，也有利于记者丰富自己的生活经验，积累专业经验，并且通过和采访对象的多年合作，可以更深入地了解记者分管的体育项目，积累体育专业知识，在采访中不说外行话，成为专家里手。

三、体验式体育采访的实施技法

（一）瞄准关键点慎重做决策

体验式体育采访与普通体育采访一个重要的区别在于，它事先已经知道了采访对象、采访地点甚至采访的主题，是一种策划后的采访。在策划中选择什么样的采访对象、宣传什么样的时代精神和体育精神、抨击什么样的丑恶现象，对于体育新闻采访是否成功至关重要。因此在实施体验式体育采访前，关键是选题策划，要瞄准关键点，主题选择要紧扣时代脉搏，必须是当前受众关注的体育热点赛事、明星人物和焦点问题，以及政府体育工作的难点，群众心中的疑点，并在舆论上有一定突破，在广大受众中能产生正面效应。以上情况表明，体验式体育采访的选题只有在党的体育新闻宣传政策和受众的可读性之间，找到最佳结合点，才称得上选对了题、选准了题，才有望使体验式体育采访的目的得以实现。

请看下面例文：

本端记者亲历在冬奥现场的20个日夜：美不止于金牌

2018年2月26日 15:40 新闻来源：钱江晚报新闻资讯客户端"小时新闻" 记者：宗倩倩

"如果你拍的不够好，那是因为你离的不够近。"这是摄影记者罗伯特·卡帕的名言，身为战地记者，他每次都是冲到最近的地方近距离拍摄，只为求得最清晰最震撼的照片。

虽然身为文字记者，但深感这句话同样适用，尤其是作为特派记者亲历平昌冬奥会后。"如果你对奥运会的感受不够深，那可能同样因为你离的不够近。"

平昌冬奥会对于很多人来说，或许只是被生活裹挟之余的一丝消遣，是春节忙乱串亲之余的饭后谈资。于我而言，这在平昌的20个日夜，奥运会却是全部。留在电脑里的是30多篇的稿件，4万多字的文字，可留在脑海中的，却远比这白纸黑字来得斑斓多彩。

就像里约奥运会之前，混乱的治安被妖魔化一般，轮到平昌，这次矛头对准的是气温。"史上最冷冬奥会"着实让我在出发前惶恐不安，羽绒服恨不得带北极科考标准的。

但到达平昌之后的真相却是除了三个小时不能动的开幕式，这个低温恶魔的威力其实也没那么可怕。毕竟标配地暖的室内，空调给力的大巴车，即使是临时帐篷搭建却也有超强暖炉的媒体工作间，更别说辛辣滚烫的韩餐，都可以让你立刻满血复活。

闭幕前一天，平昌漫天飞雪，就连几乎始终艳阳天的江陵也飘起了雪。但依旧没有屋顶的闭幕式，这次换成无畏无惧地前往。

想战胜心中无名的恐惧，也许最好的办法就是离它近一些。

竞技体育最残酷的是一瞬即永恒，那决定成绩的一瞬，是四年来所有的付出，是一辈子也许只此一次的绝唱，也是永不可能重来的定点。获胜的狂喜，失败的落寞，总是在同时同地发生，一家欢喜一家愁，每天都在平昌重复上演。

而当你近距离看到那些情绪的迸发，才发现那些怒吼和泪水，竟能如陨石般重重得直击心脏。徐梦桃就重重摔在面前，眼泪就那样随着飘雪一起落下；羽生结弦就徐徐舞在面前，即使距离不到一米也不敢再靠近，生怕破坏那股仙气；武大靖就霸气吼在面前，那一刻只想冲进场和他们一起庆祝。

一切都真真切切发生在眼前，当你回过神来，意识到这些可都是伟大的传奇，便顿觉自己是何等渺小。每每写文章，都要把这些运动员的资料浏览一番，仿佛一下子看完了他们艰难而不屈的来时路，感恩自己能够邂逅传奇，见证传奇，是多么幸运。

王者归来的肖恩·怀特还在和命运做着斗争，46岁的葛西纪明还在百米高空飞翔，汤加的光膀小哥还在继续着自己的奥运路，"梦想"两个字在他们身上，怎样描写都不会显得矫情。……

（http://www.thehour.cn/news/116170.html）

上文选择了平昌冬奥会的关键场面进行报道，记者在平昌冬奥会上亲历了无数震撼人心的场景，将亲近奥运会的感受、竞技体育的残酷、情绪的迸发作为采访体验重点，把控住了情绪的主要关键点，也抓住了受众的阅读期待，收到了独具匠心的传播效果。

（二）核心报道讲好故事，捕捉细节

体验式新闻提倡讲故事，可以说是更有深度的全感官式采访，即体育记者调动和运用自己所有的感官去进行更深层次的采访。而要讲好故事、做好更深层采访的基础，就是记者必须在现场。这种写法切合受众的感知心理。所谓"听过不如见过，见过不如做过"，亲身经历丰富记者的感官体验，那么在写作过程中有具体的人、事、物和情节，有具体的味道、声音和画面，写出的报道形象生动而不抽象，受众易于接受，易于被打动。而一些没有做深入采访，只是根据文件、会议写成的稿子，则是概念、数字的堆砌，没有一点儿具体的东西，看了让人头疼。这也是"观点性"新闻的通病所在。

生动、细腻、富于表现力的细节，对于新闻作品来说，就像枝枝叶叶，只有枝叶丰满了，才能显出树木的茂盛，才能让受众感到生机，觉得"好看"。精彩的细节描写，可以增强新闻作品对受众的吸引力，并强化受众的印象和记忆。体验式新闻就能捕捉到精彩的细节。一般化、概念化、生硬、缺乏细节是观点新闻的最大弊病所在。独具特色的细节的获取并非易事，它要求记者具有灵敏的捕捉能力、深入的挖掘过程、独特的观察视角和精准的提炼手段。它需要记者摒弃浮躁、肤浅、急功近利的思想和作风，凭借观察的细致、采访的深入、体会的深刻、取舍的精当而获得，除此之外，没有捷径。这是体验式新闻所强调的。

再现现场，还需有精彩的细节，细节是新闻事件中含义深邃的细微的情节，往往对新闻现场的再现起决定性作用。现场体育新闻对于现场意识的营造和体现，通常是选取有典型意义、有个性化、有说服力、有现场感的细节，不惜笔力，着意描写，达到管中窥豹的效果，让读者领会个中深意。

（三）外围报道挖掘新鲜元素

面对一些重大的体育赛事，由于大赛组委会向各国媒体发放记者证的有限性，只有

正式注册记者能够进入赛场采访比赛，而非注册记者是没有资格进入赛场采访的。比如，2020东京奥运会注册记者配额为6000人，在疫情的不确定性下，最终前来采访东京奥运会的记者人数共4000多，近2000名记者选择放弃。就中国媒体数量来看，不算新华社直接从国际奥委会拿国际通讯社名额，也不算中央电视台等占电视转播及技术人员的名额，从中国奥委会分配的中国媒体名额，本来接近200人，最终前往日本采访的文字和摄影记者不到100人；又如，北京冬奥会有432家1770名中外记者注册成功，其中，境内媒体279家1251人，外国媒体130家453人，港澳台媒体23家66人，成为参与记者覆盖范围最广的一届冬奥会非注册记者新闻中心。非注册记者因进不了场馆，只能进行外围的采访报道。非注册记者的采访均以体验式采访为主，采访选题主要涉及比赛之外的对比赛举办地的政治、经济、文化、民俗风情、安保、城市建设、环境卫生等问题的采访。而在奥运会、世界杯等大型赛事中，外国记者对这些外围报道的关注不亚于赛事本身。但与能够进入现场进行采访的记者不同的是，赛事报道每天都是新比赛、新内容，外围报道在经过一段时间后会感到选题开始重复，新闻点减少，在这种情况下，记者更要不断挖掘新鲜元素，尝试以亲历或体验的视角进行采访报道，享受赛场外的独特风情，感受外围报道的别样激情，因为外面的世界同样精彩。

（四）有新闻的地方"我"在场

在体验式体育新闻采访中，记者的身份发生了明显转变。一般的体育新闻报道中，记者通常只是新闻事件的旁观者，是一个局外人，向受众传达信息时，使用的是外视点；而在体验式体育新闻的采写中，记者深入现场，成了事件的目击者、参与者和知情人，视点随之发生转换，由外视点自然转为内视点。也正是通过记者身份以及视点的转换，真正让受众感到了"记者在场"。当重大事件发生时，新闻记者就应该站在新闻现场，发挥自己的感官触觉，敏锐探索、悉心搜寻、发现自己需要的新闻事实，并切实感受。"有新闻的地方'我'在场"这是记者的心中所想和每个新闻人孜孜以求的理想。体育比赛的激烈性、悬念性、对抗性、高情感性等特点，更要求参与采访的体育记者通过自己的眼光和感受，让受众了解并体会体育新闻发生时的现场情景、新闻事件、新闻人物活动的环境、气氛、举止、言行、心态等，也就是要通过记者的描述力图把受众带到体育新闻发生的现场，让受众看到活的画面、听到声音、嗅到气味、感受到气氛，从而产生如临其境、如闻其声、如见其人、如观其色、如睹其光、如嗅其味的感觉[1]。

请看下面例文：

成都商报特派记者现场见证法国夺冠

2018年7月16日 01:18 新闻来源：成都商报红星新闻官方账号 特派记者：白国华

这一刻，全世界的目光都聚焦在莫斯科，卢日尼基。一个多月的鏖战，终于产生最后的结局。

---

[1] 刘晓丽.浅析现场体育新闻中"我在场"的现场意识[J].新闻界，2008（03）：101-102.

从下午两三点开始，马来西亚球迷，冰岛球迷，萨尔瓦多球迷，牙买加球迷，乌干达球迷，这些即使跟世界杯"无关"的球迷，也都从四面八方涌进卢日尼基球场，此刻，世界大同，即使决赛场上要决出冠亚军，但最终的胜利者，都属于热爱足球，对足球有梦想的人们。

从莫斯科到圣彼得堡，到喀山，到萨马拉，到下诺夫哥罗德，到伏尔加格勒，到萨兰斯克，到叶卡捷琳堡，到顿河罗斯托夫，到索契，到加里宁格勒，最后回到莫斯科——2018年的俄罗斯世界杯，11个城市的12个赛场，64场比赛以后，决出最后的王者。

罗纳尔多在媒体席上担任现场解说，罗纳尔迪尼奥在闭幕式上担任现场鼓手，拉姆把大力神杯带进了场地，世界杯的历史，由一代代伟大的球员去书写。而现在，书写历史的时刻，轮到法国和克罗地亚，没有什么阻挡，他们对冠军的向往。

赛前，法国队被普遍看好，这不仅因为他们在进攻上有更具天赋的队员，同时在体力上也占尽优势，毕竟克罗地亚队比他们多打了三个加时赛。比赛开始后，局面并非如人们想象一般，克罗地亚一度控制了局面——但这也是本届法国队的特点，无论对手实力如何，他们都喜欢用防守反击的战术和对手斡旋，而这个战术在第19分钟就收到了成效，格列兹曼发出的任意球，被克罗地亚中锋曼朱基齐顶进了自家大门。但一直在控球上占有优势的克罗地亚队在27分钟由佩里西奇在大禁区边缘大力抽射扳平比分。

但36分钟，法国的角球战术再次赢得了"战果"，在通过VAR的回放后，当值主裁，阿根廷人皮塔纳认定佩里西奇在禁区内手球，格列兹曼点球一蹴而就——巧合的是，从比赛20分钟开始，天空开始下雨，而就在格列兹曼准备主罚点球之时，卢日尼基上空响起第一声炸雷……

上半场法国队的控球率为39%，而射门只有一次，克罗地亚七次射门，但足球就是这样奇妙，用两个定位球，一脚射门，却带来两个进球的法国队带着领先优势进入更衣室。

有实力，还有运气的眷顾，这支法国队在下半场继续他们的反击模式，而大胆的德尚在本方场面显得被动的情况下，作出了一个大胆的换人，他在53分钟用恩佐济换下了防守能力最强的后腰坎特，以攻对攻的法国队终于露出他们进攻的獠牙，博格巴的长传以及姆巴佩的速度是他们的最强武器，第60分钟，博格巴的精准长传让姆巴佩有充分突破的空间，在把克罗地亚的防守搅乱以后，博格巴的左脚远射帮助法国队把比分改写成了3比1。已经成为强弩之末的克罗地亚无法再抵挡已经完全放开的法国人，姆巴佩在64分钟禁区外的远射，彻底奠定了法国队的胜利。

68分钟，曼朱基齐通过战绩积极的奔跑，生生地把稳健的法国门将洛里的脚下球送进了网窝。

乌龙，点球，门将超级失误，以及多达六粒的进球，足以让这场比赛，成为世界杯历史上的决赛经典。

终场一声哨响，世界足坛没有新的王者诞生，而法国队，则可以在他们的球衣上绣上第二颗星，此时，距离他们的第一次世界杯夺冠，刚好过去了整整20年。

法国人在狂欢，克罗地亚在哭泣，他们是失利者，但这无损于世人对他们的尊敬，历经三个加时，他们才进入最后的决赛，这个人口只有400万的国家，已经做到了极致；

而作为冠军，法国队让人"敬畏"，因为他们队中最出色的天才姆巴佩，今年刚刚进入20岁。他和这支年轻的法国队，未来上升的空间，无可限量。

这未必是完美的世界杯，但至少是"虎头豹尾"的世界杯，揭幕战俄罗斯5比0沙特，而决赛则是法国4比2克罗地亚，至少这一头一尾，就可以掩盖很多的功利与无趣。

在法国队长洛里举起大力神杯的时候，欢呼声，歌声，音乐声交织在一起，历时一个月的俄罗斯世界杯终于结束。再见了，世界杯，再见了，俄罗斯，四年后的卡塔尔，我们带着新一轮的期待和梦想重新上路。

上文来自成都商报红星新闻APP，其报道了2018年世界杯法国队夺冠的狂欢之夜。"法国人在狂欢，克罗地亚在哭泣""生生地把稳健的法国门将洛里的脚下球送进了网窝"，记者通过对决赛细节和动作的描写，增强了场景感和感染力，记者连续运用"搅乱""远射""抵挡""奔跑"四个富于动感的词语，既一气呵成展现了两队伍厮杀之猛烈。当大力神杯被举起的时候，记者能够抓住现场的这一场景进行报道，不仅体现了较强的现场感，也向受众传递这一历史性瞬间所承载的意义，将受众带到体育新闻发生的现场，体会运动员内心情感的微妙变化。

（五）注重客观事实，克服主观偏差

体验式体育采访，与常规采访方式最大的不同点就在于它是以体育记者的主观体验为主线展开新闻视角和报道角度的，那么记者在体验和采访的过程中具有双重身份：一方面是记者，新闻报道的主体，另一方面是当事人，新闻报道的客体，有时因记者素质、经验的关系，容易"钻得进去，跳不出来"。所以，体育记者进行体验时往往注意力集中在一项事情上，自然地夹带个人情感在体验的内容上，记者一旦受到主观感受的影响，就容易使观察和体验产生片面性，影响体育新闻报道的质量。记者追求真实往往忘我投身到体验中间，殊不知盲目的、不科学的体验只能让记者和真实性与客观性背道而驰。

在体验式体育采访中，记者近距离体会观察新闻事件和采访对象的言行，但在选择采访角度和内容时需征求采访对象的同意，这是记者获得体验机会，进入采访对象生活进行信息提取的一个基本交换原则。否则，由于选取内容、角度的问题，容易让记者产生片面感，影响新闻报道的客观性和公正性。采访成果不仅得不到采访对象的认同，甚至因采访对象有被愚弄、欺骗的感觉而导致与媒体关系决裂。记者时刻要提醒自己，收起个人情感，以职业的态度面对采访内容和对象，在体验中客观、冷静地寻找新闻价值和现场细节信息，记录事件进程，克服主观偏差，防止新闻失实。

四、体验式体育采访的局限性

体验式体育采访有自身的优势，能带来第一手的现场资料和感受，但它只能是众多体育新闻采访方法中的一种，是一般采访方法的有效补充，记者不能盲目使用体验式采访，以体验式采访为万能。体验式体育采访，要求记者以当事人的身份，直接参与某种体

育活动，记者具有采访者和当事人的双重身份，记者的能力有限，不能事事亲为。记者只有领会这些局限性，结合其他采访方式，互相补缺，才能使体育新闻采访尽善尽美。

（一）时间的局限性

记者时间有限，不能事事体验，也常常不能深入体验；新闻是易碎品，体育赛事更是要求记者在比赛结束第一时间快速抢发新闻，因此，记者要有重点地进行观察体验，争取最有价值的体育新闻内容。

（二）能力的局限性

记者的能力有限，许多事难以亲自体验；很多体育项目，专业性强，危险性高，记者是很难亲身体验并对受众进行描述的，所以记者要灵活地运用各种采访方法，也可采取直接采访的方式借运动员之口，说出他们的感受，对事实进行全方位的叙述。

（三）角色的局限性

记者的活动要受到道德规范、法规规范的约束，不允许事事都亲身体验一番；每个人的活动都受到法律和社会规范的限制，所以，在进行体验式体育采访时，记者不能盲目地进行角色转变，保持冷静的态度选择合适的体验角色，并在体育新闻采访活动中时刻注意自己的行为，不能参与甚至促成违法活动，这些是记者在采访中必须时刻谨记的。

体验式体育采访给了记者独特的视角，可以看到了一个更亲切生动的体育新闻世界，记者也由此感受到独特的社会环境，发现不一样的体育新闻视野，这种采访方式不失为一种非常好的采访方式，但是记者只有运用职业的态度和方法进行体验采访才能够获得最好的采访效果，否则容易弄巧成拙，甚至造成采访事故，所以记者在进行体验式体育采访时要时刻注意方法与态度，争取最大限度地获得振奋人心的体育新闻信息。

（一）思考题

1.体育新闻发布会的采访流程和采访技法有哪些？

2.简述体育突发事件的定义和类型。

3.体育突发事件的采访流程和采访技法有哪些？

4.体育突发事件的采访报道应注意哪些方面的问题？

5.如何理解隐性体育采访的必要性？

6.隐性体育采访的实施技法有哪些？

7.隐性体育采访应注意哪些方面的问题？

8.体验式体育采访的优势和局限有哪些？

9.体验式体育采访的实施技法主要有哪些？

（二）新闻实践

1.模拟课堂：针对当前的热点体育赛事或体育事件，举办一场小型的模拟新闻发布会，要求有前期策划、后期制作等一系列完整的过程。

2.运用所学的体育采访种类进行一次课外采访实践，主题自拟。

3.寻找近期体育突发新闻、体验式体育新闻和隐性体育新闻报道的个案,并对其内容和采访特点进行深入解析。

（三）课堂讨论

结合实例讨论,面对突发的重大体育事件,政府、媒体和记者该如何应对。

附录

国家体育总局关于进一步建立健全新闻发言人制度的意见

（2017年11月21日国家体育总局发布）

体政字〔2017〕131号

各省、自治区、直辖市、新疆生产建设兵团体育局,各厅、司、局,各直属单位:

新闻发布是政务公开和新闻宣传工作的重要组成部分。近年来,总局系统和各省（区、市）体育部门在新闻发言人制度建设方面开展了一些工作,取得了一定的成效,在舆论引导、营造氛围等方面发挥一定作用。互联网技术的迅猛发展和社会媒体生态的深刻变革,对新闻发布工作提出了新的要求。各部门各单位要充分认识建立健全新闻发言人制度的重要意义,深入学习认真贯彻党中央和国务院有关部门的要求,结合本部门本单位的情况,狠抓落实。现就进一步建立健全体育系统新闻发言人制度提出如下意见。

一、新闻发言人任职条件及职责

总局及各直属单位、各省（区、市）体育局必须设立专门的新闻发言人。

（一）任职条件

总局新闻发言人由宣传司主要负责人担任,各直属单位、各省（区、市）体育局新闻发言人一般为本单位领导班子成员。新闻发言人应具有较高的政治素质和政策理论水平,熟悉本单位工作业务和媒体运作规律,具有较强的沟通表达能力、良好的心理素质和应变能力。

（二）工作职责

新闻发言人负责信息发布和舆论引导工作的总体策划和组织实施。要根据授权发布信息、阐述观点立场、解疑释惑。积极主动了解舆论关注的涉及本地区本部门的热点问题,并及时反映上报、妥善回应。

二、新闻发布的主要任务和内容

（一）新闻发布的主要任务

围绕本部门本单位的核心职能和中心工作,结合最新的工作进展,主动、及时地向媒体和公众进行信息发布和政策解读,积极回应社会关切,为体育事业全面、协调、可持续发展创造良好舆论环境。

（二）新闻发布的主要内容

1.介绍本部门本单位相关工作,包括制订和出台的重要政策和法规,开展的重要活动;

2.就媒体和公众关注的体育热点问题阐明立场观点和处理意见；

3.就发生的重大体育突发事件介绍调查进展和处置措施；

4.针对外界对本部门本单位工作或相关人员产生的误解、非议、谣言等发布权威信息，澄清事实；

5.其他需要通过媒体向公众说明的有关信息。

三、新闻发布层级

（一）国家体育总局

由总局宣传司负责以总局名义组织的新闻发布，主要内容为：涉及体育工作全局的重大政策和法规，以总局名义举办和参与的重要活动和赛事，涉及总局的重大突发事件等。

（二）总局各直属单位和各单项运动协会

由各直属单位和单项运动协会组织的新闻发布，主要内容为：涉及本单位本项目的重要政策，以本单位本协会名义举办和参与的活动和赛事，涉及本单位本项目的突发事件等。

（三）各省（区、市）体育局

由各省（区、市）体育局组织的新闻发布，主要内容为：涉及本地区本单位的重要政策，在本地区或以本单位名义举办和参与的活动和赛事，涉及本地区本单位的突发事件等。

各部门各单位的新闻发布要注意统一口径，防止泄露国家、总局和本单位秘密。

四、新闻发言人工作保障

（一）新闻发言人的工作需要本单位领导班子和相关部门的支持和协助。各单位要为新闻发言人创造有利环境，鼓励新闻发言人主动发布信息。

（二）新闻发言人由各单位主要负责同志直接领导，应参加重要会议、阅读重要文件。新闻发言人可向本单位主要负责同志建议开展信息发布活动的时机、内容、形式和人选。突发事件发生后，要确保新闻发言人参与事件处置，能及时掌握相关信息，有效开展工作。

（三）要为新闻发言人配备专门的工作团队，要明确负责新闻发布的工作机构，设立专项工作经费。

（四）各直属单位、各省（区、市）体育局新闻发言人的相关信息要报送总局宣传司备案，如发生变化要及时报送更新信息。各单位的新闻发言人和新闻发布工作机构要保持与总局宣传司的日常工作联系。重大政策出台、重要信息发布和突发事件处理要事先与总局宣传司沟通，共同研究制订信息发布和政策解读的方案。

五、新闻发布工作要求

各单位要精心策划组织新闻发布，把握好新闻发布的时、度、效。

（一）要增强主动引导舆论的意识，有效利用多种传播手段，根据本单位、本项目的特点，认真策划新闻发布的主题、内容、时机和形式。根据实际情况，可采用新闻通气会、新闻发布会、媒体吹风会、公开训练日、集体采访等方式进行新闻发布。要充分发挥新媒体的传播作用，积极利用官方网站、微博、微信公众号等平台做好新闻发布。

（二）新闻发布前要做好相关的准备工作，包括对舆情的研判，相关背景材料的准备，相关口径的研提，发布人的选择等。新闻发布后要密切关注舆论的反应和事态的发展，做好后续发布准备。

（三）各省（区、市）体育局要根据地方宣传主管部门的要求，组织日常新闻发布和专题新闻发布，主要负责人每年至少要参加一次省级宣传主管部门组织的新闻发布会。

（四）总局各厅司局、各直属单位要积极配合总局的新闻发布工作，做好相关信息和口径的提供，根据需要派相关人员出席总局宣传司组织的新闻发布活动。

（五）各单位要建立日常信息发布和政策解读制度，完善突发事件应对机制，畅通媒体采访渠道，积极为媒体采访提供便利，主动提供信息服务，积极有效地发布信息、澄清事实、引导舆论。

六、做好舆情和培训工作

（一）各单位要加强舆情的收集、报告和研判工作，根据舆情及时研究对策，为决策提供第一手信息。公众和媒体关注度高的单位和单项协会应设立日常舆情工作机制，有专门的团队负责舆情工作，及时向本单位领导和总局报告相关舆情。进行新闻发布的同时，要密切关注舆情动态，及时报告相关情况。总局宣传司已经建立日常舆情工作机制，重要舆情会及时通报相关单位。

（二）各单位在关注舆情的同时，要加强研拟对外口径，建立常备口径库，收集和整理热点问题的对外表态口径，确保发布内容的统一性、权威性和准确性。相关部门要积极支持舆情监控和对外口径的收集制定工作。

（三）各单位要加强对本单位领导干部以及运动队的教练员、运动员、工作人员的培训。将信息发布和媒体应对等内容纳入本单位干部和运动队培训教育的学习内容，定期组织培训学习。鼓励本单位相关人员参加总局及其他部门组织的类似培训学习。总局宣传司将通过业务培训、工作交流等方式不断增强新闻发言人及相关工作团队的业务素养和能力，提高体育新闻发布工作的水平。

七、考核评价

宣传司每年将对各单位自主和配合开展新闻发布的情况，以及参加总局和相关部门组织的培训情况进行评估，评估结果将纳入对总局系统和地方体育部门宣传工作的考核评价体系。

国家体育总局

2017年2月28日

第五章

体育新闻采访的方法与技巧

[本章提要]

体育新闻采访的方法主要包括：搜集与积累材料法、访谈法和观察法。

1.搜集与积累材料法

搜集与积累材料的必要性：体育新闻事实离不开对材料长期地搜集与积累；不断深化记者的认识，增强体育新闻作品的感染力；特殊情态下采访得以进行的重要手段；丰富翔实的材料可增强体育新闻采访的预见性；记者掌握足够的背景信息可赢得受访者好感，采访更顺畅。

体育记者搜集与积累材料的方法：养成随时随地搜集与积累的习惯；做好体育资料的搜集与整理；通过新媒体搜集和积累资料；体育记者应有档案意识；体育新闻报道中数据的搜集与运用。

2.访谈法

体育记者和采访对象：什么是采访对象；体育记者和采访对象之间关系的特点主要表现为双向互动性、交流对等性、对话平等性和关系累积性。

体育访谈提问的方式：主要包括开放式提问和封闭式提问。

体育访谈的方法：主要包括正问法、诱导法、激将法、自发式访谈、设问法和隐匿法等。

体育新闻采访中记者访谈的基本技巧：避免无疑而问；语言简单明了，不带个人偏见；避免使用模棱两可的语言；乐于向采访对象请教；不要喋喋不休，应以倾听为主；避免刻板提问，中国记者切忌"中国式访谈"。

3.观察法

观察法的类型：主要包括现场观察法、非现场观察法以及现场观察法和非现场观察法的结合使用。

体育新闻采访中记者的观察技巧：专业视角，深入透视，职业态度，冷眼静观，专心致志，重点出击；"我"在现场，细节炫彩；最佳占位，视阈宽阔；跳出常规，捕捉独特；慧眼细察，思想拔高；独辟蹊径，幽默细观。

与其他类型采访一样，体育新闻采访也要遵循具体的方法和技巧，但体育赛事的周期性、固定性、竞技性、情感性等特点决定了体育新闻采访方法和技巧的多样性与独特性。目前在体育新闻采访中主要运用的采访方法有搜集与积累材料法、访谈法、观察法等。

第一节　搜集与积累材料法

在体育新闻采访写作中，背景材料关系到一次采访的成功与否，关系到新闻作品质量的高低。作为记者，在采访之前必定要做很多准备工作，这些准备直接服务于采访，间接影响写作。背景材料的重要性不亚于采访技巧和写作能力，尤其是在体育新闻报道中对背景材料的依赖更为强烈。体育比赛的周期性特点，如每四年一届的奥运会、世界杯、世锦赛、亚运会、全运会等，还有备受受众关注的篮球、足球、网球、排球、羽毛球、乒乓球、F1等项目的职业比赛，记者在采访中都需要掌握大量相关的背景材料以保证采访的广度、高度、深度和厚度。搜集与积累材料法，就是记者在采访的过程中采集、查阅和积累同采访任务有关的各种现成材料的活动。它是准备工作中搜集背景材料的继续，也是进一步为采访活动打基础的工作。在采访活动中，记者需要搜集与积累的材料包括同采访有关的文字材料、照片、图表、数据、音频、视频等物证材料。而搜集与积累材料之间又需要密切联系，只有搜集的材料越多，才有可能积累更多的与采访活动相关的事实材料，反过来，如果只是搜集，而不注意积累，捡了西瓜丢了芝麻，也是不可取的，必须将两者有机地结合起来。

一、搜集与积累材料的必要性

（一）体育新闻事实离不开对材料长期地搜集与积累

从采访的目的看，记者所要获取的新闻事实，是由各种相关的材料构成的。有的材料经过核实和加工，就能变成新闻材料；有的可以变成进一步采访的线索；有的则可以成为深入采访的突破口。尤其是体育新闻报道，具有较强的连续性，对以往情况的事先了解，将有助于新的采访工作的展开，正所谓"温故而知新"。如报道北京奥运会，媒体必须深入了解汉城、亚特兰大、悉尼、雅典等往届奥运会的相关比赛情况，搜集和积累相关的背景资料，这是报道好北京奥运会的前提和基础。同样，当接到NBA新赛季的报道任务时，记者必须要了解和熟悉以往每个赛季的比赛情况，包括每个队的战绩、球队构成、主教练执教情况、每个队员的技战术特点、伤病情况、球员转会情况甚至每个球员的兴趣爱好等，只有对所有的信息了如指掌，才能深入地、客观地、精确地完成采访报道任务。可见，在体育新闻采访中，事实材料的搜集与积累显得尤为重要。而这绝不是一朝一夕或者一年两年能够做到的，这是一个长期积累和学习的过程。

在2016年的里约奥运会上，有一名记者的提问，展现出其敏锐的新闻感知力，值得所有体育新闻记者学习。她问运动员张彬彬："第一次参加奥运会就获得了一枚银牌，然后我还看到最后一发你打得特别怪，是有什么特殊的战术吗？"可能是运动员发挥得不错，所以她的回答很能反映出当时的心情："没有，因为打枪打得比较快，但真的是个意外，算是决赛中对我自己最好的成绩了。"观众隔着屏幕就能感受到运动员满满的喜悦之情[1]。

正因为记者了解运动员的日常训练情况，才能对她的赛场表现提出了疑问，正中运动员心理，这种"懂门道"的提问满足了观众好奇之心，也解释了运动员的"运动密码"。当2020东京奥运会推迟举行的时候，央视记者李武军接受专访时表示："奥运会推迟一年进行，这对于中国乒乓球队则是不小的考验，毕竟这样的计划彻底打乱国乒的备战，其实今年本应该是奥运会的冲刺年，也是出成绩的一年，只可惜疫情的原因彻底打乱所有的计划。而奥运会延期一年，不少球员将面临挑战，其中对于老将而言则是最需要面对的难题，毕竟推迟一年比赛，这对于马龙、许昕、刘诗雯、丁宁等老将则是一次不小的考验，毕竟奥运会推迟一年进行，这意味着他们的年龄也会增长一岁。"

李武军作为体育记者，长期跟随中国乒乓球队从事新闻报道工作，一方面他对中国乒乓球队运动员有充分了解，如数家珍般举出了马龙等运动员将面临考验；另一方面具有多年采写经验的他能够跳出乒乓球队训练的现状情境，提出了"本来应该是奥运的冲刺年、出成绩的一年，只可惜疫情的原因彻底打乱所有的计划"，能够从乒乓球队整体备战情况入手，判断东京奥运会推迟举办给球队整体带来的巨大影响。

里约奥运会中由于一些体育记者缺乏资料积累和专业素养，在采访中就很难接触和把握一些较为重要或复杂的新闻事件。例如不了解战术、不了解运动员、不了解教练的习惯特点，就无法利用这些背景资料结合现场情况作出判断，造成采访流于表面，甚至可能中断采访。记者缺乏资料的积累还可能会造成新闻敏感度的缺失。在既有资料积累的基础上才能发现情况的不同，从而抓住采访机会。缺乏这样的"绳索"，就很难攀爬新闻事实"陡峭的山壁"。

（二）不断深化记者的认识，增强体育新闻作品的感染力

1. 不断深化认识，才能把握体育的内在规律

对项目规则、人体机能、对赛事规则等都需要长时间深入地了解，把握其内在的联系和规律，才能在采写时迸发出灵感，探听到内行而新鲜的话题。在采访中，记者要想对报道对象由不认识到认识、由一般认识到深入认识，离不开对大量材料的综合分析。记者搜集有关的现成材料并进行研究，自然就成为整个认识过程的有机组成部分。而体育新闻又不同于其他新闻，体育比赛具有周期性，许多职业联赛如NBA、西甲、德甲、意甲、F1、斯诺克等具有固定的周期；同时，运动员的职业生涯如果没有意外情况也具有比较稳定的周期。因此，体育新闻采访报道在媒体中都具有较细的分工（通常是按项目分类），尤其是对于足球、篮球等大项，有专门的足球记者、篮球记者，而在篮球记者中，还会细分出许多条"线"，如国内线、国际线、男队线、女队线等，如此细分的目

①解媚喻.电视体育新闻现场采访技巧[J].西部广播电视，2021（09）：167.

的，意在便于每个记者都能尽快掌握第一手资料。

2.只有对采访对象了解全面，才能挖掘新鲜材料

全面、深入地把握运动员，熟悉他们每一个精彩瞬间，把握住他们每一次失败后的沮丧，理解每一抹胜利后的欢笑、每一次举起奖杯的狂喜，为每个队员的忧而忧、乐而乐，深入每个采访对象的心灵深处，才能写出感染受众的不朽作品。

武磊是著名足球运动员，作为实力球员于2019年1月加盟西甲皇家西班牙人足球俱乐部踢球。武磊初到西甲便取得了不俗的战绩，但到了2022年，他在西班牙人队的状况就不容乐观。《体坛周报》专访了西班牙《看台报》资深跟队记者比亚，分析了武磊在西班牙人队遇到的问题。

替补出场都难，武磊遇到了什么问题？

2022年1月17日 13:19 新闻来源：体坛网 记者：比亚

《体坛周报》：能说莫雷诺对武磊失去信心了吗？

《看台报》比亚：目前看是这样的，有一个现象说明了这一点，在卡拉雷斯从重伤中复出之后，作为一名年轻球员，主教练给了他出场的机会，而非武磊，武磊本身也可以打右边锋的位置，如果我们看最近几场比赛，武磊甚至经常都不会站起来热身，也许他在杯赛中有些机会，但我认为莫雷诺不信任他。我认为武磊正在足球层面来到他在西班牙联赛最糟糕的阶段。

《体坛周报》：如果您是武磊会考虑冬窗寻求转会吗？

《看台报》比亚：对于现在的武磊来说，考虑离队绝对是一种可能，毕竟他目前在西班牙人的机会不多，如果他寻求离队我不会意外，但我们知道武磊的情况是很特殊的，因为当年他的签约就是主席陈雁升亲自参与，所以也有可能武磊会与主席方面进行协商，并留在至少这个赛季结束，但如果球员本人请求离开的话，我不会有任何意外。

《体坛周报》：如何评价过去半赛季武磊的表现？

《看台报》比亚：赛季已过半，但我很难对武磊的表现给出精确评价，因为出场时间实在太少了，我们会记得他犯过的一些错误，因为他本有机会取得一些进球，但最终没能实现，他在联赛唯一的进球因手球犯规而被吹掉，这个球本来会为他开启一个良性循环，如果他能完成这个绝杀就太好了。总之对武磊而言，2021年绝对是一段黑色的回忆，他不被主帅喜爱，在西班牙人阵中也变得不再重要。

（http://www.titan24.com/publish/app/data/2022/01/17/408921/os_news.html）

跟队记者对武磊在西班牙人队遇到的困难可谓了如指掌，长期跟随球队，让记者对其中的球员调配、主教练意图乃至管理层意见等都能作出判断，而这种判断是基于事实，而非个人情感。

《体坛周报》采访The Athletic的两位跟队记者，他们详解了美职篮运动员戈贝尔特点，理性分析了他的优势和弱点，解开了人们对他的误解。请看下文采访内容：

跟队记者详解戈贝尔特点：他的优势和弱点都被误解

2022年8月16日 08:32 新闻来源：体坛网 记者：柴夫

克劳钦斯基：托尼，麻烦你帮焦虑的森林狼球迷减减压。你在犹他见证了戈贝尔的表现，首先来说说森林狼得到的究竟是怎么样一位球员吧。

琼斯：我们开门见山，鲁迪·戈贝尔是这个世界上最好的防守球员。我知道有些人会提到德雷蒙德·格林的名字，但戈贝尔对禁区的守护是魔术时代霍华德之后的联盟最佳。在这个意义上，他的防守是历史级别的存在。

他是全联盟最好的挡拆手，这意味着爱德华兹和丹吉洛·拉塞尔都能拥有从未体验过的挡拆后空间。当他能在篮下接到球时，戈贝尔是精英级别的终结者，他在顺下过程中拉扯垂直空间的能力不亚于任何一位大个子，这意味着森林狼的射手们可以在底角获得理想的出手空间。

爵士的防守体系是围绕戈贝尔建立的，但实际上，爵士的进攻也是基于戈贝尔的挡拆顺下能力打造的。事实上森林狼也有这方面的进攻资源，他们可以利用好戈贝尔的这一能力，成为联盟最好的挡拆进攻球队之一。

最重要的是，戈贝尔足够持久，他的引擎从不熄火。戈贝尔身体状态出色，在场上像一头小鹿那样奔跑，森林狼得到的是联盟前15的球员之一，最好的三位中锋之一。

克劳钦斯基：在让戈贝尔融入球队并取得成功的过程中，最大的阻碍是什么？

琼斯：有几点。我担心戈贝尔会因为得不到足够多的球权而不高兴。悄悄地说，他最大的怪癖就是很渴望拿到球，并且让人知道他拿球的次数不够多。这种东西会逐渐磨损你的更衣室氛围，而森林狼的球权本身就显得不太够分。其次，唐斯将不得不证明自己的防守。最后，新赛季的森林狼再也不能出其不意地袭击对手了，他们成了猎物，被所有人摆在台上观察。

克拉钦斯基：有趣。我觉得很多人看完戈贝尔的生涯出手数据都会觉得，他很适合爱德华兹和拉塞尔这种大量占出手的家伙。不过唐斯倒是一个出手15次或22次都无所谓的家伙，而拉塞尔真的该多传，扮演好四分卫。

琼斯：围绕戈贝尔最好的进攻方式是利用他的挡拆顺下寻找传球点，创造投篮机会。我确实认为戈贝尔会让爱德华兹和拉塞尔变得更好，但我想知道他和唐斯的组合会怎么样。在一个理想世界里，他和唐斯是可以互补的。

克劳钦斯基：是的，我认为下赛季唐斯会投很多三分。上赛季他为了适应拉塞尔、爱德华兹、比斯利这些三分手，一定程度降低了三分比重。但比斯利走了，森林狼的投射点减少，他需要更多远投出手帮戈贝尔拉空间。刚刚你说戈贝尔跑起来像一头鹿，森林狼主帅芬奇喜欢快攻，你觉得戈贝尔适合快节奏吗？

琼斯：我觉得这对他有好处。戈贝尔的身体非常好，这是一个客场之旅回来后要去家后面跑山的男人，目的是为了适应犹他的海拔。他是一个在比赛中不知疲倦的家伙，我见过他在和约基奇或恩比德的对抗中靠着48分钟的奔跑拖垮对手。所以他能在多回合比赛中适应。

克劳钦斯基：我听说他是一个非常在意外界看法的人。所以当他听到了那么多批评的声音、怀疑森林狼为了得到他付出太多的时候，这可能给他带来一些额外的动力？

琼斯：是的，他会把一切看在眼里。一句话，至少未来两年森林狼会是非常优秀的队伍。在戈贝尔的合同接近尾声时风险会到来，但眼下，戈贝尔对于森林狼来说是一个扭转乾坤的关键。

（http://www.titan24.com/publish/app/data/2022/08/16/436561/os_news.html）

跟队记者对戈贝尔的能力、习惯、性格都非常了解，从对运动员的了解来判断球队内部关系、打法和发展方向，他们发现戈贝尔个人能力非常凸显，防守意识和身体素质都是联盟目前最好的存在。另外，他们分析了几名球员的特点，指出了球员只有多分球才能配合戈贝尔获得投篮机会，并预判下个赛季球队的打法将往远投方向发展。两个跟队记者热火朝天地聊着戈贝尔的情况，他们认为戈贝尔的表现不尽如人意是因为球队传球节奏跟不上戈贝尔不知疲倦的体力，且外围三分无法为戈贝尔"撕开"内线进攻空间。他们凭借对球员和球队的了解，清晰地分析了戈贝尔与整个球队的配合问题，这需要对戈贝尔"挡拆"和"不知疲倦"特点有所了解，也需要球员之间的战术配合有专业而务实的分析。跟队记者对球员和球队的了解使他们成为外界了解球队目前状况最好的传声筒，跟队记者自身成了体育采访的资源，体现出了其日常积累的重要价值。

3.体育记者采写稿件，应有"考古学家"的作风和钻劲

记者在采访中国新一代男子网球球员张择前就做足了功课，将他的成长过程、性格特点和比赛经历清晰丰满地呈现在读者面前。

面对面丨网球一哥张择："憨"不是笨，是较真

2022年1月20日 19:58　新闻来源：《扬子晚报》　记者：黄启元

初出茅庐便头顶"天才球员"的光环，教练却给他起了个"小憨"的昵称；过去十多年领跑中国男子网坛，他却说自己的职业生涯很孤独；四届全运会斩获六金早已成后辈口中的"传奇"，但他的心里还有遗憾想要弥补……"我对自己的未来是有些计划，但新周期很长，还有很多事情要做。"面对曾经辉煌的过往、如今美满的家庭，而立已过的张择坦言，前路不易，但球场上自己的故事还将继续。

"文武双全"的跳级生

2012年凭排名入围法网资格赛，成为公开赛时代继潘兵之后第二位参加四大满贯单打资格赛的中国大陆男子职业网球选手。2013年，张择的世界排名148位，刷新潘兵保持多年的纪录。2015年1月25日，张择/张凯贞击败2014年法网冠军罗耶尔/格罗恩菲尔德（荷兰/德国），晋级混双第二轮。这是公开赛年代以来，中国大陆男网选手在大满贯正赛斩获的首场胜利。2017年2月13日，张择夺得职业生涯挑战赛首冠。2019年，张择/公茂鑫战胜跨国组合克里赞/马特考斯基，晋级澳网第二轮，这是中国大陆男子网球第一场大满贯男双正赛胜利。从2009年首次在全运会赛场登场亮相，再到去年征战第十四

届全运会，张择凭借连续参加四届全运会、斩落六枚金牌的成绩，已经成为了中国男子网球项目"前无古人"的那一个。

……

"憨"不是笨，是较真！

不管是队友还是粉丝都喜欢叫张择"小憨"，对于这个绰号张择丝毫不抵触，他认为，憨不是笨，是较真，是真诚，很正能量。

……

生活中的张择也有点"憨"。"以前队里老队员会让我们这些刚进队的小队员穿球拍线。别人可能会找借口躲，但我就觉得老队员陪我们训练，我们帮他们穿球拍也是应该的。"张择说，这种憨是真诚。

也正是因为具备这种较真、真诚的"憨"，张择才能成为中国网球一哥。

"有媒体和球迷说我是'中国最具天赋'的男子网球运动员。我知道自己的身体基础条件不错，但我还是觉得这是与教练对我的要求以及长时间的严格训练分不开的。天赋也好、能力也好，要拥有真正实力还是需要汗水和时间去积累的。"张择淡然地说。

小遗憾：少一块全运男单金牌

2009年山东全运会，江苏男子网球正处于上升期，当时如日中天的曾少眩是队伍顶梁柱，公茂鑫、张择等人则是新生代的佼佼者。男团半决赛，江苏队碰到了实力公认最强大的天津队。

……

除了全运会男单冠军，张择职业生涯的另一大遗憾就是世界排名没能闯进前100。

2012年，当时刚刚20岁出头的张择，在中国网球公开赛上淘汰了法国名将加斯奎特，成为首位晋级ATP男单8强的中国选手。那次胜利也是张择首次在巡回赛级别中取得两连胜，让他额外获得了多达90分的积分。同年，冲劲十足的张择还入围法网资格赛，成为了公开赛时代继潘兵之后第二位参与到四大满贯资格赛的中国选手。2013年，张择的世界排名去到148位，刷新前辈潘兵保持多年的纪录。

（https://www.yangtse.com/content/1371411.html）

这是一篇很大篇幅的专访，通过记者详细深入的资料准备与串联，我们看到了张择的成长过程和关键节点。大量的资料准备让这篇稿件更加丰满，内容更加流畅，逻辑关联更加紧密。读者看到的不仅仅是赛场上的张择，也不仅仅又是那个代表中国男子网球最高水平的偶像，而是一个从小执着的男孩，以及中国网球的人才培养细节。记者的钻研和认真，成就了一篇流畅生动的新闻稿件，将专访对象的价值挖掘到最大。

（三）特殊情态下采访得以进行的重要手段

搜集和积累材料，也是记者在特殊情态下能够继续进行采访的有效手段。如在采访对象已经离开人世的情况下，这位采访对象留下的日记、书信、照片、资料等就会成为记者体验主人公的内心世界、把握主人公品格情操极为珍贵的材料①。著名的篮球运动员科比已经去世两周年了，记者通过挖掘各方社交平台，陈列了人们对黑曼巴的追思。这不是采访所得，而是各处搜集而来的感人内容，借助社交平台上的纪念语言，球迷与科比又有了一次时空的交流。

科比逝世两周年，各方缅怀黑曼巴

2022年1月27日 20:53 新闻来源：《文汇报》 记者：范家乐

北京时间2020年1月27日，NBA巨星科比·布莱恩特与其二女儿吉安娜等一行人在美国加州南部卡拉巴萨斯市发生的一起直升机坠毁事故中丧生，无人生还。

时光荏苒，今天已是科比逝世两周年的纪念日。科比的去世引发巨大的震惊和轰动，时至今日，仍有不少人对于他的离去无法释怀。在这一天，各方人士、俱乐部和媒体通过不同方式来缅怀科比，致敬这位昔日传奇巨星。

洛杉矶湖人官方：一辈子的家人！

当地时间1月26日，洛杉矶湖人官方在社交平台发布科比与吉安娜在球队主场观看比赛的黑白照片，并在配文写道："一辈子的家人！"

NBA官方及各家球队纷纷在评论区用紫色和金色的爱心向科比表达哀思

丹佛掘金官方：感谢激励我们的下一代

当地时间1月26日，掘金官方在推特更新动态，发图并配文称："接受挑战并完成挑战。感谢激励我们的下一代，谢谢你科比。"

此前，科比·布莱恩特曾于2019年对掘金球星尼古拉·约基奇发起赢下MVP的挑战，而后者不负所望，当选了2020-21赛季NBA常规赛最有价值球员。

巴萨官方：永远记住你微笑的样子

当地时间1月26日，西甲豪门巴萨俱乐部也在社交平台对科比进行了追思，他们写道："我们将永远记住你微笑的样子。我们想你，科比！"

NBA名宿纷纷表达怀念

北京时间1月27日，NBA名宿文斯·卡特迎来了自己45岁生日，同时这也是科比逝世两周年的日子。卡特在社交平台发文缅怀科比，他写道："很感激又迎来了新的一

---

① 梁一高.现代新闻采访学教程[M].北京：中国广播电视出版社，2001：261-262.

岁，但这很难成为一件值得庆祝的事情。在同一天里，世界失去了一位伟大的球员。安息吧，科比。世界真的失去了一位伟大的人。在今天，我要纪念你，感谢我们之间的对战和友谊。"

此外，魔术师约翰逊也在社交平台发布了数张与科比的合影，并写道："无论在场上还是场下，科比都留下了无与伦比的传奇，我们永远不会忘记8号和24号！"

奥多姆与科比为湖人共同效力了七个赛季，他在推特上写道："过去的日子，我没有一天不提到我的兄弟科比·布莱恩特，也没有一天不想起他！"

贾巴尔则发文称："我知道，很多人仍在怀念他，仍幻想他能在球场上展现天分。而作为一个父亲，他教育孩子的方式也很完美。我希望你们仍记得他，为他的妻子和家人祈祷。"

克莱·汤普森的父亲迈克尔·汤普森曾在湖人效力五个赛季，两度夺冠。他所发表的推文言简意赅，"我想念科比。"

湖人教父杰里·韦斯特则在接受采访时表示："科比是那种独来独往的球员，非常有个性，非常聪明，在场下的成就比场上还高。可惜英年早逝。"

国际篮联悼念科比：追逐理想、回应质疑、单挑上帝

北京时间1月27日，在科比去世两周年之际，FIBA国际篮联官方微博发布九图怀念科比，并配文写道：

有人说，人生可以分成24份

8份用来追逐理想

8份用来回击质疑

还有8份，用来单挑上帝

科比与吉安娜雕像

雕塑家前往事故现场，为科比和吉安娜立雕像

据美媒TMZ报道，当地时间1月26日，一位洛杉矶当地的雕塑家为了表达对科比的哀思，于当日专程前往科比坠机事故现场，立起了一座科比和吉安娜的雕像。

据报道，该座雕像重约72公斤。在雕像的底座上刻有九名遇难者的名字，上面还写道：英雄来去匆匆，但传奇永恒。

雕像中，科比将手搭在二女儿吉安娜的肩上，充满爱意地看着女儿，而女儿则仰望科比，手臂还夹着篮球。吉安娜生前展示了非常出色的球技，本来被认为有希望进入WNBA赛场。

报道称，这座雕像是临时的，雕塑家将在日落时分移走铜像，但他希望能在科比的遇难地建立一座更大、更逼真的铜像。

此外，在中国，也有不少科比球迷用不同的方式来缅怀偶像。

一名来自哈尔滨的球迷耗时一天，用6000张多米诺骨牌和扑克牌摆出科比的画像；

一名来自长春的球迷则用了一周的时间，画了上万个篮球，最终绘出一副科比的画像。

在他们心中，虽然科比已逝，但曼巴精神永存。

（https：//baijiahao.baidu.com/s?id=1723112570348655715&wfr=spider&for=pc.）

上面报道中的所有事实材料都不能通过对采访对象的现场提问、直接观察等方法获取，而主要来自材料的搜集与积累。通过搜集各方社交平台对科比的追思，这篇纪念文章有了非常生动的材料。由此可见，搜集和整理资料是体育记者必修的基本功。

（四）丰富翔实的材料可增强体育新闻采访的预见性

新闻资料，是指记者不断搜集、整理的以便为日后的新闻采访和报道服务的各种材料。实践证明：一个优秀的体育记者，就应该依靠以下几个因素所形成的"合力"，即读书——调查——思考——搜集——积累，来帮助自己完成体育采访报道任务。积累是前四个因素的依托，是体育记者成功的基础。而且，积累的资料往往是对事物过去发展变化的某些记载，积累和研究有关资料，有助于提高体育记者认识事物的能力，使其能够清晰地把握事物发展变化的脉络，从而把握全局，正确分析和预见事物发展的趋势。

通过专业知识的了解，可以更好地判断分析体育比赛中的事实结果。北京冬奥会期间，张家口赛区的单板滑雪男子坡面障碍技巧决赛结果曾在网络上引发了关注和热议。当时，中国运动员苏翊鸣出色地完成了滑行，但得分却没超过加拿大运动员，获得亚军，舆论的焦点集中在"苏翊鸣的银牌到底冤不冤"上。北京日报社派驻张家口赛区的报道团队，除了第一时间将现场文字、图片等新闻素材传回后方，供各种媒体端口的编辑选用发布外，还及时利用融媒体传播手段，从打分项目的裁判因素、比赛成绩单的丢分之处以及苏翊鸣教练的现场采访三个角度迅速回应了网上舆论的关注。结果几条短视频在短时间内就有几千万的浏览和播放，而且冲上了微博热搜[①]。

预先准备好的资料能够帮助记者获得独家视角报道。东京奥运会中，《襄阳日报》记者提前布点襄阳籍运动员，提前联系了跳水运动员王宗源、游泳运动员闫子贝的父母和启蒙教练等，了解运动员的成长故事，并进行了家访。这些预先准备的资料最后用在了报道之中，闫子贝的训练日记让记者的报道有了独家新闻，新媒体时代的"笨功夫"让报道有了更扎实的内容含量。

（五）记者掌握足够的背景信息可赢得受访者好感，采访更顺畅

记者掌握足够的背景信息可以赢得受访者的好感，更容易在采访过程中令其敞开心扉，配合完成采访工作。记者的主要采访对象是运动员，如果未能详细了解运动员的相关信息，可能会使采访陷入僵局。例如，在2016年里约奥运会上，一名记者就闹出了笑话。一名男生坐在看台上观看跳水比赛，现场的一名记者问他："你为什么专门来到现场观看比赛？"男生回答说："我在看我女朋友跳水，她是吴敏霞。"因此，记者除了熟悉比

---

① 李远飞，陈嘉垫.新媒体环境下体育新闻报道的创新——北京冬奥会采访报道的思考[J].新闻战线，2022（04）：58.

赛项目、参赛队、场地、交战情况、胜负、双方技战术外，对运动员的其他信息也要了然于心[1]。

在2016年里约奥运会上，中国军团表现亮眼，但记者的现场采访却不尽如人意。以下这段采访成就了"新一代网红"——游泳女选手傅园慧，也让很多观众吐槽了记者的采访能力。

记者："你游了58秒95。"

傅园慧："58秒95啊？我以为自己是59秒，我有这么快？我很满意！"

记者："你觉得今天这个状态有保留吗？"

傅园慧："没有保留！我已经用了洪荒之力了！"

记者："我们知道其实这一年你的身体状态不是很好，走到这一步非常难，现在恢复到以前的自己了吗？"

傅园慧："这已经是历史最好成绩了，我就用了这三个月去恢复，鬼知道我经历了什么，真的太辛苦了，我真的有时候感觉我已经要死了，我当初的训练真是生不如死！今天的比赛我已经心满意足了。"

记者："是不是明天决赛充满希望？"

傅园慧："没有！我已经很满意了！"

这段采访让人觉得采访对象的回答光彩照人，但记者的提问明显跟不上采访对象的节奏，原因在于记者对运动员的成绩缺乏了解，才会问出"你觉得今天这个状态有保留吗？"这样的问题，促成了这段"网红尬聊"。

二、体育记者搜集与积累材料的方法

资料就是学问。"不积跬步，无以至千里；不积小流，无以成江海"，只有学会日积月累，点滴之水才能汇成江河，容百川之流才有海洋的深奥广阔。纵览古今学有所成者，无一不是在治学时靠点滴积累资料，收水滴石穿之效，而终有所成。

庄子曰："吾生也有涯，而知也无涯。"学问犹如汪洋大海，生命有限，学无止境。尤其是面对今天的后信息化社会，过剩资料正以惊人的速度增长。例如，全世界每年出版图书上百万种；平均每一秒钟就有一本新书问世；平均每天发表的学术论文近3万篇……人们把这种现象称为"知识爆炸、信息泛滥和信息污染"。如果不能正确地积累和运用资料，你将成为信息的奴隶，终将一事难成。

那么又如何搜集与积累资料呢？

（一）养成随时随地搜集与积累的习惯

许多体育信息资料，包括采访过程中偶尔在头脑中闪现的灵感，都是稍纵即逝的，

---

① 解媚喻.电视体育新闻现场采访技巧[J].西部广播电视，2021（09）：166.

因此，体育记者必须养成随时随地积累的好习惯，甚至把它作为生活、工作的一个重要组成部分。但仅仅用手记录是不够的，记者还要勤于动脚，到广阔的现实生活中、到运动员的训练场、比赛现场、运动员的休息室去获取第一手事实材料。同时，需要运用网络等媒体进行体育领域最新资料和最新动态的查阅与搜集，并动脑进行系统地归纳与整理，才会跟上知识更新的速度，才不至于被人说"你Out啦！"央视新闻记者在2022年北京冬残奥会时走进了国家体育馆，通过探访了解到了组委会对残疾人选手的关爱。

"今天我带大家呢来看一看，在比赛的时候，运动员会在这里更换他们的这个冰橇，这个冰橇的长度大概在一米左右，到时候这个空间里会有16到18名运动员同时更换冰橇。所以大家可以想象一下，这对于整个空间大小的要求是非常高的。所以在过去的几天当中我们的工作人员对屋内不必要的衣柜、桌椅进行了重新的摆放，把一些没有必要的设施都移出了室外，就是为了给我们运动员有足够的这样的空间。大家都知道，在这个冰球的赛场上是可以允许男女共同组队来进行参赛的，所以工作人员将一个永久更衣室转换为专门为女运动员提供服务的更衣室。此外在更衣室当中大家可以看到我们脚下，现在都是被这样的特殊材质制成的白色板子铺起来的。这个板子有一个名称叫作仿冰板，到时候我们运动员更换完冰橇后就可以像我们这样滑着冰橇一路直接到赛场当中。整个仿冰板铺设面积已经达到了三百平方米。那么大家可以看到我们在身后的这片区域，这是运动员在赛时的观赛席。在过去的几天当中，为了方便运动员坐着冰橇观赛，在观赛席中观看场内的情况。现在下面已经完全变成透明的板墙了。大家看一下我们的上方，在场地的内部都设置了这样的无障碍观赛席，大家可以乘坐轮椅直接到观赛席。"

2022年2月27日 16:06 新闻来源：央视网

（http：//tv.cctv.com/2022/02/27/VIDEeL2WpRIuu1JIhRSB73nG220227.shtml）

（二）做好体育资料的搜集与整理

搜集和整理资料对于体育记者来说是十分重要的。要做好体育报道，记者就不能只注意对人的采访，那些"非人的"或"物质性的"信息来源也是不容忽视的。搜集与查询资料，也是体育记者做好报道的基本功之一。例如，在一场重要比赛的报道中，观众希望通过媒体来了解有关比赛的背景，如两队历史上的交锋情况，双方主要队员的情况，两队的战术打法风格、本赛季甚至前几个赛季两队的战绩和人员变化，等等。如果是体育博彩的爱好者，就更希望从记者的报道中得到相关信息，以作为购买彩票和下注的根据。这些都要求记者经常搜集与查询相关的图文资料，以应报道之需。在体育新闻采访中，如果一名记者能在事先收集和阅读有关采访对象的资料，对采访对象的性格、爱好、习惯等有较多地了解，在采访中做到有备而来，心中有数，便能博得采访对象的好感，从而使采访得以顺利进行。

对体育记者来说，搜集整理资料的主要方法有：

1.搜集相关资料信息

可以多方搜集资料，整理成册，比如养成搜集剪报的习惯，对体育记者来说非常重要。剪报应该是体育记者搜集材料的最好办法，其关键在于，平时要有意识地将那些可能对报道工作有用的资料剪辑下来，搜集整理并加以归类。例如，将报纸上有关某场重要比赛的报道或某位明星的表现情况剪辑保存下来，有助于记者在以后的采访中有针对性地提出问题。又如，记者在采访过程中经常会提出类似的问题："在上届世界杯半决赛中，你踢进了至关重要的一球，你认为本届世界杯赛上你还会有如此优异的表现吗？""去年你队在联赛的最后阶段遭受了三连败，以致与冠军无缘，你认为你们今年还会重蹈覆辙吗？"如此等等。上述问题本身都体现了记者的职业性和水平。但是，这些不可能都是光靠记忆就能应付的，最好的办法就是记者平时多搜集剪报并加以归类，以备不时之需。

体育记者搜集剪报的一个很好的方式，是将自己报纸的有关体育报道资料搜集起来，并加以剪辑整理。这样做的好处是搜集容易，同时还能顺便将自己写的报道加以保存。但如果是地方综合性日报的体育记者，最好还是自己订一份专业体育报，因为那里面不仅有记者所在城市或地区球队的报道，而且还有其他项目、赛事、赛场、球队、球员等方面的信息。保存并剪辑这些资料，会使你的资料搜集更完整，使用起来也更方便。

关于搜集剪报的一个重要问题是如何进行归类。一般而言，记者可以按项目、球队、人物、年代、赛季等进行归类，也可以按自己喜欢和认为方便的方法来归类，但原则都是便于迅速查找[1]。

美联社的吉姆·利特克说："我储存了非常多的资料""每天你搜集的资料都要很全面，否则你就不了解应付各种局面的基本信息，你也不能在掌握足够信息的基础上形成自己的观点。我总是把这些信息分类放在大的文件夹里。在采访每个赛事或事件之前，我就找出相关的文章来读。我紧跟各个体育项目最新的发展态势。我不会假装像专项记者那么精通，但是我对全世界举行的四分之三的比赛都相当了解。我从没报道过板球和橄榄球，但是我对这两个项目也非常了解。我还对自行车、足球和拳击很有研究。在拳击比赛的每个重量级中，我都能说出三四个队员的名字。我还知道很多篮球运动员、棒球运动员、冰球运动员和网球运动员。对高尔夫的了解，我也许和很多专项记者不相上下。你必须有好奇心，必须知识面很广。"[2]

2.做好并保存采访笔记

采访笔记是记者本人的采访记录。一名从事体育报道多年的老记者，可以通过多年对某位著名运动员参加比赛的采访，获取和积累该运动员不同时期比赛的资料，这将成为了解这位运动员无比珍贵的资料。在接续的采访中，记者可以据此提出很有价值的观点，写出关于这位运动员的独家且富有深度的报道。如一名体育记者在赛前采访某位曾两次参加奥运会比赛的选手时，如果记者查阅过上一次奥运会的采访资料并进行比较，就有可能提出这样的问题："你在上一届奥运会比赛前，曾说过心情很紧张，那么这一次参加比赛，你还会感觉紧张吗？"正因为如此，很多老体育记者十分重视写好和保存采访

---

① 郝勤.体育新闻学[M].北京：高等教育出版社，2004：121-124.

② （美）史蒂夫·威尔斯坦.美联社体育新闻报道手册[M].李丽颖，译.北京：中央编译出版社，2004：115-116.

笔记这一习惯，并将其视为一笔极有价值的财富。

做好体育采访笔记，需要注意以下几点：

（1）内容翔实，注明细节

体育记者在采访记录时，需要细心，尽量翔实记录现场发生的一切，不要怕麻烦。在很多情况下，记者在报道中可能并不需要十分详尽的情况，但考虑到以后的报道所需，记者宁可多花一点儿功夫将采访笔记做详尽一些。例如，记者在对某体育明星做采访时，对方的神态、性格、习惯、表情、爱好等细节可能在当时看起来并不重要，但考虑到这些内容可能会成为今后采访报道的第一手资料，还是应该不辞辛苦地将这些细节记下。如果现场采访的时间不够，记者可以在事后将这些细节补上。

（2）信息完整，切忌遗失

作为资料使用的采访笔记一定要将采访的时间、地点、人物、事件以及一些基本的相关信息详细记录，注意不要漏掉各种新闻要素，以避免因时间久远而无法保留完整的信息，将来在引用信息时还要为其确切性进行核实求证。同时对采访笔记要注意保管，切记不要遗失。

（三）通过新媒体搜集和积累资料

随着新媒体技术的发展，新媒体资源的丰富性和海量性的特点，给体育记者搜集和积累资料工作提供了很大的便利。如在北京冬奥会期间，打开新浪网，在体育新闻版面上，有赛程赛果、项目、奖牌榜、高清图集等新闻栏目；热门赛事、奥运项目、微博热议等栏目。打开腾讯体育，首页呈现了直播、NBA、CBA、欧冠、中超、德甲、英超、西甲、意甲、社区等栏目，企鹅直播横排呈现近期直播赛事，页面中则呈现出近期热点体育新闻、焦点图片、精彩视频等新闻内容，还有NBA等十几个顶级联赛的数据榜单，篮球、CBA、中超、综合体育等集纳专栏。在网上可谓应有尽有，而利用互联网来查找资料，已成为体育记者的基本工作方式。美联社许多体育记者搜集成癖，他们的家里有一个或两个房间的资料柜，里面装着他们的剪报、笔记本、背景资料和其他人的文章。美联社体育记者乔治·威斯利承认自己患有"剪报强迫症"，家里有十几个抽屉装着他的剪报。不过现在他发现用不着搜集这么多了，他可以在笔记本电脑上通过互联网为报道美国网球公开赛和世界棒球锦标赛做准备。他每天都要在网上看美联社的报道，利用Nexis数据库和《时代周刊》的网络版查寻新闻事件。"如果我想知道其他人是怎么报道这个星期的美国花样滑冰锦标赛的，我会查询全美国的报纸，下载菲尔·赫希（《芝加哥论坛报》记者）、克里斯廷和布伦南的文章，我不必跑出去买20份报纸。"威斯利说①。

2022年北京冬奥会，作为东道主，无论从报道量还是报道要求上，对照东京奥运会都有了巨大的增量。面对《北京日报》《北京晚报》、冬奥会刊、微博、微信公众、视频平台以及北京日报客户端的发稿需求，北京日报社18名冬奥会一线采访记者彼此间不仅要沟通协作，还需要与后方不同的编辑部门对接联络。这就必须建立一个上下通达、运

---

① （美）史蒂夫·威尔斯坦.美联社体育新闻报道手册[M].李丽颖，北京：中央编译出版社，2004：64-65.

转高效的指挥系统，确保在这套架构上的每个环节，都可以尽可能地发挥自己的效用，不因为内部组织架构的混乱、重叠、低能，在实际报道工作中产生内耗或出现新闻触觉的死角、盲区。

从北京冬奥会和冬残奥会筹备阶段开始，直到全部报道工作结束，北京日报社分阶段、按节奏、有重点地对集团旗下的《北京日报》《北京晚报》、冬奥会刊、北京日报客户端等媒介端口进行部署指挥，根据不同媒介端口的发布特点和规律，形成了一套自己的"报道组合拳"。这套架构能否成功的关键点，就是负责牵头协调的体育部负责人。作为有过数届奥运会、冬奥会、世界杯等大型赛事一线报道经验和全局指挥经验的人，北京日报体育新闻中心主任袁虹衡既掌握冬奥会的新闻发生规律，又在体育圈、媒体圈等多个圈层中具有深广的人脉，可以及时掌握各种信息，并根据经验进行准确判断，然后通过报社内部的组织架构，对各领域、各部门进行策划协调，分配工作、调遣人力，从而确保任务最终完成[①]。

但是，体育记者在网上搜集查询资料要注意以下几点：

1.注意网站的权威性

现在很多重要的体育机构，如国际奥委会、国际各单项运动联合会都有自己的官方网站，上面发布的消息都具有相当的权威性。另外，像新华社、法新社、美联社、路透社等国内外著名通讯社网站上也会发布重要的体育新闻消息。体育记者在搜集有关报道资料时，应以这些具有权威性的网站信息为主。

2.注意核实网络信息的真实性

在使用网络信息作为报道的信息源时，如果不是来自权威网站的消息，记者应注意通过核对新闻事件基本元素、事实完整性、信源权威性、数据专业性、询问专业人士等方法核实其信息的真实性。

3.网上资料取代不了剪报，更不能取代个人采访笔记

对于体育记者搜集和保存资料而言，由于网上信息刷新快、更新快等特点，还是不能完全取代剪报对于信息积累的作用。另外，网上信息都是公众信息，虽然可以作为资料使用，但却不能代替记者个人的采访笔记。

（四）体育记者应有档案意识

何为档案？档案是指过去和现在的国家机构、社会组织以及个人从事政治、军事、经济、科学、技术、文化、宗教等活动直接形成的对国家和社会有保存价值的各种文字、图表、声像等不同形式的历史记录[②]。档案可以帮助记者做好工作，无论是采访还是写作都用得着档案，甚至不可或缺。记者应经常到单位资料室和档案馆去查阅有关信息资料，做好知识的充电和储备，才能厚积而薄发。当代记者的视角已自觉不自觉地注视到了档案。记者每次采访所得的资料，真正用在新闻报道中的仅仅是很少一部分，许多资料则暂时派不上用场，当稿件刊发过后资料一般就废弃了。常有记者写稿，偶然想到要

---

① 李远飞，陈嘉堃.新媒体环境下体育新闻报道的创新——北京冬奥会采访报道的思考[J].新闻战线，2022（04）：59.

② 黄泳.记者应有档案意识[J].青年记者，2006（24）：44-45.

利用某一资料时，东找西找，翻箱倒柜，还是找不到，只能后悔当时没把资料保管好。说来说去，还是因为记者本人缺乏档案意识，对平时采访所获得的资料不注意搜集，当然更谈不上整理和保管了。体育记者在采访一些大型报道、深度报道和人物报道时，所积累的丰富的书籍、杂志、报纸、文档等资料，可以为记者节省许多宝贵时间。但体育记者到图书馆、档案馆等地方查阅资料时，应注意以下几点：

1.注意查找索引与目录

如果记者能了解一点书刊分类和索引查询方法，将对其提高资料查询速度很有帮助。

2.注意资料的权威性和真实性

作者自己的回忆录也许比其他人的著作更具有第一手性，但同时，在真实性和客观性上也可能存在问题。

3.摘抄卡片

对于重要的资料养成摘抄卡片的习惯，这虽然要花一定的功夫，但却很有效用。如记者在采访和报道中时常要用上某位著名运动员的年龄、身高、家庭、入队时间、转会情况、经典比赛等个人基本资料。此时，如果记者手里有运动员基本情况的卡片，就能很快查到。如果能将这些卡片存在自己的个人手提电脑中，则更为方便。

（五）体育新闻报道中数据的搜集与运用

体育新闻的特点之一就是比赛结果的不确定性，以及由此产生的悬念性。比赛结果成为欣赏者主要的关注点与兴奋点，而成败之结果主要靠数据来体现。因此，在体育新闻采访中，存在着大量的数据，受众能够从大量的数据中挖掘出一些潜在的、不为人知的有用信息，而运用数据对赛事进行报道或预测的能力也成为检验记者报道水平的标准之一。在体育报道中运用数据对赛事进行分析、预测并非现在才有，特别是预测类的体育报道更是在早期的体育报道中就占有一定的地位。

2000年悉尼奥运会，《羊城晚报》记者吴广崖、王学忠在开赛前曾根据中国、美国、俄罗斯、德国等几大体育强国在近几年所取得的金牌数，对中国奥运军团的实力、在世界所处的位置作出了大胆的预测：《三强梦或可圆》（见2000年9月13日《羊城晚报》A13版），结果言中。此文也因分析独到、预测准确获得2000年度广东省"好新闻奖"。随着计算机以及网络技术的广泛使用，在体育报道中对数据的使用越来越频繁。从2002年开始，有许多专业体育类报纸，几乎演变成以运用数据对体育赛事进行预测的报道为主。而《羊城晚报》旗下的《羊城体育报》，在对国际足球赛事的预测中，选取了多种对赛事有影响的数据，并建立起多项坐标，以期提高预测的准确性[1]。体育新闻采访中数据信息的搜集与积累，可以增加报道的真实性、权威性，使文章更具有说服力。请看下面关于巴西著名球星罗马里奥的报道：

---

① 张建芳.数据在体育新闻报道中的应用[J].中国记者，2003（09）：46-47.

数字罗马里奥

2005年第33期 新闻来源：当代体育

"有什么会比罗马里奥那使人生厌的性格更加令人难以忍受？"巴西著名体育记者达·席尔瓦评价道："答案很简单，他的嘴巴！罗马里奥总是卷入那些或好或坏的历史事件中，他肆无忌惮地批评教练，乐此不疲地攻击和披露队友的隐私，他是不受欢迎的。可是在普通球迷的眼中，罗马里奥永远是一个伟大的射手，即使在将近40岁时他还能充分证明这一点。"

2005年7月24日，里约热内卢圣让努里奥球场，当地时间下午4时15分，巴西联赛第14轮瓦斯科·达迦马与科林蒂安队比赛开始后15分钟，主队前锋罗马里奥攻破了对手的球门。庆祝的球迷，甚至包括进球者本人，在当时都对这个进球的历史意义毫无所知——这不仅是罗马里奥在巴西联赛中的第135个进球（与济科并列巴西全国联赛历史上的第二号射手），而且是他在正式比赛中踢进的第700个进球，再重申一遍，是正式比赛。

700个进球，很多吗？众所周知，贝利职业生涯的进球大约有1300个，德国的"轰炸机"格·穆勒甚至超过了1450个，还有一些球员也进入"1000俱乐部"。但是这些进球数字很多都来自于俱乐部之间的友谊赛，例如贝利在这些比赛中的进球就达到500个，而格·穆勒在每年夏天和冬天都要代表拜仁慕尼黑参加大量的季前赛，对手大多是德国业余联赛中的俱乐部。

据IFFHS（国际足球历史与数据协会）的统计，在正式比赛中进球数超过500的球员达到了20人，但包括罗马里奥在内进球超过700的却只有区区5人。如果将非正式的俱乐部友谊赛包含进去，罗马里奥的进球统计无疑大幅增加，比如他在15岁时代表瓦斯科·达迦马的青年队参加与卡布库队的比赛，一人就进了16个球！

……

表1　罗马里奥在正式比赛中的700个进球

参加的比赛	出场次数	进球数
巴西国家队	70场	56球
奥运会	6场	7球
巴西青年队	7场	5球
巴西锦标赛	227场	135球
荷兰联赛	109场	98球
西班牙联赛	17场	39球
卡塔尔联赛	3场	0球
里约热内卢锦标赛	233场	217球
巴西杯赛	42场	32球
荷兰杯赛	17场	14球

参加的比赛	出场次数	进球数
西班牙杯赛	6场	1球
欧洲三大杯赛	37场	21球
南美俱乐部杯赛	38场	33球
里约—圣保罗杯赛	37场	36球
其他杯赛	11场	6球

表2　罗马里奥职业生涯的861个进球

效力的球队	出场次数	进球数
巴西国家队	85场	71球
瓦斯卡·达伽马	355场	271球
埃因霍温	177场	166球
巴塞罗那	84场	53球
弗拉门戈	242场	206球
瓦伦西亚	21场	15球
弗罗米嫩塞	87场	62球
阿里·萨德	3场	0球
美洲队	2场	4球
其他球队	9场	13球

（以上数字包括友谊赛，不包括在巴西青年队中的进球）

表3　罗马里奥在不同年龄段的进球率

时　间	年　龄	出　场	进　球	进球率
1985—1989	19—23	285	195	0.68
1990—1994	24—28	221	184	0.83
1995—1999	29—33	292	250	0.85
2000—2005	34—39	267	232	0.87

表4　正式比赛进球最多的5大射手

射手	国家	时间	进球
约瑟夫·比赞	捷克斯洛伐克	1931—1956	800
贝利	巴西	1957—1977	763
格·穆勒	德国	1962—1981	735
普斯卡什	匈牙利	1943—1966	703
罗马里奥	巴西	1985—2005	700

（资料来源：《当代体育·足球》，2005年第33期）

新华社记者单磊在瑞士采访的途中，对瑞士人的运动习惯进行了详细的观察。他细心地统计了瑞士政府报告、雪场运营数据、运动场地规模等数据，推断瑞士人在体操、码数、设计、自行车、徒步运动等习惯，短小精干的消息短文让我们看到了瑞士的健康生活方式，启发国民对体育运动的关注。

从数据看瑞士人的"运动习惯"

2022年9月20日 09:26 新闻来源：新华网 记者：单磊

新华社日内瓦9月19日电（记者单磊）在地理和人口方面，瑞士是个小国，国土面积只有4万多平方公里，人口只有约870万。但瑞士的运动人口比例很高，他们尤其钟爱足球和冬季运动。

根据瑞士政府的统计，瑞士四分之三的人都有定期运动的习惯，只有16%的瑞士人表示自己并不经常运动。瑞士全国有1.9万个不同运动项目的俱乐部，超过200万人是俱乐部会员，差不多是瑞士人口的四分之一。全国有3.2万个体育场馆，980个健身中心。

足球是瑞士人最喜爱的运动。卡塔尔世界杯预选赛中，瑞士队以欧洲区C组第一的身份晋级决赛圈。瑞士有1300多个足球俱乐部，瑞士足协的注册球员有30万人，每周都有上万场职业和业余足球比赛在全国各地进行。

瑞士有得天独厚的冬季项目资源，全国有2400个雪场，超过三分之一的瑞士人称自己每年都滑雪。阿尔卑斯山脉为瑞士平添魅力，众多雪道也吸引着全世界的滑雪爱好者。

冰球同样是瑞士的热门体育项目。全国有850支冰球队伍，每年有超过1.1万场冰球比赛，现场观众人数在欧洲国家和地区当中首屈一指。瑞士当地日常的体育新闻主要就是报道足球和冰球。

此外，由于费德勒是国际知名度最高的瑞士运动员，因此网球在瑞士也很受欢迎。体操、马术、射击、自行车运动在瑞士也有很高的普及度。除了竞技类运动，瑞士人还非常钟爱徒步，路上随处可见徒步的标识。虽然几乎家家有车，但骑自行车和徒步的人群非常庞大。据统计，瑞士境内有超过6.5万公里长的徒步路线，这个长度是赤道的约1.6倍。

（http：//www.xinhuanet.com/2022-09/20/c_1129015694.html）

《大众日报》记者王建在对东京奥运报道时，通过数字的形式直观地反映东京奥运会的高度环保。

东京奥运会对物品进行循环利用，最广为人知的是2020东京奥运会奖牌项目。这个项目从日本全国收集的621万部废旧手机和78985吨废弃小家电中提取了约32公斤金、3500公斤银和2200公斤铜，制成了5000多枚东京奥运会和残奥会奖牌。据说，这是奥运会和残奥会历史上第一次完全这样做。此外，东京奥运会领奖台是由家居塑胶废物和海洋塑料垃圾制成的。

从上面的报道和数据可以看出，精确的数字在体育新闻报道中的重要作用，而看似简单的数据，却饱含着记者辛勤的劳动和长期的积累过程。尤其是体育记者，更该不断提高数据的搜集与整理能力，以便在报道中能够信手拈来，为己所用。

第二节　访谈法

　　与其他类型的采访一样，体育新闻采访也必须在人与人之间的社会交往中进行，体育新闻采访的过程就是一个社会交往的过程，而在体育记者的社会交往中，最主要、最经常、最具有决定意义的当数体育记者和采访对象之间的关系。一位美国的新闻学者这样说："新闻事业是一个与人打交道的行业。大约有99%的新闻是部分或全部以访问——也就是向人提问题——为基础而写成的。体育记者在采访过程中发生的人与人之间的交往是多种多样的，如同编辑部内部人的交往；同受众的交往；同运动员、体育官员、裁判、教练、体育迷、运动员的朋友或亲属等方面的交往；还有体育记者之间的交往……但最主要、最经常、最本质、最具有决定意义的还是体育记者同采访对象之间的交往。那么，什么是采访对象？体育记者和采访对象之间的关系又有何特点呢？在学习访谈法之前，有必要先了解这两个问题。

一、体育记者和采访对象

（一）采访对象

　　凡是体育记者在采访活动中向之索取情况和意见，或者那些以各种方式（不只是语言）向体育记者提供情况和意见的人，都可以称之为采访对象。可见，"采访对象"所包括的范围是相当广泛的。不仅那些体育记者主动向之索取情况和意见的人被认为是采访对象，就连那些主动向体育记者提供情况和意见的人，也被认为是采访对象。体育总局领导或者各体育协会官员以及指定的体育新闻发布人员，他们召开记者招待会，主动向记者提供体育领域的相关信息，他们同样是体育记者的采访对象。

　　体育记者和采访对象关系的成败与否、质量好坏，衡量的标准主要是看情况交流的如何。在西方新闻学著作中，并没有完全与我们所用的"采访对象"直接相对应的概念，他们一般使用"消息来源"（Source）这个词。"采访对象"与"消息来源"近似，但并不完全相同。一方面说，西方新闻学使用"消息来源"这个词，不仅包括人的消息来源，还包括物的消息来源——即我们一般说的物证材料；而我们用的"采访对象"则仅限于指人，不包括物。另一方面，"采访对象"这个概念还可以包括本身就是报道对象这样的新闻人物，而"消息来源"则不能很好地容纳这层意思。因此，在体育新闻采访活动中需要将"采访对象"与"消息来源"两个概念区分清楚，把这些概念之间的关系加以廓清。

　　许多体育记者在采访中都有这样的体会，一次体育采访活动的成功，不仅要具备"好记者"这个条件，还必须具备"好对象"这个条件。即存在这样的公式：

好体育记者＋好采访对象＝成功的体育采访

一名优秀的体育记者，有时花费了很大的精力，但却写出了不成功的报道，这并不一定是他的水平降低了，很可能是因为没有遇到好的采访对象。体育记者没有遇到好的采访对象，再努力，也是徒劳，因为体育记者的水平终究不能代替对方的水平。遇到了好的采访对象，他通常还会把体育记者的水平给"带"高了，仿佛这个体育记者很会挖掘。其实，这是因为记者通过长期的努力，建立起自己的消息来源网。这个网越大，越有效，那就越能帮助体育记者选择更好的采访对象、更好的报道对象和更好的消息来源[①]。

（二）体育记者和采访对象之间关系的特点

口头访问是体育记者和采访对象之间进行语言沟通的艺术，要想使访谈获得成功，就必须正确处理体育记者及其所要采访的对象之间的关系，就必须对这种关系的基本特点有一个较为全面的了解，知己知彼，才能百战不殆。

1.双向互动性

体育记者和采访对象之间不是单向孤立关系，而是双向互动关系。这一点，被许多体育记者忽略了。

首先，体育记者和采访对象互相需要。体育记者需要采访对象，没有采访对象，他的工作任务便很难完成。同时，采访对象也常常需要体育记者，他有话要说，有问题要反映，有计划要实现，有主张要宣扬……一些重大体育事件和体育问题的解决，也需要体育记者为其制造和引导舆论，凸显主流体育文化价值观。在媒体发达、信息传达纷繁的新闻环境中，运动员也需要通过"靠得住，信得着"的记者，帮助他们发布成绩与训练消息。作为职业运动员，他们肩负着国内外的诸多关注，因此更需要有专业的新闻传播渠道帮他们发声。李武军被称为中国乒乓球队的一员。他跟随采访中国乒乓球队将近30年，对中国乒乓球队的了解无人能及。他是球员们的"李叔""李哥""武叔""武哥"，他是最了解球队的记者，也是外界想要深入了解球队时的"代言人"。球员们都很信任李武军，他的报道真实、生动、有情怀、有细节，他能够全面深入地报道中国乒乓球队的人员备战、教练派兵、球员伤病和球员士气、对手情况等情况。李武军也将挖掘乒乓球赛事背后的精彩故事视为自己毕生追求的目标，李武军与中国乒乓球队是互相成全。李武军与乒乓球运动员私交非常好，其中最具代表性的就是福原爱，借助李武军等中国记者的报道，福原爱在中国民众的心目中就是那个可爱阳光的"瓷娃娃"。

央五记者李武军坚守一线23年 福原爱称他为哥国乒是他家

2018年2月10日 22:52 新闻来源：搜狐 记者：郭福瑞

"我第一次采访福原爱是2004年雅典奥运会前在北京海淀体育馆进行的奥运落选赛上。当时福原爱从日本飞到北京后首先需要办理比赛相关证件，周围一圈媒体记者对她

---

① 艾丰.新闻采访方法论[M].北京：人民日报出版社，1996：195-200.

不停拍照。我那时还纳闷，这小孩是谁，怎么这么多记者。后来才知道这个叫福原爱的小女孩在日本特别红。为此，日本来了六十多个记者，每天算积分，来看她能不能获得雅典奥运参赛资格。后来有一天我告诉他们日本的记者，福原爱已经拿到资格了，他们都感到特别惊喜。"

"自此以后日本媒体记者也都对我特别认可，我和福原爱之间的信任也就建立起来了，之后每次比赛我都会对福原爱进行采访。"

"'李哥'的昵称也是由福原爱'发明'的。其实起初大家都爱叫我'李叔'，但按照日本人的习惯，除了自己的亲叔之外，其他的男性，即使年龄再大，也只能称为'哥'，所以福原爱就这么称呼我，后来也就都叫开了。

福原爱的机智可爱无处不在。比如说在奥运会赛场上，她在对丁宁的半决赛中0∶4输了球，下来我就安慰她。可后来经过混合采访区她就来问我，'李哥你什么意思？'我一听也被搞得非常紧张。随后她和我说，'比赛场上你给丁宁加油，下来又安慰我，你什么意思？'这话瞬间把大家都逗乐了。"

……

2006年时，李武军曾拍摄了一条名为《一心想赢的福原爱》的新闻短片，将两人之间有趣的对话记录了下来。当时，李武军发现福原爱手上戴了一枚苍蝇戒指，于是好奇地问道为什么要将苍蝇戴到手上？苍蝇在中国可是四害。福原爱则机智地回答道："李哥你不知道，这叫场场'赢'（蝇）！"

而在吐鲁番游逛时，李武军恰巧在地摊上看到一件陶瓷摆设，那是一匹马背上驮着一只苍蝇，寓意为"马上赢"。联想到福原爱的"场场赢"，李武军当即托人购买了3匹"马上赢"邮寄至北京。福原爱听闻此事十分欣喜，李武军约定将这几件礼物带到多哈亚运会赛场，送给福原爱。可惜的是，陶瓷制作的"马上赢"不慎被打碎。"有两个碎了了，有一个断了个马腿，但是想想答应了小姑娘的事，你不能骗她。"于是，李武军将残腿的"马上赢"带给了福原爱。而后者立即找中国队队医要了胶布，为这匹受伤的马"治疗"。有趣的是，这一幕恰好被路过的刘国梁看到，他对福原爱开玩笑道："什么'马上赢'，上面放本书还叫马上书（输）呢！"

……

（http://mt.sohu.com/sports/d20180210/222121942_138481.shtml）

如今福原爱已经不在征战乒乓球国际赛场了，但她也在从事相关的工作，她和李武军还会时常联系，约定采访。可以说是李武军将福原爱介绍给了中国民众，同时李武军也成为福原爱与中国观众沟通的重要渠道。

其次，体育记者和采访对象也在互相挑选。虽然体育记者的主动权大一些，但采访对象能够在被动中求得主动。对不中意的体育记者，采取应付的态度；对中意的体育记者，采取积极配合的态度。在体育新闻界存在着专业体育报、综合报纸体育版，大报小报之分；中央体育新闻单位、地方体育新闻单位之分；著名体育记者、普通体育记者之分，有时采访对象的选择，对有些（主要是小报、地方、无名的）体育记者来说，是个令人苦恼的事情。如法国《队报》作为一份影响世界体坛的报纸，不仅源于它无可挑剔的专业性，另一个主要的原因就是《队报》作为誉满欧洲乃至世界的品牌大报，旗下许多大牌体育记者与采访对象之间都建立起了密切的联系，这是人们对于一家拥有100多年历史的体育媒体的充分信任①。

　　《队报》专业性就是记者的专业性。《队报》有记者600名左右，每名记者都有自己专门负责的赛事、运动队、运动员，很多记者做一个专项报道已经十几年甚至二十几年。《队报》的记者可以干到65岁。为了不影响报纸的公正报道，有些著名运动员有3个记者轮番盯着。

　　《队报》有篇写齐达内的文章中提到，"齐达内凌晨3点想到某某……"该文作者在齐达内还是小孩的时候，已经注意并采访了齐达内，他们之间的这种关系是别人根本达不到的。无论是高兴还是失落的时候，齐达内只愿意找这名记者诉说。前不久刚刚当选欧足联主席的普拉蒂尼也在《队报》记者中有很好的朋友，普拉蒂尼想做采访时不找别人，专门找他。还有名做了30多年的奥运报道记者，国际奥委会主席罗格是他的老朋友，各个单项协会的主席也都熟络，有了这样的关系，哪能没有分量够重的新闻。"创造了这种地位，那些运动员自然而然就把你当回事，各个巨星都是说过来就过来。这是一个良性循环，读者也是这么回事，看你这么专业这么认真这么权威，肯定就认可你了。"一名体坛周报的记者如是说。

　　在法国，记者是一个受人尊敬的职业，《队报》记者地位很特殊，电视台做关于体育的节目时，一般都会找《队报》的记者参加。很多新闻、赛事评选都是《队报》办的。法国网球公开赛媒体评审委员会一共有10个评委，有两三个评委包括主席，都是《队报》的记者。

　　为了保证记者质量，《队报》每年招收的记者人数很少，只有2到3名，新招的记者在通过考试的40名实习生中产生，而这40名实习生要在《队报》实习满3年，才有资格接受挑选。即使这样，《队报》仍是很多人向往之地，有的人已经在欧洲体育台当上记者，还申请来《队报》实习。因为他们知道，这里待遇丰厚，如此好的采访条件和媒体品牌，更是别处难觅。

　　无人企及的品牌，专业的记者队伍，让《队报》在体育圈中非常吃得开，这为它与外界建立长期良好的联系起到了关键作用，也由此能一次次拿到独有的"料"。如引起全世界震动的癌症康复后连续夺得环法冠军的阿姆斯特朗涉嫌服用兴奋剂事件，游泳天才索普的兴奋剂事件。在体育圈内，很多著名运动员都被怀疑成绩突出的原因和兴奋剂有关，有些人服用兴奋剂已是公开的秘密。1999年，环法自行车运动员被曝可能都服用了兴奋剂，从那个时候开始，环法赛的大英雄阿姆斯特朗也自然成了被怀疑的对象，直到2005年8月《队报》记者达米安拿到证据，揭露了这个事实。这次，《队报》记者达米安又去了澳大利亚墨尔本，但他不是去采访游泳世锦赛，他是为索普而去的。3月31日，《队报》用一个整版披露了2006年5月，索普在一次药检中，尿样中含有两种违禁药品，甚至在网上都可以下载到关于索普药检报告的复印件。几乎没有人愿意相信这一切是真

---

　　① 唐磊.一份影响世界体坛的大报——队报[J].中国新闻周刊，2007（04）：78-79.

的，没有人相信这样一位曾经屡破世界纪录的天才运动员也作弊了。《队报》记者达米安原来是一名专职足球记者，五六年前，《队报》为了更有力地报道兴奋剂事件，开始有意识地培养这方面的力量，达米安因此被送往专门研究兴奋剂的学校学习。为时一年半的学习期间，达米安和很多知名化验室建立了不错的关系。只不过，他是通过什么方式建立的、程度怎样，没人知道，这些都属于商业秘密。能确认的是，所有的记者都希望能拿到证据，但看来只有达米安成功了。做专职兴奋剂报道的4年半时间里几乎所有著名运动员都是达米安"伏击"的对象。不过，尿样标签全部用数字替代化验室并不知道尿样的主人是谁，就算达米安通过关系获得了尿检报告，他还需要另外想办法确认该尿样的主人。在索普事件中，化验室发现阳性尿样后，需要从澳大利亚泳联或国际泳联那里获得尿检人的相关资料进行确认，而澳泳联尚没有公布这个消息，化验室不可能提前透露给《队报》记者。因此，有人猜测达米安有可能是得到了国际泳联的帮助获得索普兴奋剂的信息。通联管道之神通，令人称奇。到目前为止，达米安已经揭出了4名著名运动员与兴奋剂有染，即自行车运动员阿姆斯特朗、兰迪斯，法网亚军普尔塔，还有"鱼雷"索普。

每次发表了调查报告后，达米安就等着当事人的反应，但从阿姆斯特朗开始，几乎所有的当事人都拒绝对达米安的调查发表看法，只在随后几天召开新闻发布会，声称自己是无辜的。索普也是。达米安还提出建议：针对每个著名运动员都建立专门的档案，进行跟踪性定期检查，并且保存相关的样品，只有拥有这样档案的运动员才可以参加各种正式比赛。

在中国，即使最好的专业体育媒体，也很难派出一个记者就能采访到大牌。但如果以《队报》的名义发一份公函或申请，那么如贝克汉姆这样对媒体采访要价很高的队员，绝对是不要钱的。如果《队报》一个小领导去皇马俱乐部，皇马主席会亲自接待他。有些记者离开《队报》到其他媒体后，就会发现采访对象对自己的态度变得不一样了。

可见，体育记者和采访对象之间是相互挑选的，而体育记者所在媒体的品牌、权威性、专业性和影响力都将成为制约采访对象是否接受采访的因素之一。

再次，体育记者与采访对象之间这种双向互动过程，需要体育记者不要只做情况接收器、记录器，也不要把采访对象当作情况贮存器，必须和采访对象发生情感上的交流，以情感人，通过语言交流，进行情感沟通，从而拉近彼此心理距离，达到成功采访的目的。

以知性著称的名主持人杨澜，在她主持的《杨澜访谈录》节目中，采访过的体育明星无数，如大威廉姆斯、科比、李宁、姚明、丁俊晖、刘翔、田亮和郭晶晶等，所有体育界顶级人物，几乎尽收其中。但这位与体育结缘深厚的人却坦言自己并不是一个体育迷，甚至在学校时体育课成绩平平，老师是看在她认真努力的态度上，才给她及格成绩的。杨澜在接受《中国体育报》记者的采访时坦言：虽然自己不是体育迷，但这并不影响她做这档奥运访谈节目，因为《杨澜访谈录》毕竟不是体育评论节目，它是以人物为核心的谈话节目，主要还是以人为本，发扬人文精神。而做谈话节目她也有八九年的经验了，作为一个资深主持人，杨澜并不担心专业的体育迷会挑自己的毛病，因为她相信观众最想了解这些体育人物在生活中最真实一面，只要是真故事、真感情，就可以打动人。正是杨澜作为主持人的亲和力，优秀的情感沟通能力，拉近了与采访对象之间的距离，才取得了采访的巨大成功。

奥运"零经验"体育记者郑梦莹，在采访2022年北京冬奥会时看到武大靖遇到困难局面，感同身受，立时改变了采访思路，让读者跟随她的采访，一同感受武大靖的压力与坚持，作品令人非常感动。真诚与运动员的交流互动让记者找到了有温度的新闻角度，同时也赋予了体育新闻更生动的力量。

> 2月13日，武大靖短道速滑500米卫冕失败。当晚，我带着提问来到采访区等待了近1小时。采访中，当听到他说"不知道后面还有没有机会参加世界级比赛"时，我一时语塞，泪流满面。当即，我决定放弃一贯的赛事写作套路将赛况、等待期间见闻和采访感受等相结合，以"等待武大靖"为主题撰写了稿件《"把每场比赛都当作最后一场来比"》，得到同行和读者点赞[①]。

记者在赛场上与运动员即时的共情，让运动员感受到了一份理解与温暖，同时也让观众看到了真性情的采访现场与运动场景，极大地增强了体育新闻报道的生动性。

2.交流对等性

"酒逢知己千杯少，话不投机半句多"这句俗语，在体育新闻学上同样有意义。"双向互动性"必然要求"交流对等性"，无论是体育记者还是采访对象都希望自己遇到的是一个"合格的对话者"。体育记者选择、确定采访对象时，首先考虑的就是：他是否合格？他是否了解确实的情况？他是否能真实地反映情况？他的意见是否有代表性？他的评论是否有权威性？如果体育记者对采访对象的"资格"既不进行个体考察，也不进行群体、整体考察，就发给他们"合格证"，那是相当危险的。

采访对象在接受体育记者采访时，也总要求体育记者是一个合格的对话者，不然，即使勉强接受采访，也不会有深谈的兴趣。所谓合格，从采访对象的要求看，主要是知音、善写。知音者，记者能够听懂和理解他的话，他不至处于"对牛弹琴"的扫兴境地。在体育新闻采访中，更多体现在体育记者的专业水准。"善写"者，记者能够把采访对象的话准确、生动地传达给受众。这两条，主要还是"知音"，因为是否"善写"，采访对象当场不能作出判断，不过是希望而已；而是否"知音"，则是交流三言两语即见分晓的事[②]。

在里约奥运会上记者采访刚参加完预赛的宁泽涛，问道："是不是因为巴西晚上游？所以今天没发挥好？"宁泽涛回答："不是啊，我挺适应的。"记者又问："你胃好了吗？"宁泽涛回答："我身体没有不舒服啊，很好。"抛开表达能力和理解能力，作为记者却完全不了解受访者的实际水平，还主观地发出"今天没发挥好"的言论，这充分反映了记者在采访时缺少充分的赛前准备。而且，体育新闻记者起到的应是穿针引线的作用，大量的信息要留给运动员回答，这种自作主张替当事人回答问题，是一种极为不尊重运动

① 郑梦莹.一个零经验体育记者的冬奥报道之旅[J].传媒评论，2022（03）：33.
②艾丰.新闻采访方法论[M].北京：人民日报出版社，1996：206-213.

员的表现，也影响了运动员的思路，无法说出自己当时的真实想法，也难免让观众对记者的采访产生失望情绪。这种主观有情绪化的采访体现出记者专业素养的不成熟和情绪上的不稳定。

2019年女足世界杯的1/8决赛，中国女足0-2被意大利队淘汰。赛后央视记者采访了中国女足门将彭诗梦，记者自身的状态和交流诉求仅考虑了完成报道，并没有考虑到彭诗梦还在失利的悲伤情感中。彭诗梦的情绪非常低落，面对话筒10秒钟都说不出话来，如鲠在喉。记者看到冷场，自己也紧张起来，胡乱填补了一句：你是因为很遗憾，这场比赛没赢下来是吗？彭诗梦哽咽地回复了对这场比赛的遗憾之情。这时记者还是没有与运动员保持同一种心态，接着追问了球员受伤情况，提问彭诗梦是不是满足这场比赛的结果。彭诗梦同样以"遗憾"回答。记者又问，"你的遗憾源于没能跟队友继续往前走一步，但是回想一下，这是你第一届世界杯，而且你就有这么出色的表现，对于我们来说可能更期待你接下来奥运会、下届世界杯的表现，这届世界杯其实对你来说收获挺大的吧。"彭诗梦快哭了，"有收获，也有不足吧，我希望通过这届世界杯找到自己不足的，和自己好的，然后继续努力吧。"

尴尬的采访氛围中，记者拍了拍彭诗梦算是安慰，接着就结束了采访。造成这次采访没有获得较大的信息量，采访过程也并不流畅，就是因为记者没有体会到彭诗梦的悲伤情绪，没有顺势挖掘彭诗梦对这场失利原因的分析等信息，都是情绪上的安慰，这是无益于采访顺利进行的。理解运动员所处的情境是保证赛后采访等现场采访顺利进行的必要准备。

3.对话平等性

体育记者每天要面对不同的采访对象，但无论是面对地位高高在上的，还是地位卑微低下的采访对象，都需要体育记者保持态度上的不卑不亢，逐渐培养自己的平等意识。正如复旦大学张骏德教授所言："当你采访总统的时候，你就是总统；当你采访乞丐的时候，你就是乞丐。"不过在现实的采访实践中，却经常会出现相反的情况，很多记者采访总统的时候，像乞丐；而采访乞丐的时候，倒像个总统。

作为体育记者，首先你代表的是千百万受众，体育记者要对自我有一个清醒的认识与定位。面对明星，不管你多热爱体育、多崇拜正和你面对面的这位明星，眼下，你的身份不再是一个体育迷，更不是追星族，而是带着使命去完成采访的体育记者。因此，面对名气再大的明星，体育记者也应该将自己放在一个与被采访对象平等的位置上，采取"平视"的态度。只有充分认识了自己，才能更好地去了解别人，扮演好自己的角色。这其实是自我认知的一种能力。有了正确的定位后，即使是面对像姚明、刘翔这样的体坛巨星，再没有经验的记者，也会有了底气，不会因为紧张而失态。当然，这需要锻炼，也需要一个经验积累的过程。记得姚明曾经向记者说过这样的话："凡向我索要签名、合影的人，一般都成不了真正的朋友。"因为朋友之间，首先是平等的，名人也一样。名人其实和普通人一样，有着自己的喜怒哀乐，与名人交往，要不卑不亢，以平等的姿态和目光去面对和审视对方，最关键的一点，是要把他（她）当作一个普通人来看待。姚明私下里曾对记者说：在他看来，朋友之间，最重要的首先是"平等"。他说："如果在别人眼中，我是一个明星，那他显然没有把我当朋友来看，这样的友谊，一定是失衡的，也一定不会长久。"有名女记者，因为姚明接受了另一家媒体的独家专访，而将姚明堵在火箭训练房门口，大发脾气，眼泪直流，大为失态。当然，最终她还是没能靠眼泪得到采访的机会，姚明当场拂袖而去，而从那之后，姚明再也没有接受过那名女记者的一对一采访①。

可见，与采访对象保持平等关系是多么重要。面对名人，不卑不亢；面对弱者，不傲慢无礼，只有这样，才能拉近与采访对象之间的距离。但也要注意，体育记者代表的是媒体与受众，为保证新闻的客观公正性，需要把握好与采访对象之间似朋友而非朋友的度。

4.关系累积性

《体坛周报》记者滨岩曾经说，"中国的很多记者不知道用时间去培养与被访者的关系。"在体育新闻采访中，你的采访对象，尤其是体育巨星、比较高级的体育官员，对记者的采访肯定是很防备的。尤其像奥运会这样的国际大赛事，世界各地体育明星云集，如果一名不熟悉的记者冲上去就采访他们，那么这些明星就会随随便便说点场面话，不会配合记者做一些深入采访。体育记者和采访对象之间的关系，具有累积性和长久合作性特点。体育记者只有通过长期采访，建立与采访对象之间的真诚友谊，并在双方之间搭起互信的桥梁，才会圆满地完成体育新闻报道任务。

如在北京奥运会开幕前夕，《体坛周报》在8月3日头版登载了一幅国际奥委会终身名誉主席萨马兰奇举着一份《体坛周报》向读者露出他那温和笑容的图片。8月4日，《体坛周报》又刊登了国际奥委会主席雅克·罗格的专访。在北京奥运会开幕前，《体坛周报》的大手笔不得不让人刮目相看。据《体坛周报》资深记者滨岩介绍，在采访中，萨马兰奇对他就没有戒备。因为滨岩在西班牙居住了20多年，曾多次采访萨马兰奇先生，与萨翁建立了深厚的友谊。由于经常接触萨翁，彼此已经很熟悉，"萨翁新年时还会到我们这儿拜年。"萨马兰奇还把有关报道他的《体坛周报》装帧起来挂在墙上，并希望滨岩能把有关他的报道的报纸送给他看看。此外，罗纳尔多、贝克汉姆、齐达内等国际巨星都拿着《体坛周报》拍过照。滨岩说："拿着《体坛周报》拍照跟给我们做广告没什么区别。这就是基于一种信任，彼此间要建立一种信任，这需要一个过程。"

澳大利亚资深体育记者特蕾西·霍尔姆斯对很多中国运动员的了解可能超过不少中国民众。霍尔姆斯是澳大利亚广播公司知名主播，曾在悉尼奥组委担任媒体官员。从1992年开始，她参与过14届奥运会的报道，在中国工作生活了大约10年。谈到她在中国工作的经历，霍尔姆斯说："我一直觉得很舒服，我有很多朋友，我觉得自己是群体中的一员……我们分享了很多有意思的故事，分享了好吃的饭菜，分享了欢笑，那段经历在我心中一直占据着一个很特殊的位置。"2022年，北京成为首个"双奥之城"。这也是霍尔姆斯最近一次来中国——采访冬奥会，她看到了北京的发展变化。"但是我还可以看到熟悉的地标，这让我感到兴奋，迫不及待地想要降落，想要走到街头巷尾，跟朋友相约去吃饭。"从1989年从事体育新闻报道至今，霍尔姆斯说她已采访14届奥运会。回顾那些难忘的经历，她表示，奥运会所蕴含的奥林匹克精神以及文化体育交流，让世界

① 阎小娴.采访体育明星的"忌讳"与"诀窍"——从姚明的四句话看记者的情商[J].新闻记者，2007（02）：19-21.

变得更加美好。因为以体育为载体的人与人的交流在她看来非常重要。"当全球的运动员走到一起，这有助于相互理解，让世界变得更美好。"①

由此可见，体育记者和采访对象之间的关系累积性是十分必要的，只有在信息的掌握上，记者比别人先走了一步，积累了大量的人脉关系，付出的努力比别人多，才能在关键时刻发挥至关重要的作用。

二、体育访谈的方式和方法

上面讲述了体育记者和采访对象之间关系的基本特点，体育记者只有全面和深入地了解这些特点，才能使自己在与采访对象的访谈中获得成功。下面我们具体讲一讲访谈的方式和方法。

什么是访谈法？访谈的作用是什么？访谈法是体育记者日常性的、大量的活动方式，它在体育新闻采访工作中占重要地位，一般来说，体育新闻采访是离不开口头访问的。从某种意义上说，没有体育记者的访谈，也就没有体育新闻。

有人认为访谈不就是找人谈谈吗？但实践证明访谈法有很深的学问，有很高的艺术，并且是一门富于特色的个人艺术。在整个体育新闻采访过程中，访谈起着重要作用。台湾一位学者郑贞铭认为："访问在新闻工作中是一项艰巨的任务，也是一项很高的艺术。新闻的采集必须经过访问的步骤……访问是获得新闻材料和写作新闻稿的重要必经过程。"美国《塔尔萨论坛报》的鲍勃·福尔斯曼也认为："记者笔下的功夫不强，照样能当一名出色的记者，但不善于进行访问是绝对当不好记者的。"以上两位学者观点表明：记者如不善于进行访问，就不可能完成采访任务，也当不好记者，访问是采访的必经过程，访问有利于记者进行深层次地挖掘。

体育新闻采访亦如此。体育访谈的核心同样是提问和交谈，但主体是体育记者。有位哲人说得好：聪明的、有教养的头脑的第一个标志，就是善于提问。另一位哲人也说：判断一个人要根据他的问话，而不是他的回答。可见，是否善于提问，是一个记者是否成熟的重要标志，而体育记者采访水平的高低也直接体现在提问的水平上。

（一）提问的方式

体育记者在采访前，应根据具体的情况来决定提问的方式，一般而言，体育记者提问的基本方式有两类：一种是开放式提问，一种是封闭式提问。体育记者在提问过程中，必须两种方式交叉配合，根据采访环境和采访对象的不同灵活运用。

1.开放式提问

又称为"自由式提问"或"无限制提问"，就是问题提得比较概括、抽象，范围限制不是很严格，给对方以充分的自由发挥的余地。其优势就是有利于营造轻松的采访氛围；采访对象易回答，谈一些宏观概括性材料；体育记者提问也相对容易，可以"投石

---

①白旭，岳东兴.采访奥运会30年的澳大利亚主播在赛场了解中国[EB/OL].（2022-09-14日）[2022-9-11]. https://www.chinanews.com.cn/ty/2022/09-14/9851825.shtml.

问路"，给记者以喘息的时间。央视记者在东京奥运会男子200米个人混合泳的赛后采访中向汪顺抛出的问题如下：

记者：奥运金牌，怎么做到的？现在最想说什么呢？时间交给你。

汪顺：我感觉太不可思议了，像做梦一样，赛前也是做足了心理准备，然后去拼一下这个项目吧。我觉得首先要感谢我的祖国，在疫情这么不容易的情况下给予我们很多很好的训练环境，其次要感谢我的教练朱志根和我的保障队医，我觉得他们对我的帮助非常非常大。

记者：具体来说能跟我们讲讲怎么提升了1秒多钟的最好成绩吗？

汪顺：真的不可思议，当我回头的时候，我也不敢相信我游了55秒整，但是我今天做到了，就是做到了。

记者：这种力量从哪里来的？

汪顺：我觉得是祖国人民给我的吧，我觉得肩上的使命非常沉重，尤其是在东京。我也做到了我在赛前说的要让国旗在东京飘扬，要让国歌在东京奏响。我做到了。

记者：能具体说说今天这四个泳姿的表现吗？

汪顺：跟教练说的一样，按部就班做的。

记者：你来到东京以后，整个状态就特别轻松，怎么能达到这么好的心态？到了奥运会的时候其实心态最重要。

汪顺：我觉得就是平时训练的时候把它做好，比赛的时候一切就水到渠成了。

记者：这是第二次奥运会了，有了这么好的结果，跟以前的感受有什么不一样吗？

汪顺：第一次参加伦敦奥运会的时候我觉得是去玩了，我就看大家拿金牌，那些大哥哥大姐姐好厉害，第二次我是跟队友去竞争，他们拿牌了我也想去拿牌。这一次的话我觉得就是没有跟谁去比，我就专注做我自己。

记者：之前说你大半辈子都在泳池里，你真的是热爱游泳，是不是就是这样的状态达到一种享受级别，比赛过程时最完美的一种感觉。

汪顺：对，我今天做到了。

这段采访在汪顺获得个人项目金牌之后，记者的提问非常流畅，给汪顺充分的空间表达自己的激动，表白过往的不易。记者设计的几个采访话题是从情绪心情到比赛过程，再到今昔对比的顺序，轻松地将运动员的思路从激动到冷静，循序渐进分析"比赛密码"。

开放式提问也有不足之处，如问题提的一般化，采访对象易泛泛而谈，很难进行深入挖掘；或采访对象感到问题太笼统，不知从何说起。体育赛事现场采访中，记者的提问能力非常重要。记者在采访时的角色其实就是一个探寻者、问询者，提问实际上是采访的核心。记者在现场可以通过提出一个个的问题来把握采访的方向，实现现场采访的最终目的；在体育比赛现场，运动员和教练员的情绪被比赛本身所影响，往往波动较大，所以在体育赛事现场进行采访时更要讲究提问艺术，在采访时应多提一些开放式的问题。开放式提问，一般适于转入话题、搜索情况、调节气氛、发现遗漏和缓冲记者压力。多用于采访的初始阶段、非赛事现场的采访等。

2.封闭式提问

又称为"闭合式提问"或"限制性提问"，就是问题提得比较具体、单纯，范围限制得很严格，给对方的自由发挥余地很小，一般要做较为直接的回答。其特点是要求回答问题的人从一系列选项中选出自己的答案。最有代表性的封闭式问题就是法庭上律师要求证人所做的回答，只能是"是"或"不是"。其优势是问题问得很明确，易得到采访对象的具体回答，易获得有价值的材料；采访对象易说出心理话，易进行深入挖掘；体育记者提问需花费较多精力，有一定难度，但这样的问题所引出的结果，往往皆大欢喜，采访对象说出想说的话，记者和受众得到有价值的信息。

2021年7月，中国女排正式在东京开展了抵达日本之后的第一堂训练课，中央电视台记者对郎平和姑娘们进行了采访。

中央广播电视总台记者：2019年采访到郎平的时候，郎平总是说，我们站上赛场就一定要为国争光，争取升国旗奏国歌，是不是这样的信念还是没有变化？

郎平：是的，目标是不变的，但是结果谁也不能说做了就去想结果，这是要靠大家拼出来的，还要看对手给我们多少压力，我们能承受多少压力，比赛是相辅相成的，完全可以转化的。

一问一答，封闭式的问题，让这一次采访体现出2年间中国女排不变的奋斗目标，但成熟清醒的郎平并没有盲目地自信球队一定能拿到冠军，所以在给予记者肯定回答的同时谈出了对比赛的冷静认识。

封闭式提问的不足之处是如此单刀直入，有点尖锐，如掌握不好，会影响谈话气氛，甚至会漏掉重大的体育信息，影响受众对当前体育事态的全面了解。

如2004年雅典奥运期间，央视演播室请来了刘翔和他的教练，本来这是广大观众了解这位奥运英雄内心世界最好的一次机会，但主持人闭合式提问方式让整个节目味同嚼蜡。

"你是不是在比赛前对自己特别有信心？"
"你昨天的比赛是不是感觉非常完美？"
"经常参加国际大赛对提高你的心理素质是不是非常有帮助？"
"你的教练是不是给了你很大的帮助？"
"如果将来有新人上来你是不是会更刻苦地训练？"
……

这种访谈方式使刘翔和他的教练像木偶一样只能一口一个——"是""是的""是这样""是这样的""的确是这样的"。闭合式问题，一般适于突破、深入、追问、证实、核实，总之战斗力更强一些，更锋利一些。因其准确干练、问题集中、单刀直入的特点，一般用于赛事现场采访和一些特殊场合的采访，如时间限制严格的体育官员、体育名人采访、电视体育采访等。

在体育新闻采访中，运用开放式提问还是闭合式提问要根据具体情况而定。通常要考虑采访现场的环境和时间制约性、采访对象情况、采访的目的与预期效果等因素。

（二）访谈的方法

作为一名体育记者，能够亲临赛场或面对面采访那些著名的教练、体育明星、体育官员、体育名人等，既是一种幸运也是一种挑战。这些采访对象大多是应对记者的老手，无论记者如何苦心发问，他们都可以不假思索地用大话套话来应对。记者要想在采访中挖出独家猛料，就必须进入被采访者的心灵之门，而访谈方法与技巧就是进入采访对象"心灵之门"的钥匙。体育访谈有很多种方法，下面介绍几种在采访中常用的方法。

1.正问法

正问法也叫单刀直入式，就是将需要采访的问题开门见山地提出来。这种方式直截了当，省时省力，但如果所访谈的属于敏感性较强的话题，就要注意在适当的场合和氛围中使用。采用正问法一般运用封闭式访谈方式较多，适于采访对象做较为直接的回答。在这方面，意大利著名女记者法拉奇的访谈方法与方式是年轻记者、特别是体育记者学习的典范。

法拉奇被称为"政治访问之母"，她以专门访问各国政治人物著称。在有限的记者生涯中，她先后访问过二十多个世界风云人物。其中有声称"不接受单独采访的"美国国务卿基辛格，有"最神秘莫测的领导人"阿拉法特，有"自诩一句话整个世界就会爆炸的"利比亚元首卡扎菲，有"带着冷漠和怒气生活，怀疑每天都是他生命的最后一天"的约旦国王侯赛因，等等。而且她把南越总统说得痛哭流涕；前伊朗国王巴列维当着她的面表示要摒弃女色；基辛格则后悔，说同她的交谈是"同报界最糟的一次交谈"，法拉奇的访谈是非常尖锐的，角度刁钻，而且主要运用的都是正问法，直截了当、单刀直入、爱憎分明，但她之所以能提出如此深入的问题，与她勤奋刻苦的敬业精神是分不开的，她把每一次采访都当作小学生准备大考一样，进行充分的准备，认真了解采访对象，"每一次访问都是对我的智慧的挑战，都是消耗我灵魂的一次实践。"法拉奇如是说。

体育记者采用正问法访谈时，应注意采访的时机与场合，并注意不要问得太直白，以免引起采访对象的不快。如当球队比赛失利的时候，教练员和运动员可能心情不好，这时如果记者提出的问题太直白，如"请你谈谈你对输球负有什么责任"之类，会令对方尴尬和不快，破坏采访气氛：

武汉《体育周报》记者彭青（《新民晚报》体育部副主任）回忆首次专访米卢时讲道，当时正值米卢与足协签约不久，但签约时间有多长？年近60岁的米卢是否会考虑两年后退休？是否有续签下届中国队的意愿？这些问题在当时都属于机密。米卢和他的西班牙语翻译虞惠贤如约到入住的宾馆房间后，没想到米卢第一个动作就是拿起桌上堆满烟头的烟灰缸，将其倒进卫生间垃圾桶，然后冲我摇头嘀咕："抽烟对健康不好"。我立即回应道："你不抽烟，所以你的身体很好，但你能好到再带下一届中国队吗？"[1]米卢

① 彭青.采访体育名人提问技巧[J].新闻前哨，2005（02）：101-102.

得意地说："是的，你们都看到了，我在每次训练课上的运动量不比球员们少啊，我会一直跑到我跑不动了才会离开足球。但我不会带下一届中国队，因为我从不连续在一个国家带两届国家队。"

上面这位记者的访谈运用的就是正问法，但却问得非常巧妙，不唐突，而是将记者和众多球迷想知道的问题，在米卢这一意外的举动中自然而然托出，无须雕饰而水到渠成，体现出记者较强的应变能力。

在体育新闻采访中，以下场合比较适合用正问法：

（1）社会阅历和应变能力较强的体育官员、教练员、老运动员以及记者较为熟悉的采访对象，往往能对记者的访谈直接作答。

（2）赛场采访、新闻发布会及其他时间限制较为紧迫的采访场合，需要采访对象做直接、简短而精练的回答。

（3）电话或手机短信采访。很多人不喜欢"煲电话粥"，长途电话更会产生费用问题，因此记者在进行电话采访时，应直截了当、长话短说，同时通过手机短信等形式进行采访，也要言简意赅，避免啰唆[①]。

2.诱导法

诱导法也叫侧问法或诱发式访谈，这种方法一般适用于采访对象有思想顾虑不愿意开口；或谦虚、性格内向，只做不说；或要谈的事已过去很多年，需慢慢回忆；或对方想说，又不便于自己主动说，都可以采用诱导的方法。诱导法就是善于交心，以心换心，有针对性地把采访对象的心里话给引导出来，既可以引导对方的思路，又可以引发对方的情感。

在体育新闻采访中，那些名帅、体坛名将习惯于按自己的思维方式我行我素地回答问题，而往往对受众关心的某些问题感到不可理解或不屑回答，这时也需要运用诱导法，耐心启发，获取有价值的信息。《总统之死》的作者美国记者威廉·曼彻斯特说："真正的第一流的采访可以让一个能言善辩的采访对象如痴如醉。"

如彭青在采访米卢时，就曾成功地运用这一方法。米家军的首次比赛将采用什么阵型，是广大球迷关心的焦点问题之一，但跟米卢一提到这事他就烦。

米卢："为什么天天都有记者问这个问题，我总是说阵型不重要，输赢并不决定于阵型，但他们还是没完没了地问，我真的难以忍受。"

记者："中国球迷习惯于根据阵型去谈论哪个球员最适合打哪个位置，如果球迷不知道你要打的阵型就无法谈后一个问题。既然你要打的阵型不重要也不用保密，那么说出来给球迷一点谈论的乐趣也没什么不好啊。"

米卢恍然大悟地说："哦，这个问题其实不需要问我，442是中国队已经成型的打法，我也还没想过要在我的第一场比赛中去改变它。"

---

① 郝勤.体育新闻学[M].北京：高等教育出版社，2004：127.

这是一个比较成功的诱导访谈的方法，但在运用诱导法进行访谈时，一定要区分出启发诱导与"强加于人"的界限。

转化

诱问——心理有话——自己想说——真实材料

演化

强问——心理无话——无可奈何——假材料

例如：第五届全运会，上海队与广东队足球决赛，规定比赛时间内上海0∶0战平广东后，只好以点球决胜负，最后上海夺冠，采访最后进球的运动员。记者：你刚才踢这个关键球时，是怎么想的？这位运动员听了一愣，但看到面前话筒和摄像机忙答："我想到了学习女排，发扬拼搏精神，为国争光！"观众听了哄堂大笑。

可见，在访谈过程中，一定要区分强问与诱导的区别，应该在完全了解采访对象和现场情景基础上，进行访谈，不要提一些愚蠢的问题，以免闹出笑话。

《焦点访谈》（2021年9月7日）在"冠军是怎样练成的"这期节目中问起了奥运冠军们"如果奥运没有推迟会是怎样的情形"。

冠军是怎样练成的

2021年9月7日 20:12 新闻来源：央视网

杨倩说："如果没有延期的话，我的排名可能就入选不了奥运会了。"

中国田径队运动员巩立姣说："我刚知道奥运会延期的时候，当时我的膝盖肿得跟包子一样，全是积液。"

苏炳添说："当时受伤的时候确实挺难过的，差点儿就废了，其实当时也没打算再有什么突破了。现在这个岁数，要是受伤的话，要想重回巅峰太难了。"

中国乒乓球队运动员马龙说："做完手术腿动不了的时候，每天走路还是挺痛苦的，每天康复的动作挺枯燥，每天就那一个动作，练好多组。"

如果……会怎样？这给了运动员在百感交集或者毫无思想准备之时设定了条件，继而引导运动员与现实情况进行对比，将自己的心里话讲出来。在这段采访中，运动员们的情感得到了有效地引导：

杨倩说："需要不断通过重复动作、重复举枪、重复击发去加深自己的印象，然后不断加深，最终形成自己的身体记忆。"

巩立姣说："我从来没有尝试过站在奥运冠军领奖台的那种感觉，我想我是不是没有这命？我想我是不是应该放弃？""记着那时候（里约奥运会），我每天都在哭，从奥运村走的时候，一直哭到机场，印象特别深，在那一刻我觉得天都塌下来了，有点想放弃了。在那段人生最落魄的时候，训练是最好的慰藉。我觉得不甘心，我要卷土重来。"

在手术后的低谷期，中国乒乓球队最年长的队长马龙被公认为是训练最刻苦的人。

马龙说："其实职业运动员都苦，但是另外一种苦是背负压力，所以在比赛里或者平时训练里，会让大家感觉这哥们训练太严肃了，怎么不说话？让大家感觉人很重，是这一种心态上的煎熬。"

在采访中，杨倩、巩立姣和马龙都说出了东京奥运会之前突围逆境的不甘与努力。

杨倩说："最后一发心理压力特别大，你都能听到自己的心跳的感觉。"凭借最后一枪的神奇逆转，杨倩站上了本届奥运会的第一个冠军领奖台。巩立姣说："第五球的时候，我想我不能再等了，巩立姣，你该醒醒了，你该绽放了！"马龙说："当时希望能为自己打一次，不去按别人的想法，就坚定地相信自己打一次。从来没有这么长时间没拿到单打冠军，赢下那场比赛感觉自己像做梦一样。"

（http: //tv.cctv.com/2021/09/07/VIDEDLbYRowJM818JCuIAaNS210907.shtml）

无疑，他们都在东京奥运会上拿到了职业顶峰的成绩，夺冠时刻他们尽情地释放了备战的绝望、痛苦，记者的问题给他们做了心理上的回溯和预热，这样的思路仿佛又让他们重温了一次奥运冠军之路。

在体育采访中，诱导法通常用于以下情况：

（1）缺乏采访经验的年轻运动员或体育界人士在面对体育记者的采访时，会感到紧张拘束，无所适从，甚至词不达意。这时，记者可以运用诱导法，首先谈些轻松拉家常的话题，以缓和紧张的气氛。

（2）体育记者与采访对象初次接触，由于双方比较陌生，彼此都会感到拘谨，这时采用诱导法进入采访，会拉近双方的距离，起到较好的效果。

（3）不愿合作的采访对象。如在某些情况下，教练员、运动员会因比赛的刚刚失利或者赛前紧张、心理压力大等不愿接受记者的提问。这时，常可以通过诱导促使对方回答问题。

（4）在采访中，对方因时间久远而对某事想不起来时，可以采用诱导法，诱发对方对往事的记忆，并通过回忆激发采访对象强烈的情感体验，打开采访对象的话匣子，以获得意想不到的功效。

3.激将法

激将法主要面对谦虚、顾虑、傲慢、不爱说话或言不由衷的采访对象，需要用问题刺激对方，哪壶不开偏提哪壶，甚至把对方刺激得"跳"起来，非把话向你说清楚不可。即记者通过一定强度的刺激，促使采访对象的感觉由"要我谈"转变为"我要谈"，从而主动回答记者问题。这是西方记者常用的方法，如意大利女记者法拉奇就是以在访问中敢于提出尖锐问题而著名的。她在采访中侧重夸大记者和采访对象之间的对立、过分貌视她所采访的人物等是她鲜明的采访风格。这与法拉奇在设计问题上做足功课是密不可分的。

在体育新闻采访中，采访对象对某些特定问题通常有着思想禁锢，采访者要想获得真实的答案，就必须打破这种局面。而抓住要害采用激将式访谈，能使对方从回避问题转为愿意合作，出面澄清问题或解释问题。

记者彭青在采访米卢时，米卢喜欢谈他曾4次带4支国家队在世界杯上的成功，但一直拒绝谈他来华前在美国巨星俱乐部的执教情况。记者为了获取这方面信息，采用激将的方法。

记者："有些人认为你的执教状态已过高峰期，因此很难带中国队打进世界杯。"

米卢："依据是什么？"

记者："你带巨星队的成绩很差，32战仅赢了7场而输了25场。"

米卢：（被激怒后出现失态的举动，他猛地站起来满脸通红，用手指着记者的鼻子）"你、你懂什么！"

米卢：（当虞翻译为避免不愉快的场面主动扯开话题后，米卢却坚持回到巨星队的问题上，迫不及待地作出解释。）"我带巨星队前4场赢了3场，但后来28场中才赢4场，这种情况肯定不正常，有很大的问题。有人说是部分球员与俱乐部的矛盾，有人说是有人赌球，这些都不是一个主教练能解决的问题，也不应当去谈论。"

这次激将式访谈抓住的要害是米卢很担心人们认为其执教能力下降了。因此，在运用激将法时，如何揣摩采访对象的内心，击中采访对象的痛处，避免受众对其产生误解，使采访对象不得不主动站出来，澄清事实，只有达到这一目的，访谈才谈得上成功。有一点是需要注意的：运用激将法，记者要考虑自己身份是否适当，不能乱激；考虑刺激强度是否适中，注意谈话的气氛，以避免采访因中断而失败。

在体育采访中，激将法通常适用于以下情况：

（1）对体育明星、著名教练员或高级体育官员的采访。由于这些公众人物常常面对媒体和公众，或自恃身份和地位高，可能不愿意接受采访，或即使接受采访也不愿意多谈，以防言多必失。

（2）对谦虚内向、不爱接受采访、话语不多的采访对象。一些运动员、教练员、体育人士的性格比较谦虚内向，不爱接受采访，或接受采访也不愿多谈，这时采用激将法有可能使采访顺利进行。如"这场比赛的对手实力并不强，但他们却声称一定能打败你，请问你对此有何看法？"出于职业特征，再含蓄的教练内心都充满求胜的欲望和斗志，因此尽管他可能知道对手在赛前发表鼓舞士气的话本是正常的，但此时经记者之口复述出来，仍能产生一定的刺激作用，使他有可能对即将到来的比赛发表自己的看法。

4.自发式访谈

就是问题一旦提出，即使采访对象不回答问题，或者只回答"无可奉告"，记者仍然可以写出报道。例如某运动员在比赛中夺冠，但在赛后被查出服用了兴奋剂，记者向该项目主管官员查问此事，得到的答案如果是"无可奉告"，记者便可将这句话如实披露出来，关注此事的受众就会一目了然，肯定是这名运动员出了问题，"无可奉告"已经给出了肯定答案，如果没有服用，当事人一定会据理力争，借媒体来澄清此事。

在体育采访中，自发式访谈通常适用于以下情况：

（1）对体育官员或者教练等的采访。在对当前悬而未决的敏感话题，或者上级主管部门或宣传部门明令禁止不宜传播的信息无法回答，因为此类体育信息传播会对我国体育环境带来负面影响，在上述情况下，如果记者经过调查采访，掌握实情，可以运用自发式访谈，但作为体育媒体代表，也要考虑如何把握报道的"度"和时机，以免误导体育受众。

（2）对著名体育明星的采访。当今体育明星娱乐化现象愈演愈烈，有些娱乐化程度较高的媒体甚至将明星炒作放在最重要的位置，甚至忽略了体育赛事的报道。体育记者经常追踪明星的隐私，炒作明星的情感生活和八卦新闻，此类采访常会遭到采访对象的回避或不置可否，在此类情况下，常用自发式访谈进行报道。

5.设问法

设问法是记者通过假设的方式，提出一些假设性的问题，是一种"试探而进"的访谈方法。设问可启发采访对象思路，引导对方谈出真实想法；或设身处地为对方着想，积极帮助对方回忆某种情景；或帮对方产生联想，进行合乎规律的推断、预测，使自己的认识得到深化。

2022年田径世锦赛上，王嘉男创造了中国田径的历史，是中国首位拿到世锦赛跳远冠军的选手，赛后央视记者采访了情绪激动的王嘉男。

记者：恭喜恭喜，太棒了，今天太厉害了！把我看的……我都在跳，首先恭喜，在现场确实非常激动，其实你跳完第六跳你就开始绕场跑了，是不是跳完你就知道已经有了？

王嘉男：其实落地之后就知道应该有奖牌了，也没太在意，起来以后一看，8米36就比较兴奋，比较激动，还没敢高兴太早，毕竟其他奥运冠军还是很有实力的，很容易就把我追上，所以还在静观其变。

记者：这是太让我们激动的时刻，这也创造了中国田径队的历史，中国跳远第一次在世锦赛这样的大赛上拿到金牌，所以知道结果后你也流下了眼泪，真的很激动吧。

王嘉男：其实，因为……（激动掩面）

记者：其实都不容易。

王嘉男点头。

……

记者第一时间采访了刚刚获得拿到跳远冠军的王嘉男，对于双方来说情绪都是十分激动的。记者很聪明地回避了需要冷静思考的话题，而是接着胜利的节奏，表示恭喜，并顺势提问。前两个问题都给王嘉男做了比较充分的铺垫，通过设问的方式，让运动员比较好接话。第二个问题更是直接触动了王嘉男激动的心情，记者也说到了王嘉男的心坎里，正是这些"不容易"才触动了她此时的激动万分。这种设问的方法让记者和运动员能放松地进入采访对话节奏中，预设好的问题经过了深思熟虑，问起来也放松。运动员在问题中得到了提示性的启发，回答起来也不用过多思考。作为第一个问题，设问法是记者采访时比较好用的提问方式。

在体育采访中，设问法通常适用于以下情况：

（1）一般适用于采访一些刚刚获得冠军的运动员，记者通过的设问，帮助采访对象将夺冠后内心真实的情感表达出来。

（2）让教练员、体育官员、运动员等预测比赛的结果等。

6.隐匿法

隐匿法也叫迂回曲折式采访。体育记者在采访中如遇敏感问题，直接访谈的话，会使采访对象很难接受，甚至会变得相当难堪，这时可采用隐蔽方式，旁敲侧击地访谈。实质是把记者自己的本意伪装隐藏起来，明修栈道，暗度陈仓，西方记者常用这种方法探知别人隐私，甚至设置陷阱，诱使采访对象难以自拔。这种转弯抹角的访谈方式，常能收到意想不到的效果。

米家军首期集训是为了赴日本打场对抗赛。记者彭青想知道的是：米卢已对哪些国脚产生了好感？哪些人将最先成为米家军的主力出战日本队？当时连国足内部也在猜测和关注这个问题。记者曾试探性地问过一次，但米卢很严肃地说："我不能告诉你这个问题，因为我说出一些受重用的球员，另外一些我还没有观察清楚的球员就会感到沮丧，就会严重影响全队的团结和士气。"当谈话进行到米卢讲述""意识第一"这一足球理念时，记者问："对于中国足球来说，摆在第一位的总是体能。现在你用新理念来执教一支观念陈旧的国家队，中国有几个球员能符合你的新理念？"米卢说："不少啊，李铁、申思、祁宏、郝海东、李玮峰……"这个迂回曲折式访谈，使记者彭青几乎得到了中日之战的国足全部首发名单。

在体育采访中，隐匿法通常适用于以下情况：

（1）主要是赛前对教练员、运动员等的采访。体育记者需要从采访对象口中获取比赛的首发阵容名单、教练的排兵布阵、教练大赛前布置的技战术打法等。这些问题均属于体育比赛机密，不允许在赛前公开，若想获取这些独家新闻，可以采用隐匿法来打探消息。

（2）对体育官员的采访。针对当前某一不宜公开的体育事件或即将出台的体育政策和法规等敏感话题，想撬开体育官员的嘴是极其困难的，若想了解相关信息，可用隐匿法。

总之，体育新闻采访中访谈的方法还有迂回法、追踪法、错问法等，比较易于理解，不再赘述。体育记者每一次采访活动都不是单纯运用上面的某一种方法，而是根据现场的具体情况以及记者现场应变能力，将平时采访所积累的各种访谈的方法和技巧交替结合使用，只有这样才能取得最佳的采访效果，获取真实生动的材料。

三、体育新闻采访中记者访谈的基本技巧

上面主要讲述了体育新闻采访中记者访谈的方式和方法，以及访谈法在体育新闻采访中的具体运用。掌握了一定的访谈方法后，还需要体育记者掌握一定的访谈技巧。在体育采访中，掌握访谈技巧是十分重要的。一名有经验的记者总是能够在最恰当的时候提出最恰当的问题，并总能够得到他想知道的东西，而那些新入行的记者却难以做到这一点。下面是一些体育采访中访谈的技巧与经验，仅供参考：

（一）避免无疑而问

雅典奥运会上朱启南和李杰包揽男子10米气步枪冠亚军后，央视记者问李杰："李杰，请问你获得银牌高兴吗？"刚走下领奖台的李杰迟疑一下，只好无奈地回答："高

兴。"冼东妹在雅典奥运会上击败日本选手夺得女子柔道52公斤级冠军后，记者用三个类似于"你这次得了金牌，是不是从前所吃的那些苦全都值了？"的一般疑问句换来对方三个"是"字回答。很显然，这两个案例中的访谈基本都属于"无疑而问"，没有任何指向性，无法引起被采访对象的回答欲望。因此，在采访过程中，记者不要向采访对象提出对答案有诱导性或预设性的问题。对这样的问题，你所能听到的很可能是"是的，我很高兴"或"是的，我感到难受"一类与问题完全相同的回答，而这样的回答实际上没有任何意义，既不能为记者的报道提供任何有价值的信息，更无法满足受众希望通过采访来了解更加丰富的赛场信息的需求，这样的采访还会让被采访者陷入预设答案中，不仅会使采访双方处境尴尬，也会使受众感觉乏味。

2020东京奥运会上，中国游泳队选手张雨霏在一场激烈的100米蝶泳争夺战中，游出55秒64的成绩，为中国代表团斩获到一枚弥足珍贵的银牌。比赛结束后，她开始接受央视记者采访：

央视记者："看你走过来的笑容，我们心里也就放松很多了。其实这个成绩已经非常出色了，那么现在你最想表达什么？"

张雨霏："我觉得战胜了自己，半决赛和预赛都是第一，我自己心里也有很大包袱。会觉得冠军是不是会被我收入囊中。包括今天早上起来就很兴奋，心跳得很厉害。上场前都在想，今天一定要顶住压力，游下来这个结果觉得战胜了自己，是很高兴。而且也是第一次跟这么多高手同场竞技。"

紧接着，记者就让张雨霏评价下自己的技术发挥。

央视记者："100米完了，我们对你的200更有信心了。你自己对200蝶也更有信心了？"

张雨霏："不一定吧，可能压力更大呢。"

央视记者继续说道："肯定压力大，因为没拿。你展现出的这种状态，真的让我们很有期待。"

张雨霏也以为采访就此结束了，但记者仍然举着话筒。

张雨霏在愣了足足两秒后，苦笑着回答了一个"有"字后，便转身离去。

这段采访的开始还是非常顺利和愉快的，但是记者一定要运动员对接下来的比赛表示出信心和期待，而刚刚结束比赛的张雨霏并没有精力和想法去考虑其他事情，他们两个的思路错位了。其实记者大可不必强求这个反馈，一方面运动员在激情之下思维不会很发散，另一方面这种期待其实是旁观者的想法，强加于运动员很难得到较好的反馈，只留下记者自己处于尴尬境地。

（二）语言简单明了，不带个人偏见

体育记者在采访前需要做充足的准备，一是问题的逻辑性，二是如何将问题以最精练的语言表达出来，使采访对象"一听就懂"。这需要体育记者在前期做大量的准备工作。简单明了的语言能够使体育记者与采访对象之间的沟通更加顺畅。

记者带有主观判断去采访会造成不合时宜的结果，影响采访的顺利进行，甚至会贻笑大方。2020年东京奥运赛场上，铅球运动员巩立姣终于取得了梦寐以求的奥运金牌，在她激动庆祝的时候，有记者对她进行了采访。

记者："巩立姣留给我的就是女汉子的形象……"

巩立姣对着镜头笑着说，"其实表面女汉子，其实我还是比较小女孩的。"

记者："那接下来对女孩子的人生有什么计划？"

巩立姣似乎有些吃惊与不解，重复了一句"女孩子的人生啊？"

记者："因为你之前是女汉子，为了铅球，接下来可以做自己了。"

巩立姣："看自己的规划，真要是说不练了就减肥结婚生孩子，人生必经之路。"

在这段采访中"女汉子"这一词，本就带着性别的刻板印象，女性一旦拥有力量，而不是娇小瘦弱，就会被戴上"女汉子"的标签。记者采访没有针对夺金的过程，也没有针对巩立姣训练的历程，开口便以"女汉子"相称，带有强烈的主观判断偏向，这影响了采访主题，同时也让访问对象巩立姣感觉到突兀和尴尬。

许多老练的采访对象还会利用语言上的模糊来逃避采访问题。尤其是面对敏感问题，更会跟记者大玩文字游戏。因此，访谈必须言简意赅，条理清楚，问到点子上。有些记者一上来就提出一大堆问题，结果最后对方也不知道该回答些什么。由于体育采访的特点，记者访谈时说话节奏快一点儿并无妨。但所访谈话题一定要简明扼要，清楚适当，不要超出采访对象的承受能力。而且在体育采访中要注意访谈的态度和效果。由于体育采访的对象大多是记者要长期打交道的人，因此，不要采取咄咄逼人或死缠烂打的方式，以免引起被采访者的反感。体育记者在采访过程中，应尽量避免提主观性较强的问题，以免误导采访对象和受众。

（三）避免使用模棱两可的语言

体育记者的访谈一定要把问题说清楚，以免对方难以理解或发生误会。例如，在某次足球比赛结束后的新闻发布会上，某记者所提的问题是"请你评价一下442阵型"。这个问题使被采访者完全糊涂了：你是要我评价442阵型呢？还是要我谈谈本队为何采取442阵型？如果是前者，应该是在体育学院的课堂上讲；如果是后者，则是一个非常专业的问题，我没有必要也没有时间在这里和你讲。结果这位记者什么回答也没有得到。因此，在体育采访中尽量避免这种含混不清的访谈，以免造成歧义，或者误读。

在里约奥运会上，有名记者采访女排冠军队员朱婷的时候有这样的一段对话：

记者："这几天连着看你比赛感觉太爽。"

朱婷："谢谢，您是在夸我吗？"

记者："当然是在夸你了，你看我前几天没有采访你，我知道你是中国女排的主力选手，知道你背负了很大的压力。"

朱婷："当然，你知道我不喜欢接受采访，赛间的采访确实会让我很紧张……"

这根本不能称之为问题的采访，而且记者所问的问题全是长串的陈述句，语言不够准确，就"爽"一词使用过于情绪化，表达不够清晰，在朱婷看来也没能马上接住问题。这段采访中，观众能获取的有效信息也较少，甚至感觉她无话可说[①]。

（四）乐于向采访对象请教

在体育记者单独采访的场合，可以向教练员或运动员等请教一些专业性问题。因为体育记者是将教练员和运动员当专家看待，因此对方一般会乐于解答。体育记者不应害怕向教练员和运动员请教有关比赛的基本知识问题，如："什么叫双后腰战术""什么叫三角战术"之类的问题。一方面，对基本知识不了解会导致报道不准确，体育记者也可以从这些问题中学到很多体育知识；另一方面，教练员或运动员会在这种时候感觉到记者是谦虚和专业的，因而留下良好的印象。当然，这类问题最好是在体育记者单独采访的场合下提出。

（五）不要喋喋不休，应以倾听为主

由于职业特点，有的体育记者在采访时会不由自主地就某个感兴趣的问题发表自己的看法，说的甚至比被采访者所说的还多。对于记者的职业来说，喧宾夺主，喋喋不休，唠唠叨叨都是大忌。记者的工作是倾听而不是倾诉。毫无疑问，记者的重点应放在被采访的人身上，而不是记者自己。同时记者向被采访者访谈时，要直视对方的眼睛，不要东张西望或做其他事情，手机最好关掉或设置在振动上。当对方感觉到记者是在全神贯注地倾听自己的说话时，他就会很好地配合记者的采访。反之，如果被采访者感觉到记者并不重视自己的话，他也会懈怠记者的采访。

（六）避免刻板问题

参访案例看多了，提问的套路也就相似了，不动脑筋思考提问就容易"按套路"出牌，记者对采访对象没有针对性的筹备和认真的观察态度，就容易出现一些"标准"提问，这会降低采访的有效性，降低新闻报道质量。例如是"请问您获得这个成绩开心吗""这次没有拿到奖牌遗憾吗""您这次获得冠军，是不是觉得自己这些年吃的苦值得了""您对您今天的表现满意吗""真的特别棒""您是怎么想的"之类的模式化问题。

2011年一名记者对网球运动员李娜有段采访："你在开始阶段好像有点紧张？""当然，大型比赛的紧张是难免的，而且昨天晚上没有休息好，我老公打呼噜声音特别吵。""那是什么帮助你获得成功，还在你一夜没有休息好的情况下？""奖金。"这一段对话使观众看到了真实的李娜，原来生活中她的性格是活泼开朗型的。而且这段采访，其实也是记者随着李娜的思路进行提问的，并且记者在此前认真关注了赛事，才会发现李娜的紧张情绪，所以这一段采访很吸引观众，也很成功。

---

① 解媚喻.电视体育新闻现场采访技巧[J].西部广播电视，2021（09）：167.

（七）中国记者切忌"中国式访谈"

请看下面对刘翔的采访：

记者：你最近上不上网？因为前一段时间网络上传言你在接受XX电视台记者采访时，说你其实在听到访谈时不知道该如何回答，请问这是真的吗？

刘翔沉默无语。

记者：昨天伊辛巴耶娃在回答记者访谈时说，夺冠并不是最重要的，最重要的是破纪录。而你一直希望媒体给你解压，没有表明你最终的目标是多少秒，那么你认为这是不是有些推卸责任呢？

刘翔：有什么责任可以推卸的？我觉得自己已经非常好了，我说话向来就是这样的，……我也不知道该回答什么，我也不知道你想问什么，我也不知道你这个问题的用意是什么，我好像从来没有碰到过这样的问题。我觉得自己挺努力的，一直在踏踏实实做好自己的训练和比赛，就是这样。

上面是2007年上海田径黄金大奖赛开始前两天，赛事组委会举行了赛前新闻发布会，一名上海媒体记者与刘翔之间的访谈。整个发布会都是类似的访谈，令刘翔颇为不满。刘翔不无感慨地说："我去国外的时候，人家国外的记者都会问一些跟赛事相关的问题，怎么今天一上来问题就有些搭不着边啊？"这就是所谓的"中国式访谈"[①]。

前著名的女足国脚孙雯曾接受记者采访，对中国式采访与西方式采访的差异发表了自己的见解[②]：

首先，孙雯对记者的下面两种做法表示反感：

一是讨厌有些记者的来访方式。孙雯说："他们会在你的休息时间里，不打任何招呼地，很冒失地就打电话采访。球员每天的训练和比赛都很累，这样做肯定会影响我的休息，很烦。"据孙雯介绍，她在国外的时候，每个球队都有新闻官，记者都是通过新闻官和球员打交道，走正规途径。记者要采访，会直接找新闻官，即使他知道你的手机，也不会打你的手机直接来采访，这样，球员就不会受到不必要的打扰。但一般情况下，记者提出采访要求，新闻官不会拒绝，他首先帮着安排采访时间，他们会问球员有没有时间，如果有，就安排采访；如果没有，新闻官就和记者说明情况。这样球员就不会和记者正面打交道。如果不接受采访，双方也不会尴尬，记者也不会对球员有什么成见。这也是外国球队的职业化。在这一点上，国内的球队做得还不够，新闻官这样的角色很少，即使有，新闻官似乎更多地是帮球员挡记者的，他的作用不是帮助记者，而是限制记者。除非你跟他关系好，或者熟悉，他会照顾你。而国外的新闻官更多是想帮助你。球队的任务不仅仅是要服务好球员，也要服务好媒体，这种公共关系在球队的建设中非常重要，处理能力的好坏直接反映了俱乐部的职业化水准。

① 潘政.奥运采访要与奥运"搭边"[J].青年记者，2008（03）：1.

② 白子超，孙雯.从踢足球到写新闻——孙雯与一位资深体育新闻编辑的对话[J].新闻记者，2004（03）：11-15.

二是一些别有用心的记者喜欢杜撰，这是最令人感到愤怒和伤心的。曾经有一家报纸的记者，在1999年世界杯中国女足拿了亚军后，无中生有地编造出一个假新闻，大致意思是说，孙雯在世界杯赛后曾表示，当时如果是马良行指导带队，中国就会拿冠军。这个假新闻令孙雯非常懊恼，因为她从来都不回答记者提出的关于教练谁好谁坏，谁的水平更高的问题。记者的这篇文章不但使她蒙受了不白之冤，而且很长一段时间，影响了她和马元安指导的关系。这就给她带来更多球场外的困扰。因此，记者的报道最重要的一点是客观。

个人素质各不相同，目的也有所不同，国内的记者竞争太激烈了，生存的环境也比较艰难，这很容易让人改变初衷。相比来说，我更喜欢外国记者。因为他触及的和关注的东西不一样，他们的问题相对说比较人性化一点，感性一点。不像国内记者总问一些我不愿说的东西，比如'你对教练怎么评价'之类的东西，好像非要找点爆炸性的东西出来。我不想说这些事情。世界杯的时候，有报道说我说过什么'如果当时谁上怎么样啊''年轻队员怎么样啊'等等。想想别的队员看到会如何，大赛当前，怎么可能说这样的话，这对团结不利。我在美国大联盟时，上过如何对待媒体的课程，知道什么该说什么不该说。"

另外，在采访准备方面，中外记者也有明显不同。

国外记者采访的时候，你明显可以感觉到他们做了好多准备工作，而国内好些记者，对女足什么都不知道，就来采访，就是为了完成任务去的。包括美国华文报纸的一些华人记者，什么都不知道就来采访了，问出的问题很业余，有时候是一百个记者问同一个问题，感觉非常不好。许多中国记者不了解女足，上来就很主观很随便地向你访谈。十年前是男女足待遇不公平问题，十年后还是如此。这样的记者让人很无奈。但很多西方记者在采访时，会经过精心准备，即使问同样平常的问题，也会给你留下深刻的印象。如亚洲杯的时候，一名英国记者采访孙雯，比如记者也会问"你对世界杯的期望"，还有"如果说那天你没实现目标，你会有什么感觉"等等，但后来这名英国记者寄来了报纸，感觉一样是这些问题，但是他写出来，就很人性化，让孙雯非常感动。应该说采访的同时，他是经过仔细观察和思考的。

第三，中西方记者关于采访对象隐私的报道，存在明显不同。

西方记者像薪水一类的问题，是从来不问的。此外，国外的记者提的问题非常有意思，有时候会让你好好思考，关于体育本质的东西，从而折射出人生和社会。孙雯回忆说："记得有一次在葡萄牙，一个法国记者让我设想一下，假如我不踢球，我的人生会是什么样的一个轨迹。我当时想了想就说，如果不踢球，我会和大多数女孩子一样，好好读书，考大学，平时有更多的时间与家人、朋友共享天伦之乐，然后嘛，结婚、生孩子之类的。他就很奇怪，说踢球也可以这样生活啊。这就是他不了解中国体育界的情况，问题就展开来了，于是我们就能继续探讨下去。" 国外记者在访谈中很少涉及属于运动员的个人私事的问题。但国内记者常把运动员当作花边新闻的主角和娱乐明星一样进行炒作报道。有时候会向孙雯提出一些涉及隐私又老生常谈的问题，如"你的薪水是多少"等等，把运动员的隐私作为报道的主要内容之一。当西方记者在问关于赛事的问题时，我们的记者却问诸如"听说你妻子很漂亮，请介绍一下你们是如何认识的？"这样的问题。

第四，中西方记者访谈的专业水准差距较大。

孙雯说："国外记者在运动专业方面，提的问题可能与国内记者也大致相同，但出发点是不同的。国外记者主要会问一些专业性的或与比赛相关的问题，但话题不沉重，对成绩和比赛结果都写得比较轻松，也没有太多煽情和矫揉造作，更不会刻意把体育的原味拔到一个很高的政治高度。最重要是体现了体育的乐趣，是对运动本身的一种感觉，而不是最终的成绩。一般来说，他们不会给球队和队员这样那样的压力。舆论导向很重要，因为球迷读者会跟着你的观点走。"但中国记者的访谈总是围绕比分、围绕成绩说事，以胜败论英雄，片面宣传胜者王侯败者寇的思想，忘了运动中的真正内涵，那种"更快、更高、更强"的精神。它不应该仅仅是爱国和奉献，或是那种英雄般的膜拜。体育有很多乐趣在里面，体育记者应更多地反映这种乐趣，我们在这方面的报道还相对较少。

从上面的分析可以看出，中国记者和西方记者在采访访谈中无论是理念、专业水准、访谈技巧方式等方面都存在显著性的差异，这种差异性说明了两国国情、文化传统、意识形态、体育政策导向等方面的明显不同。但无论如何，西方记者许多访谈技巧与理念还是值得我们学习和借鉴的，中国记者也应该时刻提醒自己"切忌中国式访谈"，给我们的运动员减减压，给我们的竞技体育减减压，以高水平的访谈赢得受众。

第三节　观察法

观察法（observation method），也叫用眼睛采访，是指体育记者通过感官或借助其他媒介，有目的、有计划地对采访客体进行系统感知、观察的一种采访方法。体育比赛的竞技性和现场性等特点，使体育记者在比赛过程中很难对当事者如运动员、教练和裁判等运用访谈法进行采访，一般而言，体育记者到比赛或训练现场进行采访以观察法为主。可见，相较于其他类型的采访，在体育新闻采访中，观察法具有更为重要的作用和意义，记者除了借助自己的眼睛、耳朵去感知观察外，还可以运用照相机、闭路电视装置、录像机、网络、手机等现代媒介技术手段进行观察。

一、观察法在体育采访中的重要意义

在比赛现场运用观察法来采访，其目的是使记者通过在现场观看比赛或训练，从中发现并获取有价值的新闻线索与报道题材，为新闻报道打下基础。对于现在的体育记者来说，掌握观察技巧是进行体育新闻报道的基本功。美国体育新闻报道专家布鲁斯·加里森等指出："体育记者的工作很大程度上依赖于他们的观察能力。即使是最基本的赛事报道，也需要记者观察和记录发生在赛场上的各种情况。观察力很强的记者不仅能注意到赛场上的重要情况，也能注意到一些可能影响比赛结果的细节问题。"①

① （美）布鲁斯·加里森.体育新闻报道[M].郝勤，译.北京：华夏出版社，2002：82.

观察法之所以成为体育新闻报道的主要方法，是因为在体育比赛或训练过程中，一般不允许记者与运动员、教练员及其他相关人员进行接触，不能进行语言采访。因此，观看比赛便成为体育记者的基本采访方法。

体育记者必须学会观看比赛。一名经验丰富的体育记者必定是观察能力很强的记者。因为他能够运用观察力，发现那些往往被在场的球迷所忽略的东西。他能注意到影响赛事进程各种因素的变化，观察到比赛或训练中具有新闻价值的种种细节，从而写出具有独特视角和个性的报道。正如美国著名记者丹尼尔·威廉姆森曾指出，记者在接近和了解某个事物的时候，应该想着自己是读者的眼睛、耳朵和鼻子。而另外一些有经验的老记者则认为，把观察所获得的信息在报道中加以描述的话，会让报道更生动。他们指出："生动的目的是让读者能有身临其境之感，让他们能感觉到记者听到的、看到的、闻到的、触摸到的、品尝到的甚至呼吸到的东西。"[①]而要做到这一点，就必须有赖于体育记者本人在体育采访现场进行深入细致的观察。

二、观察法的类型

观察法按体育记者是否深入比赛、训练或体育活动发生的现场，直接参与到采访对象所从事的活动中，可分为现场观察法和非现场观察法两种类型。

（一）现场观察法

体育新闻采访的现场观察法，即体育记者本人到比赛、训练或体育事件发生的现场观看比赛或参与其他体育活动，以此来发现有价值的新闻线索和事实信息。现场观察法是体育记者的主要采访方法之一。按照体育记者是否介入采访对象的比赛或日常活动中，现场观察法又可分为"非参与式观察"和"参与式观察"两种类型。

1.非参与式观察法

这是体育新闻观察的第一个层次，是指记者亲临体育事件、体育活动或比赛训练的现场，不介入其中，而是以第三者眼光现场观看体育事件、体育活动或比赛发展的全过程，获得现场的第一手事实材料，尤其是鲜活生动的细节材料。非参与式观察是最常见的体育新闻采访方法。

非参与式观察不要求体育记者直接进入采访对象的日常活动，体育记者报道一场比赛，不能参与到球队的比赛或训练过程中去，也不能与任何教练员、运动员发生实质性的接触，而只能待在赛场外指定的地点观看训练或比赛，了解事物发展的动态。在条件允许的情况下，观察者也可以采用录像的方式对现场进行录像。非参与式观察操作起来比较容易，也易于获得较为"真实"的资料。

在任何情况下，非参与式观察都是体育记者进行报道不可或缺的环节与基础。尽管现在电视实况转播能够同步再现比赛场面，甚至能运用近镜头、慢镜头等方式将一些比赛细节更清晰地加以回放，而网络媒体也可以直播比赛过程，但这些都不能取代体育记

---

① （美）布鲁斯·加里森等.体育新闻报道[M].郝勤，译.北京：华夏出版社，2002：82.

者到现场观看比赛的作用。因为只有到比赛现场经过本人直接的观察，记者才能发现有价值的报道素材和细节，特别是电视和网络所没有播出的赛场内外发生的情节。诚如美国体育记者布鲁斯·加里森指出的：“毫无疑问，记者的第一手观察能够使报道更加真实可信。比如，如果记者电话采访一个现场目击者，那么这个人也许会因为记不清楚、个人偏见、误解或其他一些原因提供不确切的消息。记者的亲身观察能够避免这类问题的出现。”[①]

非参与式观察法的运用并不仅局限于赛间采访。在面对面问话采访的很多场合，这类观察法也十分有用。例如，在一场重要的比赛结束后，失利的一方常常会拒绝记者的问话采访。在这种情况下，记者就要多看多观察，注意球员与教练的情绪、表情、动作、姿态等细节，就能为自己的报道提供精彩的素材。

请看下面例文：

葡萄牙备战训练谨防间谍 欧洲杯记者探营遭遇纪实

2004年6月29日 11:37 新闻来源：《南京晨报》 记者：盛文虎

阿科谢特，里斯本南部的一个小镇。每天，从这里传出的新闻会让每个葡萄牙人牵肠挂肚，因为葡萄牙国家队的训练营竞技学院就在这里。昨天下午，记者摸清了地理位置后坐上出租车，在一番努力之后终于走进了这块神秘的禁地。

训练基地偏隅一角

从记者住的圣伊里亚到阿科谢特有40多公里的路，坐上出租车记者并没有肯定能进训练营的把握。因为据此前曾去探营过的同行称，训练营的保安卡得很死，根本没有机会混进去。

出租车驶上跨海大桥，很快就看到了阿科谢特的路牌，记者以为很快就到了，哪知道阿科谢特和圣伊里亚一样，是里斯本的一个区，面积也很大。车窗外的风景很快从高楼大厦变成了大片的农田，记者担心司机会不会认错路。果然，没过多久司机就停了下来问路，原来他也不认识。在出租车被一辆印有葡萄牙电视台台标的车子超车之后，记者灵机一动让司机跟着那辆车，因为这么个穷乡僻壤，只有葡萄牙国家队能让电视台的车子开到这里了。

十分钟后，前面的车在一道大铁门前停下，门口是一大群球迷和几个维持秩序的警察。显然，这里就是竞技学院了！原来这个地方已经出了阿科谢特，竞技学院也只是里斯本竞技队的大本营，此次是被国家队征用而已。站在大门前，看着两旁的树林，以及树林后面的一座座小丘陵。记者最大的感觉竟然像回到了江宁基地！这里显然是建造一个与世隔绝的训练基地的好地方。

几番周折终于如愿

铁门为电视台的车打开，记者想也没想就跟着走了进去，但是立即被门口的警察拦

---

① （美）布鲁斯·加里森.体育新闻报道[M].郝勤，译.北京：华夏出版社，2002：85.

住了。在向警察说明身份之后，警察摇摇头说，这里只有持有欧锦赛组委会批准的记者证才能入内。最后没有办法，记者只能拿出国际体育记者证，并且告诉警察能否和葡萄牙足协的官员通融一下。

门卫很快拨通了足协官员的电话，五分钟后一个年轻人骑着自行车走了过来，他就是负责新闻宣传的葡萄牙足协官员。在把记者的具体情况以及来意告诉这位官员后，他看了看记者证，随后终于做出记者希望的动作，他点点头说："Follow me（跟我走吧）！"喜出望外的记者连声向他道谢。一路上官员交代记者，训练营有很多地方是不能进入的，千万不要乱走，葡萄牙的训练也只是对摄影记者开放十五分钟，他让记者5点45分在球场等着。随后他就把记者带到了记者休息大厅，大厅里不少记者都在写稿剪辑录影，后面显然就是新闻发布会的现场了。到了这里，记者悬着的心终于放了下来。

戒备森严超乎想象

偌大的竞技学院显得有些空旷，用木栏杆围起来的训练营似乎更像一个度假村。这里的戒备到底有多森严，以至于上次来的同行翻越了栏杆最后还被请了出来？

记者向一个正在巡逻的警察打探虚实，这个牵着狼狗的警察告诉记者说："说实话，我也不知道这里到底有多少警察，反正每个角落都会有人，这里连苍蝇蚊子都闯不进来，更别说球迷了！我们每天都在这里巡逻，为的就是能让国家队有个安静的备战环境！"

记者没有听葡萄牙官员的劝阻，在训练营里到处找球员。在力量训练房前，记者看到菲戈、小小罗正在力量房里玩足球，当记者举起相机准备拍照时，立即有警察上前阻拦。警察告诉记者，这里是不许拍照的，进来的记者只能拍训练场内的照片。没办法，记者只能收起相机。

力量房边上是一排二层小楼，每个房间外都装着空调，显然这里就是葡萄牙国脚的房间了。正当记者想走近看看时，守在通道前的警察立即伸出阻挡的手："这里不是对记者开放的地方！"记者只能放弃了走近球员的念头。木围栏下面，每隔二十米就站着一个保安，训练营里甚至有骑着高头大马的骑警，牵着狼狗巡逻的警察更是随处可见。这么多警察在里面，翻越围栏闯进去显然不是一个明智的选择。

斯科拉里谨防间谍

下午6点，葡萄牙国脚终于走出力量训练房来到训练场，不过葡萄牙足协并没有让记者观看国家队的整堂训练课，在放松训练之后，十几名记者就被警察们请到了大厅。5点45分当记者抵达训练场时，斯科拉里的几个助手已经在布置场地。十几分钟后，斯科拉里腆着肚子走进了球场，在和两个助理教练交谈了一会后，葡萄牙国脚开始进行放松训练。训练本身没什么重要内容，只是斯科拉里安排的橄榄球训练让国脚们乐开了怀。穿着主力黄背心的菲戈、德科和小小罗们玩得煞是开心。不过十五分钟之后，那位让记者进训练营的官员准时过来请众多记者离开训练场。

回到大厅才知道，此后葡萄牙进行的训练就是真正的战术训练了，斯科拉里显然不愿自己的战术秘密被记者们看到。

7点的时候，斯科拉里结束了训练，葡萄牙国脚看起来已经累得够呛，一个个抢着喝水，脱下已经被汗水浸透的训练服。几分钟之后，球员们鱼贯走出训练场，只留下几个工作人员在收拾东西。由于晚上葡萄牙没有安排新闻发布会，记者只能离开葡萄牙的训练基地。门口的球迷还没有走，看到记者出来，他们的脸上都露出了羡慕的神情。实际上这些球迷只能在大铁门拉开的时候看到基地里面的情况。但大铁门关上后，可怜的葡萄牙球迷还在痴痴地等着他们的英雄。

（http://www.sports.sina.com.cn/g/2004-06-29/1137967067.shtml）

以上《南京晨报》记者的采访主要运用的就是非参与式观察法。2004年欧洲杯开战之前，记者为深入了解葡萄牙队的赛前训练情况和球队球员的整体状态，几经周折进入该队训练基地——阿科谢特，由于面临大赛，训练营许多地方不对记者开放，教练和队员也不能接受语言采访，更无法走近他们，与他们进行实质性接触，因此记者只能以旁观者的角度观察现场每一个细节、每一个令无数球迷牵肠挂肚的场面：训练基地警察的严防死守；球迷在大门外的苦苦守望；菲戈、德科和小小罗们的放松训练；球员休息室外的远望以及球员训练结束后疲惫的神情、汗流浃背的训练服等。所有细节和感人场面的描述，都是通过非参与式观察获得的，其真实性、生动性和鲜活性可见一斑。

当然，非参与式观察也有其局限性。一方面，由于时间、经费和采访证件等方面的限制，体育记者并非能够做到所有体育赛事、训练与活动都能在现场进行直接观察。其次，由于记者只是从自身的角度进行观察，再有经验的记者，也难免在观察时有局限性。记者在比赛现场的非参与式观察，难免出现挂一漏万的情况，也有可能其获得的信息是片面的和不确切的，甚至有可能是错误的。例如，在一场激烈的足球赛中，足球在双方队员的混战中滚进了球门，是谁踢进去的？是否是一记"乌龙球"？这对于在比赛现场进行观察的记者来说，是很难判断的。为了避免这些问题，记者除了在观察中做到全面和细致外，还需要与同行核实所观察的内容是否属实，或者与后方编辑部联系，询问电视转播中回放和慢镜头显示的细节情况。

2. 参与式观察法

这是体育新闻观察的第二个层次，是指在体育新闻报道中，记者为了得到第一手的事实材料，直接参与到被报道对象的日常生活、训练甚至比赛过程中去近距离观察，与采访对象建立比较密切的关系，在相互接触与直接体验中倾听和观察采访对象的言行。这样，体育记者不仅是新闻的报道者，也是体育比赛、体育事件或体育活动的直接参与者。

在体育采访中，参与性观察法是一种距离采访对象最近的采访方式，因而也是最有效地获取信息的方式。但同时，这也是最困难的一种采访方式。运用这种方式采访和观察对象时，记者必须参与到采访对象的比赛、训练甚至生活中。他们或是去训练场做帮手，或是在一些项目的比赛中做赛场工作人员，或是在运动员训练营地中长期住下来，充任某种助手的角色。如果他们成功了，无疑获得了一个最佳的观察角度。

在美国，体育记者们很早就开始采用参与式观察法来获得第一手的报道资料。早在20世纪60年代，美国著名的体育记者乔治·普林顿就因采用这种方法进行采访而闻名一时。他冒险亲临拳击比赛现场，与阿奇·摩尔较量，还亲临一些事件的发生地点。普林顿为了写作一本关于职业橄榄球四分卫球员的书，他曾经在底特律雄狮队（Detroit Li-

265

ons）中担任四分位球员，打了五场比赛，然后把自己的这段经历写进了《纸上的雄狮》（*Paper Lion*）一书。他还与一些职业棒球明星打过比赛（他向场内的一记横传差点儿击中了里奇·阿什伯恩的头部，结果是威利·梅斯把它击出界外）。这种参与性的近距离观察技巧，使其报道能够真实地反映一般人所不了解的那些发生在赛场、休息室内和训练场上的各种事情。作家乔治·普林顿因其对体育人物和比赛现场报道的细节性描述在美国体育报道中独树一帜，奠定了他在媒体同行中的地位。很显然，只有采用参与式观察法，才能作出类似的报道。因为这些细节与亲身感受是采用非参与式观察法所无法获得的。

参与其中，记者还可以获得意想不到的采访题材。例如人民日报体育部主任薛原回忆都灵冬奥会时，对采访夜走阿尔卑斯山印象极为深刻。他说到，纵观自己23年的工作生涯，谈起印象深刻的事件是2006年的都灵冬奥会，那也是他第一次采访冬奥会。当时韩晓鹏拿到了中国第一个冬奥会男子项目金牌，又是雪上项目的第一个冠军。然而，他印象深刻的并不是采访，而是一段相当"惊险"的经历："因为雪上项目它都是在山里，雪场都在山里，它受气候的影响很大，又是在冬天嘛。我们坐了一个多小时火车去到这个赛场。下了火车之后，你还得坐大巴到山里面去。"那一天，薛原一行人中午就到了赛场，但是天一直在下雪。赛事组委会表示比赛要延期，就要等待，结果等到傍晚，比赛宣布取消了。观众、记者，很多人都滞留在了现场，班车也没有了。于是，薛原他们打算从山上走下去。"比赛地是阿尔卑斯山脉，我们当时都是从山里深一脚浅一脚的，雪地、盘山道、径路，走得跌跌撞撞，至少得走了两三个小时。漫山遍野的人也跟着他们一起走，到山下的时候已经是前半夜，搭上了火车。在火车上看到好多都是山上下来的，到城里就是后半夜了。后来我专门写了一篇文章，就叫《夜走阿尔卑斯》。"薛原说。

虽然这是一次没有采访成功的经历，但是让薛原印象非常深刻。"这个职业有时候它确实要面临各种各样意想不到的情况，你要想怎么去面对它。因为后来想必须得回来，因为还要发稿、写稿。所以，夜走阿尔卑斯这个经历其实我觉得印象里还是挺深刻的。"薛原说。

在下面一段记者的采访经历中，可以看到在新媒体时代，采访工作要在多种媒体平台上进行，在场馆中，要在赛场、混采和编辑上传等区域切换工作。记者流转多个工作区域仍不忘写作《这就是中国速度》的体验式新闻稿件，可以说具有非常敏锐细致的观察能力。

浙江新闻客户端是我们发布新闻的即时端口。对于重要赛事的现场报道，经过前期的摸索，我们形成了一套机制——赛前，我与部门值班主任、浙江新闻值班组例行沟通发稿计划；赛中，由我发回现场新闻或编辑抓取消息进行滚动、推送，双重保险，不放过任何重要讯息；赛后，我争取第一时间来到混采区或发布会，将现场录音素材和文字传回，由后方同事整理发布。

除了赛事，北京冬奥会的无与伦比还包括场馆运行、防疫工作、保障服务等，以及其中蕴含的科技味儿、文化味儿……这一切，立体地构成了新时代的大国风范。2月6日，因为需要进行跨赛区报道，我乘坐京张高铁一日之内往返于京张两地，体验了连通北京赛区和张家口赛区的冬奥专列，随后撰写稿件《这就是中国速度》，以文字、视频形式展现自己的乘车体验。在《冬奥更是"技术活儿"》稿中，我以5G、"云"、裸眼3D等在冬奥会上随处可见的高科技应用切入，讲述"黑科技"为运动员、观众等带来惊喜体验，凸显科技冬奥的精彩[①]。

在采访一些难度很大的敏感题材时，参与式观察法经常成为体育记者手中的利器，如报道非法赌球、俱乐部的营销计划和收入情况。对于记者而言，依靠自己亲身体验观察所获得的信息来进行报道，较之靠第二手资料报道的效果要好得多。对于体育新闻的解释性报道、调查性报道等深度报道形式来说，参与式观察法能够为记者提供仅靠非参与式观察法所无法获得的观察视角和效果。实际上，我国很多体育记者在采访一些体育项目或体育事件的过程中，也曾使用这样的方法。但总的来说，运用这种方式来进行采访，难度是比较大的。如果记者事先向采访对象说明其目的，就很可能遭遇拒绝。但如果记者隐瞒身份或意图，一旦其真实身份和动机被察觉，那么这个报道就没办法持续下去。如果报道刊登出来，便可能使记者与报道对象之间关系从此终结，甚至与记者打官司。写出了《马家军调查》的赵瑜与中国田径名教练马俊仁之间就发生了类似事情。因此，记者在采用这种采访与观察方法时应慎重。

在现场的观察除了遵循记者的观察顺序、体育赛事的运行规则、新闻事件的价值规律之外，在新媒体时代，还要满足受众的需求，下面是东京奥运会中记者的采访，他们的观察要求来自于网民。

"空场"奥运有何看点？"问"我们就对了！

2021年8月13日　新闻来源：新华每日电讯　记者：薛园

观众无法现场观赛，缺少专业知识，有时听解说却无法解决心中疑惑……作为疫情背景下的一届奥运会，观众依赖转播看赛程度之高前所未有。

那么问题来了："空场"奥运怎么看？"云奥运"如何互动？

新华社给出的答案是：来新华社客户端，"问"我们就对了！

网友"下单"，记者"接单"

看奥运也能一触即"答"

"留下你的提问，新华社记者在东京给你惊喜！"

正如《奥运"问记者"》双语互动系列报道在征集海报所说，团队最初的设想是在观众与赛场之间搭建一座桥梁。

"观众无法到现场，但我们的记者能。新华社这次派出了史上规模最大的133人前方报道团，分布在各个比赛场馆，记者可以带着观众的问题去看比赛。"新华社客户端"问记者"栏目负责人肖磊涛这样说。

《奥运"问记者"》报道组成员、新华社客户端主编王浩程也是前方报道团的记者。启程当天，他在工作微信群发布了一条"征集记者出发VLOG"的通知，很快就收到了

---

① 郑梦莹.一个"零经验"体育记者的冬奥报道之旅[J].传媒评论，2022（03）：34.

来自总社及海内外分社十余名记者从世界各地出发飞往东京的短视频作品。

这些记者，是此次《奥运"问记者"》报道的主要力量。

不出所料，稿件《我们到东京了，快来问吧!》发出后，评论区被网友们的提问"挤爆"了:

"日本的疫情防控怎么样?""东京奥运会的新闻中心什么样?""记者们去了住在哪里，需要隔离吗?""'空场'比赛运动员情绪会不会受影响?"……

接单! 早有准备的《奥运"问记者"》报道组和记者们把自己比喻为"远程外卖骑手"，他们架好自拍杆、打开手机、点击录制键，迅速推出了《东京奥运会主新闻中心初体验》《东京的防疫怎么样? 记者小姐姐测给你看……》《记者在东京，怎么吃住行?》等系列视频，以沉浸式体验回答网友的各种提问，让网友身临其境般了解东京奥运会的整体环境。

网友们的反馈也表达了他们的惊喜:"没想到真有回应了""就算亲自到现场也看不见这些场景，记者真是宠我们"。

……

8月5日，第一次为国出征的14岁小将全红婵以五跳三满分的成绩创造项目历史最高分，夺得女子10米跳台决赛冠军，举国振奋。

《奥运"问记者"》报道组迅速研判，并联系在前方报道的周欣，希望她能回答网友提出的问题:"看全红婵跳水什么感受?""现场观众都什么反应?""其他教练的羡慕嫉妒眼神很过瘾吧?"

当时已是东京时间的凌晨，但周欣仍然爽快答应，并立即开始录制。

她从介绍自己在现场观看这场"史诗级"比赛的感受开始，点评全红婵"从第一个动作起就特别沉稳"的大将风度和"像银针、利刃一样插入水中"的高超技术，引用专业术语和对裁判打分的观察描述整体表现——又难、又稳、又准、轻、飘，还讲了小姑娘赛后的懵懂及泳池边与教练的互动等诸多趣事，既专业又生动。视频在新华社客户端推出后浏览量迅速达到160万，网友们直呼: 真是太棒了! 过瘾!

……

(https://baijiahao.baidu.com/s?id=1708053963967811646&wfr=spider&for=pc)

在新媒体的辅助下，体育观众的需求传达给前方记者，记者们就可以第一时间满足观众，通过现场观察，让观众能够拿到一手资料，满足观赛的好奇心，这是新媒体时代让观众最为欣喜的"福利回报"。

体育记者采用参与性观察采访时应注意以下几点:

(1) 由于这种方式比较敏感，应事先告诉采访对象记者的身份与意图，以争取到采访对象的同意。

(2) 如果在参与式观察采访中记者不得不隐瞒身份与意图，则应事先向上级主管部门报告，争取所在媒体的支持。

(3) 在运用参与式观察方法时，应尽量接近采访对象。最好的方式是在其训练生活中充任某种工作或角色。

（4）在采用这类观察方法时，最好的方式是让采访对象忘记他身边是一名记者。这意味着记者必须巧妙地进入采访对象的生活中，以不被对方注意的方式进行观察。如果老是让采访对象感觉到他面对的是一名记者，那么这名记者运用参与式观察法就是失败的。

（5）在运用参与式观察法时，体育记者要尽可能避免其负面效果，如引起法律纠纷等。而要做到这一点，一个很重要的经验就是记者应事先判断什么时候和哪些场合下可以运用这种方法，而什么时候和哪些场合则不适合采用这类方法。

（二）非现场观察法

体育新闻报道的非现场观察法主要指体育记者没有亲自去体育比赛、体育事件或者体育活动的现场进行直接观察，而是利用媒介或其他手段间接进行观察。因此，非现场观察法又称为间接观察法。一般情况下，非现场观察法包括以下两种形式：

1.观看电视现场转播

观看电视现场转播是记者进行非现场观察的主要方式和手段。在报道大型体育比赛时，由于媒体单位报道资源、资金、现场采访证件等的有限性，使能够亲赴赛场进行采访的记者人数寥寥无几，因此大部分后方记者和编辑只能运用非现场观察方法进行采访报道。随着现代网络媒体和手机媒体的兴起，非现场观察的手段和方式不断创新，电视机、电脑网络、手机等成为媒体体育新闻部门报道体育赛事的必备工具。而对赛事进行非现场观察也成为媒体的惯用方法。

记者通过电视转播进行非现场观察的作用：

（1）作为一线记者现场观察的必要补充

由于现场观察的距离、角度、周围干扰因素等的限制，如与一些比赛相关的细节，现场的记者往往无法看清楚，需要通过特写镜头、多角度播放、慢镜头回放等手段来反复展示，才能确认细节的准确无误。可见，场外记者运用多种媒介形式进行的非现场观察是一线记者现场采访必要和有益的补充。

（2）媒体的赛事转播可直接作为赛事报道的信息源

由于种种原因，各家媒体在报道大量的国际国内比赛时，不可能所有赛事都派出记者亲临现场采访。尤其是跨国或跨洲的比赛，更涉及经费、人员、签证等一系列问题。在这种情况下，体育记者只能同观众一样守在电视机、电脑旁观看比赛转播，然后再据此进行比赛实况的报道，将赛事转播直接作为赛事报道的信息源。

利用电视进行非现场观察和赛事报道应注意以下几点：

（1）将看电视作为工作

同样是看电视，但记者与球迷不一样，记者看电视是在工作，是为了写出报道。因此，记者应比球迷观察得更仔细，更注意场上发生的可能写入报道中的细节。对一些精彩场面，电视编辑常常会采用回放、慢放、多角度特写播放等方式来展现。这是记者观察细节的好时机。另外，为了避免一些关键性场面被遗漏，记者必须从比赛开始到结束一直守候在电视机旁，不要在比赛开始了才打开电视机，或在比赛中间或比赛尚未结束就离开。

（2）重要赛事直播必须录像

对于一些重要比赛，常常需要观察比赛的细节，统计有关的数据，这需要记者在赛事现场直播时用录像机及时录下来作为比赛的材料，这一点非常重要。如果没有录像，记者就失去了一个很好的资料搜集手段。另外，在一些比赛中发生争议的场合，记者手里如果有比赛录像，将对其报道工作有很大的帮助。

（3）一边观看电视一边记笔记

这也是记者与球迷在观看电视时的显著区别之一。体育记者应该一边看电视，一边将有用的东西记下来，以备报道之需。即使有录像机，也不能代替笔记的作用。

对于体育报道来说，非现场观察法也有明显缺陷。其一，电视转播画面本身的局限性，使其无法展示比赛的完整场面，而只能在某一时间展现比赛的某一局部画面。这使得体育记者无法凭此了解比赛的全面情况。例如，我们经常在足球比赛的赛事直播中看到比赛突然中断却茫然不知为何，直到镜头转过去，才发现不知什么时候、也不知道什么原因电视镜头外的两名球员发生了冲突，而在现场观看比赛的记者就不会发生这样的情况。其二，通过电视的非现场观察无法对转播画面背后发生的新闻进行采访，无法对读者提供具有深度的、现场感的、细节化的报道。其三，记者在电视上观察到的比赛情况与电视观众所看到的完全一样，因此无法向受众提供更具有新意的报道。

2.借助现场的同行或其他手段观察

非现场观察法的另一种形式是记者不在现场的情况下，借助在现场的其他媒体的同行或其他人的观察来进行报道。这种方式能够增加体育采访的内容含量，借助他人的视角观察比赛。

这类方法在体育采访中不宜经常使用。因为其他媒体的同行虽然是内行，但有时仅仅能够提供一些最简单基本的事实，如比分、结果、上场队员等。何况不同媒体的报道立场与角度有异，因而所提供的信息很难满足报道的需要。至于借助在场球迷、工作人员等的观察更应慎重。这些信息提供者不是专业人士，所提供的信息是不可靠的。一旦出现问题，也不会承担责任。除非是一些突发性的事件，否则，体育采访报道应谨慎采取这种信息获取方式。

3.通过社交媒体打探消息

借助新媒体社交平台，记者能够打探到更真切生动的消息。东方网2021年4月13日消息：

近日国内权威体育媒体《体坛周报》官方记者团入驻喜马拉雅，21名体育记者个人播客集体上线。包括马德兴、武一帆在内的驻外记者，以及谢锐、曹骏辉等专项体育赛事记者，他们将以个人播客的形式，用专业视角带来深度热评，为用户带来丰盛的体育资讯大餐。此次《体坛周报》多位记者入驻喜马拉雅并上线个人播客，将进一步拓展报道宽度，丰富体育报道的形式。

被体育迷称为"内幕最多"的驻外记者马德兴推出《德兴社丨马德兴电台》，延续一贯的"毒舌"风格，用嬉笑怒骂讲述着最一线的中国足球故事；曾在英国深度报道英超联赛的记者林良锋带来了《锋言锋语丨林良锋电台》，本就是曼联死忠球迷的林良锋，在个人播客中多了几分专业度之外的随性，将给用户展现多个视角下的曼联；西班牙常驻记者武一帆的个人播客名为《帆看世界丨武一帆电台》，他将以西甲为主线畅谈自己对足球和体育精神的理解。

除足球赛事记者外，《体坛周报》各个版块的明星记者都献出了自己的"好声音"。《开场shao｜CBA球迷电台》《棋道·锐评｜棋迷电台》《乒羽漫谈｜婷姐FM》《F1｜小司机｜赛车迷的电台》《食·酒·洞｜高尔夫场内外的那些事》等记者个人播客，将给篮球迷、棋迷、高尔夫迷、乒乓迷等各类体育爱好者带来正式比赛之外的"耳朵盛宴"。用户不仅可以"听赛事"，还可以和记者们展开讨论，在评论区找到同好。

此前，已有詹俊、杨毅、苏东、颜强、苏群等知名体育解说员，国际米兰足球俱乐部，阿森纳、曼联、利物浦、热刺、拜仁等球迷组织，五星体育、肆客体育、懒熊体育等体育媒体机构入驻喜马拉雅。《体坛周报》官方记者团的入驻，让喜马拉雅再添优质体育内容，丰富了广大体育迷的精神食粮；记者们用播客的形式评述赛场内外，也彰显着体育报道形式的创新①。

（三）现场观察法和非现场观察法结合使用

由于在体育采访中，现场观察法与非现场观察法各有长短，因而，现在多数报纸的体育新闻部会采用现场观察法与非现场观察法结合的方式进行赛事报道，以弥补前方现场记者不足和某些细节观察的局限。为了将两者更好地结合运用，很多体育新闻部会在重大赛事的报道中，既安排记者亲赴现场采访，同时安排后方记者在编辑部观看比赛直播。比赛结束后，前方记者一旦完成采访便立即与编辑部联系，以便协调前后方运用不同观察手段和方法所了解的信息。如在一场足球比赛中，前方记者会因视角和距离等原因看不清楚某一粒射门或进球过程究竟是怎样的，而后方记者或编辑却能够通过电视画面的回放或慢镜头很清楚地了解其过程。又如电视转播往往会漏掉比赛场上另一边所发生的事情，而这时现场的记者通过直接观察就能弥补电视转播的不足。责任编辑会在全面把握比赛情况的基础上，指挥前后方记者运用不同方式方法进行赛事观察，以便共同完成采访报道任务。

现场观察法与非现场观察法一般按照以下原则来结合运用：

一般而言，在可能的情况下，记者不应将观看电视赛事转播作为其信息搜集的主要方法和手段，也尽可能不单独使用这一方法进行报道，而现场观察法则可以单独使用。换言之，记者在比赛现场的报道是不可缺少的，非现场观察法在体育报道中通常只是直接观察法的必要补充。

前方记者采用现场观察法，后方记者或编辑采用非现场观察法。前方记者主要把握现场和赛场外所发生的重要新闻，而后方编辑部则利用电视转播来了解比赛的基本信息和一些电视特技所展示的重要细节。

为了赶上截稿时间，后方记者常运用非现场观察法得到的信息来写较为简单的比赛消息和一些数据性的报道，如各类统计数据、积分表、排行表等，也可能根据电视特技写一些重要的细节性的特写报道，而前方记者则重点写各类现场报道、比赛侧记、人物

①华迎.创新体育报道形式 21名记者用播客评述赛场内外[EB/OL].（2021-04-13）[2022-9-12].https：//j.eastday.com/p/161829293877012947.

采访、赛后新闻发布会、特写和花絮等[①]。

三、体育新闻采访中记者的观察技巧

体育记者通过观察法来获取新闻素材是一个专业化程度很高的工作。因为这时记者观看体育比赛或体育活动是工作，与一般体育受众的观察有本质的区别。记者在观看比赛时，应掌握娴熟的观察技巧和方法，在认真细致的观察中发现有价值的报道线索与题材。

体育记者在采访中如何运用观察法？大致来说，主要需掌握以下技巧。

（一）专业视角，深入透视

1.专业定位，分清与体育迷的界限

体育记者应以专业的眼光深入进行观察，透过比赛寻找最精彩、最典型、最有价值的报道内容和元素，尤其要对自己进行专业定位，分清与体育迷之间的界限。一般来讲，体育记者坐在赛场记者席上观看比赛或训练，是为了进行报道，是从新闻报道的角度来观看比赛，这也是体育记者与在场的观众最大的区别，因此他所要观察的东西与在场其他人是不一样的。例如，在一场篮球比赛中，球迷的眼睛总是跟着球移动的，而记者不能这样。因为他不仅要观察篮筐前发生的事情，也要观察后场甚至教练席上所发生的事情；不仅要注意场上发生的事情，而且要注意看台上所发生的事情。形象地说，体育记者与球迷的最大不同是他必须把一双眼睛分开来看，一只眼睛跟着球走，而另一只眼睛则要注意场上其他地方和观众席上发生的事情。

"走进全运会赛场，最直观的感受是'闹'。与空场举行的东京奥运会不同，陕西全运会向观众敞开怀抱。9月26日晚的三人篮球决赛在雨中举行，很多观众打着伞、穿着雨衣，欢呼声掀翻棚顶。坐在赛场之中，享受被掌声和呐喊淹没的感觉，既感动又骄傲——感动于体育的力量，让普通人为之热血沸腾；骄傲于中国疫情防控之决心和成绩，才有如今安心观赛的幸福。"（选自人民网《享受体育的这个夏天）》）

2.具备比体育迷更多的体育知识和背景资料

以专业的眼光进行观察，还意味着体育记者必须具备比体育迷更多的体育知识和理论。例如，在一场乒乓球比赛中，体育记者必须比在场的观众懂得更多有关乒乓球比赛的知识以及与本场比赛相关的情况：如有关乒乓球的技战术知识、双方球队的实力状况比较、主力队员尤其是明星队员的出场情况及表现、教练员的运筹帷幄、裁判员的判罚情况、赛事发展的态势、比赛结果对两队的影响等。如果一名记者看不懂乒乓球比赛，甚至对比赛的背景信息了解得比球迷还少，他就不可能观察到有价值的新闻素材，也不可能写出吸引受众眼球的报道。

---

① 郝勤.体育新闻学[M].北京：高等教育出版社，2004：90-100.

（二）职业态度，冷眼静观

1.以职业态度，客观冷静地寻找精彩看点

体育记者坐在比赛场上，必须意识到自己是职业记者，是在工作而不是在享受比赛的快乐和激情，这是体育记者与在场观众最大的区别。为更深入地报道比赛，往往要求体育记者本人也是某一体育项目的"粉丝"。体育记者本人对某个比赛项目、某支球队（尤其是本国或本地的球队）、某位体育明星等难免也有个人的爱好和主观倾向性。但是，体育记者不能仅限于是体育迷，他更应作为媒体的代表，为千千万万不在现场的体育迷报道客观、真实的比赛，还原第一现场。只要坐在记者席上，体育记者就应当具有一种职业的工作态度，排除个人的主观情感因素，以及个人的好恶，冷静而理智地观看比赛，即使在赛场最沸腾的时候，也能不动声色地观察赛场上或看台上发生的事情，不漏掉任何精彩看点和细节，并将其完整记录下来。

2.以职业意识，观体育迷所未观的鲜活事实

体育记者观看比赛最重要的一点是要有职业意识。体育记者在观看比赛时，既要全身心地投入到比赛的过程中去，感受赛场的气氛，把握观众的情绪；又必须保持职业的态度，包括客观而中立的立场、冷静而理智的心态，避免受赛场内外因素的干扰。只有这样，才能够做到冷静观察，写出充满情感，既能打动受众又客观的报道。因此，同样的场面和情景，记者所看到的应该和观众所看到的是不一样的。观众是看热闹，而记者看到的是具有新闻价值的鲜活事实。甚至有时候，记者的工作就是专门寻找和观察观众在比赛现场所看不到或忽略的东西。有的年轻记者坐在记者席上和观众一样兴奋，一样呐喊助威、欢呼庆祝，而唯独忘了自己的工作，这样的记者还算不上合格的记者。也有的记者在比赛现场看了比赛，但他所看到的并不比在场的观众看得多。凡是观众看到的，他都看到了。而观众没有看到的，他也没有看到。可以想象，这样的记者写出的报道一定干瘪无味，毫无新意，难以引起受众的兴趣。

（三）专心致志，重点出击

1.排除干扰，专心致志地进行观察

比赛现场是体育记者采访的主要场所，这是一个其他部门的记者很难想象的喧嚣嘈杂的采访环境。一场重要的足球赛事会使记者置身于山呼海啸、震耳欲聋的氛围中。体育记者必须适应这样的采访环境，排除各种干扰，专心致志地观看比赛，这一点对于体育记者来说是非常重要的。在体育采访中，不仅在赛场上需要专心致志，在非赛事采访中，也需要进行细致的观察，才能发现和注意到采访对象的各种细节与变化。例如，在赛后对运动员和教练员的采访中，需要记者在观察时注意力高度集中，才能捕捉到有价值的细节。

2.有目的、有重点地进行观察

体育记者在进行赛事报道时，往往会选择报道重点。这就需要记者在观看比赛时，善于选择观察重点与观察角度。成功的赛事报道往往来自那些善于寻找观察重点与观察角度的体育记者。能否做到有目的有重点地看比赛，是区别记者优秀还是平庸、是老手

还是新手的重要标准。当一名有经验的体育记者走进体育场时，他对本场比赛要重点看什么、比赛目标是谁等问题是大致有数的。因此，他在观察比赛时会有意识地重点盯住既定的目标，不放过任何对报道有用的细节。有时他宁可不去看球，也要死死盯住他所要观察的目标，这样的记者往往能写出精彩的报道。电视直播使大众能在第一时间看到体育比赛的全过程，因此，如果你是纸质媒体的记者，应该时刻有与电视争夺"镜头"的意识。这意味着纸媒体育记者在采访中应进行更有深度的观察和报道。如比赛场上的一些细节，电视镜头很可能捕捉不到，再如在奥运会那样的大赛中，电视不可能所有的赛事都做全场或全程直播，又如一些幕后的、深度的报道，电视因其特点而受到局限，等等。这些都是纸质媒体体育记者应特别加以注意的重点观察点。

（四）"我"在现场，细节炫彩

现场采访强调的就是要有现场性，记者必须注重对现场环境的把握和观察，感受现场气氛及观众情绪，更重要的是要了解采访对象在现场的基本情况，一个动作、一个表情，可能都是有价值的新闻线索。这就要求记者在采访时要贯穿"我"在现场的采访意识，除了事先拟定的采访提纲外，还要做到就临时在现场看到的、听到的、想到的人和事进行即兴访谈，从而体现记者在现场的观察力、发现力与注重细节的把握力。这样，记者在现场采访中才能提出更有个性的问题，而采访对象的回答也才会言之有物、富有感情。

请看下面例文：

葡萄牙亲历欧锦赛：当"神话"从我眼前走过

2004年6月29日 11:45 新闻来源：《申江服务导报》 记者：王娜力

6月，葡萄牙的足球巨星，仿佛里斯本的广场鸽，养尊处优，招人爱慕。咖啡店里的老太絮叨着菲戈的海景豪宅，95%的球迷道听途说着球星们的一切。或许，只有亲历现场的记者们才有机会看一眼"广场鸽"的真实面目。

来自30多个国家的1500名摄影记者，为了获得每场比赛仅有的150个拍摄席位，不得不提前5小时去球场排队，而至少3000名文字记者，为了获得到混合区、新闻发布会采访的机会，也要申请不同的入场票，费尽口舌之后，或许只得到一句"Please put yourself in the waitinglist!"打算在新闻发布会上提问？对于亚洲记者来讲，差不多是痴心妄想！

球员离开更衣室去大巴，那段20—50米长的走廊被称为"混合区"，记者们被保安挡在两边的栏杆外，拥挤吵闹。从每个球员的表情和步调，可以看出他们的胜负和身价。这时，只有那些与球员有私交的"自己人"记者，才有可能跟某人搭上话——如果你恰巧挤在他们身边，也许会听到些什么，前提是：他们的语言你正好听得懂。

采访欧洲杯的中国记者，往往被人忽视。好在，总还有些机会走近那些绿茵幸运儿。

神奇之手拔走英格兰 里卡多——葡萄牙队守门员

葡萄牙和英格兰残酷的点球大战结束后，老记们疯了一样涌向"混合区"，似乎那里有比点球大战更刺激的猛料在等待着他们。聚在栏杆外，大家伸长脖子看着长长走廊的尽头。那里还没有任何球员出现。

足足15分钟后，葡萄牙队的替补球员走来了，他们背着包，斜眼瞭着蚂蚁一样多的记者，偶尔，碰到当地相熟的记者，互相击掌，有的还会聊上几句，然后慢慢悠悠地爬上停在外边的大巴。显然他们不是大家等待的主角。

突然，人群中发出"哄"的一声，有重量级人物出现！只见鲁伊·科斯塔和里卡多先后走来。大家都扑向了守门员里卡多，却把"黄金一代"的"二哥"科斯塔晾在了一边，只有几个没挤到里卡多面前的记者，无奈地把话筒伸到科斯塔面前。

里卡多头发湿湿，显然刚洗过澡。他背着一个大包，在距离我两米远的地方站定。挤在一起的30多名记者，齐齐将话筒、录音笔、录音机伸到他的嘴边，个高手长的记者占尽优势，电视台记者也有扛摄像机的同行帮忙使劲，而我一个女记者哪里有竞争的优势。

里卡多站在那里，忧郁的眼中洋溢着一些兴奋和激动。有时他也会皱着眉头侧耳听记者的提问，然后逐一回答。他们说的是葡语，一句都听不懂。

就是他，半个多小时前，脱掉手套神奇地扑出英格兰队前锋瓦塞尔的点球。随后，他又亲自操刀主罚，把最后一个致命点球打进了英格兰的心脏，点燃了光明体育场、里斯本和整个葡萄牙的疯狂。

里卡多是葡萄牙队主教练斯科拉里力排众议认定的主力门将。他不但扑救出色，还有一手绝活——罚点球。"在我职业生涯中，我从来没有罚丢过点球。"他说，"在今天的点球大战前，我就和主教练商定：由我来主罚最后一个点球。你们也看到了，斯科拉里先生的决定是正确的。"

这些话是别的记者翻译给我听的。来欧洲采访足球大赛，仅会说英语是绝对不够的，我的体会太深了。

（http://www.sina.com.cn/g/2004-06-29/1145967091.shtml）

2004年欧洲杯葡萄牙和英格兰残酷的点球大战结束后，胜利之师的葡萄牙队成为记者竞相追逐和采访的对象。上面例文中记者以细节渲染，将在现场观察到的守门员里卡多的表情、动作以细腻的文字跃然纸上，如"里卡多头发湿湿，显然刚洗过澡。他背着一个大包，在距离我两米远的地方站定。""里卡多站在那里，忧郁的眼中洋溢着一些兴奋和激动。有时他也会皱着眉头侧耳听记者的提问，然后逐一回答。"通过细节捕捉，将里卡多胜利后无比激动的神情和性格特征刻画得惟妙惟肖。

综上，体育记者在观看比赛时，要特别注意观察那些对自己的报道可能有用的细节。如某位体育明星、知名教练等的表情、动作，比赛过程中的一些精彩镜头、花絮，运动员、教练员获胜或失败后的表情与肢体语言、教练员的换人、球队战术的变化、主力阵容与替补阵容的变换等。善于捕捉精彩细节的体育记者往往能写出非常优秀的体育报道。

（五）最佳占位，视阈宽阔

如果记者在一场赛事中能确定自己的观察重点和角度，就会有意识地寻找最佳观察点，如记者席、最接近替补席或教练席的位置、球迷区、运动员休息室等。有些比赛项目，如体操、田径、跳水、汽车大赛、水上项目等，其观察地点往往对报道有特殊的意义。在报道这类比赛过程中，有经验的体育记者总是会努力去寻找最佳观察地点。在进行不同类型的体育报道时，记者需要寻找不同的观察点。一般来说，最好的观察点包括：球场的边线、球员休息区、观众席或记者席、内场或者任何接近比赛的地方；教练员席、足球球门区、篮球篮板架、跑道的冲刺线，等等。在拥挤的新闻发布会上，离发言人近的记者能够从采访对象的面部表情了解到更多有用的信息，而位置靠后的记者则可能没有这样的机会。体育记者在观察过程中与报道对象尽可能保持近距离应该是一种基本的工作方式，因为这样可以使自己得到尽可能多的详细的信息。

不同的比赛项目有不同的最佳报道位置。以篮球比赛为例，最好的位置是在赛场边记分员工作台附近，那里通常都有指定的记者区。在网球比赛中，最佳报道位置是在靠近主裁判的地方，因为这些位置能够听清裁判的判罚。报道游泳和田径比赛时最好站在终点线附近，因为官员、裁判以及计时员都集中在那里。高尔夫比赛场地范围很大，记者可以在整个比赛过程中跟随一个主球手进行报道。另一个好办法就是站在最后几洞的附近（一般是十七八洞），在球手们到达最后的果岭时观察他们。

可见，在运用观察法进行体育新闻采访过程中，针对不同的比赛项目，根据每个项目比赛规则和技术特点，在赛事组委会允许的前提下，占据最佳的采访和拍摄位置，才能视阈宽阔，获得最全面的资料，抓取最精彩的镜头画面。

在一些特殊情况下，没有占据有利位置可能会造成采访无法进行，例如证件放行、采访区拥挤等，这就需要记者对自己的采访内容和行动路线事先做好功课，做好万全准备才能圆满完成采访任务。

第十三届全运会第三个比赛日，根据赛事组委会发布通知，记者必须在游泳比赛赛前两小时内到工作间领取限量的门票，与记者证"搭配"方能进入看台区。这原本也是国际大赛通用的惯例，但是此届全运会报名记者近2700名，虽然不是所有人都会来采访游泳，但是区区50张媒体票着实无法满足记者们采访的需求。到了傍晚的决赛，记者不仅进入赛场需要票证合一，就连赛后采访的区域也需要领取临时的证件方可进入。对于记者来说，赛后赛场区是获取新闻素材的重要途径，无法进入采访区，就意味着失去了获得第一手新闻素材的机会，于是又一轮"抢证大战"在记者间展开[1]。

《长江日报》特派记者张琳发自西安的《全运手记：一日看尽"长安花"》也记录了因场馆动线不畅带来的采访困难。

---

①杨乔栋.全运札记：游泳的幸福，媒体的烦恼[EB/OL]. [2017-09-01]. http://sports.people.com.cn/GB/n1/2017/0901/c411824-29508226.html.

全运手记：一日看尽"长安花"

2017年9月1日 07：19　新闻来源：人民网-体育频道　记者：张琳

陕西全运会渐入高潮——今明两天，全运会游泳和田径这两个主项将先后开赛。19日上午，我早早出发，前往游泳和田径的赛场进行了探访，提前熟悉场地，以便采访。

为了本次全运会，西安市在市郊的开发区新建了全新的场馆——西安奥体中心。据介绍，西安奥体中心的"一场两馆"（体育场、体育馆、游泳跳水馆）呈"品"字形布局。

其中体育场取名"长安花"，是一座可容纳6万人的大型综合体育场，可承办田径、足球等赛事。初见体育场，有人说它像帽子，有记者说它像浪花。而当地组委会工作人员则说，体育场的设计取意于西安的市花——石榴花，是对西安发展红红火火的美好期许，也是城市面貌日新月异的缩影。

体育馆取名"长安钻"，这是一座可容纳1.8万人的大型综合体育馆，可承办体操、冰球、篮球、羽毛球等赛事。

游泳跳水馆则取名"长安鼎"，寓意鼎盛中华，是一座可容纳4000人的综合体育馆，可承办游泳、跳水、水球、花样游泳等赛事。

本届全运会开幕式就是在西安奥体中心体育场举行的。只是当天由于防疫和安保的原因，我未能入场一睹真容。这次入场非常顺利，从媒体村到体育场，大巴大概只需15分钟。走进体育场一层，志愿者非常热情地将我带到了媒体工作间休息。由于大多数同行都是第一次来到这里，所以场馆运营方特意组织了记者们实地踏勘媒体看台、混采区、媒体工作区，并现场讲解了媒体运行流线。

走上两层看台，迎面就看到了熊熊燃烧着的全运会主火炬。再过24个小时，苏炳添、巩立姣等明星就将在这圣火的照耀下开始自己的全运会之旅了。记者们最关心的还是工作区域设置和运行流线。应该说，在这里还是给媒体预留了充分的活动区域的，整个二层看台都可以自由活动。当然，在实际踏勘中也发现了一些问题，比如从二层到一层混采区只有一部电梯通行，步行的楼梯却被封闭了起来。这显然存在着隐患——可以想象，当热门比赛和运动员完赛后，记者们冲下看台时将是怎样的拥挤和焦急。毕竟如果不能及时赶到混采区，运动员是不会在那里久等的，过去了就是错过了，这是记者们最无法接受的情况。记者马上把这个问题向带队的志愿者提了出来，对方表示会及时与组委会和场馆运营方进行沟通。希望能在比赛前彻底解决这个问题。

离开"长安花"，记者乘车只花了5分钟又来到举行游泳比赛的"长安鼎"。因为此前这里已经举行了跳水和花游泳比赛，所以这里的媒体运营要比"长安花"那边成熟多了。走了一趟运动流线，几个关键点位都畅通无阻，基本没问题。全运会游泳预赛在当天上午已经开始。19日晚，就将决出多枚金牌。

结束探访，记者离开奥体中心。透过车窗再次近观"长安鼎"和"长安花"，突然也有了"一日看尽长安花"感觉。

（http：//sports.people.com.cn/GB/n1/2017/0901/c411824-29508226.html）

（六）跳出常规，捕捉独特

《中国青年报》体育部主任曹竞应邀为注册大学生记者训练营的同学们进行体育赛事报道的相关培训时，曾对有些记者做报道只是简单地记录现场、记录采访提出了自己的看法——"千万不要做一支录音笔"。记者习惯于"听"，注重于"听"，很多时候采访对象没说到什么点就不敢写，这样是不可取的。记者要灵活运用自己的观察能力，学会"看"。她谈到很多比赛的混合采访区经常会出现"兵荒马乱"的局面，甚至有的记者还和保安打起来，新闻竞争是非常激烈的，面对同一个焦点，怎么能够跳出常规的报道，抓到有价值的东西呢？曹竞向学生记者们传授了她做体育新闻的战略——不坐媒体席，"转战"观众席。作为体育记者在采访比赛时，要不辞劳苦，提前到比赛现场观察地形、观察人。比如有很多教练、队员、体育官员等都会坐在看台代表团的位置为此场比赛的队友助威，体育记者也可以选择坐在旁边的位置，通常如果比赛取胜，教练、队员或者体育官员一高兴，这个时候采访，可能会从采访对象那里获得意想不到的收获。有时还能听到一些"内幕"，"独家"报道就是这样出来的。可见，只有在现场观察中，跳出常规打法，才能收获匠心独具的卖点和焦点新闻。

（七）慧眼细察，思想拔高

在体育新闻报道中，即便记者占位最佳，但不能将观察到的细节或场面，结合自己的深入思考来进行报道，只是近于枯燥乏味的陈述，没有亮点，没有思想性，仍不能算作一篇佳作。在很多人眼里，举重项目是很乏味的，而朴实能吃苦的举重运动员更谈不上漂亮，但《中国青年报》体育部主任曹竞却写出了《中国举重也可以性感举杠同时也亮出独特个性》精彩一文。

中国举重也可以性感　举杠同时也亮出独特个性

2008年8月14日　14:35　新闻来源：《中国青年报》　记者：曹竞

性感，这两个字，在此之前是和艺术体操、跳水、击剑、马术、花样游泳这些看上去颇为优雅的项目联系在一起的。即便范围有所放大，却无论如何不会放大到举重，特别是中国举重这里。

中国举重很强大，强大到经常是其他选手已经结束了三次试举，中国选手才闪亮登场。中国举重运动员能吃苦耐劳也是出了名的，以至舆论通常会把穷孩子能吃苦，作为中国举重能够屹立巅峰不倒的重要原因之一。他们通常是以朴实的形象展现在公众面前，但绝对谈不上漂亮，更与性感不沾边。

中国举重运动员能吃苦是事实，他们中的大多数家境贫寒是事实，他们中的不少人渴望夺得奥运冠军以改变自己的命运也是事实。但这并不影响他们自身气质的改变，他们开始帅气、自信、大方，场上收放自如，场下谈吐潇洒。他们正在悄然改变着人们对举重的固有看法。中国举重不仅仅代表着中国力量，还可以呈现性感和美感，展示中国年轻人的气质，以及对举重审美标准的重新定义。

性感这个词最早与中国运动员联系在一起已是8年前。那一年的悉尼奥运会上，孔令辉获胜后狂吻胸前五星红旗的镜头，成为外媒改变对中国运动员印象的开始。从那时起，外媒眼里的中国运动员开始性感，开始有个性，开始改变以往木讷和机械的形象。

而在8年后的北京，我们看到了中国举重运动员的改变，他们在举起杠铃的同时，也将自己的颜色一同亮出。他们不再是雷同的，而是五彩斑斓的。

陈燮霞的活泼可爱，陈艳青的文雅气质，廖辉的帅气，张湘祥的精神，以及昨天6把试举，举出4个世界纪录的刘春红，都在颠覆着人们对举重运动员曾有的偏见和误区。

一位此前从不看举重比赛的朋友，昨天说，从未想到举重这么好看，运动员试举的那一刻，自己竟然可以凝神静气、全情投入。更让他想不到的是，举重运动员给他的印象也并非原先想象中的单纯大力士的形象。张湘祥亲吻杠铃的样子，让他忍不住赞一句：超酷。

可以酷成周杰伦，也可以酷成张湘祥，在他们身上或许没有太多的共同点，但有一点却是相同的，那就是敢于表现，敢于释放，在属于自己的舞台上尽情挥洒。

中国举重开始性感，中国军团有点张扬，在取得一个个突破的同时，还在告诉世界：什么是中国的"80后"。

（http：//www.2008.163.com/08/0814/09/4JA3BNB0007425UF.html）

上文关于张湘祥亲吻杠铃的一幕，运动员们亮出自己个性的一幕，让举重也变得"好看了"起来。这样的细节也许很多人都看到了，但是曹竞将其拔高了高度，加上自己的思想，将张湘祥的性感个性的举动，推而广之与80后"超酷""张扬""敢于表现，敢于释放"的青春跃动的形象相联系，对举重审美标准进行重新定义，就使文章更具生命力和感染力。

（八）独辟蹊径，幽默细观

从受众需求出发，幽默地解析体育事件和人物，在风格幽默的体育报道中体现一定的信息量和引导性，可以让体育报道从"走投无路"到"另辟蹊径"。但首先体育记者得有一双善于发现幽默的眼睛。2009年10月，十一届全运会蹦床比赛上，曾是北京奥运会男子个人冠军的陆春龙，只得了第三名。媒体赛后采访，多是问昔日的奥运冠军如今失利的感受，千篇一律，平淡无奇。而江苏省广播电视总台体育休闲频道做了一条新闻《蹦床：上上下下的享受》，通过记者王思聪在蹦床比赛现场的细心观察，发现一个很有趣的现象：所有摄影、摄像记者、裁判、观众在观赛过程中都会跟随运动员蹦跳的节奏和高度而抬头低头、忽上忽下，演绎出一道蹦床赛场独有的风景。编导精剪了画面，不同景别切换，观众、记者、运动员，不同人物切换，或快进、或反复、或对比，再配上节奏明快的背景音乐，片尾飘过俏皮的解说字幕："全运会赛场就是这样，既紧张激烈，又妙趣横生，既充满悬念，又令人遐想……"一条短小精悍、人见人乐的幽默报道就这样诞生了。此处记者少谈甚至不谈"专业技术含量"是出奇制胜，让观众看到了不一样的赛场，体会到了竞技体育不同寻常的乐趣。即便不懂和不太关注蹦床项目的观众也看得懂、看得欢。这样的幽默小品提升了收视率，激发了观众的兴趣。

2010年1月，中国短道速滑队在首都体育馆进行了温哥华冬奥会前的最后一次测试赛。赛后的媒体通气会上，教练和队员都谦虚地打起了太极——吞吞吐吐，云里雾里，记者怎么也问不出个所以然。在制作新闻时，记者王思聪换了个角度，从观众的心理去"拷问"这些短道速滑的姑娘们，片名就叫《短道速滑队：打个太极拜个新年》。记者把从中国短道速滑队主教练李琰到选手那种"欲说还休"的神情细节和"太极推手"的委婉语言穿插排比，突出了她们微妙的心理——按捺不住内心的自信满满和冲劲十足，面对媒体却又不约而同地"隐讳"和"低调"。再配上戏谑的旁白，从观众的心态和口吻发问，以窥探运动员的深层心理，达到一种"贫嘴偷着乐"的娱乐效果。

请看下面的广播采访（附现场观察细节描写）节选：

【配音】四年前的都灵冬奥会，初出茅庐的王蒙摘下了500米的金牌，如今，更加成熟的王蒙，加上同样达到世界一流水平的周洋、刘秋宏，集体出击的中国队当然有理由期待更好的成绩。成绩，这个问题恐怕是怎么避也避不掉的，特别是大赛当前。

【配音】您不说，可苦了后起之秀周洋，这问题也不再拐弯抹角，冬奥会冠军，你敢不敢想？

【采访】中国短道速滑队队员周洋（略带娇嗔）：当然想了……谁不想拿冠军啊。（欲言又止，眼光落在侧旁同座的教练和队友身上）中国短道速滑队队员王蒙（鲜明干脆地说）：当然我们希望拿最好成绩了，如果成绩不好的话，你们媒体应该怎么样报道……其实一样的，我们做好最大的困难准备，就是从第一项开始如果没有比好，那我们还有最后一项。（坚定地点头）

上文体现的是各不相同的体育人共通的人性以及人性的微妙和差异。同样的事件，从不同的角度和不同的思维去审视，得出不同的心灵体验。体育记者不仅得有观察力和激情，也要有点幽默感。记者"幽默地看"体育人物和事件，就能让受众"看得幽默"。

新媒体平台为媒体提供了传播渠道，这些渠道甚至是更容易走进用户生活与心里的重要路径，因此在新媒体时代，传统媒体已经与新媒体的传播渠道接轨，有效利用这些渠道成为记者务必要兼顾的"细枝末节"。只有精巧的构思传达到新媒体用户，记者的采访成果才能更丰富而有效。

抛开赛事，把自己对于冬奥整体的见闻和体验，以更个人化的形式表现出来，也是我此行丰富报道的尝试。这些天，除了消息、特写，我还根据题材特点，以侧记、评论、观察等形式讲述冬奥故事。此外，冬奥期间，制作发布新媒体产品，也是我的一部分"产出"。在浙江新闻客户端，我们开设了《冰雪连线》栏目的"网络版"。为与纸媒端报道实现差异化，专栏主要以短视频呈现。从记者进入闭环流程到冬奥会媒体包开箱，从探访主媒体中心到体验智能睡眠舱，以及带着观众看"雪游龙""雪飞燕"等场馆……我发挥"冲浪"积累的网感和做新媒体编辑时学习到的技能，尝试"破圈"，当起"up

主"，以个人出镜Vlog的形式将冬奥会的各色各面展现出来[①]。

随着新媒体的发展，观众不再是被动接受信息，他们也可以在网络上发声，因此体育记者的平台和专业储备方面的优势在网络即时的发声平台与强大的信息储备面前越来越弱，体育新闻记者不能打无准备之仗，并且对每个问题都要仔细斟酌，思考每个问题的提问效果和价值，在采访过程中不宜过于放松，应保持好奇之心，保持精神与情绪的饱满，努力探索新鲜线索。

（一）思考题

1.体育记者在采访中如何进行资料的搜集和积累工作？

2.体育记者与采访对象之间关系特点主要表现在哪些方面？如何与采访对象打交道？

3.访谈的方式和方法有哪些？体育新闻采访中记者访谈的基本技巧主要表现在哪些方面？

4.观察法在体育采访中有何重要意义？体育记者如何在采访中运用观察法？

5.在体育采访中，如何将现场观察法和非现场观察法有机结合起来？

（二）采访实践

练习1：访谈的方法与技巧练习

1.分组：两人一组，抽签决定（一半同学作为采访者，另一半同学作为被访者）。

2.首先，由被访同学填写一份关于自己情况的问卷表，以便采访记者做访前准备时使用。问卷表中的事项应该包括：

（1）姓名、地址、年龄、籍贯；

（2）列出最喜欢的运动项目和爱好；

（3）说出去过的非常有趣的一个地方；

（4）说出对未来的打算；

（5）列出一两个自己认为可以公开的"幻想"；

（6）列出一项自己喜爱的儿时活动；

（7）说出自己经历过的最害怕或最烦恼的一件事；

（8）列出自己最擅长的一两个话题（如汽车、电脑游戏、鬼故事、钓鱼或者某位作家的作品等）；

（9）说出一项关于自己的有趣并很少有人知道的事情；

（10）说出发生在自己身上最棒的一件事。

3.采访者准备访谈问题。

4.进行访谈（运用所学过的方法和技巧）。

5.采访结束后，被访者填写问卷表，对采访者表现进行评论，并提出改进的意见。

（1）你是否清楚地了解本次采访的目的？

（2）采访者的访谈是否表达得简洁明了？

---

① 郑梦莹.一个零经验体育记者的冬奥报道之旅[J].传媒评论，2022（03）：35.

（3）采访者所问的问题与采访的目的相关吗？

（4）采访者听得认真吗？

（5）是否建立了和谐的采访氛围？（回答问题时能否轻松地做到诚实和坦诚？还是带有戒心？）

（6）采访者有没有什么个人的或非语言的行为使你感到愉快或讨厌？（如目光的交流、身体的姿势、说话过多、插话、忙于记笔记等）

（7）能否提出什么建设性的意见，以便改进采访者的采访技巧？

6.采访结束后进行课堂或小组讨论。

练习2：激将法练习

就过去发生的某个事件采访一个人，比如在某次体育比赛中获得佳绩的运动健将，或某一体育突发事件的目击者。

目的：练习刺激被访者记忆的采访技巧并获得采访经验。

练习3：观察法练习

"现场目击采访"练习：需要跟踪采访正在执行任务的被访者，征得他或她的同意。如正在比赛现场的教练或运动员。

目的：锻炼运用观察法进行采访的技巧。

建议：选择不会因为你的在场而受到打扰或有所改变的被访者。

第六章

体育新闻采访的策划与实施

[本章提要]

本章主要阐述三方面的内容：体育新闻报道策划概述；体育新闻采访的策划和体育新闻采访的实施。

1.体育新闻报道策划概述

体育新闻报道策划的定义，首先需理清新闻策划与策划新闻的区别，新闻媒介策划与新闻报道策划的区别与联系。在此基础上，理解和掌握体育新闻报道策划的定义与分类。

体育新闻报道策划的历史演变：主要分为体育新闻报道策划的萌芽阶段、发展时期和成熟之路三个阶段。

体育新闻报道策划的方案设计：遵循全媒体渠道报道策划原则；确定报道范围与重点；设置报道规模与进程；多渠道多视角架构报道内容；采用灵活的报道方式；构造独特的报道形式；选择最佳的报道时机；配置科学的报道力量。

体育新闻报道策划应注意的问题：理清概念、突破创新、扬长避短和着力实施四个方面。

2.体育新闻采访的策划

做好采访准备：包括"一专多能"的全媒体记者的日常的战略性准备和临时的战术性准备。

制订个人采访计划：思考采访选题；规定采访重点和主要内容；确定采访方式与方法；设置采访对象、时间和地点；设计提问问题并预测答案。

做好采访预期：主要包括难度预期、心理预期、时机预期、对象预期、事件预期和条件预期等。

3.体育新闻采访的实施

新闻策划方案的调整与变化；创造性地采访与发现；控制好采访的情绪；加强记者和各部门的交流配合；采访为写作所做的准备：对采访获取的材料进行复查；对采访过程和结果进行自我评定；对采访获得的信息进行核实；采集加工材料。

媒介发展依靠技术迭代支撑，在网络越来越发达的今天，这个特点也表现得越发淋漓尽致。在2022年的北京冬奥会上，5G+8K技术呈现了史上"最清晰"的冬奥会，从4G迈向5G的技术迭代标志着从2014年吹响的融媒元年号角，如今已经步入了快速发展期。网络的普及率，让网络传播的阵地成为信息主阵地，只有占领它，才能掌握网络话语权。在三网融合的背景下，传统纸媒、视听媒体纷纷转身打造网络传播的融合途径，从而实现传统传播渠道叠加新媒体的多种融合传播手段。这样既发挥了传统媒体积淀多年的人员技术等优势，又能利用网络传播的时效性、多样性、互动性和个性化，实现受众更精准、到达率更高、针对性更强的传播要求。对于体育类媒体而言，网络传播全球同频共振的特点更为鲜明，主流体育媒体包括各级电视台、电台、报刊等陆续制作网络版。如中央电视台开办的央视国际体育频道（www.Cntv.cn/sports）、由人民日报社主办的人民网体育在线（sports.people.com.cn）、由新华社主办的新华网新华体育（www.xin-huanet.com/sports）、《体坛周报》主办的体坛网（www.titan24.com）等。

融媒传播，无限放大了新闻资源的共享性，让独享体育新闻资源变得越来越不可能。面对激烈的媒体竞争，面对受众求异的心理需求，媒体如何打破雷同、突出重围？多年的媒体实践，体育新闻学界和业界逐渐达成一个共识：策划是体育新闻报道突出重围的最佳策略。通过采访策划，体育新闻媒体间的竞争由共享资源同题竞争领域，变成"人有我优"，从而变"共享"为"独享"。如新近举办的2020东京奥运会、2022北京冬奥会等重大体育赛事，各大媒体均提前预热，以策划出奇招，吸引受众，对大型体育赛事的采访报道策划与实施逐渐走向成熟，并在社会上产生了不同凡响的效果和作用。

第一节　体育新闻报道策划概述

一、体育新闻报道策划的定义

（一）新闻策划、新闻报道策划与新闻采访策划

1.新闻策划

何谓策划？《新华词典》的解释是：出主意，想办法。

在我国，"策划"一词，是改革开放之后，继市场策划、广告策划、影视策划、出版策划等领域的兴起而逐渐流行起来的，随着传媒领域的竞争日益激烈化，想要拥有自己的品牌和影响力，实现自身价值和社会理想，就离不开新闻策划。什么是新闻策划？事实上，策划行为存在于媒介运作的各个方面。特别是在市场经济环境中，新闻媒介不仅作为舆论宣传工具发挥作用，而且还作为信息产业参与激烈的市场竞争，必须在复杂的政治环境和经济环境中选择与谋划自己的生存发展之道。因此，媒介新闻传播活动需要策划，媒介的广告、发行等经营活动也需要策划，对于各类报业集团、媒介集团来说，集团中各类媒介产品的分工布局、优势互补还需要更高层次上的策划。由此而言，"新闻

"策划"这一概念不甚明确的词有必要修正或界定。[①]

加之，有的人认为"新闻策划就是策动、策划新闻和制造新闻"，这种说法把新闻策划与制造新闻混为一谈。2008年9月在江西南昌召开的"第二届全国新闻策划学术研讨会"上，大部分代表认为"新闻策划"是个多义词，应摒弃此概念并将新闻策划定位于新闻报道策划[②]。正如中国人民大学新闻学院蔡雯教授所说，策划新闻的客体是策划主体自身所从事的新闻传播活动，而非策划主体所要反映的客观存在——新闻事实。大众传媒的新闻编辑对传播活动的策划主要是对媒介产品中新闻单元的策划和对日常进行的新闻报道活动的策划。无论是新闻单元策划，还是新闻报道的策划和组织，其目标都是实现对媒介新闻传播资源的最大发掘与最佳配置。

2.新闻报道策划

"新闻报道策划"概念的提出，源于20世纪90年代新闻业界与学界对"新闻策划"的广泛争论。新闻报道策划是指利用已经发生或将要发生的新闻事实，进行策划、组织报道，以期达到某种宣传效果的过程。华中科技大学教授赵振宇在其著作《新闻报道策划》中将"新闻报道策划"定义为："新闻报道策划是新闻报道的主体遵循事物发展和新闻报道的基本规律，围绕一定的目标，对已占有的信息进行科学的分析和研究，着眼现实，发掘已知，预测未来，制定和实施相应的政策和策略，以求最佳效果的创造性的策划活动。"

本书所指的新闻报道策划，非新闻媒介策划。

新闻媒介策划是指研究新闻媒介生存发展的战略规划，包括对传媒的受众定位、经营方针、产品（通讯社新闻、报纸、杂志、广播电视节目等）设计、制作与营销、广告经营、员工构成、内部管理、资产资金、技术设备以及传媒的其他各类经营活动和社会活动等，进行运筹和规划。从上面的定义可知，这里的策划不单是指报道策划，它涉及新闻工作的方方面面，有宏观的，也有微观的。归纳起来，媒介新闻编辑在新闻传播过程中所从事的决策与设计性工作，以及对新闻传播活动的组织和管理工作，主要包括三个方面内容：一是媒介定位与新闻编辑方针的确定，二是媒介新闻单元（指媒介产品中以传播新闻信息为主要职能的那一部分）的设计与采编机构的设置和管理，三是新闻报道的设计与组织。现在看来，与建设性新闻关联度最大的是最后一个[③]。本章所要解读的正是关联度最大的新闻报道的设计与组织。

目前，在媒体实践中，基本将新闻报道策划分为两类，共同点都是全媒体的渠道传播。区别一是围绕某一重大事件开展的，称之为事件类策划，比如大型的体育赛事，呈现方式多为新闻长短消息、新闻专题、新闻访谈相结合；二是围绕某一社会现象或者某一主题（成就报道）开展的，称之为专题型策划，呈现形式多为大型系列报道或配合以人物访谈等。两类策划均要从客观实际出发，遵循新闻规律。

可见，新闻报道策划是采编人员为使某些报道选题获得预期的传播效果，对新闻传播活动进行规划和设计，对新闻实施解构和整合，掌控报道的节奏，力求对新闻事件的

---

① 蔡雯.新闻传播策划与组织的理论体系建构[J].新闻大学，2001（5）：9-12.

② 赵振宇，胡沈明.新闻策划：在规范中前行——"第二届全国新闻策划学术研讨会"综述[J].新闻前哨，2008（11）：28-29.

③ 蔡雯.策划与组织传播建设性新闻的核心业务[J].中国编辑，2021（07）：45-48.

报道做到角度新、选材精、立意高、挖掘深、可读性强，全景式地报道新闻，深入反映其本质特征，增强报道的吸引力和感染力，扩大媒体的社会影响力和知名度，从而发挥好正确的舆论导向作用。同时，新闻报道策划贯穿于新闻产品制作始终，需要在报道实施过程中，围绕既定的策划主题，根据实际情况的反馈不断调整与修正的动态过程。

3.新闻采访策划

新闻采访策划是新闻报道策划的主要组成部分之一，专指作为记者个体为实现媒体报道策划的整体目标，针对编辑部分派给记者本人的具体采访任务，在其职责范围内所从事的确定采访选题、采访重点、选取采访对象、设计提问问题、制订采访方式、采集事实素材、提炼新闻主题、认真核实材料等一系列新闻采访实施方案与计划活动。记者无论是作为策划的实施者，还是参与者，都可以发挥很大的作用。更确切地说，新闻采访策划是指记者个人采写单篇新闻稿件，对自己采访写作（主要是采访）工作的设想、安排、组织和实施。

从以上新闻策划、新闻报道策划和新闻采访策划内涵的解读可以看出，三个概念有着明显的区别。媒体实践中的新闻策划多泛指新闻报道策划，而新闻采访策划多为新闻报道策划的具体实施。在预定的策划主题下，记者的采访离不开宏观的新闻报道策划，同时记者也是新闻报道策划的直接参与者和具体实施者，因此在探讨体育新闻采访策划与实施之前，首先需要对体育新闻报道策划进行深入地理解和把握。

（二）体育新闻报道策划的定义

体育新闻报道策划，是指媒体的体育新闻采编人员就重大体育赛事、体育事件或体育活动等新闻报道进行事先的筹划、安排与设计，并在此基础上进一步组织实施，以获得预期传播效果的动态过程。策划已经成为各媒体体育新闻部门持久性、系统性、常态性的工作。以融媒体传播下的体育新闻中心为例，一般而言，体育新闻中心每天都要召开编前会，其主要议题之一就是对当日要做的体育报道内容和播发渠道以及篇幅进行策划，而每临重大赛事或重大体育事件报道时，策划就不仅仅是体育新闻采编人员的工作了，大型赛事和重大体育事件报道的成功与否关键在于策划，也可以说策划是报道的起点，一个媒体是否具有核心竞争力，首先要看这个媒体团队策划能力之高低，因此各媒体在报道奥运会、世界杯等大型赛事时，总是举全媒体之力，从总编辑到采访编辑部主任，到每一个编辑和记者构成了一条策划链，进行系统周密的筹划安排并具体组织实施。

近年来，随着体育产业的不断发展，体育传媒业界竞争日趋激烈，加之重大体育赛事的"版权"限制，体育新闻报道策划愈来愈受到传媒业界的高度重视。大型体育赛事的报道也是媒体树立品牌形象、发挥社会影响力的重大战役。

（三）体育新闻报道策划的分类

1.按照赛事的进程和规模分类

按照赛事的进程和规模，一般分为纵向策划和横向策划。

（1）纵向策划

纵向策划指按照赛事发展进程，以时间顺序进行策划，一般分为赛前、赛中、赛后三个阶段进行，赛前主要是预热和宣传，赛中主要是对每个项目的关键比赛、关键人物等的报道策划，赛后主要是以总结和评论为主。赛事三阶段策划的宗旨在于引导受众：赛前关注什么，赛中发生了什么，赛后思考什么，尽量发挥媒体的引导监督和议程设置功能，使受众和媒体的兴趣点尽可能保持一致。

（2）横向策划

横向策划主要是按照赛事报道规模和力量分配进行的分类。横向策划涉及全方位的一揽子计划，是一个系统工程。比如2022年北京冬奥会，《中国体育报》、新体育网成立了北京冬奥会宣传报道领导小组，前方报道团队是由《中国体育报》、新体育网、图文中心的30多名文字、图片、视频记者组成的融媒体报道团队；后方采编团队组成采编组、夜班组、评论组、白班组、视频组、图片编辑组、新媒体组、舆情监测组等多个工作组，各组高度协同合作，共同成功完成了冬奥会的报道。

2.按照报道的内容分类

按照报道的内容，可分为对比型、递进型和并列型策划。

（1）对比类型的策划，主要用"悲喜两重天"类型的比较进行报道。

（2）递进类型的策划，主要用层层推进的方法逐渐展开一个主题。

（3）并列类型的策划，主要是选取最有说服力的几个角度，同时展开。

3.按照报道主体的运作方式分类

按照报道主体的运作方式，可分为独立型和介入型报道策划。

（1）独立型体育新闻报道策划是指报道策划独立存在，体育记者不介入报道活动中，而是以旁观者的视角进行客观真实的报道并独立地运行实施。在体育新闻报道策划中，绝大多数属于这一类。

（2）介入型体育新闻报道策划是指报道策划与其他策划活动相关联，并彼此相互作用。体育记者既是报道者，又是活动的组织者和参与者，具有报道者和当事人双重角色。体育记者介入事件或活动之中，将体育新闻报道和相关活动密切结合，同步运作。

4.按照报道客体的发生状态分类

按照报道客体的发生状态，可分为突发性和非突发性报道策划。

（1）突发性报道策划是指对体育比赛或体育活动中突然发生的、带有异常性质的体育事件的报道设计与规划。如球场暴力、球迷骚乱和运动员比赛中的受伤、临时退赛等等。此类事件因为没有时间准备和周密部署，更能体现一个媒体的迅速反应力和记者的应变力，体现媒体的核心竞争力。

（2）非突发性报道策划是指事先预知的体育赛事的报道策划，体育比赛的周期性和固定性等特点，使大部分体育新闻报道策划都可以提前进行规划设计，整合新闻资源，以获得最佳的传播效果。

二、体育新闻报道策划的历史演变

（一）体育新闻报道策划的萌芽阶段

1979年11月，国际奥运会恢复中国奥委会的合法权利后，中国参加世界大赛次数明显增多，特别是1984年新中国第一次正式派出代表团参加美国的洛杉矶奥运会，拉开了我国媒介重视体育新闻报道的序幕。如当年《"零"的突破》等报道，至今令人津津乐道。1984年，作为当时我国唯一的一份体育专业报纸、国家体委机关报《体育报》（《中国体育报》前身）为了及时报道洛杉矶奥运会，在奥运期间将每周4刊改为日刊，并由总编辑亲自带队共4名特派记者前往洛杉矶，奥运会开幕后共发回244篇稿件约7万字的报道，同时开设了"读者热线""专题通话"等栏目，这就是当时的体育报道策划的萌芽和孕育。

（二）体育新闻报道策划的发展时期

进入20世纪90年代，体育新闻报道策划开始逐渐兴起，1990年的北京亚运会及1991年的首届女足世界杯在中国举办，中国的媒体扩大了体育报道的空间，推出了一些特刊，由此，体育报道开始向深层次方向发展。1992年巴塞罗那奥运会是我国体育新闻报道策划的又一次新突破。《中国体育报》首次推出《奥运特刊》，《人民日报》为了详细、生动、多角度、多侧面地报道赛场内外的热点新闻、各国健儿的风采、赛事分析及赛场趣闻，创办了"奥运会专页"，开辟多种专栏；一些省市级报刊采取"联合作战"的方式，分兵把口，然后定时交换信息，各取所需，体现了既竞争又合作的精神。1996年亚特兰大奥运会是现代奥运会的百年诞辰，中国的采访报道力量也有很大增长。新华社投入300万元的资金，组成38人的报道组，推出《奥运快报》专刊，每天四开八版，在报摊上很是火热。《中国体育报》的《奥运特刊》，以权威的信息、活跃的版面、清晰的图片为广大体育爱好者所喜爱。《人民日报》《北京青年报》《新民晚报》《辽沈晚报》等也都开设了"奥运专版"或"奥运专页"，根据读者需求，精心策划报道，推动着平面媒体体育新闻报道的发展。

在电视方面，有关北京亚运会的报道，中央电视台共播出亚运电视节目335小时，比上届多170多小时。1988年的汉城奥运会和1996年亚特兰大奥运会，报道内容和形式、报道规模、人力资源的配置不断推陈出新，一些电视专题节目经过精心的准备和策划，收视率屡创新高。

自1992年中国新闻界实现第三次跨越式发展以来，中国的纸业媒介和电子媒介迅猛发展，新闻媒体的数量迅速增加。这其中不可忽视的现象是，在任何一家新发展的新闻媒体中，体育新闻都作为重要的新闻品种置于媒体的重要版面和时段，观看体育新闻成为中国老百姓茶余饭后的热点。各家媒体在体育新闻方面的竞争也日趋激烈，尤其是对于大型体育赛事的整体性报道，而对此起决定性作用的则是全面、深入的体育新闻报道的策划。经过1996年亚特兰大奥运会及1998年的法国世界杯的几次"大战役"的洗礼后，重大赛事的体育报道策划开始走向成熟之路。

（三）体育新闻报道策划的成熟之路

从2000年悉尼奥运会开始，中国媒体历经2002年韩日世界杯、2004年雅典奥运会、2006年德国世界杯、2008年北京奥运会，在家门口举办的北京奥运会让中国体育媒体迅速成长，之后历经2012年伦敦奥运会、2016年里约奥运会直至2022年北京冬奥会等重大体育赛事的锻炼和洗礼，体育新闻报道与策划逐渐走向成熟。在每个发展节点上，无论是平面媒体中的专业体育报、综合报纸的体育版，还是电视媒体，在新闻报道策划方面都体现出了报道量大、角度好、选题深、视觉冲击力强等特点。随着科技的发展，让媒体传播从3G时代、4G时代，如今迈进了5G融媒时代，体育新闻策划也迈进了全方位多角度立体的全媒体传播模式。

2008年北京奥运会，《体坛周报》的策划报道可以代表我国平面媒体体育新闻报道策划的最高水准。《体坛周报》早在2007年3月便推出《北京奥运特刊》，每周三出版，进行赛事提前预热。内容包括奥运会筹备情况、中国备战情况、世界诸强动态、与奥运有关的各类活动、外国媒体报道、奥运知识和历届奥运赛事回顾、场馆介绍、对前奥运冠军的专访等。同时在奥运特刊中引用国外媒体如法国《队报》、德国《踢球者》等的报道，开辟独特的外媒资源。在奥运开幕前，开展"奥运全球行"活动，探访了65个国家和地区，在探访体育文化和各国球队备战情况的基础上，与当地媒体合作报道，既追求世界报道的广度，更追求中国报道的深度。

在北京奥运比赛期间，《体坛周报》推出《奥运日报》，以空前的报道阵容、周密的编辑策划、全面的覆盖范围和独到的深入剖析全方位满足读者的多元化资讯需求。《奥运日报》的理念是"专业精神、竞技角度"，常规版块由五部分构成：中国新闻、世界报道、射门2008、扣篮2008和五环杂志。中国新闻是《奥运日报》的核心部分，报道读者最为关注的中国军团的每日赛况，每个奥运健儿夺牌的精彩瞬间；世界报道集中反映各参赛国运动员的精彩比赛场面，是北京奥运国际新闻的全面概括；射门2008专门报道奥运足球比赛赛况，以介绍中国男女足赛事为主，辅以国际足球报道；扣篮2008全面跟踪中国男女篮，并确立以美国"梦八队"为主的国际篮球报道次序；五环杂志的理念为"不同文化、不同角度"，精挑热门事件，开采不同风格的媒体资源，分媒体、建筑、视界、镜头、文化等专题，成为奥运大餐不可或缺的调味品。

《奥运日报》在基本的资讯之外，添加众多的特色版块，全面体现报纸的杂志化风格。专访、专栏、特色评论、图解新闻、内部揭秘、名人行踪、媒体观察和体育常识简介等，应有尽有，五味俱全。据统计，《奥运日报》共邀请40多位体育名人、文化名人写专栏，凸显了"舆论领袖"的议题设置功能，进一步彰显了该报的权威性和社会影响力。《奥运日报》开辟的特色栏目主要包括：巅峰对话、可口可乐奥运明星阵容专访（专访类）；北京奥运项目指南（知识类）；P档案、日记罗格、中国团报（资讯类）；体坛观察、媒体观察（评论类）；奥运报道（电视类）；视界（图片类）和足彩版块等。

在《奥运日报》发行期间，该报正式将报纸提价为2元，奥运后并没有因为提价而影响销量。可见，《体坛周报》独特的策划、专业化的报道、全球化的视野赢得了受众的赞誉和肯定。

在电视媒体方面，2010年温哥华冬奥会央视媒体的报道策划颇具特色。冬奥会期间，央视体育频道打破以往"混合区采访"和"单边注入点采访"的报道模式，通过深入策划，做好预案。在冬奥会开始前，经过大量的长时间策划，对于中国代表团可能取得好成绩的项目做了深入的"排查"，制订出详细精准的演播室访谈计划。推出的《冬奥者说》新的采访体系和栏目，节目主持人采取平等的视角和受访者交流沟通，保证采访的独家和内容的鲜活性。同时大量包装元素的运用，调动了所有电视技术和内容手段对节目进行有力的支撑，使"裸谈节目"具有鲜活生动的"第二现场"氛围①。这种全新的报道模式将赛前拍摄制作的内容同赛场内"单边注入点"拍摄的内容和赛后评论、访谈结合在一起，从多个角度对报道主题进行不断深化，塑造运动员鲜明的性格，并在潜移默化之中将比赛的意义传达给观众，赢得观众的喜爱。到了2016年里约奥运会，电视媒体已经构建起全媒体矩阵，以渠道整合的方式，实现受众的全覆盖。中央电视台作为里约奥运会的独家电视和新媒体转播商，充分发挥自己的融媒体优势，利用三大电视频道分工合作，策划通过直播奥运赛事、聚焦奖牌故事、户外项目和球类比赛，尽可能为受众呈现里约奥运的全貌。而央视网CNTV借助自己的资源优势，将电视媒体以及其他资源内容在央视网上播放出来，体育频道更为里约奥运会打造了全新的奥运APP，种种举措实现了融媒体环境下多渠道整合对受众的全面覆盖。

网络媒体自1997年足球世界杯预选赛中国队参加的亚洲区预选赛（十强赛）开始介入体育赛事的报道，2002年日韩世界杯以新浪、搜狐、网易等三大门户网站为代表的网络媒体再创奇迹，实现飞跃。以新浪网为例，该网站成为中国队唯一的互联网合作伙伴，并投资2000万元赞助中国足球队。在比赛期间，新浪对赛事做了及时的全方位报道，平均每场比赛的新闻条数比其他网站多出两到三倍。网站不仅图文直播所有比赛，24小时滚动播出新闻、图片报道和现场报道突发新闻；而且设置了中国队、世界杯诸强、进球快讯、赛况详述、技术统计、球星访谈、名家名嘴、赛场介绍、赛程、积分榜、射手榜等栏目。另外，网站还通过嘉宾聊天、多媒体报道、特约名人评球等形式，为球迷和网迷提供全方位资讯。

在2011年足球亚洲杯期间，新浪网精心策划"2011亚洲杯"专题报道，其中包括滚动微博、图片、赛程、积分、电视直播、博客、排行、高清、新浪前方、诸强、射手、视频速递、微博和论坛等栏目。在新浪微博栏目中，有阵容强大的亚洲杯微博专家群，有知名媒体专家如李承鹏、董路、郝洪军、毕熙东、黄健翔、韩乔生和颜强等加盟，有著名运动员如高峰、郝海东、范志毅等人的专业点评，吸引了网友的点击量。通过新浪采编人员的精心设计和规划，为球迷奉献了一道五味俱全的足球大餐。

到了2016年里约奥运会，中国四大门户网站如腾讯、新浪、搜狐和网易纷纷借助自身的媒体优势，设置了移动矩阵对奥运相关话题进行整合传播。以网易为例，其精心策划旗下的十大APP共襄盛举，借助网易邮箱、网易云音乐、网易新闻、权威公益、网易教育、网易阅读等APP，将与里约奥运会相关的话题内容推送到各领域用户的面前，以移动矩阵全面覆盖广泛的受众，实现对里约奥运会内容的整合传播。除APP之外，网易还能在其独有的LOFTER轻播客上，以奥运期间具体的事态发展设置专题跟贴广场，为习惯在贴吧里发表言论的受众开拓一片天地。

融媒体时代，各大媒体要发挥所长，以自身优势进行特色的渠道整合，用全媒体矩阵覆盖受众，加大媒体的传播力度和影响力，也为受众提供全面的信息支持。2022年北京冬奥会，为迎接此次盛举，跨界跨业强强联手成为常态，最为抢眼的要数包括新华社

---

① 白芸.从温哥华冬奥会看电视体育报道的新发展[J].新闻世界，2010（06）：75.

体育部主任、中国体育报副总编、澎湃新闻体育部总监、南方都市报京沪新闻中心内容总监等几位体育界大咖的圆桌研讨，题目为《北京冬奥会：分享预热焦点　碰撞策划热点　牵手创造亮点》。策划先行，从预热阶段的采访报道方向，到赛程中人员、设备配备，拟定重点报道方向，以及赛后的奥运经济都做了部署。

《中国体育报》、新体育网冬奥报道紧紧围绕北京冬奥会筹办举办、中国冰雪健儿备战参赛、三亿人参与冰雪运动这三条主线全面展开、全面升温。《中国体育报》、新体育网组成前方报道组、后方采编组、夜班组、白班组、新媒体组等多个工作组，逐步进入赛时状态。《中国体育报》、新体育网坚持移动优先，用足用好媒体融合发展成果，联合生产并推出一系列有深度、有温度、有特色的冬奥融媒产品，覆盖文字、图片、海报、长图、H5、短视频、视频访谈等，全方位、多角度呈现冬奥场上场下的精彩。《中国体育报》、新体育网冬奥报道分赛前、赛时、赛后三个阶段，有策划、有节奏、分阶段有序推进。《中国体育报》北京冬奥专题报道版面渐次递增，至冬奥赛时，每天出版不少于8个版，全国全彩印刷。同时，每天出版《冬奥特刊》印制版、电子报及多媒体H5版。新体育网等新媒体平台推出"北京2022年冬奥会"专题，充分运用海报、长图、H5、视频等形式，让冬奥报道生动化、立体化、可视化。另外，还策划、制作一系列高水平运动员、教练员视频访谈节目，生动记录、展现冰雪健儿在冬奥赛场内外祖国至上、顽强拼搏、青春阳光的良好形象。

由上可知，在当今的全媒体时代，无论是纸媒、电视媒体，还是网络媒体，都力争做到整合传播渠道，实现信息全覆盖。同时，在重大的体育赛事报道中，都把新闻报道策划作为媒体争夺受众、打造品牌的重要手段，不惜重金，重磅出击，并相互合作，借力造势，将体育新闻报道策划推向一个又一个高潮。

三、体育新闻报道策划的方案设计

体育新闻报道策划的最终成果是报道设计方案，报道方案的设计要对报道策划内容做全面表达。策划方案主要包括遵循全媒体渠道报道策划原则，确定报道范围与重点，设置报道规模与进程，多渠道多视角架构报道内容，采用灵活的报道方式，构造独特的报道形式，选择最佳的报道时机和配置科学的报道力量。下面逐一加以介绍。

（一）遵循全媒体渠道报道策划原则

当下媒介正处在转型融合期，全媒体的报道模式需要高度的部门协同，播出的渠道不同决定了报道的内容和采写的方式不同，作为全媒体时代的记者，"一专多能"成为基本要求，就是要具备新闻采写编播的专业能力和为多种传播渠道提供稿件、剪辑播出的能力。2022年举办的北京冬奥会、冬残奥会是我国重要历史节点的重大标志性活动，也是新冠疫情发生以来首次如期举办的全球综合性体育盛会，举国关注、举世瞩目。北京冬奥盛会也是收视率最高、号称"科技冬奥·8K看奥运"的一届冬奥会。北京冬奥会各主流媒体面对大型新闻报道活动，全媒体的传播渠道改变了记者编辑团队的工作节奏和习惯，也改变了整个采编团队的架构搭建和沟通方式。多部门横向合作甚至全员一盘棋，传统的播出渠道叠加新媒体端所涉及的编采播，在保障时度效传播原则下，力争策划的新闻报道出彩。

以中央广播电视总台为例，在北京冬奥会上，可谓尽锐出战、全力以赴！中央广播电视总台派出2000多人开展转播报道和公用信号制作，另有200多人参与开闭幕式等文艺活动的编导制播工作，总人数接近3000人。其中，500人的持权转播团队以及571人的4K/8K国际公用信号制作团队进入闭环开展工作。并统筹安排央视频、央视新闻、央视体育等新媒体平台和CCTV1、CCTV2、CCTV4、CCTV5、CCTV5＋、CCTV16、CCTV8K、CGTN等电视频道和中国之声等广播频率，全面立体展开冬奥转播报道。同时，受奥林匹克转播服务公司委托，总台承担了北京冬奥会冰壶、单板U型场地、自由式U型场地、自由式空中技巧、自由式雪上技巧和单板平行大回转共六个分项的国际公用信号，以及北京冬残奥会全部比赛项目、开闭幕式、两个颁奖广场的国际公用信号制作任务，这是我国传媒机构首次参与冬季奥运会赛事公用信号制作。同时，总台还以全球领先的8K技术制作开闭幕式、自由式滑雪及单板滑雪大跳台、速度滑冰等项目公用信号，实现了历史首次奥运会赛事全程4K制播。

围绕北京冬奥会赛前和赛中报道，新华社策划了系统、丰富的文字和融合报道方案以及报道指挥工作方案。一是确立"全社一盘棋"原则，前后方各编辑部高度协作，统一指挥，统筹利用采集资源。在2020东京奥运会报道取得成功的前提下，继续与北京冬奥会运动员委员会主席杨扬合作，在赛前、赛中推出《杨扬探冬奥》融合报道栏目。从杨扬视角报道、剖析冬奥会热点事件。二是开幕前策划、采制《约大牌·北京冬奥组委部长系列访谈》，通过视频采访冬奥组委各部门负责人，挖掘冬奥筹备过程中的感人故事和艰辛努力，向读者介绍筹备最新进展。三是与社会机构合作，在赛前策划、出品H5冬奥小游戏。以杨扬为宣传大使，通过手机端推出滑冰小游戏，让手机用户通过互动游戏增强对北京冬奥会的关注度，了解冰雪运动知识。四是利用中国春节与冬奥会相汇的特殊节点，通过重磅文章和生动活泼的新媒体形式，反映中外运动员冬奥会期间庆春节的场景，突出东西方文明交融的特色。五是继续依托《你不知道的冬奥事》栏目，做好冬奥会和冰雪运动知识普及的报道，围绕大众关注释疑解惑，做好解释性报道。六是在新华社2019年成为国际奥委会承认的国际通讯社之后，本届冬奥会要按照"国际通讯社"标准和义务组织英文与海媒报道，既要按照国际奥委会要求全面、专业做好赛事报道，同时要以"我"为主主动设置议题，讲好中国故事，宣传好中国形象[①]。

《新京报》将这次北京冬奥会当作是融媒体报道的一次大练兵，呈现了"六全"的特点。一是全报社参与，一场协作之战：新京报社采编、经营团队全力协作，从内容生产到经营推广，从前方采编到后勤保障，集体发力，协同作战，彰显了媒体的团队协作成效。二是全领域拓展，一场策划之战：从筹备、预热到比赛时，从奥运城市、奥运人物到奥运赛场，从体育、文化到民生，从北京、国内到国际，从产品、商务到品牌塑造，全领域覆盖，彰显媒体的整体策划执行能力。三是全时段生产，一场内容之战：从倒计时一周年、重要节点到闭幕，从赛前、赛中到赛后，从开幕式到闭幕式，全时段、全流

---

① 陈国权.圆桌研讨——北京冬奥会：分享预热焦点 碰撞策划热点 牵手创造亮点[J].中国记者，2022（01）：58-66.

程提供优质内容产品，彰显媒体的内容生产能力。四是全要素呈现，一场创意之战：文字、视频、摄影、海报、互动H5，专题、周刊、直播、短视频、现场目击，一场视觉盛宴彰显媒体的整体创意能力。五是全平台传播，一场运营之战：报、网、端、微、屏，不唯流量论，力求准确、高效，彰显媒体的新媒体运营能力。六是全渠道推广，一场品牌之战：全媒体营销，亮点报道、特色产品及时信息上报，彰显媒体的品牌营销能力。

北京日报报业集团确立了由社领导总负责，各相关部门参与，由经验丰富的体育部负责人牵头协调的内部组织架构。从北京冬奥会和冬残奥会筹备阶段开始，直到全部报道工作结束，分阶段、按节奏、有重点地对集团旗下的《北京日报》《北京晚报》、冬奥会刊、北京日报客户端等媒介端口进行部署指挥，根据不同媒介端口的发布特点和规律，形成了一套自己的"报道组合拳"①。

可见，在融媒体的媒介环境下，面对大型新闻报道的策划，就必须树立顶层设计的理念，建立一个上下通达、运转高效的指挥系统，确保在这套架构上的每个环节，都可以尽可能地发挥自己的效用，不因为内部组织架构的混乱、重叠、低能，在实际报道工作中产生内耗或出现新闻触觉的死角、盲区。

（二）确定报道范围与重点

1.报道范围

报道范围是全部报道客体的组合，规定了报道对象是哪些人和事，报道面有多大。不同的媒体因为功能和定位不同，在报道同样的体育赛事时选取的范围和侧重点也就各有所异。媒体在选择传播渠道时，要考虑到传统的纸质媒介和视听媒介渠道的有限性，选择网络渠道，则要考虑其影响面广，容易形成影响。在地球村的网络信息社会里，每个人都能面向世界发声，媒体的地域性被打破，在一定程度上报道范围变成了一个相对的概念，世界性、全国性的大报、中央级视听媒体和一些门户网站因其受众定位的多样性，使其报道选择范围与地市级媒体相较会更广些，而地市级媒体为将共享信息变成独享，也大多注重与本地有密切关联的信息。如北京冬奥会中，辽沈媒体多关注本省的17名运动员，从出征之前的人员介绍，到夺金点以及参赛项目的知识普及，可谓面面俱到。赛中最大的关注点——自由式滑雪空中技巧比赛项目中徐梦桃、贾宗洋等辽宁本地运动员，辽沈媒体更将报道内容外延到他们的家人与学校，从日常生活、训练等多方面挖掘新闻资源。

2.报道重点

报道重点是报道客体中最重要的部分，规定可报道的核心人物或核心事件、核心问题，需要报道者投入最多的力量，在媒体上也要予以突出表现。报道重点是体育新闻采访报道的亮点，是受众关注的焦点和热点，报道重点的策划是决定体育新闻采访报道成败的关键。

以奥运会新闻报道为例，媒体报道重点主要包括：

（1）奥运会开幕式盛况：主火炬的点燃、出场的主要国家元首、著名体育明星、社

---

① 李远飞，陈嘉堃.新媒体环境下体育新闻报道的创新——北京冬奥会采访报道的思考[J].新闻界，2022（04）：57-60.

会各界名流以及主题曲演唱等都是开幕式报道的重点。

（2）赛间：第一枚金牌的产生；开赛后头几枚金牌花落谁家；各国尤其是体育强国强势项目的金牌争夺战，如美国的田径、游泳、篮球，俄罗斯的体操、田径，德国的田径、赛艇，中国的体操、射击、乒乓球、羽毛球、举重等。

作为中国媒体记者，奥运报道第一要关注中国选手的动态，如夺金情况、破纪录情况或创历史最好成绩情况等；其次是要关注其他国家选手的高水平成绩（如破世界纪录）等；另外，还有如兴奋剂、赛场骚乱等其他突发新闻事件或与之相关的新闻。

作为地域性较强的地方媒体，还要关注本省、市选手当天是否有夺金希望。在有多个夺金点的情况下，再从中挑选在国内普及程度高、受欢迎的项目去采访。世界级的高水平项目，记者也要关注。如田径场上的百米决赛、有NBA选手加盟的篮球决赛。由于电视转播较为普及，现场状况观众通过电视已知道得差不多了。文字记者的重点要盯在赛后新闻发布会、赛事深度分析与评论等方面。

（3）赛场外：重点关注金牌人物和著名体育明星的场外花絮，以及一些与之相关的体育事件和活动。

（4）赛后：重点报道金牌榜、闭幕式及奥运会后各方反应、评价和影响等。

（三）设置报道规模与进程

1.报道规模

报道规模就是报道的类型及数量，是报道的时间、空间与采编力量三方面因素组合的概念，即体育新闻报道在媒体上持续多长时间、选择的播出渠道及呈现形式、占据多大版面空间（电视播出时段）和多少栏目配置、动用多少采编力量。在体育新闻报道策划中要根据赛事的影响、规模、受众的喜好和需求，决定报道采取何种播出渠道，何种报道方式，是组合报道、系列报道，还是集中报道，并根据需要决定投入多少版面，安排多长时段等。可见，报道规模决定报道的方式。

如《北京青年报》在2002年足球世界杯的报道策划中，从2002年5月8日出版世界杯特刊《追"球"》，到7月1日比赛结束，《北京青年报》共出版《追"球"》55期特刊共524个版，出版《追"球"速查手册》1期100个版，出版豪华海报36期共144个版。从文字量上说，共有400多万字，其中新闻稿将近200万字，50多万字为自采稿。再从时间跨度说，从2002年3月底两会报道结束后，世界杯报道即开始启动，到7月初历时3个多月，其中出版日为55天。这就是在2002年韩日足球世界杯期间《北京青年报》世界杯报道的规模，创当时纸质媒体报道规模之最。然而，时至今日，随着全媒体时代的到来，已经很难有单纯的媒体报道规模之最了。"这是一届真正的无与伦比的奥运会。"这是国际奥委会主席巴赫对2022年北京冬奥会的评价。从2月4日精彩纷呈的开幕式，到2月20日闭幕，北京冬奥会在中国人最重要的节日春节期间，用超越与突破、欢乐与感动为世界注入新的力量和信心。对于正在探索融合转型中的媒体而言，北京冬奥会的报道比拼无疑是一场阵地战。北京报业集团、《北京日报》利用融媒体的方式来多维度、多方位呈现体育赛事，满足不同受众的需求成为设定报道规模的基本原则。客户端、报纸、视频三大阵地，侧重点不同，铺陈的报道力量也不同。截至北京冬奥会闭幕次日，

《新京报》发稿量（含文字、图片、视频、图解等）超5000条，报纸版面超500个，总点击量、微博话题阅读达36亿，在内容报道策划、产品传播效果两个方面实现"双丰收"。

2.报道进程

报道进程是指报道全过程中时段的分割和安排，规定报道分多少阶段进行、何时开头、何时推进与扩展、何时结束以及各阶段之间如何转接。在安排报道进程中，发稿计划和配合新闻报道开展的一系列活动占有非常重要的地位。发稿计划是报道进程中各阶段刊出新闻稿件的统筹规划，包括确定每条稿件的题目、内容、体裁和篇幅，确定稿件刊出的播发渠道、先后次序与具体时间、稿件在版面上的位置。发稿计划是对报道规模与报道进程的具体落实。

下面以《新京报》对2022年北京冬季奥运会的报道为例，进一步分析体育新闻报道进程的策划，从工作进程看，《新京报》的北京冬奥会策划可以分为三个阶段：

前期预热和筹备阶段：2021年1月，在距北京冬奥会开幕一周年之际，《新京报》开始策划推出冬奥周刊，在滚动的、碎片化的常规报道之外，聚焦冬奥热点，结合各个节点，推出专题策划报道，深度展现北京冬奥筹办各项工作进展、亮点、幕后、人物故事等。其中，包括冬奥会倒计时一周年、倒计时100天、50天等重大节点推出筹办进展策划报道；测试赛期间推出了《练冰》《冬奥模考》周刊报道；开幕前推出系列策划，如《探秘冬奥村》《我家门口开冬奥》《冬奥背后的高校科研力量》《冰上"掘金"》《冬奥防疫进行时》《三亿中的我》《冬奥效应"加速度"》等，分别从冬奥筹办进展、人文冬奥、科技冬奥、经济冬奥以及三亿人参与冰雪运动等角度推出深度报道，为冬奥会开幕预热。

冬奥会开幕前两个月，《新京报》于2021年11月开始启动另一轮策划，集中报社多个部门的采编、设计、创意团队力量，策划先行、反复推敲、力求精致，实现了报道内容和形式设计的有机统一，力图策划设计一款可以报纸报道内容进行整合包装，同步在新媒体传播的作品——88版特别策划《冬奥冰嬉图》策划成功，并于冬奥会开幕当天推出。88版特别策划《冬奥冰嬉图》，包括5叠冬奥会主题策划报道（简史篇、场馆篇、设计篇、人物篇以及观赛指南），既有对冬奥会历史发展沿革的信息梳理，也有北京冬奥会的场馆、赛事、观赛等信息汇总，让受众可以"一册在手、全程掌握"，为冬奥会开幕做了极好氛围营造和报道预热。

《新京报》迎2022北京冬奥会推出《冬奥冰嬉图》

借助报道策划，实

2月14日
徐梦桃
自由式滑雪女子空中技巧
金牌
冬
Beijing 2022.
新京报

《新京报》2022北京冬奥会赛事海报

现快的更快。延续东京奥运会赛事海报设计、制作、传播的优势，冬奥会期间体育新闻部、融媒设计等部门继续在赛事海报上下功夫。冬奥会冰雪比赛项目有洁白冰雪的独特背景特点，设计团队借用了纯白冰雪背景，结合海报移动传播的优势，进行巧妙构思制作，让海报中的运动员在手机朋友圈都"飞"了起来，让人耳目一新。

比赛阶段：赛场内，紧抓热点人物出爆款。冬奥会期间，《新京报》记者分别前往北京、延庆和张家口赛区闭环内，现场见证了中国代表团的每一块奖牌、每一次突破，发回了大量鲜活、可读、细节丰富的稿件。尤其是在短道速滑、谷爱凌、苏翊鸣、高亭宇、徐梦桃、国外选手羽生结弦等高流量、高关注赛事及明星报道方面，紧抓热点，文、图、视频同步呈现。因版权受限，报道选择在短视频上发力，主盯热点赛事、热点人物，并强化运营传播。冬奥会期间，《新京报》体育视频号播放量超1000万。《新京报》微博共创建并主持话题187个，总阅读量超8.6亿，其中有32个话题阅读量破千万。其中，"关注北京2022年冬奥会"话题阅读量达3亿，话题"天才少女谷爱凌养成记"阅读量近1亿。

赛场外，紧抓热点事件涨流量。冬奥举办引发了全民关注冰雪的热情，进冰场需要排队，吉祥物冰墩墩连续脱销、限购等。冰墩墩的一度断货引发了大众对产品的抢购，《新京报》贝壳财经通过现场实探，制作的短视频《买不到冰墩墩，33950元的金墩墩你考虑吗？店员：会随金价波动，最近涨了五千》在视频平台播放量达3389万，其他平台225万，微博话题"33950元的金墩墩你买吗"登上同城热搜，话题阅读量1647万。针对"一墩难求"，2月6日记者第一时间联系到东莞专门生产冰墩墩"外套"的厂家，拿到独家生产视频，发布《独家揭秘冰墩墩"外套"制作法，订单新增20万，工厂全力生产》，微博话题登上同城热搜，话题阅读量309万。连续报道《厂商回应冰墩墩脱销：已组织全面开工生产》《冰墩墩一厂商：新接50万订单，为工人买机票提前复工》。

赛后阶段：冬奥会闭幕次日，策划推出两个周刊，一个主题为《虎跃龙腾》，用"光荣榜"对中国军团史上最好成绩进行盘点；另一个主题为《谢谢！》，通过对近20个岗位特色人物的采访，致敬和感谢冬奥会的每一位"参与者"，正是因为有了他们的辛勤付出，才让北京冬奥会变得独一无二[1]。

由上面案例可以看出，对于大型赛事的报道进程，一般分为三个阶段，即赛前的筹备和预热阶段、前期报道和比赛期间的报道，同时将赛事报道与围绕赛事开展的活动相

---

①刘国良.重大报道转型融合在创新中出彩——以新京报冬奥系列报道组织策划为例[J].中国记者，2022（03）：21-25.

结合，进一步提升媒体的影响力和受众的参与热情。

（四）多渠道多视角架构报道内容

报道内容是体育新闻报道的核心，是记者和编辑在确定报道范围和报道重点的基础上，对采访能够获取的新闻材料进行合理发挥、充分利用、筹谋篇章结构的工作。理解创意，把创意具体化。从某种意义上说，"内容决定报道的成败"。因此，必须集思广益、运筹帷幄、思维超前、预见全面，对每一项内容的策划都要兼顾指导性、典型性、全面性、平衡性等因素，以实现体育新闻报道策划的整体目标，使体育新闻报道出新、出彩。

融媒体时代，媒体多渠道多视角地架构报道内容可以让受众更好地接受信息，并且与之互动，增强媒体的黏性。同时，不同渠道要求报道的内容也有区别，要有针对性地做好预设。比如手机移动端，更易传播短平快的消息，短视频、H5就能达到传递的效果；而深度广度高的话题，则可以选择传统的电视渠道、纸质媒体或者门户网站，以开设专题或者系列报道的形式进行；增强用户忠实度、便于互动的话题，则以网络渠道为主，网络直播时弹幕互动，或者开设话题评论功能进行。

下面以2022年北京冬奥会上几大主流媒体的报道为例，解析如何多渠道多角度构架报道的内容。新闻传播多年实践证明，媒体通过新闻报道的策划和组织，可以实现对新闻传播资源的最大发掘与最佳配置，生产出优质的报道内容，取得更好的传播效果。当下是移动传播的时代，策划要将传播渠道一并考量在内，甚至可以前置，但绝不能滞后，至少要与报道内容的策划同步。

如果说最能展现技术迭代带来的科技享受，那么一定是大型体育赛事。2022年北京冬奥会，中央广播电视总台14个电视频道和17套广播频率全景展现了冬奥盛况。为了满足受众多层次需求，总台发挥全媒体平台的优势，精心规划编排，立体呈现冬奥精彩。

14个电视频道及17套广播频率全景展现冬奥盛况。CCTV-5、CCTV-5+、CCTV-16、CCTV-8K等14个电视频道和中国之声等17套广播频率，除了对重点赛事进行直播转播外，还通过记者探访和AR、VR等技术，揭秘冬奥项目的比赛技巧，挖掘运动员夺金背后的动情故事，展示全景冬奥。

央视频引入"AI智能剪辑"技术，提升用户体验。基于对2020东京奥运会、2021年欧洲杯等体育赛事的报道经验，央视频在北京冬奥会期间，在技术上、内容上以及形式上都做出了改进。从内容上看，央视频除了同步大屏播出冬奥赛事外，每天还推出独家赛事直播，增加冬奥周边直播、慢直播、其他视角直播等内容，并通过同屏观赛功能实现单个直播间内同时观看最多4场直播，让用户不错过任何一场比赛。对赛事进行了主题性报道，兼顾体育赛事报道的专业性与娱乐性，为用户提供多角度的观赛视角；从技术上看，央视频多角度的赛事呈现以及沉浸式观赛，给了用户身临其境的体验；从呈现形式上看，央视频在首页、直播页面、专题报道上都做出了创新。赛事数据显示，2022年2月4日至22日，央视频共提供赛事直播超过550个小时，总播放量突破8亿，见证了109枚金牌的诞生。多方加持，央视频日均活跃用户比上一周增长了两倍多。

央视新闻第一时间播报赛事消息。推出《新年"奥"造型》《冬奥快评》《手语看冬奥》等产品，相关报道总阅读播放量超过38亿次。

央视体育客户端重磅升级，打造冬奥会全新版本。从观赛体验、新媒体产品展示、观众互动、个性化设置等多方面进行全新升级，提升受众的观赛体验，日均活跃用户数较之日常增量达260%。

总台还推出了一大批创意新、网感强的融媒体产品，如《冬奥一点通》《北京日记》《C位看奥运》等，吸引年轻受众关注北京冬奥。

图片来源：2022-02-21 07:20 央视新闻客户端

北京日报报业集团旗下的《北京日报》《北京晚报》、北京日报客户端齐头并进客户端、报纸、视频三大阵地，采取的方略就是各传播渠道侧重点不同，发挥各自的优势及特点。简单归纳就是：客户端拼速度，主打短平快；报纸端比深度，突显高精尖；短视频拓广度，开发新奇特。在各个端口中，报纸是平面媒体"安身立命"的根本，加强报道内容专业性、权威性，将体育新闻深度报道的理念融入每一篇新闻的写作及报道，是纸媒发扬传统优势的最有效方式。

随着全球互联网从"门户时代"发展到"社交时代"，各类媒体的生产方式也发生了转变，在此前处理和传播海量信息的基础上，发展为制造海量话题，并通过"破圈"使话题在网络上发酵传播。在国际大型综合性运动会的报道中，专题化体育媒体既需要适应全新的生产和传播方式，抓住热点话题带来的流量，又需要明确对体育的专业解读依然是国际大型综合性运动会报道的核心所在，不断搭建起热点话题与自身媒体价值之间的桥梁[1]。

（五）采用灵活的报道方式

报道方式是指将零散的新闻报道整合为报道整体的操作模式，即新闻编辑根据媒体确定的报道渠道、报道目标、报道范围和报道重点，运用某种手段和方法组织若干相关报道，使之形成具有一定规模效应和持续时间效应的报道整体。

体育新闻常用的报道方式主要有以下几种：

1.集中式

集中式报道指在短时期内组织大规模、多篇幅的稿件集中于一定的版面或时段，通过集中效应形成较大的声势，以吸引受众的眼球，具有强烈、鲜明和醒目等效果。重大体育赛事如奥运会、世界杯等的采访报道，各家媒体都长于运用集中式报道方式，并推出创意百出的特刊，组织多篇主题集中的稿件对大赛进行规模报道。如在北京冬奥会期间，全国各大媒体相继在电视广播端、平面纸媒端以及网络移动端推出奥运特别报道。倒计时一个月之际，中央广播电视总台央视体育频道、奥林匹克频道共同推出《带你一起看冬奥》《艺术里的奥林匹克》《冬奥山水间》《大约在冬季》《冰球旋风》《冰雪梦想团》《荣誉殿堂》等多档精品节目。

2.系列式

系列式报道指着重于组织报道体育赛事、体育事件或体育活动各个侧面的稿件，集不同渠道、不同角度的报道为一体，体现体育新闻报道的深度、广度、高度和厚度，以发人深思，达到横看成岭侧成峰的效果。北京冬奥会上，网络媒体一方面通过事件现场广泛寻找生动细节，另一方面通过自制栏目深入挖掘背后故事。比如，中国自由式滑雪运动员谷爱凌夺得两金一银，是此届冬奥会上的绝对明星和全网的顶级流量。其在首钢大跳台拿下自己的冬奥首金后，互联网媒体首先通过分解现场细节，迅速制造了"谷爱凌夺金""谷爱凌挑战极限1620""巴赫谷爱凌碰拳"等一系列话题，获取了现场的第一波流量。此后互联网媒体又迅速抢占第二落点，挖掘"谷爱凌的手机屏保是奥运金牌""谷爱凌五环美甲"等话题，将第二波流量收入囊中。待赛后新闻发布会结束，其基于谷爱凌的采访，又将话题内容进一步丰富，生成了"谷爱凌和妈妈相互激励""谷爱凌叫苏翊鸣好弟弟""谷爱凌决赛前夜弹钢琴解压"等话题，让流量继续上升。此后，该话题开

---

[1] 刘国浩.专业化体育媒体在北京冬奥会的报道策略研究[J].新闻研究导刊，2022（05）：107-109.

始了在网络平台上的"破圈"之旅，"群星发文祝贺谷爱凌（体育'破圈'演艺）"、"谷爱凌三观太正了"、"谷爱凌在海淀黄庄学奥数（体育'破圈'教育）"、"谷爱凌的足球天赋有多高（冰雪'破圈'足球）""谷爱凌想吃北京烤鸭（体育'破圈'美食）"等话题实现了体育与不同领域话题的"破圈"，最终将一个焦点新闻事件从各个维度解剖，以系列报道的形式完成了在全网的热播。

3.连续式

连续式报道指紧跟某一体育事件或问题的发展变化，对其进行追踪，连续发出报道，反映其全过程，取得及时、深入、扣人心弦的报道效果，也常被称为跟踪式体育新闻报道。连续式强调事件发展的整个过程的推进，着重了体育事件或重大体育问题的由表及里、由浅入深、由现象到本质的演变过程，需要记者坚持不懈的采访报道作风，才能较好地完成体育新闻报道任务，而且，连续式报道方式多用于能够引起受众普遍关注的、对社会或体育事业产生重大影响的体育事件或体育问题。比如新华社推出了《冬奥"捷"报》，这是一个以音频为主打的融媒形态专栏，从记者进入闭环的第一天，到冬奥会结束，每天更新一集，共27集。每一集中，首先带来冬奥新闻播报和记者的所见所感，然后邀请一位专项体育记者嘉宾对各项热门赛事进行点评和解读。还有一些番外篇，呈现方式是娱乐和盘点类型。

4.复合式

融媒体时代，围绕某一重大赛事，新闻实践中媒体多采用复合式的报道模式，即针对同一主题或同一事件，以不同渠道、不同类型的报道模式进行阐释解读，以满足不同圈层受众的需求。以新浪体育对里约奥运会的复合式报道为例，从"记者+社交"模式、"图文+直播"模式、"微博+直播"模式、四档节目+精彩瞬间的GIF专题四个方面对其复合式报道模式进行详细剖析。2016年里约奥运会期间，新浪网设立了专门的网页频道——"新浪竞技风暴"，对里约奥运会进行专题报道。对于大型赛事的报道来讲，专业的体育网站仍然是比较系统化、专业化、广泛化的一种形式，将相关讯息整合到一起，网页之间相互跳转。

"记者+社交"模式：在当下众多的社交平台中，新浪记者选择了微信公众号，在"对手"腾讯的地盘开拓了自己的一片宣传天地。"记者+社交"的模式，增加了受众的关注度及互动性。很多资深的体育记者在公众号上发布里约奥运会的赛事点评，撰写评论员文章，风格多样，好评如潮。如，微信公众号"新浪大眼萌"（生产新浪独家内部资讯）推送消息，图文并茂的内容和生动幽默的语言更加直观地吸引了受众，拉近了彼此的距离，增加了受众的参与感。借竞争对手的势力，将里约奥运报道团队作为赛前看点加以宣传。

"图文+直播"模式：利用"图文+直播"模式，新浪体育突破了版权限制。里约奥运期间，新浪体育同时在PC端和移动端开设了图文直播室。比赛开始前，新浪体育就在自身各大平台推送文本预告，邀请观众观看图文直播的同时，还在文章末尾贴上了电脑版和手机版的直播地址，观众只需点击链接就可直接转跳到直播页面。图文直播开始后，不仅可以紧跟赛事动态，还能让观众发表观点进行互动，吸引了众多观众的参与。央视在里约奥运会开幕式前17天才对外分销新媒体版权，腾讯用一个亿拿下了赛事直播权，但是由于时间差，让比赛视频与现场实际时间有了半个小时的延时，新浪利用其平台优势，以"图文+直播"的形式抓住这个延时空档，一定程度上增强了其奥运报道的影响力。

"微博+直播"模式：与其他建立于QQ、微信这样"熟人圈子"的社交媒体不同，微博打破了传统闭合的环式传播，自由关注、互粉的用户通过转发形式产生了扩散式传播。新浪微博在新浪体育里约奥运会报道中承担了重要角色，发布比赛的相关微博话题，吸引受众阅读或观看。在此基础上，新浪体育又推出了"微博+直播"的报道方式，一个是拥有过亿用户的社交工具，一个是当下最热的传播方式，两者合体让整个奥运报道产生了明显的化学反应。里约奥运期间，杜丽、菲尔普斯、张继科等明星运动员通过微博直播向受众展露出比赛外更放松真实的一面，吸粉无数，赚够了人气。以"洪荒少女"傅园慧微博直播为例，短短一个小时就吸引了数千万网友的关注，为新浪带来了巨大流量。

四档节目+精彩瞬间的GIF专题：新浪体育还打造了《奥运王中王》《金牌访谈》《里约大冒险》《早晚报》四档节目和精彩瞬间的GIF专题。迈克尔·菲尔普斯参加的《冠军访谈》是他在夺冠后参加的唯一一个除美媒之外的媒体专访，采访视频上线当天总浏览人数突破1500万。GIF专题则是里约奥运会上的另一个亮点，专门发布奥运期间运动员的小表情等动态图，可以说是"动态表情包制作工厂"，使用热度极高。在"表情包走遍天下都不怕"的时代下，GIF专题所生产的动态图片，无疑就是很好的斗图来源。在短短的几秒钟之内，抓住人物最精彩最典型的动作和表情，制作成动态图，将只能意会不能言传的瞬间，演绎得淋漓尽致，既生动形象，还便于保存，少占空间①。

5.受众参与

受众参与式报道指为增加媒体受众的黏性，吸引读者、听众、观众或网友等参与到体育新闻报道活动中，如邀请受众参加新闻采写编评等活动，发动受众对报道内容或版式设计等展开讨论并提出建议等，受众的活动与意见构成媒体报道的主要客体。

新闻实践中，受益于互联网技术，媒体与受众间的信息交互更加便捷，眼下已经形成了"无传播不互动"的模式。由于不同领域的受众有着不同的知识储备，常常会带着个人喜好、情绪解读、加工这些信息，成为新的信息节点。我们常说"精彩总在评论区"，恰恰也说明"专业化"的体育信息逐渐变得更大众化。同时，受众是社交媒体上关键的传播节点，继而触发和构建第二层、第三层的传播网络，推动体育信息"出圈"。2021年欧洲杯比赛中，葡萄牙队的赛前发布会上，队长C罗把两瓶可口可乐移出了视线范围。随后，欧洲杯参赛的很多球员都"重演"了这一幕，欧足联虽然正式表态，但玩梗的球迷已经停不下来了。6月24日，在葡法大战结束后，C罗狂奔至场边庆祝时，一些球迷向他怒扔可乐。至于国外社交媒体上，可乐这个梗更是被玩坏了。出圈的可乐，引发了公众对欧洲杯参赛规则的关注。但仅从"出圈"的过程来看，这与受众自发接梗、传播接力有莫大的关系。这种全民参与生产、传播的特点，在各个社交媒体平台都很常见，微博平台尤甚。但是，反过来，记者可以从中观察、提炼，获得有价值的线索和角

---

① 胡雅妮.新浪网里约奥运会复合式报道模式探析[J].知识-力量，2019（43）：25-26.

度，进行"深一度"的回应式报道。

对里约奥运会的报道，新浪体育就继续着受众参与式的报道模式。在PC端上，新浪延续"评论+分享"的传统玩法，与此前不同的是，全媒体平台的互通使得用户只需一个账号就可快速实现二次传播，新浪体育也能够根据传播热度生产更多喜闻乐见的报道。例如，在PC门户网站上登录，发布评论后，也能同步分享到微博等平台。新浪体育依据后台数据分析发现图表数据报道较为热门，便会制作更多H5、动画等类型的报道。传统媒体与自媒体融合，新浪根据平台特点开展互动生产，借力自媒体增加自己产品的热度。新浪体育利用"图文+直播"的报道模式，用户不仅可以在PC端和移动端的图文直播室直接参与评论图文直播，其提问还可能被直播室主持人采纳，随时成为报道新方向。比如在林丹和李宗伟比赛直播时，对运动员们的打球战术提出疑问，以及猜测谁会赢得比赛的胜利等，主持人和嘉宾就可能直接对此进行答疑或讨论。

以上介绍了五种主要的体育新闻报道方式，在通常情况下，报道方式的选择要根据传播渠道和报道内容的需要而定，并且宜灵活多样地采用多种报道方式。一般说来，越是选题重要、报道规模大的体育新闻报道，越需要综合运用多种报道方式。

（六）构造独特的报道形式

体育新闻的报道形式就是报道的表现形式，是报道方式最终在媒体上的具体展示及形象化。报道形式作为报道的手段，是一种相对抽象的概念。在体育新闻报道策划中，表现形式是因报道方式的选择而确定的。报道策划时对表现形式的设计主要是对报道的主要体裁和包装风格的明确设想，以及稿件的搭配、版面的设计等一些细节的处理等。

1.体育媒介产品的"包装"

体育新闻报道形式策划主要是对媒介产品进行"包装"，体育新闻报道不仅要考虑给人们提供高质量的产品，还要考虑媒介产品以怎样的姿态展现给人们。《新京报》在北京冬奥会上，延续东京奥运会赛事海报设计、制作、传播的优势，体育新闻部、融媒设计等部门继续在赛事海报上下功夫，让人印象深刻。可见，无论传播渠道是纸质传播，还是电子媒体，若想以靓丽姿态赢得受众的青睐，必要的包装不可或缺，手段更是多样，如版面的编排、照片和图片的配置等需要做大量细致的工作，但应注意以下几点：

（1）图配文

图文的配套，用精美图片、评论配正文，以深化主题，强化报道效果。

（2）统一性

对报道做统一的技术处理，包括单篇题目及文内小标题的逻辑、修辞关系和文章的格式，尤其是承前启后的照应问题，还有材料运用的分工、事实的前后一致等问题，都应通过统一予以处理解决。

（3）定格式

新闻策划应对报道的格式进行必要的处理，以形成版面强势，强化新闻策划的效果。

图片来源：2022-01-21 13:14 京报网客户端

（4）传播美

体育媒介产品的包装和版面设计都要具有一定的审美价值，人总是追求能够带来美的享受的事物，这就要求体育新闻报道策划中要融入美的元素。体育受众常常喜欢看到那篮球场上划破长空般的突破上篮、水池上优美的入水姿势、网球场上一记漂亮的"ACE"等，体育新闻报道要抓住受众的喜好，对特定镜头给予特写、回放，并对精彩片段进行编辑集锦等。新闻工作者应是美的使者，要向人们传播美、展示美，在策划中不仅要融入美的内容，还要有美的语言、美的情感和美的形式。

对于以电视传播渠道为主的视频制作，包装主要涉及频道形象、栏目形象、收视预告宣传，以及演播室、主持人形象设计等众多方面，为建立电视频道的品牌识别和视听屏幕形象服务。包括形象宣传片、片头、片花、定位宣传广告语、公益广告片、字幕条、全屏信息、视窗类，题图、角标、扫画、虚实画面无缝合成，将场景、字幕、图像和视音频融合为有机的整体。另外，要注重相关节目的在线包装是在播包装，根据节目内容播出的需要，实时地进行视觉效果强化的一种有效方法。图文字幕主要包括新闻标题、人名标题、运动员资料、计时计分结果、金牌榜、节目导视、赛事导视、图片新闻、多路连线视频窗、滚动新闻等。整合整个体育赛事转播中重要的说明性系统，能够扩展与转播相关的信息量，全面实现对赛事预告、赛前介绍、赛中分析、赛后总结、精彩回顾的立体包装效果等。

图片来源：2022-02-18 22:22 央广网客户端

2.体育版面的设计与制作

版面的设计与制作也是报道形式策划的主要部分之一。中国人民大学新闻学院教授蔡雯说："版面设计已经不仅是一种编辑学范畴的操作，而且是报纸产业形象工程的有机组成部分。"现在这句话可以理解为无论传播的渠道如何，都应该注重版面的设计。比如CCTV的央视频，为了实现"以用户为中心"的理念，在北京冬奥会报道中，央视频在页面形式上更加注重细节，每一场赛事直播下方都设置了"评论区""本场成绩""出场名单""赛事竞猜""聊冬奥"等在线社区。"评论区"中的实时留言为奥运健儿们加油打气，增加了用户的赛事参与感与互动度。"本场成绩"和"出场名单"方便用户进行赛事相关信息的查询，不用退出赛事直播也可以及时获取本场赛事成绩和即将出场的运动员等相关信息。"赛事竞猜"与"聊冬奥"社区更是打造了多元数字化场景，为用户提供获取信息和交流信息的多种渠道，促进用户之间的沟通，建构同频共振的集体记忆。可以看出，所有的设计都是围绕传播要实现的目的服务的。

（七）选择最佳的报道时机

体育新闻报道策划必须重视新闻推出的时机，新闻作为易碎品，昨日新闻犹如明日之黄花，而且，随着时间的变化，社会的大背景就会发生变化，公众的关注点也将发生变化。因此，同样一个新闻事件放在不同的时间节点——也就是不同的社会大背景下发生，会产生不同的新闻效应。对于某个具体的新闻事件来说，只有在符合其"发生"的社会大背景存在的那个时间段推出才能产生效果。当这个时间段过去，在整个社会的关注点已经转移时，如果你再推出这一"过时"的新闻，就没有多大意义了。所以，新闻策划有个基本的要求，就是在体育新闻报道策划中要把握好时机，重视整体效果，要有足够的新闻敏感性，以选择最佳的、能产生最大新闻效应的实施时机。大型体育赛事报道的策划要密切配合赛事进行，赛前的热身报道、赛中的追踪报道、赛后的总结综述报道等要综合考虑，拟定最适宜的时间进行报道。比如为迎接2022年北京冬奥会，2021年10月25日中央广播电视总台奥林匹克频道（频道呼号：CCTV-16，简称：央视奥林匹克频道或央视十六套）开播，它是以播出体育赛事和奥林匹克赛事为主的超高清电视频道。其时机选择精准，从收视率和受众的认可度可见一斑。而自2019年5月19日冬奥会倒计时1000天开始，全国各级各类媒体的冬奥会报道就已经全面升温，各大媒体纷纷开动。盛大的倒计时1000天活动在北京奥林匹克中心区举行。央视体育频道投入精干力量制作"北京冬奥会倒计时1000天特别节目"，主持人沙桐、魏晓南坐镇演播室，尉迟学敏等记者在前方出镜并对武大靖等嘉宾进行采访，多角度全方位进行报道。倒计时活动进入尾声时，正值新闻频道《新闻1+1》播出时段，主持人白岩松也与现场记者进行了连线。2020年9月21日，北京冬奥会正式进入倒计时500天，央视体育频道企划了"春华秋实倒计时500天"大型直播节目，介绍北京冬奥会筹办进展和重大事件。新媒体平台同样是北京冬奥会的重要报道阵地。2020年9月5日，首架北京冬奥会主题彩绘飞机"冬奥冰雪号"举行首航仪式。央视发挥融媒体矩阵优势，在央视频客户端开辟了多样态直播。首航开始之前，超过15个小时的"冬奥冰雪号"彩绘慢直播，记录飞机喷绘的全过程，收看观众达150万以上。首航当天，新媒体端派出多路记者在飞机内部以及外部进行全景直播，见证这一富有意义的时刻①。

为做好解释性报道，普及冰雪运动和冬奥会知识，新华社在2021年12月推出了"你不知道的冬奥事"栏目，围绕"冬奥会为什么要人工造雪""闭环内如何打车"等受众感兴趣的话题组织释疑解惑的文章，受到欢迎。除了筹备板块，中国选手备战冬奥会也是这一阶段的报道重点。新华社利用驻外记者面广点多的优势，全方位跟踪中国选手境外参加冬奥会资格赛、积分赛的赛况，对武大靖、韩聪、隋文静、谷爱凌等名将参赛情况做了充分全面的报道。围绕"三亿人参与冰雪运动"主题，持续报道冰雪运动在中国大地的蓬勃开展。其中新华社河北分社策划拍摄的短视频"11个月萌娃练滑雪"火爆全网。新华社两个体育名牌融媒体栏目《约大牌》和《追光》也围绕冬奥会策划重磅选题。前者对奥运火炬手李佳军和冬奥会词作者常石磊的视频专访影响很大。后者利用文案、图片、视频、表情包等新媒体元素对冬奥筹备、中国选手备战和大众冰雪运动作了丰富多彩的融合报道。

中国体育报、新体育网自2021年10月27日起，推出四开铜版纸全彩印刷《冬奥特

---

① 杨泽生，高薏.新闻场域视角下奥运会电视传播研究——以中央广播电视总台北京冬奥会节目为例[J].新闻爱好者，2021（02）：82-84.

刊》，同时推出《冬奥特刊》电子报和多媒体H5版，至12月9日，已制作推出26期。北京冬奥会、冬残奥会倒计时100天开始，南方都市报相继推出问答冬奥、冬奥访谈、冬奥探馆、冬奥察时局、冬奥零距离VLOG系列专题报道，通过走近北京冬奥会背后的大人物和小人物，深入挖掘冬奥筹备背后鲜为人知的故事，观察冬奥将给北京和中国留下哪些遗产等热点话题。可见，报道火力前置已经成为业界的共识。

（八）配置科学的报道力量

体育新闻报道力量配置是指参与报道的人力、资金和技术设备的配置。体育赛事尤其是综合性体育赛事，大都历时长、项目多，尤其是国际大型赛事在我国举办，作为东道主的报道就更加全方位。下面以2022年北京冬奥会为例，简要分析各主流媒体在北京冬奥会的新闻报道中，如何依据传播渠道的不同，配置人员和设备，科学合理地配置报道力量。

1.人员策划——团队专业化

主流媒体的专业性是其在新媒体环境中发展的强大优势所在，主流媒体配备专业的信息采集团队、信息生产团队以及信息输出团队，因此，其所生产的新闻产品具有更强的公信力。以央视频为例，基于专业团队人员对2020东京奥运会、2021年欧洲杯等体育赛事的报道经验，央视频在北京冬奥会期间，在技术上、内容上以及形式上都做出了改进。从内容上看，央视频对赛事进行了主题性报道，兼顾体育赛事报道的专业性与娱乐性，为用户提供多角度的观赛视角；从技术上看，央视频多角度的赛事呈现以及沉浸式观赛，给了用户身临其境的体验；从呈现形式上看，央视频在首页、直播页面、专题报道上都做出了创新。

新华社这次调整了组织架构，首次实行"采编分离"的报道指挥模式。174名注册记者绝大多数都将进入闭环报道，而且进入闭环的都是一线采访记者。同时，派出新华社摄影报道团队规模在100人左右，其中前方持EP注册证的摄影记者近70人。北京冬奥会摄影报道的人力投入，不仅超过东京奥运会，也远超历届冬奥会。实现对所有项目、所有比赛场次全覆盖拍摄，立体呈现每一块奖牌的产生和每一名中国运动员的表现，计划对开闭幕式、夺牌时刻、赛场突发新闻以及中国运动员、国际名将等重要内容实现图片即拍即传，提高图片采编发时效。后方也搭建了40人左右的图片编辑部，届时将实现所有项目赛事和颁奖仪式的全覆盖拍摄发稿。

北京报业集团派出了有过数届奥运会、冬奥会、世界杯等大型赛事一线报道经验和全局指挥经验的北京日报体育新闻中心主任袁虹衡，作为牵头协调的体育部负责人。负责人既要掌握冬奥会的新闻发生规律，又要在体育圈、媒体圈等多个圈层中具有深广的人脉，可以及时掌握各种信息，并根据经验进行准确判断，然后通过报社内部的组织架构，对各领域、各部门进行策划协调，分配工作、调遣人力，从而确保任务最终完成。整个架构中的各个环节也都针对奥运赛时的特点和需要，进行了人员和工作的内部安排，制定了奥运赛时的专门制度。尤其是在"先端后报"的要求下，融媒体客户端和一线采访记者之间搭建起了直接交流和传输信息的渠道，既有汇集了新闻采编全流程各路人马的大平台，又在大平台下，依据工作内容和方向的一致性，建立了编辑与记者之间的直接联络，使团队组织有架构，架构上有联络网，不仅确保新闻发生后可以准确、安全、无误地发布，还使整个团队的信息在内部可以有效扩散，为后方的各类编辑部门发挥策划的主观能动性提供思路和依据。

2. 设备策划——技术赋能

在人工智能、5G、云存储、VR、AR等新兴技术的支撑下，北京冬奥会的新闻报道让传统媒体时代可看、可听的二维新闻产品呈现可沉浸、可互动、可体验的三维融媒效果，借助新兴媒介技术，为北京冬奥会的可视化新闻内容呈现提供更多的可能性。以央视国际新闻频道（CGTN）为例，借助5G技术使得物理空间与数字空间更为紧密地结合，在京张高铁列车上搭建了一个5G聚合和传输系统——世界上首个高铁5G超高清奥运演播室。这不仅保证5G超高清演播室内能够实时直播北京冬奥会的赛事新闻，还向国外观众介绍了"5G冬奥列车"的稳定性、沿途风景、先进技术、内景装饰、功能特性等内容，借此潜移默化地向其他国家传达中国高铁的自主研发、建设的强大能力。此外，全球疫情防控常态化，这导致北京冬奥会能够抵达现场观看比赛的人数有限，更多观众需要通过云端来感受北京冬奥会的现场。这意味着"数字演播室"将极大地为北京冬奥会的新闻报道赋能。为此，CGTN的《环球体育》栏目率先搭建了以AR技术为依托的虚拟演播室，将现场演播的真实感通过增强现实技术表现出来，同时融合"第二现场"将"冰丝带""雪如意""冰立方""雪游龙"等冬奥场馆，通过微缩、3D立体的形式展示给全球观众，通过动态的3D图表展示北京冬奥会的出场顺序、运动员得分情况等。背景融合了雪花飘动的动画沉浸式播报赛事情况，使得北京冬奥会的赛事报道更加视觉化、逼真化、现场化。

3. 渠道策划——跨界合作

在传播冰雪体育文化的同时，CGTN的《环球体育》栏目通过冰雪运动与中国传统文化视觉符号结合，赋予了传统文化想象的空间，打造微电影《国风遇见冬奥》。《国风遇见冬奥》将中国传统文化中的青女、将士、琴师等人物符号进行现代性的改造，与冰雪体育项目花滑、冰壶、滑雪等项目创造性地结合，提炼出伯牙与子期、甲胄、青女等中国传统文化符号，并与冰雪运动、体育精神结合，植入中国传统话语的同时展现出中国源远流长的优秀传统文化和民族精神。与此同时，由于不同国家的文化差异较大，北京冬奥会的国际传播需要因地制宜地结合不同国家的地方文化，贴近其文化消费心理与文化诉求，实现针对不同国家、不同地域、不同文化人民的"精准"传播，减少对外传播的阻力。基于文化差异，CGTN与来自中国、蒙古国、冰岛、意大利四个国家的音乐人合作接力完成了CGTN冬奥主题曲《拥抱》的创作，将国际音乐文化与奥运精神结合，推动跨语境本土化的内容生产。CGTN还将中国与俄罗斯的体育、文化交织，共同制作《魅力北京》三集系列电视片，包括《中国将在2022年冬奥会上展示"冰球矩阵"》《当天鹅湖遇上北京冬奥》《数字人民币让北京冬奥更加便捷》。其中，《当天鹅湖遇上北京冬奥》以俄罗斯经典芭蕾舞曲《天鹅湖》的"天鹅主题"曲调为基础，进行了更具时代感的风格改编和重新配器，创作出融合电音、国风等元素的主题背景音乐，更是创新性地打造出虚拟人物娜娜，与俄罗斯"冰王子"、冬奥冠军普鲁申科、中国花滑大满贯运动员李子君共同阐释体育故事与奥林匹克文化，达成对外传播的理解、共享与认同①。

跨界合作也成为2022年北京冬季奥运会期间各大商业媒体竞相发力的手段。尤其是以抖音为代表的商业性网络媒体，它们基于巨型流量池和丰富的资源，以跨界为手段，打造"冰雪健儿+体育明星+体育名嘴+体育创作者+演艺明星"的跨界联动，以制造热点话题为核心，推出多档自制栏目和线上直播，让2022年北京冬季奥运会的热度蔓延全网的同时，也形成了热点话题制造和传播的成熟链条。

美国布鲁斯·加里森等在《体育新闻报道》著述中，曾对体育媒体如何进行团队协作和配置科学合理的报道力量进行概述，虽然传播时代的不同，但我们仍可以借鉴参考。现节选如下：

1.体育新闻部

制订重大赛事报道计划的工作应首先在体育部进行。体育部要安排报道此项赛事的记者，并充分了解此项赛事以及读者有什么要求。安排从事报道的记者应该在赛事邻近的时候，与体育编辑讨论本次报道的有关事项。有时需要体育编辑部来负责制订采访计划。这时他应该与以前报道过此项赛事的记者和将要报道此项赛事的记者商量有关问题。有时，体育编辑还要指定专门的人员来协商报道的各项工作。

2.广告部

表面看来，广告部与实际报道工作之间似乎并没有太大关系，但他所起的作用却是不容忽视的。报道重大体育赛事常常需要增加额外的版面，而大多数报社的新闻版面（也被称为新闻区）是由广告赞助的数量决定的。也就是说，各新闻部不能确定额外的版面。许多报社都有"版面银行"，编辑可以在遇到突发性事件或进行特别报道时"提取"版面。对于日期早已经确定的重大赛事，体育部可以提前与广告部协商，争取更多的有广告支持的版面，这样会更有利于报道。除了正常的版面之外，体育部还可能多出一页或更多的没有广告的"空白"版面。以美国《密尔沃基日报》报道爱尔麦克格维尔赛跑比赛的情况为例，体育编辑会在赛后第二天的报纸上刊登最新的赛况结果，而广告部则会利用这个机会发售报纸上广告版面，对跑鞋商店、健康中心、健身设备商店及运动医疗诊所之类的公司和机构会有极大的吸引力。

广告部热衷于从与赛事有关的广告中获取额外的收入，而体育部则因有助于增加广告收入而能够争取到更多的版面。所以在报道重大赛事的时候，广告部的参与是绝对有帮助的。它不仅能够在赛后提供格外的报道版面，甚至还能在比赛前提供更多的版面。广告部还会尝试发售体育版特别赛事报道的头版或特刊部分的广告版面。

然而，与广告部的协作必须尽早开始。比如《密尔沃基日报》在报道爱尔麦克格维尔赛跑比赛时，与有关的广告活动在比赛前几个月就开始进行了。广告部必须提前安排相关事宜的原因，是由广告行业本身的特点所决定的。由于广告客户必须仔细考虑其年度广告预算，所以广告部需要的时间比体育编辑们所预想的时间要长。广告客户会通常先确定自身的需要，再查看报社的时间安排，考虑潜在的读者群，然后才作出决定。比

---

①《魅力北京》系列电视片在俄罗斯播出：当天鹅湖遇上北京冬奥[EB/OL].中央广电总台国际在线，（2022-02-22）.https://city.cri.cn/2022-02-22/bcd52799-aeb6-b1b9-40f3-ff44dd77cb8f.html.

如，一个汽车代理商会在12月确定第二年的最佳广告时段是橄榄球赛季，而这也是推销新款车的季节。这样他也许会计划把主要的广告资金投入到这一时段。如果这位汽车代理商希望在春季的赛车比赛期间进行广告宣传活动的话，那么，他就需要提前几个月了解这项赛事的情况，以便修正自己的广告预算计划。

虽然提前与广告部协商很重要，但有些重大赛事举行之前也有可能没有充足的时间来进行预先的安排，比如州级巡回赛等。在这种情况下，体育部还是应该与广告部进行协商。由于整个社区对于本地球队的参赛情况非常关注，所以，广告部可以利用这个机会发售"全赛程广告"（即全程跟随本地球队的比赛），同时也为体育部提供更多的报道版面。

3.图片部

由于体育比赛中常会出现令人激动的场面，所以图片部在任何重大赛事的报道中都起着重要的作用。图片不仅包括传统意义上的照片，还包括电脑制作的图片，如信息表格、地图以及图表等。尤其是一些大型报纸，现在已经越来越多地采用素描或绘画一类原创艺术作品来丰富重大赛事的报道。体育编辑部或相关负责人应该在比赛之前与图片部负责人协商，总结上一年度报道中的不足，同时也为即将到来的重大赛事报道做准备。当然，由于创作各类图片要花大量精力，因此要给创作人员留出足够的准备时间。

还需要注意的是：报社各部门之间保持良好关系非常重要。也就是说，体育部要能理解各个部门所面临的特殊问题，尽量避免给其他部门造成不必要的负担。尽管大型赛事确实会吸引众多体育版读者的目光，但图片部同时还得为报社其他新闻部门服务。而小型报社的图片部还要为广告部和市场开发部等部门服务。因此，对于图片部的人员而言，重大赛事也许并不一定是最重要的事情。另外，加强与报社的其他部门之间的交流还能够消除一些潜在的冲突。

体育部事先与图片部一起制订赛事报道计划可以解决很多问题，甚至是赶上截稿时间这样的重要问题。提前制订报道计划还能解决人员安排的问题。如果赛事报道中需要很多图片的话，那么，图片部的工作日程就必须重新调整。另外，在诸如州一级的篮球锦标赛的报道中，报纸不仅需要球员在赛场比赛的照片，还需要有本地啦啦队长的特写镜头，以及戴着标语、身着盛装甚至脸上涂满油彩的本地球迷的镜头。因此，确定拍摄的主题也需要提前制订计划。

由此可见，体育部与图片部的合作至关重要。《密尔沃基日报》在报道爱尔麦克格维尔赛跑比赛时，往往由体育部代表、报社总编和图片部的人员共同讨论制订报道计划。按照这样的计划，图片部会安排一名摄影师到跑道边的一栋高大建筑物的楼顶拍摄生动的照片，在领先者前面安排一辆特殊的卡车来拍摄运动员跑动时的照片，再租用一架高空升降机从较高的角度拍摄整个赛道的情形，还会在终点附近安排一个摄影师专门拍摄胜利者撞线的镜头。为了能在比赛结束后尽快进入下一工序。

对于既没时间也没资金安排摄制组的小型报纸来说，要满足重大赛事报道中对图片的需求是一个巨大的挑战。为了确保报道的质量，体育记者还不得不承担起摄影记者的工作。因此，制订报道计划是保证摄影和图片制作成功的关键。比赛之前要事先查看现场情况，并了解确定在球场近距离拍摄是否需要申请办理特别许可证，在什么位置能够以最佳的角度拍出更有视觉冲击力的照片。

4.印刷部

报业的运作要受到截稿时间的约束，而截稿时间则主要是由印刷部来负责制定和执行的。前面提到晚上7:30举行的州级高中篮球锦标赛进入加时赛的例子，就充分说明了事先通知印刷部比赛可能延长的重要性。如果事先有所了解，那么印刷部和报社的管理人员就会下令暂停印刷，对比赛可能打到加时赛有所准备。另外，在重大赛事期间，报社还可以增加人手来满足体育版的图片印刷和全色图表制作等要求。

5.发行部

对于重大赛事的报道而言，一个已经用了14年的发行车也许与一位老练的体育专栏作家的重要性不相上下。如果发行车不能把报纸及时传递到读者手中的话，那么花在计划执行之上的时间就付之东流了。一般来讲，应由印刷部来协调印刷和发行工作，但如果编辑部和发行部进行经常性的交流，就可以使发行工作更加顺利，而且有可能扩大报纸的发行量。

对于一份正在报道高中篮球联赛的本州报纸来说，为了让参赛社区或城镇的读者了解最新的赛况消息，有时就有可能不得不推迟原定印刷时间和送报时间。

在《密尔沃基日报》报道爱尔麦克格维尔赛跑比赛时，发行部会提前准备好大卡车，以便将刚刚印刷出来的报纸以最快的速度送到赛后的庆典上。

6.市场开发部

如果一份报纸花了时间和精力来策划一项重大赛事的专门报道的话，它就应该好好"吹嘘"一下。大多数报纸会把这项工作交给市场开发部，这个部门可以通过很多途径来宣传这个特别报道。如通过电台和电视发布广告、在个人报箱里投放特制卡片、在经销商机构处张贴海报，当然还包括在报纸上打广告，等等。如《费城日报》对体育特写的宣传就增加了该报的零售量。而其他数以百计的报社所做的类似努力都取得了成功。

7.其他需要考虑的因素

体育部在筹备重大赛事报道时还需要考虑其他一些问题。当报纸通过一些特殊手段对即将到来的大赛进行宣传时，体育部自身也可以通过一些特别的赛前报道和特辑来激起读者的兴趣。如体育部可以不时推出一些本地奥运选手的备战专题报道，以此来带动自己的整个奥运报道。又如在州级高级联赛之前，体育版可以搞一个《联赛追踪》专栏，向读者提供特写、趣闻以及来自专家和选手们的评论。这些报道的资料可以从赛前的训练与热身赛中获得。

体育部指派记者去比赛现场进行采访也是一个需要事先计划的问题。如果在一个重大赛事举行前，报社已经提前做出了计划增加体育版版面，体育编辑甚至可以提前一年就把任务分派给记者，以便他们在完成日常的报道任务之余围绕这项报道做准备，此举能够有效的节省赛前报道准备的工作量①。

① （美）布鲁斯·加里森，马克·塞伯加克.体育新闻报道[M].郝勤，译.北京：华夏出版社，2002：185-189.

四、体育新闻报道策划应注意的问题

（一）理清概念

在当今高速发展的信息时代，尤其是北京奥运会的成功举办和我国体育事业的崛起，使我国媒体的体育新闻报道策划逐渐迈向成熟的发展阶段，但还应清醒地看到，各地区因经济、文化、体育发展水平不同，体育新闻策划的差异还很大，许多地区的媒介策划能力不强，策划走入一个误区。在体育新闻策划中不能紧扣主题，"张冠李戴"，策划出的东西与实际相差较大，失去了策划的意义。更有甚者，打着"策划"的幌子制造新闻，夸大事实，使策划偏离了轨道。如在2005年由《新闻记者》杂志评选出的年度"十大假新闻"中，虚假体育新闻就占三席，而其中列首位的就是《足球》2004年1月7日刊发的《"国资委"阻击中国足球》一文。该文称国资委已将中国足球列为"不良资产"和"不良市场"，指示国有企业应将其完全剥离，而实际情况是该报记者未将国资委官员个人言论与正式出台的政策加以区分，导致见报后引起误解。可见，在体育新闻报道策划中，并不是报道的内容越多越好，而应根据体育比赛的层次、事件的分量而定位它的规模和内容，不能盲目扩张[①]。更不能将新闻报道策划变成了策划新闻，混淆视听，真实才是新闻的真正生命力，新闻报道策划永远以事实为前提，从实际出发，紧密联系实际，吃透精神，找准切入点，才能产生好的效果。

（二）突破创新

全媒体传播时代，突破创新已经成了基础要求，尤其是体育新闻报道，运用创新性的思维方式和操作方法进行策划，已经成为比拼实力，同源竞争中取胜的关键。体育新闻报道策划的创新性主要体现在三方面：内容的创新、角度的创新和形式的创新。

在内容创新上，力争作出独家新闻报道，这是一个既旧又新的命题。媒体转型融合，这个命题依然存在，而且显得更为重要，即如何通过技术赋能融媒报道形式和渠道，实现报道内容、形式、渠道的最优结合，打造出独家新闻报道产品，是亟待破解的命题。体育记者的关注点不能再局限于赛事和竞技信息本身，而是要纵向联系作出深度、横向联系做出延展性，扩大报道边界。东京奥运会前夕，《中国青年报》微信公众号刊发《首次！中国队带这些人去东京，网友：太支持了……》。彼时，正值中国奥运代表团陆续奔赴东京，但这篇稿件关注到了随团出战的外部律师。律师将为中国奥运代表团提供必要的法律服务，特别是与"反兴奋剂"和"体育仲裁"紧密相关的法律事务。之所以说这个"首次"意味深长，是因为有孙杨因"破坏反兴奋剂检测取样"而被禁赛4年3个月的教训。自2018年起，记者就在持续关注孙杨与反兴奋剂检测员发生冲突一事。《中国青年报》对"世界反兴奋剂机构（WADA）诉孙杨和国际泳联案"的报道，包括国际仲裁、重审等法律问题解读，以及我外交部的权威表态等，行进式、多维度阐述了此案对体育界的影响，及时满足了广大公众的信息需求。就内容来看，孙杨案的报道并不是围绕赛事和竞技展开的。这组报道中，禁赛只是结果，对案件的法律解读占比更大，国际

[①]王维民."战役性"体育报道和策划[J].记者摇篮，2008（06）：54，96.

法律规定、司法程序等跟随孙杨一起进入了公众视野。可以说，这是体育记者着眼于法治的报道，实现了1+1＞2的关注度[①]。

在角度创新上，借助报道策划，将图解比赛项目这种常规报道形式做得风生水起。北京冬奥会期间，《新京报》推出了冬奥项目的图解、科普系列报道。制作团队通过提前采访、实地探馆、研究专业论文和竞赛规则，拿到大量一手资料。通过可视化表达，力图将复杂的建筑和赛事拆解得清晰易懂，不断优化视觉效果，极大提升了解释性报道传播效果。在平面纸媒层面，从2月3日起，《新京报》每天推出两个版的冬奥会比赛项目科普图解，直至闭幕。图解版融入项目及场馆介绍、项目规则与技术等元素，还增加了相关知识背景和揭秘，强化服务性。在移动传播层面，《新京报》《动解》栏目推出了3D动画解析策划报道，共推出9个3D动画视频，立体呈现冬奥场馆"冰丝带""冰立方"的黑科技和馆内特色，以及冰壶、花样滑冰、短道速滑、滑雪大跳台、钢架雪车5个比赛项目的硬核技术分析，让受众看懂冬奥比赛项目，走近冬奥，关注冬奥。视频全网传播量达1.4亿，微博话题总阅读量近1亿次，受到超40家媒体和大V的转发关注。其中，花滑技术分析的视频一周内3次登上热搜，抖音传播量超千万，在知乎视频号成为破圈爆款。

在形式创新上，延续东京奥运会赛事海报设计、制作、传播的优势，冬奥会期间体育新闻部、融媒设计等部门继续在赛事海报上下功夫，继续霸屏。北京冬奥会开幕当天，《新京报》推出了88个版面的特别策划《冬奥冰嬉图》，本策划系列制图参考了清代金昆、程志道、福隆安等绘的《冰嬉图》卷（故宫博物院藏品），从清代带有节令特色的体育活动"冰嬉"，到今年的冬奥会，从文化层面体现了冬季运动在中国的发展、沿革和传承。这一策划将内容与形式完美结合，既宣传了冰上项目的文化，又增添了历史厚重感，可谓独树一帜。

（三）扬长避短

在互联网、手机媒体、电视报道铺天盖地的情况下，在被新闻记者包围得密不透风的大型赛场，独家新闻很难获得，在这种情况下，记者如何使自己的报道有特色，能在众多报道中胜出，主要还要靠策划，以己之长，避己之短，在独家和打造特色上下功夫。正如《中国青年报》体育部主编曹竞所言："策划的主题就是要分析清楚自己的对手要做什么东西，他们的优势在哪儿，自己的优势在哪儿，要做什么。要扬长避短，无限地发挥你的长处，无限地规避你的短处。不要图自己什么都有，而要使自己的东西是独特的，是特别的。"可见，体育新闻报道在选题策划上不求大而全，忌炒别人的冷饭，而应该做别人没有的。《中国青年报》正是践行了这样的策划理念，在2020东京奥运会上，从微信公众号的阅读量这个维度看，《铜牌！零的突破！》（63.8万次），《中国女排负于美国，场馆外数面五星红旗令人动容》（62.8万次），《奥运首金！00后学霸杨倩射落》（62万次），《零失误，却无缘金牌！我们拍到了这个点赞……》（61万次）。《中国青年报》微信公众号推出的夺金稿件的平均阅读量是30万次左右。可以说，除了首金，阅读量排名

① 李丽，曹竞.扩界、出圈、适配：体育新闻融合创新路径[J].青年记者，2022（08）：31-33.

靠前的其他4篇稿件，都不是因为中国运动员拿了"金牌"。如《中国女排负于美国，场馆外数面五星红旗令人动容》，其核心内容是前方记者赛前在场馆外拍摄的一段视频：在日华人举着五星红旗为中国女排加油。可见，报道的角度新颖，记者具备一定的分析和预判能力，发挥长处就能做出媒体特色来。

（四）着力实施

体育新闻报道策划是否成功，取决于最终的实施效果。目前，许多新闻媒介曾经从良好的愿望出发做过一些新闻报道策划，但是真正能够达到预期的目的、收效良好的并不多见。究其原因，在于实施的力度小，只能坐而言，不能起而行，或者言不信，行不果，结果虎头蛇尾，草草收场。这样的新闻策划是不可取的[1]。因此，体育新闻报道策划必须下大力度去实施，要保证策划的规范性，保证报道有计划、有过程、有结果并产生一定的实效。同时媒体要体现一定的执行力，善始善终，有目的、有针对性地落实好每一项报道工作，实现体育新闻报道策划的良性运转。

第二节　体育新闻采访的策划

体育新闻采访策划作为体育新闻报道策划的重要组成部分，专指记者个体为实现媒体报道策划的整体目标，针对编辑部分派给记者本人的具体采访任务，在自己的职责和能力范围内所从事的一系列体育新闻采访的运作与实施工作。更确切地说，体育新闻采访策划是指记者个人根据所在媒体和编辑部的整体报道策划，做好采写单篇新闻稿件的准备工作并制订详细的个人采访计划，包括对自己采访写作（主要是采访）工作的设想、安排、组织和实施。融媒体时代下的新闻信息更加复杂，传播渠道更加丰富，这对新闻记者的业务能力提出了更高的要求，在这种情况下，新闻记者应结合新媒体时代的特征，不断提升自身的新闻采编和深度挖掘能力，强化自身对新闻信息的敏锐度，根据各媒介平台的具体需求对新闻内容不断进行调整和改编，适配新媒体播出渠道的采、写、编、拍等能力要求。上一节内容主要从宏观视角对体育新闻报道策划进行了具体地解析，本节将重点从微观的视角对体育新闻采访的策划进行详细地阐述。

一、做好采访准备

古人云："凡事预则立，不预则废"；"工欲善其事，必先利其器"。体育新闻采访是一项复杂的活动，做好采访的计划准备是采访成功的有效保证。虽然前期的准备工作可能与第一现场的情景有所差异，但依然不能松懈，只有做了充分的、全面的准备，才能有的放矢地进行采访，才能获取最有效的材料，写出最有分量的体育新闻作品来。《纽约时报》专栏作家克莱德·哈伯曼（Clyde Haberman）说："无遗漏的准备工作是一次成

---

①朱艺，荣江涛.新闻策划再探[J].新闻前哨，2008（03）：52-54.

功采访的基石。"在新闻竞争愈加激烈化的情况下，现今许多媒体体育记者疏忽了采访前的认真准备工作，出现了采访浮躁、写作肤浅的问题。体育采访不是简单的你问我答，也不是靠记者的伶牙俐齿，一次成功的体育新闻采访需要大量的背景信息和深厚的体育专业知识做支撑，而这些都有赖于必不可少的采访准备工作。体育新闻采访的准备工作包括常态下的战略性准备和临时的有针对性的战术性准备两个方面。

（一）日常的战略性准备

日常的战略性准备是一个漫长的过程，是体育记者所从事的常态化的、持续的、与时俱进地对各项政策法规、社会历史文化环境、各学科领域知识和人脉关系等的学习、发现、积累的过程，体育记者对平时读书、看报、上网、旅游、交友甚至在吃喝玩乐中发现和积累的知识，都应该做一个储备，以备不时之需。

1.对政策法规的了解

为了促进体育事业，弘扬中华体育精神，培育中华体育文化，2022年6月24日，第十三届全国人民代表大会常务委员会第三十五次会议修订《中华人民共和国体育法》，自2023年1月1日起施行。体育记者要认真了解党的方针和国家出台的一系列政策、规定，搜集各个方面的政策文件，尤其要深入把握与体育运动相关的政策法规，从而为体育新闻报道找到一个切实的依据。

任何一篇体育新闻报道，尤其是深度报道或体育评论，都有它产生的时代背景，这个历史背景就是当时国家所给予体育事业的政策条件，只有将这些资料研究透彻，才能写出有分量、有厚度、有高度的报道来。其次，作为专职体育记者，更需要对这个行业的情况有全面的熟悉和了解，一些勤奋敬业的体育记者，都会对自己管辖的体育新闻采访范围进行情况积累，做到心中有数。如作为篮球领域的记者，就要把跟篮球项目相关的赛事信息储存起来，将不同时空的各场赛事、运动队、著名球星等通过横向和纵向的比较研究后，变成自己对篮球报道的理解判断，消化成自己的观点，这样在报道中才会有新意，才会有独家分析。

2.对体育专业知识的积累

每一项体育新闻采访中，都会包含着一定量的知识信息，或是与比赛相关的时事知识，或是人文地理知识，或是体育经济知识，更多的是对各种体育项目的了解、对运动员的认识等。只有积累了丰富的体育专业知识，在采访中才不至于说外行话。现在很多体育记者很年轻，比较浮躁，知识积累不够，写的报道就单薄局促。体育新闻报道尤其是赛事报道并不能只单纯地报道赛事结果或记录比赛的过程，对比赛结果的客观分析和预测更耐读、信息量也更大。比如一场足球比赛，如果体育记者仅仅在比分和胜负上大做文章，那么采访未免就显得肤浅。但是，如果记者不懂得足球运动本身，他就不可能从足球的战术打法、技术风格、人员配备上挖掘比赛胜负的原因，那么想要深刻也就无从谈起了。作为电视播出渠道的体育新闻来说，观众想知道的是"为什么"，而不是"是什么"，因为比赛的整个过程观众可以从网络或者电视转播中一览无余。如果这个时候，体育记者的采访还仅仅停留在比赛本身，显然不能满足观众的需要。而出现这种状况的根本原因就在于记者不懂体育，他们只能从比赛本身提出问题，而对于深层次的原因无法作出判断和理解。可见，体育新闻采访具有极强的专业性，一个不懂体育的记者是不可能完成采访任务的。所以，平时加强体育知识的搜集、竞赛规则的学习、体育精神的理解，就成了一名体育记者长期需要坚持的工作。

3.人脉关系的准备

体育新闻采访，就是一个与人打交道的工作，记者应该是个社会活动家。只要是记者，都是有一定社会人脉关系的，并且随着工作时间的增长，人脉关系就会越来越广，这是由体育记者的职业特性决定的。因此，体育记者要学会公关，广积人脉，人脉关系宽广，新闻素材富裕，遇到难题就会迎刃而解。人脉关系不仅仅是为了救急而用的，同时也是为了增长知识而建立的。体育记者应该与一些体育界的专家学者建立和谐的朋友关系，在遇到观点支持的时候，可以请他们出来发言，更重要的是平时与他们共处的时候，学到了许多体育专业知识，提高了自己的能力和水平，以便在今后的体育新闻采写工作中不出常识性的差错。

（二）临时的战术性准备

临时的战术性准备，是指体育记者为完成编辑部一次具体的报道任务而进行的有针对性的准备工作，主要包括背景资料、先期采访、对赛事本身和与比赛相关的事务性准备等四个方面。

1.背景资料的准备

在采访前，记者首先要对即将采访的人物或事件进行前期的资料查阅。埃德加·斯诺的夫人韦尔斯曾说过，要采访一个人，应尽可能先了解他，了解得像一个"未见面的老朋友"一样。对采访对象的准备一般必须事先了解其主要经历、籍贯、年龄、兴趣爱好、性格特点等，不仅要熟悉本人，而且要熟悉这个人所处的社会环境。

在报道某一项具体体育比赛时，做大量的有针对性的准备也是十分重要的。记者要了解这项比赛的历史资料，这样才可以对这项赛事有一个全面的宏观的把握；要了解这项比赛的赛事背景，这样才可以找出本次比赛不同于以往的特点；要了解运动员的情况，这样才可以在采访中提出受众想知道的问题。总之，体育记者要在采访前搜集尽可能多的关于比赛的资料，并且进行归纳和整理，以利于记者准确地发现比赛的新闻点。

2.先期的采访工作

由于重大比赛之前要进行封闭训练，或出于纪律的规定，体育记者在赛前或赛间采访运动员和教练员，难度较大，在赛场上，运动员和教练员都很紧张忙碌，不会有时间和精力接受采访，即使比赛结束，也常常只能接受一些指定媒体记者的采访，而且现场采访时间控制很短，难以进行深入采访，因此记者需要做好先期采访工作，如对我国各体育项目代表队情况的了解和采访，对比赛成绩的预测，对比赛的想法等都可以事先采访到。同时也可以进行一定的外围采访，如采访运动员或教练的家属、朋友等，了解更多赛场外信息，为正式的采访做好铺垫和准备。

3.对赛事本身的准备

对赛事本身的准备，一是要做好案头工作，充分翔实地了解有关赛事、各国代表队的情况。在此基础上，对于金牌的分布、各国的优势项目要有预见性，这样才能在现场有目的地进行跟踪报道。二是对一些主要项目的历史发展脉络也要清楚，如规则经历了哪些变化，技术打法经历了哪些革新，哪种技术类型的球队或选手专克什么技术类型的球队或选手等。而对于综合性运动会的采访，对哪些国家和地区会是金牌榜的前几名，哪些项目估计会赛出高水平甚至会破世界纪录，哪些项目可能会爆冷门，哪些名将可能会输球，哪些新秀会崛起，等等，要做到心中有数。比如作为2022年北京冬奥会的赛事记者，你要了解此次冬奥会设立了多少项目，分布在哪些场馆。设立的七个大项15个分项109个小项中，哪些是中国选手有优势的项目，哪些又是有能力崛起的项目等。

4.临时的事务性准备

采访国际大赛，首先要对举办国和主办城市的地理位置和气候、人文历史以及主办方对大赛的筹备工作有一定的了解。

其次是采访体育比赛所需要的通行证和停车证，也要提前予以安排。如某些重大赛事的报道只能在赛前很短的时间内做好准备。尤其对于一些报社而言，他们所在地的球队可能临近比赛才刚刚获得比赛资格，这就需要迅速地向赛事委员会联系办理记者采访所需要的各种证件。但是，像奥运会一类的重大赛事一般都需要提前若干个月就提出申请。另外，报社可能需要准备一些设备，包括该国使用的是什么电源插座、电压多少伏都要知道，同时在比赛当地要租用一些设备来向后方传送消息。通常报社还会在比赛场地安装专门的电话线，以使记者和图片制作人员能够用手提电脑来传送消息与图像，而这些设施都是需要提前预订的。

最后不要忘了预先安排住宿和交通，这对于参赛人数众多的赛事而言尤其重要。即便是采访那些规模不大的比赛，预先买票也还可以节约费用，早一点儿预订靠近比赛场地的宾馆，减少赛场与住地之间往返的时间，这是非常明智的，如果不事先安排好住宿和交通，记者就不可避免地要为类似事情多花时间和金钱。请记住，节省时间意味着能有更多的时间来写作和报道，节缩开支则意味着在比赛采访期间能够干更多的事情，或为以后的采访省下更多资金[①]。同时应准备一些治疗伤风、感冒、泻肚的药物，以备不时之需。

二、制订个人采访计划

无论是大型赛事采访，还是一般的动态体育新闻采访，在采访前都需要做一个采访计划书（采访提纲），比较全面地将采访与写作做一个梳理，并用文字记录下来，以备领导、编辑和自己控制采访、写作、刊发稿件时参照。事实上，重大赛事采访之前的策划工作有时比实际的报道活动还要重要。因此，制订采访计划是报道重大体育赛事的一个关键性步骤。一般而言，在编辑部的报道策划与总体的采访策划中，已经确定了总的采访目标和原则。记者个人的采访计划应是在这些总的目标与原则下而确定的。如完成一次大型的赛事报道，编辑部的报道策划决定由几位记者分头到不同的地方去采访不同的

---

① （美）杰里·施瓦茨.美联社新闻报道手册[M].曹俊，王蕊，译.北京：中央编译出版社，2008：116-117.

对象，这些记者就应该根据这一总体策划作出自己个人的采访计划，并首先明确自己的采访任务、目标，在这样的前提下，再确定自己的采访选题、内容、采访对象、采访方式与手段等。

（一）思考采访选题

在体育采访的策划阶段，首先应通过记者前期的准备和对背景资料的了解确定体育新闻采访的主要选题。这是记者必须经过深入思考才能实现的过程。一般情况下，体育记者应根据以下因素来确定采访选题：

——根据体育新闻部既定的报道策划方针与一定时期内的新闻政策要求来设置采访选题。一般而言，体育记者是按上级的新闻政策和编辑部有关新闻策划的要求进行采访的，受到报纸、网络或电视广播栏目及移动端的版面、时段、风格、定位等因素制约，因此，在做采访计划与预设时，应考虑上述要求。

——针对受众与球迷最关心的热点和焦点话题设置采访选题。如受众喜爱的体育明星能否上场、伤病情况和停赛情况，势均力敌的两队的技战术打法安排等。

——针对比赛中可能出现的情况设置采访选题。例如采访一场足球比赛，"先被对方进球怎么办？""这个裁判以前对本队比赛执法中的判罚曾引起争议，这次再遇到不公正的判决怎么办？""这个队打法一贯粗鲁，如果你的球员受伤怎么办？"等。

——针对重点人物如体育明星、金牌教练、"问题人物"设置采访选题。

——根据与采访对象的关系及考虑采访难度来设置选题。体育记者在制订采访计划时，必须考虑实施采访的难度。体育记者应根据自己采访能力、采访关系、采访要求等因素确定采访的难度系数，并在此基础上制订采访的选题计划。

体育记者在围绕以上几个因素确定选题外，还应意识到，选题的确定经常是一个集体相互讨论和深入研究的过程，如果记者没有确定的主题或有多个主题而自己又拿不准时，可请其他编辑或记者一起来对采访主题进行判断。同时，对新闻事实的重要性、贴近性、显著性、猎奇性、地域性、情感性等各方面价值要素进行权衡，也是体育新闻在选题中的主要参考指标。

（二）规定采访重点和主要内容

采访重点是采访客体中最重要的部分，规定了采访的核心人物、核心事件和核心问题，需要采访者投入最多的力量，在媒体上予以突出表现。体育报道最忌讳全面开花，眉毛胡子一把抓。而确定采访重点是出色的体育新闻报道的基础。例如，奥运会比赛日，一天会同时进行多场、多个项目的激烈角逐，记者采访哪个项目？采访哪一场比赛？采访谁？如何采访？这都是体育记者在采访前必须考虑的问题。体育记者应该在采访前就事先预期和考虑比赛中会出现哪些新闻因素，再根据自己的判断来确定采访的重点。以下是体育记者确定采访重点时应考虑的一些因素：

——体育新闻的刺激性、娱乐性、悬念性（即体育新闻的"卖点"和"看点"规律）。

——比赛本身的冲突性、悬念性和关键点（如金牌的争夺战、保级大战等）。

——体育明星和著名体育人物的地位及其在公众中的知名度与影响力。

——体育新闻的猎奇性（如运动员在比赛中发生赛场暴力、服用兴奋剂、假球黑哨等）。

体育采访策划中采访重点的确定一般应遵从以下原则：

1.以重要赛事为主

如在一个赛季的报道策划中，记者应与编辑一块，仔细研究本赛季的赛程表，以确定哪些场比赛应该予以重点报道。这对于一些因经费等原因不能每场比赛都派记者到客场的新闻媒体来说尤其重要。在这种情况下，记者可以根据本地主队的赛程，确定一些重要的和关键的比赛作为报道重点，要求上级部门拨给经费或版面、时段。如首场比赛、关键性比赛、联赛最后阶段的比赛等。

2.以最抢眼的体育明星或体育人物为主

体育明星在受众中有很高的知名度和影响力。一般而言，凡是有体育明星参加的赛事和与他们有关的报道往往都对受众有较强的吸引力，因而也就具有较大的新闻价值。记者在确定采访重点时，应考虑体育明星这种"明星效应"，浓墨重彩进行关注和报道。例如，在美国NBA职业篮球赛的报道中，新闻媒体总是将报道重点放在像科比、麦蒂、德隆、霍华德、加索尔等这类大牌球星身上，而中国媒体还将更多关注的焦点留给了姚明和易建联。

3.以比赛过程中发生的重要事件与精彩场面为主

记者在赛后采访的策划中，要有意识地发现和抓住比赛的重要事件与精彩场面，也就是我们通常所说的"看点""卖点"和"热点"来进行采访或提问。例如，在一场足球比赛中，一位很长时间因伤病原因没有出场的著名球员进球了，尽管这可能不是一场重要比赛，也可能这场比赛该球队并未取胜，但由于球迷们十分关心这位球员的状态，因此也就可能成为一件具有新闻价值的重要事情。记者在赛后确定采访重点时，就应该将对这位球员的采访列入自己的计划，并努力去实施。再如，在2022年北京冬奥会上的自由式滑雪女子空中技巧决赛中，中国选手徐梦桃拿下108.61分，终于等来了她朝思暮想的冬奥金牌。赛后她仿佛难以置信，数次高喊："我是第一吗？"等了16年，这枚金牌虽迟但到，属于这名31岁"四朝元老"的高光时刻终于来了。徐梦桃的赛后高喊："我是第一吗？"令人动容，这个出彩的新闻点一度被媒体反复使用，就因为这是最能打动人心的精彩亮点。

4.以比赛过程发生的异常事件为主

"越反常越具有新闻价值"，这句话在一定程度上也适合于体育报道。如在比赛中，球员之间、球员与裁判、球员与教练、或球迷之间发生了冲突，或者比赛因某种原因终止或延迟等，这些相对反常的事件，一般都很为受众所关注，依次应当列入记者的采访和报道重点。

5.以比赛背后的感人故事或言论为主

在重要赛事前后，教练员、运动员等当事人发表的关于比赛的看法和言论一般具有较大的新闻价值。同时，赛场外的边缘化体育新闻越来越引起受众的关注，如金牌背后的感人故事、一些花边新闻、场外花絮等。因此，在安排采访计划时，对于这类相关人士的采访应列入重点。

现阶段，我国各类媒体体育新闻报道的重点都在赛事报道，而赛事报道的重心又集中于竞技体育赛事报道，至于学校体育、群众体育以及军事体育赛事报道，三者之和都不及竞技体育赛事报道特别是大型赛事报道的十分之一。根据张柏兴等人的研究，竞技体育赛事报道的主要内容包括以下十个方面：

——比赛过程与结构；

——赛前转播预告或预测；

——赛后评论；

——人物特写；

——奖项颁发；

——运动员与球迷的表现；

——球队、相关体育协会动态；

——涉及体育科技新知；

——场内外花絮；

——其他相关活动。

由上可知，记者在制订个人的采访计划时，需要根据以上原则和要素来确定自己采访重点和采访内容，并确保不遗漏受众较为关注的各方面的新闻资讯，但更要有的放矢，抓住重点和关键节点，进行重点的采访和报道。

（三）确定采访方式与方法

体育新闻采访包括不同种类和方式，体育记者在采访计划中应尽可能根据不同的情况，选择和确定恰当的采访方式。如是采用一对一的采访，还是采用召开座谈会的方式采访；是用蹲点的采访方式，还是用暗访的方式；是用聊天方式采访，还是用质问式口吻采访；是直接采访还是间接采访；是观看比赛还是以面对面访谈为主，体育记者必须根据具体的新闻事件选取不同的采访方式。在多数情况下，也可以几种采访方式交叉并用，以获得更好的采访效果。

同时，在确定具体的采访方式后，还要运用灵活多样的采访方法进行采访。如将搜集材料和访谈、观察法相结合，在访谈过程中，针对不同的采访对象特点、不同的采访环境运用适宜的提问方式和方法，只有这样，才能保证采访的顺利进行。

（四）设置采访对象、时间和地点

首先，在采访对象的设置上，应考虑到分层和全面的原则，即选择的采访者必须能够代表不同层面的人对体育新闻事件作出的全面判断和分析。因此，针对某一体育新闻事件的采访，应该考虑到找哪些人采访比较合适，最好列一个采访名单，应该有负责管理的部门领导、有当事人、有见证者、有学者专家、有群众。这些人或者提供事实真相，或者提供相应的观点，或者发表自己的看法，以保证体育新闻报道的客观性与真实性。如记者在写一篇关于北京奥运会羽毛球男子单打冠军林丹的深度报道，在采访对象的设置上，就应该包括教练、林丹本人、队友、体育总局或乒羽中心的官员、女朋友谢杏芳、林丹的"粉丝"、亲人等，这样才能保证从多个角度、多个侧面来解读林丹其人其事，写出的文章才能有血有肉，生动感人。

其次，采访时间的设置主要包括采访的具体时间和可能时间。具体时间是指已经约定好的时间，一般情况下，在采访前需要记者与采访对象进行电话预约，如是上午几点，还是下午几点。可能的时间，是指体育比赛的特殊性导致有些采访可能会有一定因素的制约，如采访对象不接受采访，或者时间难以具体确定，这就需要记者考虑是否需要在一个特定的节日、特殊的场合或特定的时段去采访，碰碰运气比较合适。如跟随运动员在场地训练，或许在训练间歇、训练开始或结束的时候，有机会进行采访。切记，一旦采访时间预定好，记者必须提前或准时到预约地点等候。

再次，采访地点的选定也要根据体育比赛不同项目、不同场地的具体情况和特点，因人、因时、因事而定，有经验的体育记者总能够选取一个最佳的采访地点。

总之，采访对象、采访时间和采访地点的最佳选择，不仅可以顺利完成采访任务，还可以使采访锦上添花，收获意想不到的效果。

（五）设计提问问题并预测答案

在确定完采访对象并对采访对象有了相当程度的了解之后，下一步便是根据你所掌握的这些资料，以及采访所要获得的效果，开始设计你的问题。对于一个新闻策划来说，其问题的设计包括方方面面的内容，比如要根据所采新闻的性质、影响等去考虑你的问题，并对这些问题可能获得的回答作出预测，以能够更好地主导采访，掌握采访的节奏。每个体育记者从接到采访任务之时起，就应该开始思考准备在采访中问些什么。没有准备的采访一定是随意的，问题是不系统和不连贯的，甚至会被受访者牵着鼻子走，等回来撰写稿件的时候才发现缺这少那，有的还可以补充采访，但有的连补充采访的机会都没有，这样写出来的稿件只能是低水平的，甚至连必要的信息都不完整。

在体育采访中，体育记者如果确定采取问话式采访方式，就应根据采访任务和环境条件来预设问题。体育比赛的特点要求体育记者不仅要进行常规性的问话采访，而且还往往要在激烈的比赛场上，利用比赛前后仅有的一点时间和机会进行即时采访。在这种情况下，体育记者不可能有充分的采访时间。因此，提问必须精练而准确，问到点子上。事前对所要提出的问题进行精心的准备和提炼就显得特别重要。但若想精心策划问题，必须找准体育赛事的新闻点，我们经常感到体育新闻的采访缺乏针对性和重点性，这里的确有记者对于采访技术掌握不够的原因，但更主要的原因还在于记者对于体育比赛新闻点认识的偏颇和错位。不同的体育赛事其新闻点和关注点是不同的，记者只有准确地把握住这些不同，才能在采访中提出有深度、有针对性的问题。

比如同样是一场世界杯足球赛的比赛，1994年世界杯阿根廷对阵罗马尼亚的1/8对决成为球王马拉多纳的绝唱，1998年世界杯那场荡气回肠的英阿大战成为贝克汉姆永远挥之不去的伤痛，2002年世界杯韩国队连克葡萄牙、意大利、西班牙历史性地打进世界杯足球赛的四强，创造了亚洲球队在这一赛事中的最好成绩……这些比赛的关注点显然是不同的，如果记者抓不住关注点，仅仅围绕比赛进程和结果展开采访，显然不会收到好的效果。

当然，上面提到的这些比赛，它们的新闻点是显而易见的。但是对于某些体育赛事来说，它们的新闻点是隐含在比赛当中的，这就需要记者透过比赛的现象来挖掘新闻的本质了。这种能力很大意义上就是我们常说的新闻敏感。一个体育记者只有自己真正明确了体育比赛的新闻点，并且根据这个新闻点精心地整合提炼采访思路，才会提出有针对性、有重点性的问题，才会问出受众急需知道的答案。因此可以这样说，找准每个体育赛事的不同的新闻点，才是做好采访工作的基础和前提。

此外，体育记者在提问的时候，是以闭合性问题为主，还是以开放性问题为主，也视情况而定，而且所提的问题不仅要涉及一般表象的东西，还要涉及新闻的背景内容；既要有广度，还要有深度；既要有缓和性问题，也要有深入的尖锐的问题。通过这些提问获得的素材，才能写出一篇水平较高的体育新闻报道。

三、做好采访预期

一般而言，对重要的体育赛事、体育人物进行采访的过程中，不确定的因素很多。同时也可能出现各种干扰因素，导致采访的失败。因此，在制订个人采访计划时，进行体育新闻采访前的预期，估计可能出现的各种情况，并事先想好应对的办法，做到心理上有准备，是十分必要的。采访预期主要包括以下几方面：

（一）难度预期。即考虑到如果采访被拒绝、采访对象不合作、语言不通、时间不够等。

（二）心理预期。如果采访被拒绝、采访失败、对方有侮辱性语言或暴力行为，需要记者提前做好心理准备。

（三）时机预期。分析寻求最佳采访的时机。

（四）对象预期。对重要采访对象的预先锁定；对特定人物言论或行为的预期。

（五）事件预期。对比赛中可能发生的突发事件的预期。如两地球迷、两支球队或两名球员之间的恩怨可能导致的突发事件等。

（六）条件预期。采访时间、资金、交通、食宿、通信和设备等。

在制订采访计划时，体育记者必须将以上六大因素考虑进去，做好各方面的准备，每次采访都可能是一场"没有硝烟的战争"，需要记者发挥心智和坚持不懈的耐力，才能应对采访中可能发生的一切突发问题，迎难而进，按照计划有条不紊地完成自己的采访任务。同时记者的新闻计划方案不宜过细，要有利于引导采访者拓宽思路，因时而变，从而创造性地完成采访工作。

第三节 体育新闻采访的实施

随着新闻媒体的多样化和市场竞争的日趋激烈化，新闻报道策划在体育新闻采访中的作用越来越重要，从某种程度上说，能否处理好新闻报道策划与现场采访之间的关系直接关系到体育新闻采访的成败。而新闻报道策划与现场采访的关系问题也就是媒体总的报道策划方案和记者个人的采访计划如何在新闻采访实践中具体实施的问题。如果缺少新闻报道策划，体育新闻采访必然缺乏连续性，难以形成独特的报道风格和特色。但在采访过程中如果新闻事件的发展变化偏离了事先预定的状况，则记者要根据实际情况，对策划案予以优化和调整。因此，在体育新闻采访的实施过程中，不仅要遵循事先制订好的策划方案，还应视情况对策划方案进行调整，既要贯彻策划意图，又要创造性地进行采访，同时认真核实材料，与各部门保持沟通与合作，使新闻策划更好地为体育新闻采访活动服务，以确保采访的成功实施，制作出有价值、含金量高的体育新闻作品。

一、新闻策划方案的调整与变化

策划是体育新闻报道的开始或准备，策划的最终实现要依靠采访者的现场采访，因为受到复杂多变的实际情况限制，体育新闻策划方案的出台不能靠编辑"闭门造车"或领导"拍脑门"决定。因为现实情况是不断变化的，所以策划方案也应该是动态的、变化的，才能适应不断发展变迁的新闻环境和新闻实践。而正是因为有了这种变化，才使得体育新闻报道更符合时效的要求。可见，策划方案不能一锤定音、一劳永逸，而要在具体的体育新闻采写过程中全程跟进，不断更新思维、调整采访思路和改变采访报道的重点，以有效发挥体育新闻策划的作用，并不断推陈出新。

体育新闻策划决定着体育新闻采访的方向和原则，具有不可替代的重要作用，但是又不能做硬性规定，否则就会适得其反，紧紧捆住采访者的思路和手脚，势必会影响体育记者的主动性、积极性、创造性，只是机械地完成"规定动作"，而有意或无意地忽视采访现场随时可能出现的新线索、新问题、新事件，更不会主动去挖掘体育新闻采访过程中的亮点和聚焦点，而这些往往是体育新闻报道成功的关键所在。因此，体育新闻策划的重点在于确定采访意图、采访思路、采访重点，帮助采访者明确自己的主要任务，但是应注意，策划者要提供多种采访思路和方案，考虑到与采访主题相关的各个方面的问题，促使采访者开阔思路、积极思考，充分调动一线采访者的积极性、主动性和创造性，写出新闻精品。

一般情况下，体育赛事通常是提前安排好日程、地点、参加人员，场地情况也都是可以事先预知的，但是在赛事进行的过程中又常常会出现各种突发情况。在体育新闻报道过程中，报道者不可控制的变量呈现越来越复杂的态势，策划人必须随时掌握情况的变化和各方面信息的反馈，随着赛事的进展，及时发现新问题、新热点并进行剖析，并据此及时调整和修正报道方案，以取得最佳报道效果。比如疫情原因，一些比赛不能如期进行，又或者如2020东京奥运会举行的无观众"空场比赛"，都需要采访记者随时调整策划方案，以适应现实采访要求。赛程中，赛场内外的不可控因素很多，临场发挥失常和"黑马"现象更是时有发生。譬如在2020东京奥运会男子双人10米台比赛上，陈艾森与曹缘搭档，以微弱劣势负于英国名将戴利与马丁，无缘金牌。对这个结果，前方记者与后方编辑部都没做充足的准备，《中国青年报》官方微博第一时间发布了"遗憾失金"的赛事消息。当时，在盯直播的中青报"两微"编辑，发现带伤上阵的曹缘背后贴着"V"字膏药。所以，微信编辑决定以此为新闻点对内容做个微调。当时，前方在混合采访区结束采访的记者表示，"要加几句话"。在记者传回的视频后，微博编辑同步注册发布了"赛后曹缘向陈艾森说对不起"的内容，更新了2条消息。截至7月27日9时，这个话题阅读量高达1.1亿次。微信文章里则跟进了微博下方评论，追加了网友看法，做了信息增量，阅读量超过了26万次。如果说"奥运会上随时都在产生新闻"，一点也不为过。体育记者在采访实施过程中必须正确处理好"静"与"动"的关系，随时准备应对事态的发展变化，并作出全新的调整。

二、创造性地采访与发现

体育记者在采访过程中，经常也会面临以下的情况，即按照个人采访计划到现场了解情况并准备实施采访时，发现都是常规性的事务性工作，体育事实没有什么新闻价值，没有太多值得去采访报道的，如果坚持按照策划的提纲去写，写出来的东西会如同鸡肋，食之无味，弃之可惜。因此，当发现实际情况与策划初衷存在较大的距离时，采访者不仅要及时调整采访思路，更要大胆地创新思维方式，灵活而科学地处理策划意图与实际采访的距离，创造性地进行采访，才能化不利为有利，写出优秀的体育新闻作品来。体育记者在采访实施过程中，要有自己的独立思考，尤其对于年轻的体育新闻工作者来说，一定要有创新与发现意识，不能因循守旧，否则形成思维定式之后，就会影响体育新闻报道的水平和质量，以及自身业务素质的提高[1]。但进行创造性的采访并不意味着体育记者要完全放弃既定的策划方案，而是在贯彻原有策划意图的同时进行创造性的采访和写作，因为体育新闻策划通常是由具有丰富采访经验的分管领导、部门负责人或编辑提出，具有一定的权威性，所以策划确定的选题往往带有全局性或政策指导性。因此，体育记者必须在贯彻原有采访意图和创造性采访两者间寻求一种动态的平衡，处理好两者之间的关系，才能采写出别具一格的新闻作品，以打动受众。

譬如，北京冬奥会期间，张家口赛区的单板滑雪男子坡面障碍技巧决赛结果曾在网络上引发了关注和热议。当时，中国运动员苏翊鸣出色地完成了滑行，但得分却没能超过加拿大运动员，最终获得亚军，舆论的焦点集中在"苏翊鸣的银牌到底冤不冤"上。北京日报社派驻张家口赛区的报道团队，除了第一时间将现场文字、图片等新闻素材传回后方，供各种媒体端口的编辑选用发布外，及时利用融媒体传播手段，从打分项目的裁判因素、比赛成绩单的丢分之处以及苏翊鸣教练的现场采访三个角度，迅速回应了网上舆论的关注。结果几条短视频在短时间内就有几千万的浏览和播放，而且冲上了微博热搜。

可见，体育记者在采访中，要充分挖掘新闻资源，还要注意挖掘新闻背后的新闻。若只满足于表面的现象，即使范围很广，仍难以给人留下深刻印象。因此，组织与实施重大体育赛事报道要善于用联系和发展的观点看问题，不让重要的信息漏掉。只有指导思想明确，有计划、有目的地深入挖掘，将人们关心的体育新闻事实层层做深，站在一定的高度去看待问题、分析问题，从大量貌似平庸、老套的素材中，敏锐地找出最鲜活、最富有冲击力的信息，才能给受众留下一个全面、深刻的印象。

①刘力.新闻策划方案如何更好地为新闻采访服务[J].商情，2009（19）：2.

三、控制好采访的情绪

一个好的体育记者要善于把握和控制采访的情绪，包括调节自身的情绪和调动运动员的情绪。记者应该是一个新闻事件客观冷静的记录者和传播者，不管发生什么情况都要保持一种平和、冷静和客观的情绪，只有这样才能记录事实、描述事实并反映事实。在体育比赛的采访中，记者容易受比赛现场的感染和影响，从而使采访偏离客观的轨道，这一点必须注意。同时，记者还要充分地调动采访对象的情绪，让他们主动地配合采访工作的完成。对于那些赢得比赛胜利的运动员、教练员和体育官员来说，采访工作往往很容易展开，他们也很愿意接受采访。而对于那些失败、受伤或者是发生意外的运动员的采访，记者在这个时候一定要本着与人为善的精神给他们以最大的安慰，只有这种发自内心的人文关怀才有可能缓解运动员痛苦的情绪，才有可能让他们接受采访。在这种情况下，关心大于采访，这才是一个优秀的体育记者必须具有的精神境界和工作理念。同时，在体育赛场上，突发事件时有发生，球场暴力、场上判罚失当、比赛结果的惊天大逆转等，都会给现场观众带来大喜大悲、爱恨纠结的情感震荡，甚至会有一些失去理智的行为出现，而身在其中的体育记者必须心存淡定，掌控好采访现场的情绪，保证采访有条不紊地实施。

四、加强记者和各部门的交流配合

体育记者在采访过程中，随着赛事的进展，新问题、新热点层出不穷，赛场形势风云变幻，需要对编辑部在赛前确定的报道计划和重点进行适当调整，但这项工作仅仅靠记者单枪匹马是无法完成的，必须通过与各部门提前的沟通，并相互配合，才能完成预期的采访任务。疲于奔命的采访记者每天奔赴采访第一线，往往心浮气躁，而后方编辑部则能从各种渠道了解赛事的全貌。如果编辑人员能静心、认真地对赛事进行解析，及时点拨前方记者，一定会为当天的整体体育新闻报道添光增色。可见，前方记者由着自己的喜好来做不行，后方编辑凭着自己的想象想当然也不行，必须注重采编沟通，前方的东西是鲜活的，但记者处于忙乱胶着的状态，未必有一个很强的大局观，后方编辑天天在观察，这两方面协作沟通，稿子肯定会比较好。

全媒体时代，"一专多能"的记者不仅要具有超强的采访能力，还应该是个优秀剪辑和摄影摄像。如果条件需要配备了专业摄像人员，前方记者还必须加强与摄像的配合，因为即使记者采访很成功，而摄像人员没有领会到记者的意图，没有把采访的细节和精髓拍摄下来，其效果也会大打折扣。在去比赛场地采访之前，记者应该把自己的采访意图和方案准确地告诉摄像，对摄像提出具体的要求。如果要报道某一个运动员在比赛中的表现，摄像就要多拍摄这个运动员的特写和细节；如果要报道分析整支球队的战术打法，摄像就要更加关注球队整体的中景和远景。不同的报道方向和内容对于拍摄的要求也是不同的，所以记者必须要与摄像多多交流，这样拍摄工作才会捕捉到有用的镜头，才会准确地反映要表达的新闻主题。在记者对运动员提问的过程中，摄像的作用更为关键，对于运动员非语言符号的全面准确的拍摄可以极大地强化采访的效果，对运动员语言的回答也是一种有力的补充。通过这种对运动员表情、动作、神态等细节的把握，可以为观众还原一个真实的全面的运动员形象。而这种效果的实现，既依赖于摄像捕捉信息的功力，更依赖于记者与摄像的通力配合。

此外，体育记者在采访结束后，并不能立即进入报道写作阶段，他还必须先与后方编辑联系，根据记者的采访内容和播出的渠道及版面的大小来共同探讨报道形式和报道方案。不少刚出道的新手易犯这样的错误：他在外地或国外比赛现场采访后，不与后方编辑联系便直接进入写稿阶段，结果因播出渠道以及版面、广告等的限制，导致他传回编辑部的稿件或者不适合播出渠道要求，如篇幅太长，或者有些稿件根本无法采用。这样不仅使记者部分工作劳而无功，还增加了后方编辑的工作量。更重要的是，因此还可能耽误极其宝贵的截稿时间。另外，记者在进入写作阶段前与编辑就报道内容进行沟通，有利于记者就报道写作心中有数。如记者采访得到的信息以什么形式什么渠道播出，哪些可以作为重点、哪些可以作为体育版的头版头条等。需要重点报道的内容较之非重点报道内容在播出形式、写作要求、稿件字数、写作题材等方面是不一致的，记者与编辑在赛后沟通是非常有必要的。

正因为如此，体育记者在比赛现场采访结束后，必须先做的第一件事就是及时与后方编辑取得联系，以便了解和讨论以下问题，以广电媒体的全媒体传播渠道为例：

广电媒体全媒体传播原则就是要在大屏端、小屏端等不同的平台进行分类型呈现与立体化传播。包装形式上，一般来说，重大赛事报道的新媒体端需要提前制作播发模板，以保证包装风格统一。前方记者采制的新闻，与后期编辑沟通的内容依据传播渠道分为两类，一是移动端，小屏传播；二是传统电视渠道，大屏传播。

1.小屏端——需要即时发送的赛事信息，首选广电媒体的移动端分发，包括两微一端（微博、微信、客户端）及抖音、快手、微视频等短视频平台。

前方记者需要与后期编辑或者负责人沟通所需的文稿内容与长度、图片数量及解读文字、视频素材的内容与长度；沟通确定播发稿件题目、关键词、视频制作及时长等。

2.大屏端——传统的电视播出渠道，按照策划案，确定播出的栏目，播出的节目形态，如长消息、短消息、人物专访、专题等不同形式，提供文稿内容及相关视频素材。后期编辑需要整合当天栏目播发稿件情况，判断确定记者采制的赛事报道需要多大篇幅，是否具有头条价值等。

对重要比赛的报道，前后方共同来提炼新闻主题、头条报道、重要稿件是有必要的。因为相对前方记者而言，编辑可能通过电视、网络或其他消息渠道而对比赛的全面情况更为了解，而且由于分工的原因，编辑的版面策划、新闻策划能力也更强。这时候，编辑往往能够给前方记者完成采访的后期工作与写作提供建设性的意见。有时候编辑的意见还能使记者及时发现其采访中的问题，使他有时间对其进行必要的补救工作。另外，关于报道规定的截稿时间。一般而言，对于非线性播出的移动端都是抢时效播发，在信息准确的前提下，快是第一位的。而对于线性播出的传统电视渠道而言，除非重大赛事信息，可以滚动字幕或者口播插画等形式播发出去，一般截稿时间是相对制度化的，稿件也会按照节目预先编排进行播出。总之，记者应当将与编辑沟通列入其采访的后期工作之一，这样有助于其更好地运用采访材料，完成新闻报道任务。

五、采访为写作所做的准备

记者在观看了比赛、参加了赛后新闻发布会、赛前赛后对有关人士进行了采访后，其采访工作是否就算完成了呢？回答是否定的。因为他还需要做一些后续性的工作，以保证其采访的成功。这类工作通常是为写作所做的准备工作，如采访结果的复查、评估与核实等。体育新闻采访的最终目的是写作和传播，不能就采访而采访。否则，当体育记者进入写作的阶段时，就会发现缺这少那，有的时候连关键的材料都会不齐全，所以在体育新闻采访中就需要考虑到写作的问题。体育记者除了按照采访提纲进行提问和搜集材料外，还应该对下面的问题进行仔细的检查：检查采访获得的材料是否有误；检查采访获得的材料是否够用；对某些疑惑点进行质疑和对证；尽量多地获得关键人物的证言；是否已经得到多个方面的观点；影响报道的事件细节是否得到；是否只搜集了热点细节，遗失了其他方面；在让有关方面审稿的时候，是否留下了他们的签字。做好上面这些工作，基本上能够保证写作时各方材料的齐全，起码不需要为再次采访而烦恼和浪费时间。体育记者采写报道，需要做全面而细心的工作，而且让审稿方留下笔迹，不仅可以证实体育新闻的真实来源，一旦惹上官司，也是一种为自己辩护的证据。

在体育新闻采访中，"采访结束"与"采访完成"是有差别的。前者指的是一个过程的结束，这一过程可能是观看一场比赛、参加一次新闻发布会、与采访对象的一次交谈。而后者则指的是整个采访任务完成，可以进入新闻写作和报道阶段了。因此，记者在观看比赛或训练、参加赛前或赛后新闻发布会、与采访对象结束谈话以后，并非就算完成了全部的采访工作。那么，怎样才算体育新闻采访的完成呢？具体而言，就是要在采访结束后，还要做好以下后期工作。

（一）对采访获取的材料进行复查

体育记者在结束一次采访后，在准备进入写作前，应该对采访获取的材料进行复查。复查的主要目的是检查在采访中是否遗漏了什么重要内容，如有遗漏，必须立即采取措施来进行补充采访。要知道，即使是体育新闻，记者发生重要新闻漏报也是属于工作失职行为。体育记者在采访结束后如何对采访获取的材料进行复查？一般而言，如果是赛事采访，其复查的方式有三种：一是前方记者在比赛结束后立即与观看了电视比赛的后方记者和编辑进行联系，交流有关比赛的信息；二是与同在比赛现场采访的兄弟媒体记者同行交换有关信息；三是给自己设问，以检验采访是否有遗漏[1]。

以下是体育记者在采访结束后通常应予以复查的一些主要内容：

——在赛前是否发生了什么与比赛有关的重要事情，是否换了教练、球员转会、运动员的伤病情况、赛场情况等？

——在比赛中，运动员的技战术、教练的排兵布阵是否发生了变化？

——备受关注的体育明星现场表现和临场发挥如何。

——在比赛中是否发生了什么异常的事件，例如球迷骚乱、裁判的判罚产生争议、

---

①郝勤.体育新闻学[M].北京：高等教育出版社，2004：158.

赛场暴力事件的发生、临时的停赛罢赛、服用兴奋剂、运动员临时退赛、取消比赛资格等。

——在比赛休息时间，教练员做了什么样的新部署？运动员都有什么行为表现？

——运动员是否因为犯规而受罚？

——比赛结束后在现场、运动员休息室或大巴车里是否发生了什么突发事件？

——赛后新闻发布会现场嘉宾表现如何。

——现场观众上座率如何？对比赛有何反应？观众席上有哪些引人注目的新闻事件？是否有重要人物、娱乐明星和运动员的亲友团在现场观战助威？等等。

（二）对采访过程和结果进行自我评定

记者在采访结束后，应对采访过程和结果等进行自我评定，以验证自己采访的过程是否完美，或者所获得的素材在新闻品质和数量上是否合乎体育新闻报道和写作的要求。这样做的必要性在于：其一，使记者在写作之前对所获得的新闻素材做到心里有数。如果自我评估的结论是采访过程中出现了失误，或已获得的素材不足以支撑写作和报道，记者就必须设法进行弥补，或者想办法对资料进行补充，或者考虑另外的题材。其二，体育记者不断对自己的采访经验和教训进行总结，进而逐渐提升自己的采访质量和水平。

曾在美国迈阿密一家大报做过体育记者、后来成为自由撰稿人的美国记者爱丽丝·克莱门特提出，记者在采访结束后应就以下几点进行自我评估，以求证采访是否成功，或者有何不足之处[1]。

1.是否清楚地表达了自己的采访意图？

2.如何表明自己的采访意图？

3.有没有适当的方式来打破僵局？

4.所设置和提出的问题是否有创意？

5.有没有在恰当的时候提出更有针对性的问题？

6.有没有留意如逸闻趣事之类的细节？

7.有没有在适当的时候表示同情或理解？

8.有没有仔细听对方的话并提出相应的问题？

9.有没有妨碍对方的讲话或者在对方讲话时埋头做笔记？

10.有没有提出一些有难度，具有"爆炸性"的问题？

11.有没有在适当的时候消除紧张或有敌意的气氛？

12.采访的结束是否合适得体？

综上所述，体育记者在采访结束甚至在采访过程中，可将美国记者爱丽丝·克莱门特提出的以上12条作为主要的评定标准，对每个问题逐一加以过滤和深入思考，及时发现问题并寻找差距，对采访结果做到心中有数，并通过评定确定下一步的采访写作措施

① （美）布鲁斯·加里森，等.体育新闻报道[M].郝勤，译.北京：华夏出版社，2002，138.

与计划。

（三）对采访获得的信息进行核实

在体育新闻采访中，记者所获得的信息是否客观、全面、真实、准确，往往关系到体育新闻报道的成败。很多老体育记者或许都有这样的经历：一篇本来在题材、内容、写作等各方面都不错的报道，却因为其中一处将比赛时间或地点搞错了，或者是将运动员姓名或号码搞错了，或没有弄清楚体育专业术语，如将体育比赛中使用的"电动计时器"写成"电子计时器"，从而引起受众的诸多不满。体育记者在采访中不经意的疏忽或遗漏，将严重影响体育新闻报道的水准，一处败笔而全盘皆输。其实，如果记者在采访结束后对有关信息进行认真核实、及时印证，就完全可以避免这类错误。因此，对于体育新闻采访的后期工作而言，没有什么比将所获信息进行核实更为重要的了。

郝勤教授曾将体育新闻采访后的信息核实工作应注意或容易搞错的地方概括为如下几方面，值得我们每个年轻的体育记者学习和借鉴[①]：

1.比赛的项目、时间、地点、运动员或球队的名称、一些与体育比赛相关的专业术语、当前的体育政策法规等。这些都是体育新闻报道的基本要素，是体育记者决不能搞错而又往往容易出错的，需要认真查对核实。

2.参赛运动员的名字、号码、年龄、身高、国籍、项目等。尤其是要注意那些名字相同或相似的运动员。

3.对比赛结果产生了关键性影响的运动员的名字、号码及其在决定性时刻的表现。

4.体育明星的名字、号码、国籍、身高、项目、在比赛中的角色和位置、在什么时候上场、下场，其场上表现如何等。

5.比赛的进程。如足球比赛中，是上半场还是下半场进球？谁在何时何种情况下得了黄牌或者红牌？

6.在采访涉及运动员赛场外的不良行为和一些敏感问题时，或涉及俱乐部官员的违法行为时，记者绝不能仅凭道听途说就写报道，而必须对手里的材料进行认真核对。必要时，还要通过多种渠道进行核对，否则的话容易引起官司纠纷。

以上是体育记者在采访过程中经常容易出错的地方，而由于现在很多比赛都有电视直播，因此受众很可能在读报道或上网浏览赛事信息之前已经通过电视了解了比赛的过程和结果。同时，各项目的体育迷对自己所拥戴的体育队、体育明星的情况也非常了解，记者一旦出错，便会引起受众的强烈反响。

此外，还应对场上比分进行统计和核实。如在篮球比赛中，每一节的比分情况，每个运动员的得分情况，每个人贡献了多少得分、几个篮板、几次助攻、几次抢断等，都必须随时进行统计和关注，并进行最后的核实。对于易犯错误或心存质疑的信息，还可以通过技术性检验，或者注明消息来源等方式，溯本求源。对一些敏感或政治性较强的

---

① 郝勤.体育新闻学[M].北京：高等教育出版社，2004：160.

体育信息，还应该坚持送审制度，将稿件拿到媒体主管的宣传部或政府相关部门进行审核，再决定最后是否发稿。可见，体育记者只有对以上问题进行反复核实，方能确保体育新闻报道的真实性和准确性。

六、采集加工材料

采集加工材料是体育新闻采访的中心环节，采访要"寻找和挖掘新闻事实"，主要是靠这个环节来完成的。体育记者采集新闻材料的最基本的方法是访问和观察。采集加工材料既是采访的核心，也是写作新闻稿的延续。采集材料主要要求记者了解全面情况，得到概括材料；抓住主要事实，了解骨干材料；深挖细节材料和采集背景材料，同时要做好采访记录，体育记者将心记、笔记、画记、录音和录像等手段相结合，以获取全面完整的材料。另外，记者要充分占有材料，正如日本记者在谈到采访要深入时，指出："如果你要写100行的报道，就要积累2000行的素材。"最后，坚持加工材料不过夜，将采集和加工同时进行，相互促进，相辅相成，忌隔夜炒冷饭。

以上是体育记者在采访实施过程中，需要注意和重点完成的工作，而以上工作的完成关涉体育新闻采访的成败，也是为体育记者下一步进入写作阶段奠定坚实的基础，只有认真完成好以上六项工作，才宣告体育新闻采访的真正完成，而不仅仅是结束。

（一）思考题

1.如何正确认识体育新闻报道策划，体育新闻报道策划是否就是策划体育新闻？

2.融媒体时代如何遵循全媒体渠道的报道原则，做好重大赛事的报道计划与准备工作？

3.体育新闻采访策划应注意哪些问题？

4.结合实际论述体育新闻采访的策划方案应如何实施。

（二）采访实践

以某一大型体育赛事为例，请你运用学过的体育新闻策划知识，设计一份详细的"体育新闻报道策划方案"和个人的采访计划书。

参考文献

[1] 郝勤.体育新闻学[M].北京：高等教育出版社，2004.

[2] 蓝鸿文.新闻采访学[M].北京：中国人民大学出版社，1995.

[3] 刘海贵.中国现当代新闻业务史导论[M].上海：复旦大学出版社，1997.

[4] 梁一高.现代新闻采访学教程[M].北京：中国广播电视出版社，2001.

[5] （美）杰里·施瓦茨.美联社新闻报道手册[M].曹俊，王蕊，译.北京：中央编译出版社，2008.

[6] 何慧娴.体育记者谈体育新闻[M].北京人民体育出版社.2006.

[7] （美）肯·梅茨勒.创造性采访[M].李丽颖，译.北京：中国人民大学出版社，2004.

[8] 蔡军剑，张晋升.准记者培训教程[M].广州：南方日报出版社，2007.

[9] （美）布鲁斯·加里森.体育新闻报道[M].郝勤，译.北京：华夏出版社，2004.

[10] 张英.体育新闻报道[M].杭州：浙江大学出版社，2008.

[11] （美）史蒂夫·威尔斯坦.美联社体育新闻报道手册[M].郑颖，译.北京：中央编译出版社，2004.

[12] （美）梅尔文·门彻.新闻报道与写作[M].展江，译.北京：华夏出版社，2004.

[13] 郑思礼，郑宇.现代新闻报道理解与表达[M].昆明：云南大学出版社，2004.

[14] 陈寅.非常新闻策划大道[M].深圳：海天出版社，2004.

[15] 艾丰.新闻采访方法论[M].北京：人民日报出版社，1999.

[16] 李良荣.当代西方新闻媒体[M].上海：复旦大学出版社，2003.

[17] 辜晓进.走进美国大报[M].广州：南方日报出版社，2004.

[18] 易剑东.大型赛事报道与媒体运行[M].杭州：浙江大学出版社，2008.

[19] 蔡雯.新闻发现、采集与表达[M].北京：中国人民大学出版社，2002.

[20] 王尔山.提问是记者的天职[M].北京：高等教育出版社，2003.

[21] 任广耀.中外优秀体育新闻作品评析[M].北京：北京体育大学出版社，2006.

[22] 刘海贵.当代新闻采访[M].上海：复旦大学出版社，1995.

[23] 宋健武.媒体遭遇战[M].广州：南方日报出版社，2006.

[24] 李天道.普利策新闻奖图语[M].成都：四川文艺出版社，2004.

[25] 万晓红.体育新闻评论[M].北京：北京体育大学出版社，2008.

[26] 唐亚明.走进英国大报[M].广州：南方日报出版社，2004.

[27] 徐向明.新闻职场入门——跨进新闻这行的敲门砖[M].广州：南方日报出版社，2005.

[28] 李希光.新闻学核心[M].广州：南方日报出版社，2003.

[29] 周克冰.中外经典采访个案解读[M].北京：北京广播学院出版社，2003.

[30] 蒋祖煊.在另一个赛场——直击体坛周报现象[M].长沙：湖南大学出版社，2002.

[31] 何慧娴.百名中国体育记者自述[M].北京：人民体育出版社，2000.

[32] 毕雪梅，贾静.体育新闻学概论[M].北京：北京体育大学出版社，2006.

[33] 卢元镇.体育社会学[M].北京：高等教育出版社，2002.

[34] 李希光.转型中的新闻学[M].广州：南方日报出版社，2005.

[35] 张玉田.新媒体时代的体育新闻传播与教育[M].北京：北京体育大学出版社，2010.

[36] 陈伟.体育新闻传播新视野[M].北京：人民体育出版社，2007.

[37] 胡正荣.新闻理论教程[M].北京：中国广播电视出版社，1995.

[38] 刘明华.西方新闻采访与写作[M].北京：中国人民大学出版社，1993.

[39] 蔡雯.新闻编辑学[M].北京：中国人民大学出版社，2007.

[40] 白庆祥，刘乃仲，郑保章.新闻采访写作编辑[M].北京：新华出版社，2003.

[41] 王武录.同研究生谈新闻采写[M].北京：石油工业出版社，2002.

[42] 李辉.中国体育的电视化生存[M].上海：学林出版社，2007.

[43] 苗炜.五魁首——CCTV5十年纪实[M].上海：上海文艺出版社，2005.

[44] 崔莹.做最职业的记者——对话英国名记者[M].广州：南方日报出版社，2009.

[45] 蔡雯，赵劲，许向东.新闻编辑案例教程[M].北京：中国人民大学出版社，2009.

[46] 江和平，曾静平，王兰柱，等.中国体育电视研究报告[R].2009.

[47] 杜江.新闻发言人理论与实务[M].成都：四川大学出版社，2005.

[48] 高钢.新闻发布与新闻发言人实务[M].北京：人民日报出版社，2005.

[49] 新闻发言人理论与实践[M].北京：中国传媒大学出版社，2005.

[50] （美）玛格莱特·苏丽文.政府的媒体公关与新闻发布[M].董关鹏，译.北京：清华大学出版社，
    2005.

[51] 毕雪梅.体育新闻学概论[M].北京：北京体育大学出版社，2007.

[52] 任广耀.体育传播学[M].北京：高等教育出版社，2004.

[53] 鲁威人.体育新闻报道[M].北京：中国传媒大学出版社，2005.

[54] 高宁远，蔡罕等.现代新闻采访写作教程[M].北京：新华出版社，1998.

[55] 何志武.电视新闻采写[M].武汉：武汉大学出版社，2008.

[56] 周胜林.新闻采访实用实训教程[M].上海：文汇出版社，2008.

[57] 肖沛雄.广播电视体育新闻[M].广州：广东人民出版社，2007.

[58] 董小玉.现代新闻采访理论与实践[M].重庆：西南师范大学出版社，2007.

[59] 朱宙炜.体育传播学导论[M].北京：北京体育大学出版社，2007.

[60] 赵淑萍.广播电视新闻采访与写作[M].北京：北京师范大学出版社，2006.

[61] 张红军，邹举.实用电视新闻采编[M].北京：中国广播电视出版社，2006.

[62] 罗以澄.新闻采访学新论[M].武汉：武汉大学出版社，2005.

[63] 叶子.现代电视新闻学[M].北京：中国广播电视出版社，2005.

[64] 罗以澄.新闻采访[M].长沙：中南大学出版社，2005.

[65] 林如鹏.新闻采访学[M].广州：暨南大学出版社，2004.

[66] 王中义，史梁.当代新闻采访教程[M].合肥：合肥工业大学出版社，2004.

[67] 蓝鸿文.专业采访报道学[M].北京：中国人民大学出版社，2003.

[68] 甘丽华.中国记者职业身份认同的建构与消解[M].武汉：华中师范大学出版社，2015.

[69] （英）大卫·罗.体育、文化与媒介[M].吕鹏，译.北京：清华大学出版社，2013.

[70] 朱羽君，雷蔚真.电视采访学[M].北京：中国人民大学出版社，1999.

[71] 刘海贵.新闻采访教程[M].上海：复旦大学出版社，2011.

[72] 王春泉.新闻采访技巧[M].西安：西安出版社，2001.

[73] 熊高.采访行为学概论[M].北京：人民出版社，2000.

[74] 季宗绍，石坚.新闻采访与写作[M].南京：南京师范大学出版社，2004.

[75] 曾祥敏.电视采访[M].北京：中国传媒大学出版社，2010.

[76]（美）约翰·布雷迪.采访技巧[M].寿跃进，姜雨楠，译.北京：新华出版社，1986.

[77] 周海燕.调查性报道采访与写作[M].北京：新华出版社，2003.

[78]（美）里奇.新闻写作与报道训练教程[M].钟新，译.北京：中国人民大学出版社，2012.

[79]（意）卢卡·卡伊奥里.梅西：传奇之路[M].汪天艾，刘冰，译.北京：人民文学出版社，2018.

[80] 新闻采访与写作编写组.新闻采访与写作[M].北京：高等教育出版社，2020.

[81] 姜晓红.大型赛事媒体运行原理与新闻服务体例[M].广州：暨南大学出版社，2019.

[82] 高钢.新闻采访写作[M].北京：高等教育出版社，2012.

[83] 刘斌.体育新闻学[M].北京：高等教育出版社，2022.

[84] 李川.融合与重构——全媒体时代的体育新闻报道[M].北京：中国轻工业出版社，2022.

[85]（英）安德鲁斯.体育新闻：从入门到精通[M].周黎明，译.北京：中国人民大学出版社，2020.

[86] 王惠生，李金宝.体育新闻深度报道[M].长沙：中南大学出版社，2020.

[87] 郭超人.新华社优秀新闻作品选集—体育新闻选1949—1999[M].北京：新华出版社，2019.

[88] 魏伟.现代体育传播[M].北京：中国广播影视出版社，2015.

[89] 鲁威人.体育传播学[M].北京：清华大学出版社，2013.

[90] 韩文婷.体育传播媒体及传播实践研究[M].西安：西北工业大学出版社，2010.

[91] 王世军.当代体育传播——体育、媒介与社会研究[M].郑州：河南人民出版社，2017.

[92] 张德胜.大型赛事媒体运行研究[M].北京：中国传媒大学出版社，2020.